KOSMETIK

Werben
Beraten
Verkaufen

von

Silvia Faustmann
Gabriele Grandel
Elke Kuse

unter Mitarbeit von

Regina Spyra-Fricke
und der Verlagsredaktion

Erarbeitet von

Silvia Faustmann
Gabriele Grandel
Elke Kuse

unter Verwendung von Materialien von

Christian Fritz
Markus Hillebrand
Burkhard Klein
Antje Kost
Claudia Lang
Albert Mergelsberg
Klaus Otte
Michael Piek
Roswitha Pütz

Redaktion: Sabine Schneider
Technische Umsetzung: sign.Berlin
Umschlag: Katrin Nehm
Layout und Herstellung: Petra Jentschke
Illustration und Symbole: Anette Schamuhn, Berlin
Titelfoto: IFA Bilderteam

www.cornelsen.de

1. Auflage, 2. Druck 2007

Alle Drucke dieser Auflage sind inhaltlich unverändert und können im Unterricht nebeneinander verwendet werden.

Druck: CS-Druck CornelsenStürtz, Berlin

ISBN: 978-3-464-45013-0

Inhalt gedruckt auf säurefreiem Papier aus nachhaltiger Forstwirtschaft.

Inhalt

▪ Einführung

Sie stehen am Anfang Ihrer Ausbildung zur Kosmetikerin. Vielleicht wissen Sie noch nicht, wo Sie später einmal arbeiten werden und wie Ihr Berufsalltag aussehen wird. Eines steht aber schon jetzt fest: In dem Beruf, den Sie gewählt haben, steht der direkte Kontakt zu Ihren Kunden an erster Stelle.

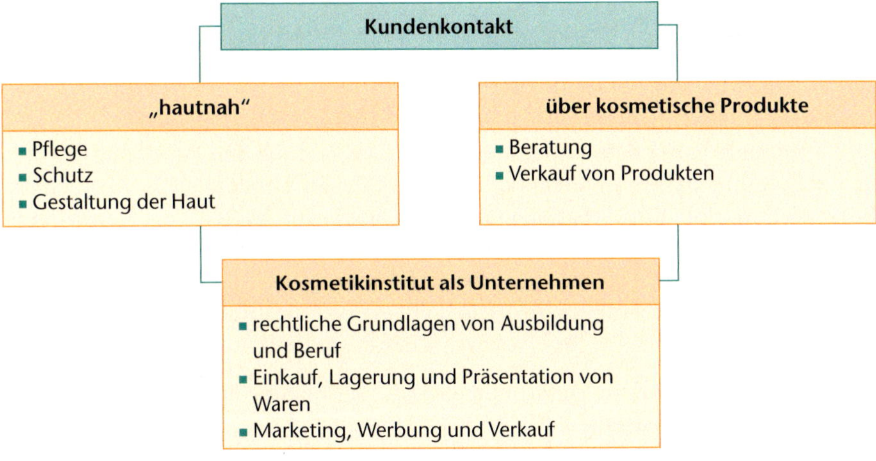

Die Tätigkeit der Kosmetikerin ist in erster Linie auf die Pflege, den Schutz und die Gestaltung der gesunden menschlichen Haut ausgerichtet. Bei der Durchführung von kosmetischen Behandlungen kommen Sie also in „hautnahen" Kontakt zu Ihrem Kunden.

Daneben ist aber auch die fachkundige **Beratung** Ihrer Kunden und der **Verkauf** von kosmetischen Produkten ein wichtiger Bestandteil Ihrer täglichen Arbeit. Jedes Kosmetikinstitut ist auch ein Unternehmen, das im Wettbewerb mit anderen Instituten steht und erfolgreich **wirtschaften** muss, um auf dem Markt zu bestehen. Von diesen betriebswirtschaftlichen Aspekten der Ausbildung handelt das vorliegende Buch.

Kaufmännische Tätigkeiten der Kosmetikerin

I Grundlagen der Berufsausbildung

Die Berufsausbildung in Deutschland umfasst drei Segmente: Erstens die bundesweit einheitlich geregelte **betriebliche Ausbildung** (duales Ausbildungssystem), zweitens die von den Bundesländern geregelte **schulische Berufsausbildung** und drittens die Ausbildung von Beamtenanwärtern, soweit diese Ausbildungsgänge einen qualifizierten Berufsabschluss zum Ziel haben.

1 Ausbildung im dualen System

Nachzulesen ist die Verordnung über die Berufsausbildung zum Kosmetiker/zur Kosmetikerin im Bundesgesetzblatt (BGBl. 2002 I, Seite 417 ff.) unter http://217.160.60.235/BGBL/bgbl1f/bgbl102004s417.pdf

Das **Berufsbildungsgesetz** bildet zusammen mit der Handwerksordnung (HwO) die rechtliche Grundlage einer einheitlichen und anerkannten Berufsausbildung in Deutschland.

Im Einvernehmen mit dem Bundesministerium für Bildung und Forschung (BMBF) und in Zusammenarbeit mit dem Bundesinstitut für Berufsbildung (BiBB) erließ das Bundesministerium für Wirtschaft und Technologie am 09. 01. 2003 eine **Verordnung über die Berufsausbildung zum Kosmetiker/zur Kosmetikerin**. Dies geschah auf der Grundlage des § 25 Abs. 1 und 2 des **Berufsbildungsgesetzes** (BBiG). Bis zum In-Kraft-Treten dieser Verordnung am 01. 08. 2003 erfolgte die Ausbildung ausschließlich in privaten und öffentlichen Berufsfachschulen für Kosmetik.

Mit der neuen Verordnung gehört nun auch die Ausbildung zur Kosmetikerin zum **dualen Ausbildungssystem**.

Was aber ist unter einer Ausbildung im dualen System zu verstehen? Es handelt sich dabei um eine Form der beruflichen Erstausbildung an **zwei Ausbildungsorten**. Das sind erstens die praktische Ausbildung in einem Betrieb und zweitens eine – darauf bezogene – fachtheoretische Ausbildung in einer Berufsschule. Wie in der Musik bei einem Gesangsduo sind hier also Kosmetikinstitut (Ausbildungsbetrieb) und Berufsschule zu einem engen, sich ergänzendem Duo verbunden.

Ausbildungsort Betrieb

Ausbildungsort Berufsschule

Abgesehen davon, dass die Ausbildung zur Kosmetikerin mit der neuen Verordnung erstmals staatlich einheitlich geregelt wurde, beinhaltet die neue Verordnung in ihrem ersten Paragraphen auch die **staatliche Anerkennung** des Ausbildungsberufes.

§ 1 Verordnung über die Berufsausbildung zum Kosmetiker/zur Kosmetikerin
Der Ausbildungsberuf Kosmetiker/Kosmetikerin wird staatlich anerkannt.

In den weiteren Paragraphen der Verordnung sind die Rechte und Pflichten der Auszubildenden und der Ausbildenden enthalten:

§ 2 Dauer der Ausbildung
§ 3 Struktur und Zielsetzung der Berufsausbildung
§ 4 Ausbildungsberufsbild
§ 5 Ausbildungsrahmenplan
§ 6 Ausbildungsplan
§ 7 Berichtsheft
§ 8 Zwischenprüfung
§ 9 Abschlussprüfung
§ 10 Inkrafttreten der Verordnung

1.1 Inhalte der Ausbildung

Die Ausbildung zur Kosmetikerin gliedert sich in so genannte Ausbildungseinheiten. Zum einen sind dies Pflichtqualifikationseinheiten und zum anderen gibt es Wahlqualifikationseinheiten. Die **Pflichtqualifikationseinheiten** sind in § 4 Abs. 1 Ziffer 1 bis 12 der Ausbildungsverordnung aufgelistet:

online

Die Datenbank BERUFEnet der Bundesagentur für Arbeit bietet ausführliche Informationen zum Ausbildungsberuf: http://berufenet.arbeitsamt.de

Pflichtqualifikationseinheiten

Diese Fertigkeiten und Kenntnisse bestimmen das **Berufsbild** einer Kosmetikerin. Sie gehören zur Pflichtausbildung aller Kosmetikerinnen.

Die **Wahlqualifikationseinheiten** sind aufgelistet in § 4 Abs. 2 Ziffer 1 bis 7 der Ausbildungsverordnung. Anders als im Rahmen der Pflichtausbildung müssen nicht alle sieben Behandlungsformen von den auszubildenden Kosmetikerinnen erlernt werden. Es handelt sich vielmehr um eine so genannte **Auswahlliste**. Jede Auszubildende kann generell auswählen, in welchen von diesen sieben speziellen Behandlungsformen sie ausgebildet werden will.

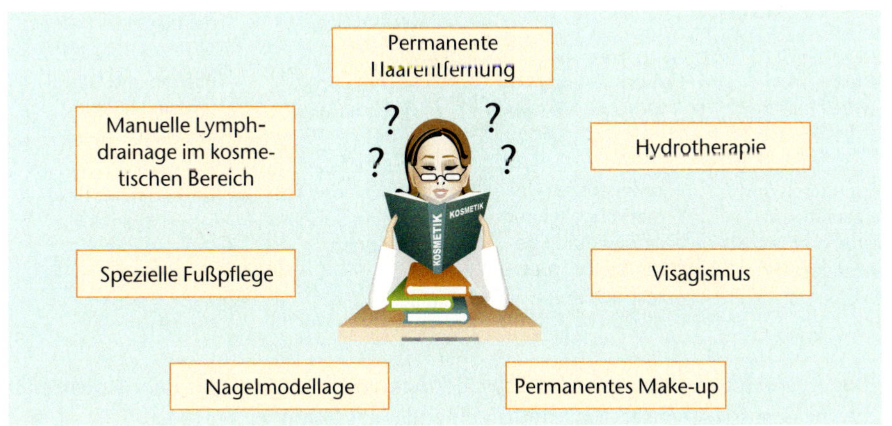

Wahlqualifikationseinheiten

Ausbildungsvertrag
→ Kapitel II/6.1

Die Wahl ist mit dem Ausbilder abzustimmen, denn nicht alle Behandlungsformen werden in jedem Ausbildungsbetrieb praktiziert. Nur in den ausgewählten Behandlungsformen hat die Auszubildende dementsprechend auch einen Befähigungsnachweis zu erbringen. Die ausgewählten Einheiten werden im Ausbildungsvertrag festgelegt.

In den von ihr gewünschten und mit dem Ausbildungsbetrieb abgestimmten Wahlqualifikationseinheiten wird die Auszubildende insgesamt zwölf Wochen lang ausgebildet. (Nur) aus dieser Zeitvorgabe in der Verordnung ergibt sich damit, dass **maximal zwei Wahlqualifikationseinheiten** ausgewählt werden können.

Ausbildungsrahmenplan

Der Ausbildungsrahmenplan legt die Inhalte der betrieblichen Ausbildung fest. Der Rahmenlehrplan bezieht sich auf den Unterricht in der Berufsschule.

Der Ausbildungsrahmenplan ist eine Anleitung zur sachlichen und zeitlichen Gliederung der Berufsausbildung zur Kosmetikerin. Er regelt erstens, welche Kenntnisse und Fähigkeiten (Sachinhalte) der Auszubildenden vermittelt werden sollen, und zweitens, in welchem zeitlichen Abschnitt innerhalb der dreijährigen Ausbildung das geschehen soll. Der Ausbildungsrahmenplan ist der Verordnung als Anlage beigefügt.

Von dieser allgemein verbindlichen, im Ausbildungsrahmenplan vorgesehenen sachlichen und zeitlichen Gliederung kann im Einzelfall abgewichen werden, wenn diese Abweichungen durch Besonderheiten des einzelnen Betriebes praktisch erforderlich sind.

Ausbilderin vermittelt der Auszubildenden die vorgegebenen Kenntnisse und Fähigkeiten im Betrieb
→ Kapitel II/6.1

Während der Ausbildungsrahmenplan verbindliche Ausbildungsinhalte allgemein festlegt, muss dieser Rahmen in jedem einzelnen Betrieb, für jeden einzelnen Auszubildenden ausgefüllt werden. Die **Ausbilderin** muss deshalb für ihre Auszubildenden einen **individuellen Ausbildungsplan** erstellen.

Die Auszubildende ist ihrerseits verpflichtet, ein **Berichtsheft** zu führen. Sie hat darin zu dokumentieren, wie ihre Ausbildung verläuft.

Rahmenlehrplan

Rahmenlehrplan: http://berufenet.arbeitsamt.de/data/pdf/r_01916.pdf

In der Berufsschule wird auf der Grundlage eines **Rahmenlehrplanes** unterrichtet, der auf einem Beschluss der Kultusministerkonferenz (KMK) vom 14. 12. 2001 basiert. Die Berufsschulausbildung ist in so genannte **Lernfelder** (thematische Einheiten) strukturiert. Es gibt für den Ausbildungsberuf Kosmetik insgesamt zwölf Lernfelder mit bestimmten Zeitrichtwerten für die drei Ausbildungsjahre.

Der Ausbildungsrahmenplan laut Ausbildungsverordnung und der Rahmenlehrplan für die Berufsschulausbildung sind aufeinander abgestimmt.

1.2 Zeitlicher Ablauf der Ausbildung

Die duale Ausbildung zur Kosmetikerin erstreckt sich über drei Jahre.

Spätestens zum Ende des zweiten Ausbildungsjahres soll eine **Zwischenprüfung** stattfinden, um den Ausbildungsstand des Auszubildenden zu ermitteln. Gegenstand dieser Zwischenprüfung sind zum einen die praktischen Ausbildungsinhalte der ersten 18 Monate laut Ausbildungsrahmenplan, also Inhalte, die der Auszubildenden im kosmetischen Betrieb vermittelt wurden. Zum anderen wird der Lehrstoff geprüft, der bis dahin im Berufsschulunterricht vermittelt wurde.

Bei der Zwischenprüfung soll der Prüfling eine praktische Aufgabe ausführen. Diese Arbeit darf sich auf höchstens drei Stunden erstrecken und hat die drei folgenden Gebiete des kosmetischen Tätigkeitsbereiches zu umfassen:
- dekorative Kosmetik
- Körperpflege
- Handpflege

Anhand dieser Prüfungsinhalte der Zwischenprüfung wird deutlich, dass bei der dualen Berufsausbildung die Ausbildungsbetriebe (Kosmetikinstitute) zusammen mit der Berufsschule einen gemeinsamen Bildungsauftrag zu erfüllen haben.

Am Ende der Ausbildung zur Kosmetikerin steht dann die **Abschlussprüfung** gemäß § 9 der Ausbildungsverordnung. Sie umfasst drei Teile:
- den praktischen Teil (maximal acht Stunden)
- den schriftlichen Teil (maximal vier Stunden)
- die mündliche Ergänzungsprüfung

Der **praktische Prüfungsteil** besteht in einer praktischen Aufgabe für die Auszubildende. Sie muss eine Behandlung an einem Kunden durchführen, wobei diese eine kosmetische Massage sowie pflegende und dekorative Kosmetik umfassen soll.

Prüfung bestanden!

Der **schriftliche Prüfungsteil** gliedert sich in drei Bereiche:
- kosmetische Behandlung (mit 40 % Bewertungsanteil)
- Verkauf und Warenwirtschaft (40 %)
- Wirtschafts- und Sozialkunde (20 %)

Die **mündliche Prüfung** wird nur als Ergänzung des schriftlichen Teils durchgeführt, wenn sie den Ausschlag für das Bestehen der gesamten Prüfung geben kann. Sie findet entweder auf Antrag des Prüflings selbst oder nach dem Ermessen des Prüfungsausschusses statt. Gewichtet wird die mündliche Ergänzungsprüfung im Verhältnis 2:1.

Die Abschlussprüfung ist bestanden, wenn sowohl im praktischen als auch im schriftlichen Teil ausreichende Leistungen erbracht werden. Zudem kommt es darauf an, dass der Prüfling im Prüfungsbereich „kosmetische Behandlung" des schriftlichen Teils nicht schlechter als mit „ausreichend" abschneidet. Ein „mangelhaft" in diesem Prüfungsbereich lässt ihn also auch scheitern, wenn der schriftliche Teil insgesamt noch ausreichend wäre. Die Note „ungenügend" in einem der Prüfungsbereiche lässt den Prüfling stets durchfallen.

Bei Nichtbestehen kann die Abschlussprüfung im folgenden Jahr wiederholt werden. Die Erfolgsquote ist aber hoch: Im Jahr 2002 haben z. B. 85,2 % aller Auszubildenden im dualen System die Prüfung bestanden. Unter Einbeziehung der Wiederholungsrate kann man sagen, dass nur ca. 5 % der Auszubildenden die Ausbildung ohne Abschlusszeugnis beenden.

2 Schulische Berufsausbildung – Ausbildung an Berufsfachschulen

Fokus Berufsfachschulen

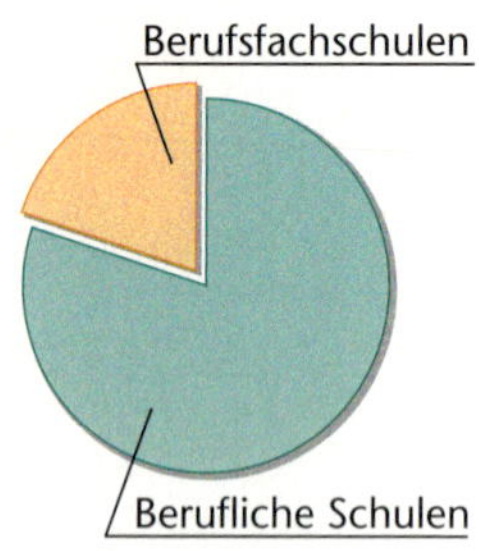

Quelle: Statistisches Bundesamt, Fachserie 11, Reihe 2, 2004.

Die Berufsfachschulen stellen ein Segment der beruflichen Schulen dar, zu denen außerdem noch die Teilzeit- und Vollzeitberufsschulen, Fachschulen, Berufsaufbauschulen, Fach- und Berufsoberschulen sowie berufsbezogene Gymnasien zählen.

Im Schuljahr 2005/06 besuchten rund die Hälfte der Schülerinnen und Schüler eine Berufsfachschule mit dem Ziel, einen **beruflichen Ausbildungsabschluss** zu erwerben. Dieser Berufsabschluss kann außerhalb oder innerhalb des Berufsbildungsgesetzes bzw. der Handwerksordnung liegen. Mehrheitlich handelt es sich um Ausbildungsgänge außerhalb des BBiG, die nach Ländergesetzen geregelt sind, wie bis zum 01. 08. 2003 auch die Ausbildung zur Kosmetikerin. Bis zu diesem Datum war Kosmetikerin kein staatlich anerkannter Ausbildungsberuf. Eine Ausbildung zur Kosmetikerin war ausschließlich an Berufsfachschulen möglich.

Schülerzahlen/Absolventen der Berufsfachschulen (BFS) im Beruf Kosmetik

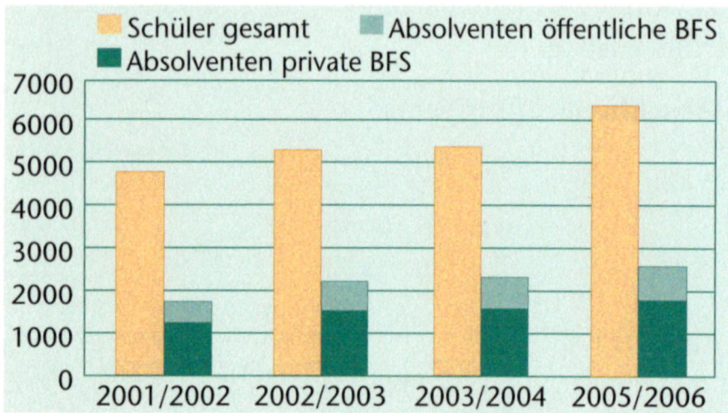

Quelle: Statistisches Bundesamt, Fachserie 11, Reihe 2, 2001 bis 2006.

Es gibt öffentliche und private Berufsfachschulen, bei denen sich die Schülerzahlen im Verhältnis von etwa 1:2 aufteilen. So absolvierten zum Schuljahr 2005/2006 etwa 70 % aller Schülerinnen und Schüler den Beruf Kosmetikerin an privaten und 30 % an öffentlichen Berufsfachschulen. Die Ausbildung dauert je nach Bundesland zwei bzw. drei Jahre. Private Schulen bieten auch kürzere Ausbildungsgänge an. Im Unterschied zur Ausbildung im dualen System gibt es keine getrennten Ausbildungsorte, sondern die Ausbildung fällt ausschließlich in die Verantwortung der Schule. Häufig ist jedoch ein Betriebspraktikum im Ausbildungsplan integriert.

Rechtsprechungsnachweis: Verwaltungsgericht Karlsruhe, Urteil vom 16.09.1981 – 7 K 62/82

Bei den **privaten Berufsfachschulen** ist je nach Bundesland zu unterscheiden zwischen den staatlich anerkannten Privatschulen mit staatlich genehmigten Prüfungsordnungen und – wo landesrechtliche Regelungen fehlen – den von den Berufsverbänden anerkannten Berufsfachschulen. Allerdings ist hervorzuheben, dass die Tatsache der staatlichen Anerkennung einer Privatschule und der staatlichen Genehmigung einer Prüfungsordnung für sich allein noch keine staatliche Anerkennung des Berufsbildes Kosmetikerin ist/war.

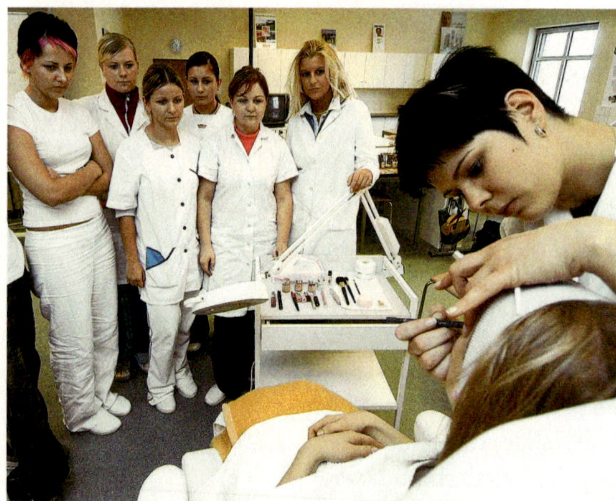

Fachpraktischer Unterricht an der Berufsschule

In den letzten Jahren ging die Zahl der neu abgeschlossenen Ausbildungsverträge in Deutschland insgesamt zurück. Entgegen diesem rückläufigen Trend stieg jedoch im gleichen Zeitraum die Zahl der Auszubildenden in den neu geschaffenen Berufen an. Auch in der Kosmetikausbildung sind steigende Schülerzahlen zu verzeichnen, die sich allerdings auf einem niedrigen Niveau bewegen. Insgesamt ist die duale Ausbildung in den staatlich anerkannten Ausbildungsberufen in Deutschland immer noch dominierend.

Daneben entwickelt sich die schulische Ausbildung (voll qualifizierende Berufsausbildungen an Schulen) zu einer wichtigen Ergänzung des dualen Systems. Dies belegen die steigenden Schülerzahlen der letzten Jahre – nicht nur, aber auch im Beruf Kosmetik.

3 Berufliche Weiterbildung

3.1 Allgemeines zur beruflichen Weiterbildung

Im Rahmen der nach Sozialgesetzbuch III geförderten Weiterbildung kann ein Abschluss in einem anerkannten Ausbildungsberuf (jetzt also auch als Kosmetikerin) nach dem Berufsbildungsgesetz bzw. nach der Handwerksordnung durch **Umschulung** oder eine **Externenprüfung** erworben werden. Neben diesen staatlich geförderten Umschulungsmaßnahmen gibt es verschiedene Formen der Weiterbildung:

Umschulung
Erlernen eines anderen als den bisher ausgeübten Beruf

Externenprüfung
Unter bestimmten Voraussetzungen kann ein Erwerbstätiger die Abschlussprüfung auch ohne Durchlaufen einer regulären Ausbildung absolvieren, wenn er eine längere Tätigkeit in diesem Beruf nachweisen kann.

- **Anpassungsweiterbildung:** Weiterbildungsangebote (z. B. Lehrgänge), die vorwiegend der Anpassung, Erweiterung und Vertiefung bestehender beruflicher Kenntnisse dienen. Charakteristisch an diesen Weiterbildungen ist, dass sie meist nur von kurzer Dauer sind und ihre Inhalte sowie Abschlüsse weder verbindlich geregelt noch bundesweit anerkannt sind.
- **Aufstiegsweiterbildung:** Hierunter fallen Weiterbildungsangebote, die auf einen beruflichen Aufstieg ausgerichtet sind und einen Abschluss in einem anerkannten Fortbildungsberuf vermitteln.
- **Wissenschaftliche Weiterbildung:** Angebote mit wissenschaftlicher Ausrichtung an Hochschulen

Weiterbildungsmaßnahmen werden von einer Vielzahl von Bildungseinrichtungen angeboten. Neben staatlichen Bildungseinrichtungen gibt es solche
- der Privatwirtschaft
- der Kammern (Industrie- und Handelskammern, Handwerkskammern)
- von Wirtschaftsverbänden
- von Fachverbänden
- der sozialen Wohlfahrt
- der Kirchen
- der Arbeitnehmerorganisationen
- von Verwaltungsakademien
- von Wirtschaftsakademien

Überblick über das berufliche Weiterbildungsangebot

Die Datenbank KURS der Bundesagentur für Arbeit ist die größte Weiterbildungsdatenbank in Deutschland, die seit August 2003 täglich aktualisiert wird. Diese Datenbank bietet einen bundesweiten Überblick über die Möglichkeiten der beruflichen Aus- und Weiterbildung und soll mehr Transparenz auf dem wachsenden Weiterbildungsmarkt schaffen.

Informationen rund um die Weiterbildung:
www.arbeitsagentur.de
www.zfu.de
www.eldoc.info

Zur beruflichen Weiterbildung sehr beliebt sind **Fernlehrgänge**, die die Möglichkeit des flexiblen Lernens unter weitgehend freier Zeiteinteilung bieten. Die staatliche Stelle für Fernunterricht (ZFU) in Köln verzeichnete 2003 in dem von ihr geführten Register 435 Fernlehrgänge. Das Bundesinstitut für Berufsbildung hat dazu die kostenlose Datenbank ELDOC erstellt, die Informationen über internetgestützte Weiterbildungsmaßnahmen (**E-Learning**) bereitstellt.

E-Learning
engl. elektronisches Lernen
Lernen unter Einsatz von elektronischen Medien (z. B. PC, CD-ROM, Internet)

Die ständige Aktualisierung des Wissensstandes ist durch **Vollzeit- oder Teilzeitangebote** möglich. Ein Trend ist dabei in Richtung der Angebote festzustellen, die sich nicht an einzelne Personen, sondern an ganze Unternehmen richten.

Auch die **Dauer** der Weiterbildungsveranstaltungen variiert. Zur Orientierung: Im Jahr 2003 dauerte die Hälfte aller in KURS angebotenen Veranstaltungen maximal drei Tage, nur 10 % der Angebote währte länger als sechs Monate.

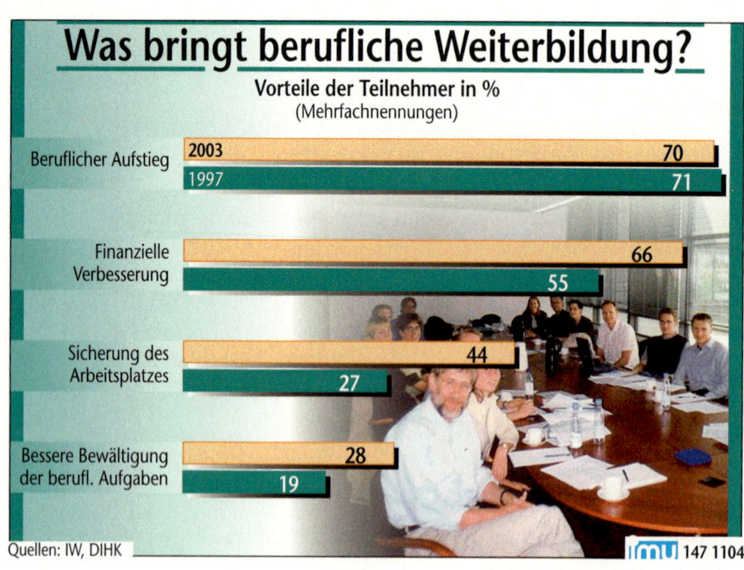

Von hoher Wichtigkeit bei der Auswahl eines Weiterbildungsangebotes sind folgende zwei Merkmale:

- Qualifikation der Lehrer und Dozenten
- Fachbezogenheit der Weiterbildung bzw. Praxisnähe

Finanzierung

Staatliche finanzielle Unterstützung ist über die **Begabtenförderung berufliche Bildung** zu erhalten. Hierüber werden begabte junge Berufstätige gefördert, die eine anerkannte Ausbildung nach dem Berufsbildungsgesetz oder der Handwerksordnung absolviert haben.

Natürlich stellt sich nun die Frage, ab wann jemand den Maßstab „Begabung“ erfüllt. Als berechtigt kommen Absolventen infrage, deren Berufsabschlussnote besser als „gut“ ist. Häufig werden diese Personen dann direkt durch die jeweilige Kammer über die Fördermöglichkeit informiert, wobei neben der Note aber noch andere Auswahlkriterien gelten (z. B. Teilnahme an überregionalen Leistungswettbewerben). Wichtig ist, dass der potentielle Förderungsempfänger ein konkretes Weiterbildungsziel angeben kann, wenn er die finanzielle staatliche Unterstützung wünscht.

Qualitätssicherung

Eine Qualitätssicherung der beruflichen Weiterbildung ist wichtig. Im Bereich der gemäß Sozialgesetzbuch III geförderten beruflichen Weiterbildung soll eine solche Qualitätssicherung mit den Gesetzen für moderne Dienstleistungen am Arbeitsmarkt erreicht werden. Es gab die Einführung von Bildungsgutscheinen. Außerdem wurde das Anerkennungsverfahren von Weiterbildungsträgern und -maßnahmen per Rechtsverordnung neu geregelt.

Stiftung Warentest
→ Kapitel II/3.3.2

Vergleichende Tests beruflicher Weiterbildungsveranstaltungen werden im Auftrag des Bundesministeriums für Bildung und Forschung von der **Stiftung Warentest** vorgenommen. Die Stiftung testet Bildungsmedien, Bildungsmaßnahmen und Bildungsberatungen auf allen beruflich relevanten Feldern, vor allem bezogen auf die Qualität von

- Information und Beratung
- Durchführung und Nutzung
- Service und Rahmenbedingungen

www.weiterbildungs-tests.de

Die Testergebnisse der Stiftung sind in den Zeitschriften „test“ und „FINANZtest“ sowie im Internet nachzulesen.

Es gibt eine äußerst vielgestaltige Weiterbildungslandschaft in Deutschland, die in weiten Teilen staatlich nicht reguliert ist.

1 Können Sie die drei Formen der Weiterbildung nennen und erläutern?
2 Es gibt ein breit gefächertes Weiterbildungsangebot für Kosmetikerinnen. Welches sind wichtige Merkmale bei der Auswahl der Angebote?

3.2 Berufliche Weiterbildung für Kosmetikerinnen

Die im vorigen Abschnitt dargestellten Möglichkeiten zur permanenten Aktualisierung des Wissensstandes und zum Erwerb von Zusatzqualifikationen kann bzw. sollte auch die Kosmetikerin nutzen. Aber auch Möglichkeiten für einen **beruflichen Aufstieg** stehen der Kosmetikerin offen. Sogar Perspektiven im Bereich eines Hochschul- oder Fachhochschulstudiums sind eröffnet, auch wenn der für ein Studium erforderliche Schulabschluss (Abitur) nicht vorliegt.

Wissenschaftliche Weiterbildung

Studium an der Uni? Auch Kosmetikerinnen steht dieser Weg offen.

Weiterbildungsstudiengänge richten sich nicht nur an Hochschulabsolventen, sondern auch an erfahrene Berufspraktiker. Über den so genannten **dritten Bildungsweg** gibt es mittlerweile in allen Bundesländern für qualifizierte Berufstätige die Möglichkeit, bestimmte Studiengänge auch ohne Hochschulzugangsberechtigung zu absolvieren. Im Bereich der Körperpflegeberufe, zu denen die Kosmetikerin zählt, kommen für eine Weiterqualifizierung folgende Studiengänge mit Abschlüssen in Form von Diplom bzw. Staatsexamen in Frage:

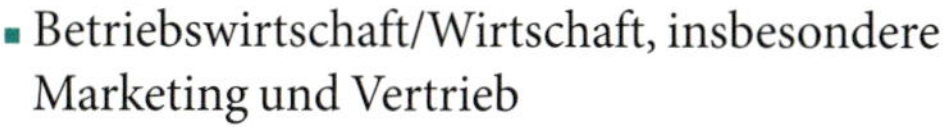

- Betriebswirtschaft/Wirtschaft, insbesondere Marketing und Vertrieb
- Lebensmitteltechnologie – Technologie der Kosmetika und Waschmittel
- Lehramt an beruflichen/berufsbildenden Schulen – Körperpflege
- Lehramt an beruflichen/berufsbildenden Schulen – Kosmetologie

Die Zugangsvoraussetzungen für ein solches Studium hängen von den rechtlichen Regelungen im jeweiligen Bundesland ab. Beim dortigen Kultus- oder Wissenschaftsministerium bzw. bei den zuständigen Senatsverwaltungen sind weitere Informationen über die Zugangsregelungen erhältlich. Grundvoraussetzung ist in der Regel eine abgeschlossene Berufsausbildung sowie eine mehrjährige einschlägige Berufspraxis bzw. eine erfolgreich durchgeführte qualifizierte Weiterbildung. Daneben wird oft auch ein bestimmtes Mindestalter oder eine bestimmte Mindestnote bei den vorausgegangenen Berufs- bzw. Fortbildungsabschlüssen gefordert.

Anpassungsweiterbildung

Neben den Möglichkeiten der wissenschaftlichen Weiterbildung steht für alle Kosmetikerinnen sicherlich das berufliche „Am-Ball-Bleiben" im Vordergrund. Qualifizieren und spezialisieren kann sich die Kosmetikerin auf vielfältige Art und Weise.

Die Schriftenreihe „Beruf Bildung Zukunft" (BBZ), Heft 11 der Bundesagentur für Arbeit informiert ausführlich zum Thema Weiterbildung für Körperpflegeberufe.

Tabelle I/1 *Weiterbildungsangebote für Kosmetikerinnen (Auswahl)*

▪ Kosmetik – allgemein	▪ Dekorative Kosmetik	▪ Medizinische Fußpflege
▪ Gesichtspackungen, Masken, Kompressen	▪ Handpflege – allgemein	▪ Hygiene in speziellen Bereichen
▪ Apparative Kosmetik	▪ Nagelkosmetik	▪ Visagistik, Maskenbildnerei
▪ Kosmetische Spezialbehandlungen	▪ Fußbehandlung – Vorbereitung und Durchführung	▪ Betriebswirtschaft, z. B. Existenzgründung im Bereich Kosmetik

Quelle: BBZ, Heft 11, Bundesagentur für Arbeit (2004)

In der Datenbank KURS können Sie gezielt nach einer Weiterbildungsveranstaltung in der Nähe Ihres Wohnorts oder berufsspezifisch unter Angabe Ihres Ausgangsberufes Kosmetikerin suchen. Sie erhalten dann eine Kurzübersicht mit Informationen über Veranstaltungsort und -dauer sowie über die Kosten.

online

Die großen Fachzeitschriften bieten aktuelle Übersichten und Terminplaner für die wichtigen Fachmessen, z. B. unter www.ki-online.de/html/branchentermine.html oder www.health-and-beauty.com/main/Messen

Im Zusammenhang mit dem Erwerb von Zusatzqualifikationen sind auch die **Fachmessen** zu nennen. Messen sind für die Kosmetikerin nicht nur eine wichtige Plattform für den Erfahrungsaustausch, sie bieten mit ihrem umfangreichen Rahmenprogramm (z. B. in Form von Workshops) darüber hinaus eine Möglichkeit zum praxisnahen Lernen. Auch **Fachzeitschriften** vermitteln in ihren regelmäßigen Beiträgen Fachwissen, Unterstützung und aktuelle Anregungen. Nicht zuletzt können rechtlich zulässige **Hospitationen** bei Ärzten (z. B. Teilnahme an ästhetisch-plastischen Operationen als Gast) das fachliche Know-how vertiefen und ausbauen.

Netzwerke

Netzwerke dienen dem Informationsaustausch und der Wissensvermittlung der zusammengeschlossenen Mitglieder.

Zur Erhaltung und Erweiterung des kosmetischen Wissensstandards tragen, abgesehen von der enorm wichtigen Arbeit der Berufsverbände, auch Netzwerke bei. Ein solcher Zusammenschluss ist der **AADI** (Arbeitsgemeinschaft Assoziierter Dermatologischer Institute e. V.).

www.aadi.de/wms/aadi/news

Dermatologe
Hautarzt

Der AADI ist ein von **Dermatologen** gegründeter eingetragener Verein. Er bietet Hilfestellung bei der Umsetzung von Qualitätsnormen durch Fort- und Weiterbildung von Dermatologen und Institutsmitarbeitern (also auch Kosmetikerinnen) im Rahmen von Schulungen, Hospitationen, Workshops und Symposien. Zur Vereinstätigkeit gehören auch die Erprobung und Bewertung ästhetisch-medizinischer und kosmetischer Behandlungsmethoden.

Die Mitgliedschaft im AADI steht nicht nur Dermatologen bzw. Ärzten offen. Auch Inhaber/Leiterinnen von Kosmetikinstituten, die Leistungen auf dem Gebiet der dermatologischen Kosmetik erbringen, können die Mitgliedschaft im AADI erwerben.

Zusammenarbeit mit anderen Berufsfeldern → Kapitel III/3

Hier haben also Dermatologen neben ihrer Praxis private kosmetische Institute gegründet, in denen sie Kosmetikerinnen als Angestellte beschäftigen. Die Initiatoren sehen insbesondere in diesen dermato-kosmetischen Instituten, die mit der dermatologischen Praxis eng verknüpft sind, zukunftsweisende Modelle für eine sinnvolle Ausweitung des Betätigungsfeldes von Hautärzten und Kosmetikerinnen. Diese Form der Zusammenarbeit ist nach dem Berufsrecht der Ärzte auch zulässig.

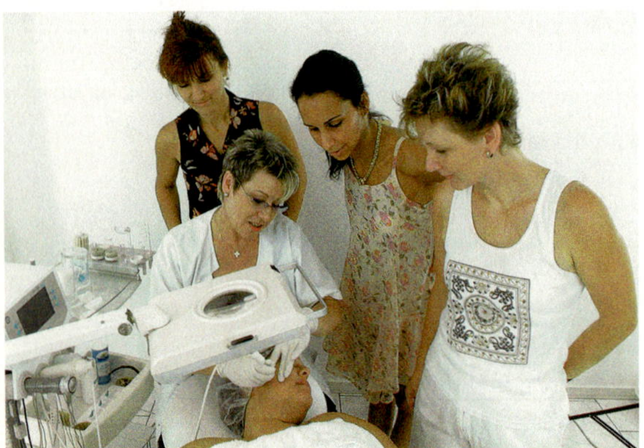

Weiterbildung ist Trumpf!

Fazit

Lebenslanges Lernen ist Trumpf! Die Trumpfkarte hat die gut qualifizierte Kosmetikerin nicht nur im Hinblick auf die Sicherung ihres Arbeitsplatzes und die Verbesserung der Verdienstmöglichkeiten, sondern auch im Hinblick auf die eigene Persönlichkeit. Wissen und Fachkompetenz stärkt Selbstbewusstsein und Selbstvertrauen.

Wer auf seine Tätigkeit nicht nur im Rahmen der Ausbildung gut vorbereitet wurde, sondern sich auch noch danach stets auf dem aktuellen Stand hält, hat einen wichtigen Baustein für den dauerhaften beruflichen Erfolg gelegt.

II Rechtliche Grundlagen des Wirtschaftens

1 Rechts- und Geschäftsfähigkeit

Jeder Mensch steht in einer Vielzahl von rechtlichen Beziehungen zu anderen, sei es als Auszubildender oder Arbeitnehmer, als Mieter einer Wohnung, Abonnent einer Zeitung oder als Kunde in einem Kosmetikinstitut. Diese Beziehungen werden durch Gesetze geregelt. Die Gesamtheit der Rechtsnormen wird **Rechtsordnung** genannt.

1.1 Rechtsfähigkeit

Mit der vollendeten Geburt des Menschen beginnt seine Rechtsfähigkeit. Damit startet das Bürgerliche Gesetzbuch (abgekürzt mit BGB) in seinem ersten Paragraphen. Unter Rechtsfähigkeit ist dabei die Fähigkeit zu verstehen, Träger von Rechten (z. B. kann die Kosmetikerin Eigentümerin eines Pkw sein) und Pflichten (z. B. wenn die Kosmetikerin noch eine offene Forderung bei ihrem Warenlieferanten hat) zu sein.

Träger von Rechten und Pflichten werden auch als Rechtssubjekte bezeichnet.

§ 1 BGB: Beginn der Rechtsfähigkeit
Die Rechtsfähigkeit des Menschen beginnt mit der Vollendung der Geburt.

Rechtlich unterscheidet man zwischen dem Menschen als einer **natürlichen Person** und **juristischen Personen**. Das sind rechtlich geregelte Organisationen, denen unsere Rechtsordnung eine allgemeine Rechtsfähigkeit zuerkennt. Auch eine GmbH kann also Eigentümerin eines Pkw sein. Bei juristischen Personen gibt es keine Geburt wie beim Menschen, sondern sie erlangen ihre Rechtsfähigkeit vielfach mit der Eintragung in ein öffentliches Register, vor allem in das **Handelsregister**.

natürliche Personen
alle lebenden Menschen

juristische Personen
Personenvereinigungen, z. B. Gesellschaften
→ Kapitel II/5

Handelsregister
beim Amtsgericht geführtes Verzeichnis aller Unternehmen. Es dient der Information und dem Schutz der Öffentlichkeit.

Die Rechtsfähigkeit endet bei natürlichen Personen mit dem Tod, während sie bei juristischen Personen meist mit der Löschung ihrer Eintragung aus dem (Handels-) Register endet.

Natürliche und juristische Personen sind rechtsfähig.

1.2 Geschäftsfähigkeit

Von der Rechtsfähigkeit ist die Geschäftsfähigkeit zu trennen.

§ 104 BGB: Geschäftsunfähigkeit
Geschäftsunfähig ist:

1. wer nicht das siebente Lebensjahr vollendet hat,
2. wer sich in einem die freie Willensbestimmung ausschließenden Zustande krankhafter Störung der Geistestätigkeit befindet, sofern nicht der Zustand seiner Natur nach ein vorübergehender ist.

Demnach regelt das Gesetz also, wann und wodurch die Geschäftsfähigkeit **ausgeschlossen** wird. Was ist aber unter Geschäftsfähigkeit zu verstehen? Gemeint ist die Fähigkeit, durch eigenes Handeln Rechtsgeschäfte wirksam vorzunehmen. Nicht jeder Rechtsfähige ist also gleichzeitig auch geschäftsfähig.

Rechtsgeschäfte
→ Kapitel II/2

Der fünfjährige Michael kann zwar das Vermögen seiner Großmutter erben, weil er rechtsfähig ist. Um sich mit dem Geld aber etwas kaufen zu können, müsste er auch geschäftsfähig sein.

Geschäftsfähigkeit ist die Fähigkeit, durch eigenes Handeln Rechtsgeschäfte wirksam vorzunehmen. Kinder bis zu ihrem vollendten 7. Lebensjahr sind geschäftsunfähig.

Beschränkte Geschäftsfähigkeit

Beschränkte Geschäftsfähigkeit → §§ 106–113 BGB

Bis zur Erteilung der Genehmigung gilt das Rechtsgeschäft als schwebend unwirksam. → Kapitel II/2.2.2

Die Geschäftsfähigkeit kann ganz ausgeschlossen sein oder sie kann nur **beschränkt** sein. Beschränkt geschäftsfähig sind Minderjährige zwischen dem 7. und dem 18. Lebensjahr. In diesem Fall bedarf der Handelnde für die von ihm getätigten Rechtsgeschäfte (von ihm abgeschlossene Verträge) eine Zustimmung seines gesetzlichen Vertreters – meist sind das die Eltern. Diese Zustimmung kann als Einwilligung vor Abschluss des Rechtsgeschäftes oder als Genehmigung nachträglich erteilt oder verweigert werden.

Minderjährige zwischen 7 und 18 Jahren sind beschränkt geschäftsfähig. Sie können wirksame Rechtsgeschäfte in der Regel nur mit Zustimmung des gesetzlichen Vertreters abschließen.

Es gibt allerdings eine Reihe von Ausnahmen, bei denen ein beschränkt Geschäftsfähiger auch **ohne Zustimmung** des gesetzlichen Vertreters wirksame Rechtsgeschäfte abschließen kann.

1. Das Rechtsgeschäft bringt nur rechtliche Vorteile.
Solche Rechtsgeschäfte sind z. B. die Annahme einer Schenkung oder die Erbschaft eines Vermögens, wenn dies weder mit Auflagen noch Belastungen verbunden ist. Dem Beschenkten bzw. Erben werden dann nur Rechte übertragen, aber keine Pflichten auferlegt.

Taschengeld
Gemäß § 110 BGB ist es Geld, das der Minderjährige vom gesetzlichen Vertreter oder mit dessen Zustimmung von einem Dritten zur freien Verfügung erhalten hat.

2. Die vertraglich vereinbarte Leistung wird mit dem Taschengeld beglichen.
Diese Ausnahme gilt nur für Geschäfte, die sofort beglichen werden, nicht für Ratenkäufe. Über zukünftiges Taschengeld kann nicht verfügt werden.

3. Selbstständiger Betrieb eines Erwerbsgeschäfts
Wenn ein beschränkt Geschäftsfähiger mit Erlaubnis des gesetzlichen Vertreters selbstständig ein Erwerbsgeschäft betreibt, ist er für die im Rahmen dieses Betriebes anfallenden Rechtsgeschäfte voll geschäftsfähig. Er kann dann z. B. Waren ein- oder verkaufen, Lagerräume anmieten usw.

Girokonto → Kapitel V/7.2

einseitige Rechtsgeschäfte → Kapitel II/2

4. Dienst- oder Arbeitsverhältnis
Wenn ein beschränkt Geschäftsfähiger mit Erlaubnis des gesetzlichen Vertreters ein Arbeits- oder Ausbildungsverhältnis eingeht, ist er für die zur Eingehung, Aufhebung oder Erfüllung des Arbeitsverhältnisses notwendigen Rechtsgeschäfte voll geschäftsfähig. Das betrifft z. B. die Einrichtung eines Girokontos für die Ausbildungsvergütung oder den Kauf von Arbeitskleidung. Zur Wirksamkeit einseitiger Rechtsgeschäfte (z. B. Kündigung des Arbeitsverhältnisses) ist jedoch grundsätzlich die Zustimmung des gesetzlichen Vertreters erforderlich.

Volle Geschäftsfähigkeit

Mit der Volljährigkeit, also mit dem vollendeten 18. Lebensjahr, ist man **voll geschäftsfähig**. Man kann dann selbstständig wirksame Rechtsgeschäfte abschließen und muss auch die volle Verantwortung dafür übernehmen.

Die Vorschriften über die Geschäftsfähigkeit und die beschränkte Geschäftsfähigkeit sind zwingend. Wer irrtümlich die Geschäftsfähigkeit eines Vertragspartners annimmt, genießt keinen Gutglaubensschutz.

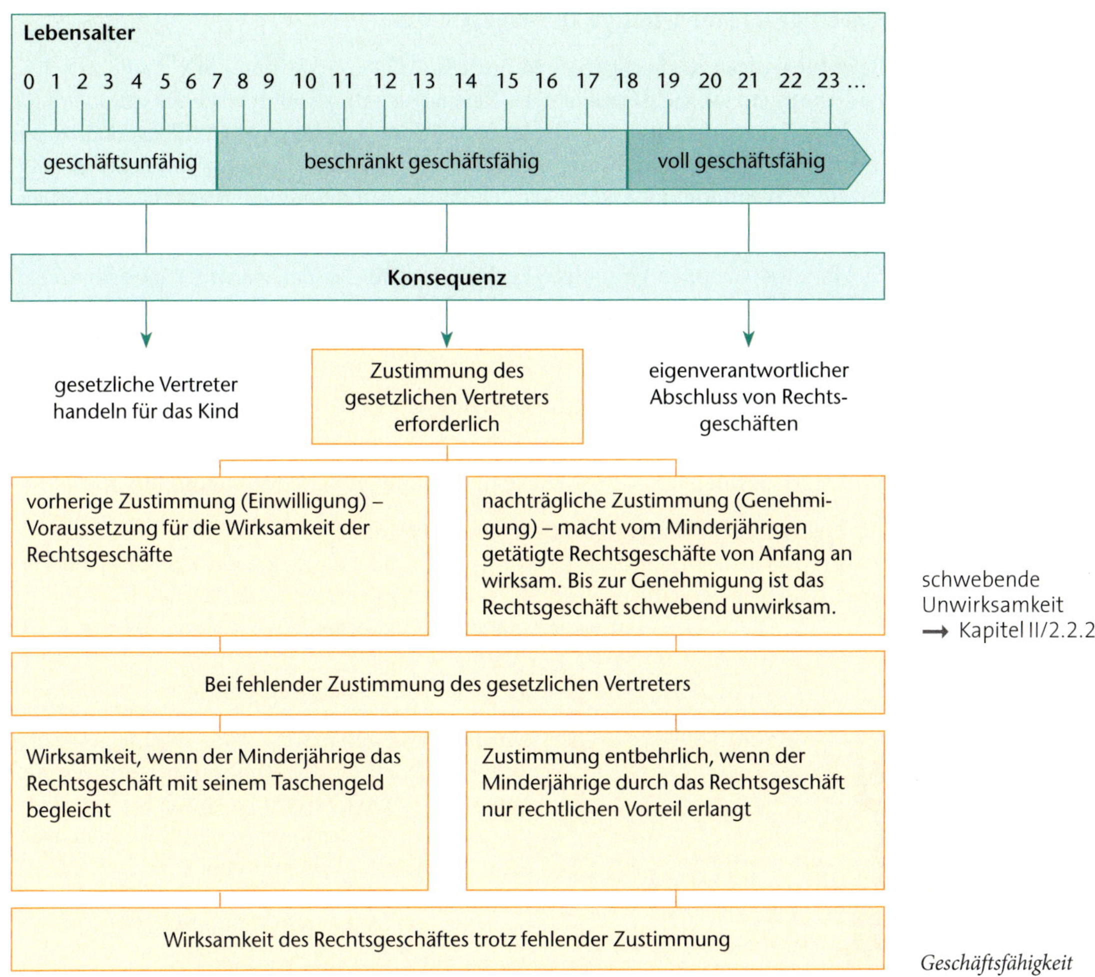

schwebende Unwirksamkeit
→ Kapitel II/2.2.2

Geschäftsfähigkeit

Silke arbeitet in einem Kosmetikinstitut. Sie verkauft an ein kleines Mädchen eine Hautcreme für 20 Euro. Die Kleine erzählt, sie sei schon sieben Jahre alt und möchte die Creme ihrer Mutter zum Geburtstag schenken. Sie bezahlt mit ihrem Taschengeld. Später kommt die Mutter ins Institut und verlangt das Geld zurück, obwohl die Verpackung der Creme bereits beschädigt ist. Ihre Tochter ist erst sechs, sagt sie, und kann den Wert ihres Geldes noch gar nicht richtig einschätzen.
Beurteilen Sie den Fall. Hat Silke einen Fehler gemacht?

2 Rechtsgeschäfte

Die Geschäftsfähigkeit des Handelnden ist eine der Voraussetzungen für die Wirksamkeit eines Rechtsgeschäftes. Weitere Voraussetzungen sind je nach Einzelfall die Wahrung bestimmter Formen (z. B. Schriftform), die Mitwirkung Dritter (z. B. die Zustimmung des gesetzlichen Vertreters) oder eine gerichtliche bzw. behördliche Genehmigung. Im Rechtsgeschäft verwirklicht sich die **Privatautonomie**, also die für jeden Einzelnen bestehende Möglichkeit, seine Rechtsbeziehungen im Rahmen der Rechtsordnung eigenverantwortlich zu gestalten.

Formvorschriften für Rechtsgeschäfte
→ Kapitel II/2.1

Ein Rechtsgeschäft besteht aus einer oder mehreren **Willenserklärungen**, die allein oder in Verbindung mit anderen Voraussetzungen eine angestrebte Rechtsfolge herbeiführen. Man unterscheidet verschiedene Arten von Rechtsgeschäften.

Einseitige und mehrseitige Rechtsgeschäfte

Kündigung → Kapitel II/6.3.1

Beim einseitigen Rechtsgeschäft ist nur eine Willenserklärung nötig. Dabei ist ohne Bedeutung, an wie viele Personen das Rechtsgeschäft geknüpft wird. Entscheidend für die Einordnung als einseitiges Rechtsgeschäft ist, dass sich nicht Willenserklärungen verschiedener **Willensrichtung** gegenüberstehen. Beispiel: Auch wenn mehrere Mieter einer Wohnung diese kündigen, bleibt die Kündigung ein einseitiges Rechtsgeschäft. Es wurden mehrere Willenserklärungen gleicher Willensrichtung abgegeben.

Es gibt zwei Gruppen einseitiger Rechtsgeschäfte. Bei der ersten Gruppe kommt es nicht darauf an, dass ein anderer von ihnen Kenntnis erlangt. Es wird eine **nicht empfangsbedürftige Willenserklärung** abgegeben. Diese Rechtsgeschäfte, wie z. B. ein eigenhändiges Testament, werden auch ohne Kundgabe an einen anderen wirksam. Sie werden als streng einseitige Rechtsgeschäfte bezeichnet.

Anfechtung → Kapitel II/2.2.4

Die zweite Gruppe der einseitigen Rechtsgeschäfte ist die der **empfangsbedürftigen Willenserklärungen**, wie z. B. Anfechtung, Kündigung und Bevollmächtigung.

Mehrseitige Rechtsgeschäfte sind in der Regel Verträge. → Kapitel II/3

Bei **mehrseitigen Rechtsgeschäften** werden mindestens zwei sich inhaltlich deckende Willenserklärungen abgegeben. Das wichtigste mehrseitige Rechtsgeschäft ist der Vertrag. Zu den mehrseitigen Rechtsgeschäften zählen aber auch die Beschlüsse einer Personenmehrheit im Gesellschafts- oder Vereinsrecht.

Das Verpflichtungsgeschäft als Fundament der Verfügung – Beispiel: Kaufvertrag

Verpflichtungs- und Verfügungsgeschäfte

Verpflichtungsgeschäfte sind Rechtsgeschäfte, durch die eine Person gegenüber einer anderen eine **Leistungspflicht** übernimmt. Durch das Verpflichtungsgeschäft (in der Regel ein Vertrag) entsteht ein Schuldverhältnis zwischen den Vertragspartnern. Eine unmittelbare Änderung bestehender Rechtsverhältnisse tritt durch das „bloße“ Verpflichtungsgeschäft jedoch nicht ein.

Dagegen sind **Verfügungen** unmittelbar darauf gerichtet, auf ein bestehendes Recht einzuwirken, es zu verändern, zu übertragen oder aufzuheben. Zu den Verfügungen gehören z. B. die Veräußerung (Übereignung einer Sache) und die Belastung (Bestellung einer Hypothek).

Es gibt noch weitere Möglichkeiten, Rechtsgeschäfte zu unterteilen, auf die hier jedoch nicht näher eingegangen werden soll:
- abstrakte und kausale Rechtsgeschäfte
- personenrechtliche und vermögensrechtliche Rechtsgeschäfte
- Rechtsgeschäfte unter Lebenden und Rechtsgeschäfte von Todes wegen

2.1 Formvorschriften für Rechtsgeschäfte

Die meisten Rechtsgeschäfte bedürfen keiner besonderen Form, um rechtswirksam zu sein. Es gilt der Grundsatz der **Formfreiheit**, d. h., die Abgabe der Willenserklärung zur Herbeiführung eines Rechtsgeschäftes kann mündlich, telefonisch, schriftlich oder durch schlüssiges Handeln (z. B. Kopfnicken) erfolgen. Für einige Rechtsgeschäfte ist jedoch die Einhaltung bestimmter Formen vorgeschrieben (**Formzwang**).

Gesetzliche Formvorschriften sind

- die **gesetzliche Schriftform**. Die Erklärung muss schriftlich abgefasst und vom Aussteller eigenhändig unterschrieben werden. Die Schriftform ist z. B. bei Arbeits- oder Ausbildungsverträgen erforderlich. Beim Vertrag muss die Unterzeichnung grundsätzlich auf derselben Urkunde erfolgen. Bei mehreren gleich lautenden Vertragsausfertigungen genügt es jedoch, wenn jede Partei die jeweils für die andere Partei bestimmte Urkunde unterzeichnet.

Schriftform → § 126 BGB

- die **öffentliche Beglaubigung**. Die Erklärung muss ebenfalls schriftlich abgefasst werden. Zusätzlich wird die Echtheit der eigenhändigen Unterschrift durch einen Notar oder eine zuständige Behörde beglaubigt. Die öffentliche Beglaubigung ist z. B. bei einer Eintragung ins Handelsregister vorgeschrieben. Bei einer amtlichen Beglaubigung wird bestätigt, dass die Abschrift (Kopie) einer Urkunde mit dem Original übereinstimmt.

öffentliche Beglaubigung → § 128 BGB

- die **notarielle Beurkundung**, wobei ein Notar sowohl die Echtheit der Unterschriften als auch des Inhaltes beurkundet. Notariell beurkundet werden z. B. der Kaufvertrag über ein Grundstück, ein Ehevertrag oder ein Erbvertrag.

notarielle Beurkundung → § 129 BGB

Für manche Rechtsgeschäfte besteht Formzwang. Werden die gesetzlichen Formvorschriften nicht eingehalten, so ist das Rechtsgeschäft grundsätzlich nichtig.

2.2 Fehlerhaftigkeit von Rechtsgeschäften

Einem Rechtsgeschäft können Fehler anhaften, die je nach Art und Schwere dessen Wirksamkeit (Gültigkeit) beeinträchtigen. Von wirksam bis endgültig unwirksam (nichtig) gibt es verschiedene Stufen. Es werden daher verschiedene Arten der Fehlerhaftigkeit von Rechtsgeschäften unterschieden.

2.2.1 Nichtigkeit

Nichtigkeit bedeutet, dass ein Rechtsgeschäft **von Anfang an unwirksam** ist. Es kann also die Rechtswirkungen, die nach seinem Inhalt bezweckt waren, von Anfang an nicht hervorbringen. Die Nichtigkeit wirkt für und gegen alle. Im Zweifel macht die Nichtigkeit eines Teils eines Rechtsgeschäftes das ganze Rechtsgeschäft nichtig.

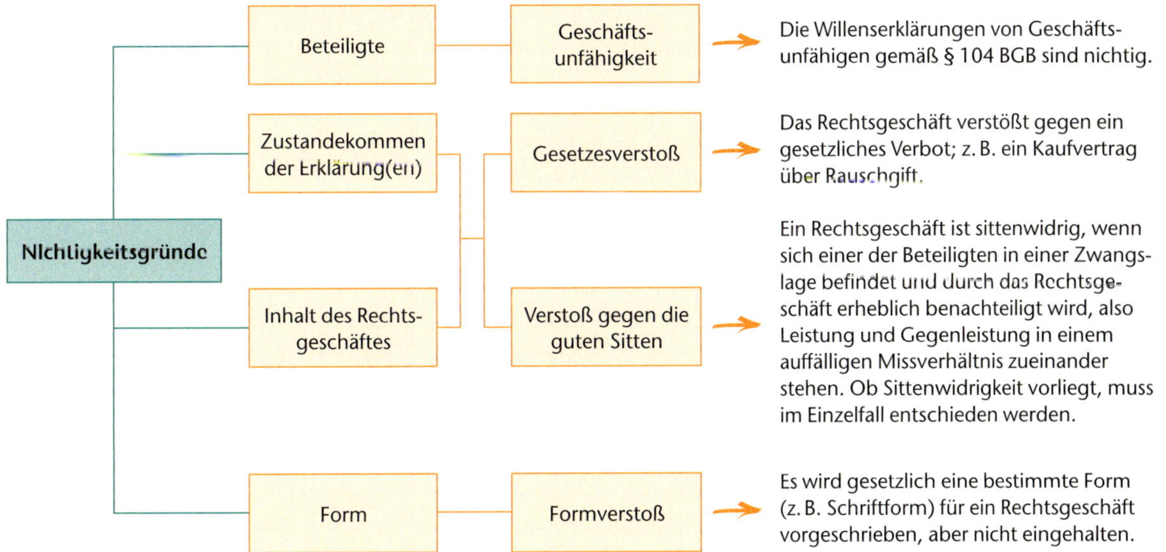

Umdeutung
Wurde mit einem Rechtsgeschäft ein bestimmter Erfolg angestrebt, dazu aber ein rechtlich unzulässiger Weg gewählt, lässt sich das nichtige Rechtsgeschäft umdeuten. Umdeutung ist möglich, wenn ein rechtlicher Weg offen steht, der in etwa zu dem gleichen Ergebnis führt, das mit dem unwirksamen Rechtsgeschäft eigentlich angestrebt war. In diesem Fall spricht man von einem Ersatzgeschäft. Das Ersatzgeschäft muss alle rechtlichen Wirksamkeitsvoraussetzungen erfüllen. Es darf in seinen rechtlichen Wirkungen aber nicht weiter reichen als das unwirksame Rechtsgeschäft. Umgedeutet werden können Rechtsgeschäfte aller Art, auch Verträge. Beispiel aus dem Arbeitsrecht (Dienstvertrag): Einem Arbeitnehmer wird fristlos gekündigt, jedoch ist diese fristlose Kündigung wegen Fehlens ausreichender Kündigungsgründe unwirksam (nichtig). Hier kann die fristlose Kündigung in eine fristgemäße Kündigung umgedeutet werden, ohne dass es einer neuen Kündigung bedarf. Allerdings kann umgekehrt eine fristgemäße Kündigung nicht in eine fristlose Kündigung umgedeutet werden, weil die Rechtsfolgen der fristlosen Kündigung weitreichender sind. Ein weiterer möglicher Anwendungsfall für eine Umdeutung ist die Kündigung eines Mietvertrages. Auch hier kann eine fristlose Kündigung in eine ordentliche Kündigung umgedeutet werden.

2.2.2 Schwebende Unwirksamkeit

Sie bedeutet, dass ein Rechtsgeschäft zunächst unwirksam ist, es aber noch wirksam werden kann, wenn ein fehlendes Wirksamkeitserfordernis nachgeholt wird. Einen möglichen Anwendungsfall haben wir schon betrachtet, dass nämlich ein Minderjähriger einen Vertrag ohne Einwilligung seines gesetzlichen Vertreters geschlossen hat. Das fehlende Erfordernis ist hier die Zustimmung des gesetzlichen Vertreters.

beschränkte Geschäftsfähigkeit → Kapitel II/1.2

Stellvertretung → Kapitel II/4

Daneben gibt es noch folgende weitere Anwendungsfälle:

- Ein Vertreter ohne Vertretungsmacht für einen anderen hat ein Rechtsgeschäft getätigt
- Genehmigungsbedürftige Rechtsgeschäfte werden getätigt, ohne das eine Genehmigung erteilt wurde.
- Bestimmte Geschäfte auf dem Gebiet des ehelichen Güterrechtes.

Kann das fehlende Wirksamkeitserfordernis nicht mehr nachgeholt werden, so wird das schwebend unwirksame Rechtsgeschäft endgültig unwirksam.

2.2.3 Relative Unwirksamkeit

Wir hatten schon gesehen, dass die absolute Unwirksamkeit eines Rechtsgeschäftes (Nichtigkeit) gegen jeden wirkt. Im Gegensatz dazu treten bei der relativen Unwirksamkeit die rechtsgeschäftlich gewollten Wirkungen grundsätzlich ein, jedoch bleibt ein besonders geschützter Personenkreis von diesen Rechtsfolgen ausgenommen.

2.2.4 Anfechtbarkeit

Anfechtungsgründe gemäß BGB:
Irrtum
→ § 119 BGB
falsche Übermittlung
→ § 120 BGB
Täuschung, Drohung
→ § 123 BGB

Motiv
hier: Beweggrund, eine Sache zu kaufen

Ist ein Rechtsgeschäft anfechtbar, so ist es zunächst gültig. Anfechtbar bedeutet, dass es einen Grund geben muss, der zur Anfechtung berechtigt. Erst mit Ausübung dieses Anfechtungsrechtes durch eine Erklärung gegenüber dem Anfechtungsgegner (dem Vertragspartner) wird das Rechtsgeschäft von Anfang an nichtig.

Ein bloßer **Motivirrtum** stellt keinen Anfechtungsgrund dar. Beispiel: Nach dem Kauf eines teuren Ölgemäldes stellt die Käuferin zu Hause fest, dass es doch nicht wie angenommen zu der neuen Wohnzimmereinrichtung passt. Der Kauf kann nicht deshalb angefochten werden, weil sich die Käuferin geirrt und nun für das Gemälde keine Verwendung mehr hat.

Es gibt **Anfechtungsfristen**. In den Fällen des Irrtums und der falschen Übermittlung muss der Anfechtungsberechtigte die Anfechtung unverzüglich erklären, nachdem ihm der Anfechtungsgrund bekannt wurde. Die Anfechtung wegen Drohung oder Täuschung muss binnen eines Jahres erfolgen.

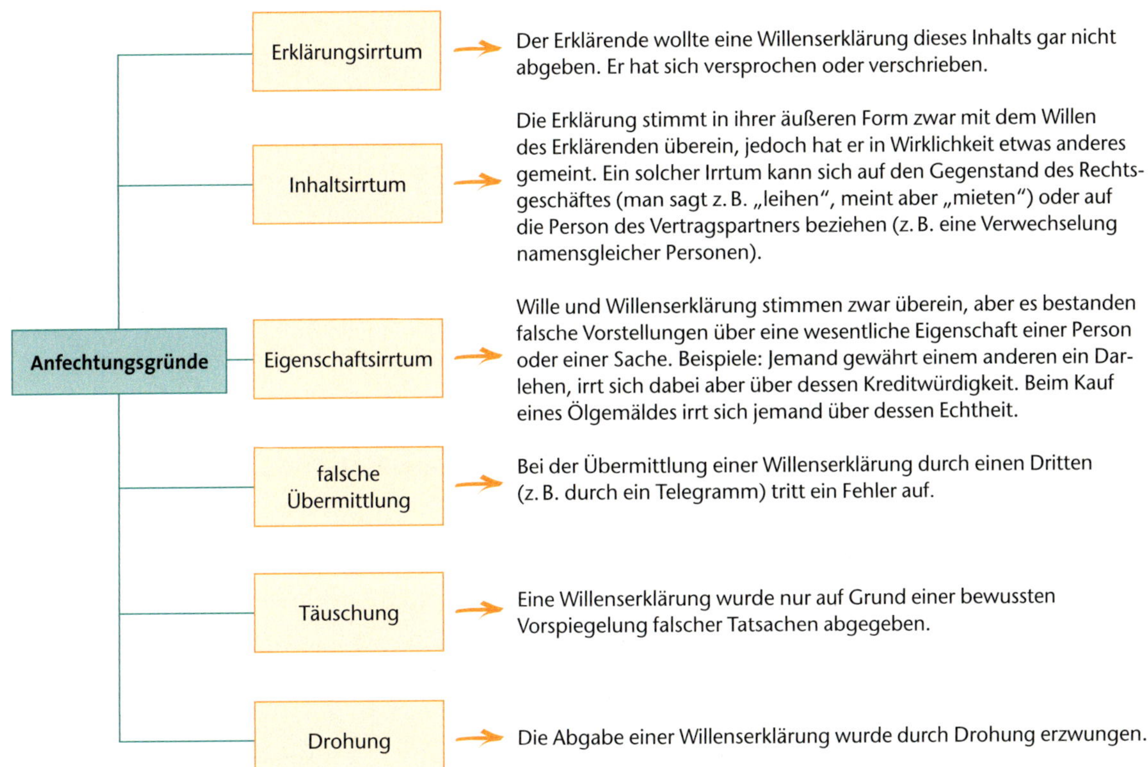

Mit der wirksamen Anfechtung ist das Rechtsgeschäft von Anfang an nichtig. Dazu muss einer der Gründe vorliegen: Irrtum, falsche Übermittlung, Täuschung oder Drohung.

2.2.5 Beschränkung der Nichtigkeitsfolgen

Der Grundsatz, dass nichtige und anfechtbare Rechtsgeschäfte von Anfang an unwirksam sind, wird in bestimmten Bereichen durch Sonderregelungen eingeschränkt. So können z. B. bei einem bereits vollzogenen Arbeitsvertrag die Nichtigkeit bzw. Anfechtungsgründe nicht rückwirkend geltend gemacht werden. Stellt sich erst nach einigen Monaten heraus, dass ein Arbeitsvertrag wegen Formverstoßes nichtig ist, so können die geleistete Arbeit und die gezahlte Vergütung nicht mehr zurückgefordert werden.

1 Aus welchen Komponenten besteht ein Rechtsgeschäft?
2 Sie steigen morgens in die U-Bahn, um damit zu Ihrem Ausbildungsplatz zu kommen. Haben Sie mit dem wortlosen Einsteigen ein Rechtsgeschäft getätigt und wenn ja, warum?
3 Bei der Rechtsfähigkeit ist zwischen natürlichen und juristischen Personen zu unterscheiden. Was ist eine juristische Person? Was hat diese Unterscheidung mit dem Verbraucherschutz (vgl. hierzu auch Abschnitt 3.3.3) zu tun?
4 Grundsätzlich sind Rechtsgeschäfte formlos wirksam. Für einzelne Bereiche ist jedoch die Einhaltung einer bestimmten Form gesetzlich vorgeschrieben. Welche Formvorschriften für Rechtsgeschäfte kennen Sie? Nennen Sie Beispiele.
5 Wozu führt die Nichteinhaltung gesetzlicher Formvorschriften?
6 Aus bestimmten Gründen kann ein Rechtsgeschäft angefochten werden. Welche Gründe sind dies?
7 Die Angestellte eines Kosmetikinstitutes erhält von ihrer Chefin den Auftrag, zwanzig Tiegel Hautcreme der Firma X zu bestellen. Die Mitarbeiterin schreibt die Bestellung irrtümlich über 200 Tiegel und gibt ein Fax auf. Kann die Erklärung der Mitarbeiterin durch die Chefin angefochten werden und wenn ja, aus welchem Grund?

Treu und Glauben
sozial angemessene Rechtsausübung mit Rücksicht auf die (übliche) Verkehrssitte

Wucher
auffälliges Missverhältnis zwischen Leistung und Gegenleistung
→ § 138 BGB

Abschlusszwang
Der Unternehmer ist gesetzlich verpflichtet, einen Vertrag abzuschließen. Dies gilt z.B. für Apotheker oder die Deutsche Post.

Genuss der Früchte
Die z.B. auf einem gepachteten Grundstück erwirtschafteten Erträge (z.B. Ernte) stehen dem Pächter zu.

3 Vertragsrecht

Ein Vertrag ist ein zweiseitiges Rechtsgeschäft, das durch zwei sich inhaltlich deckende Willenserklärungen (einem Antrag und einer Annahme) zustande kommt.

In der Bundesrepublik Deutschland hat jede geschäftsfähige Person das Recht, frei und eigenverantwortlich Verträge abzuschließen, und zwar mit wem, worüber und wie sie es will. Dieser Grundsatz wird als **Vertragsfreiheit** bezeichnet.

Der Vertragsfreiheit werden bestimmte Grenzen gesetzt, insbesondere dadurch, dass ein Rechtsgeschäft nicht sittenwidrig sein darf, nicht gegen die Grundsätze von **Treu und Glauben** verstoßen werden darf und auch **Wucher** nicht gestattet ist.

Eine weitere Beschränkung der Vertragsfreiheit besteht darin, dass bestimmte Verträge gesetzlichen Formvorschriften unterliegen (vgl. Kapitel II/2.1). Des Weiteren besteht für einige Berufsgruppen und Branchen ein **Abschlusszwang**, also eine Beschränkung der freien Wahl des Vertragspartners.

3.1 Vertragsarten

Ein Vertrag kann den gesetzlich geregelten Vertragstypen entsprechen oder ein gemischter Vertrag sein. Gesetzlich geregelt sind u. a. folgende Vertragstypen:

Tabelle II/1 *Gesetzlich geregelte Vertragsarten*

Vertragsart	Gesetzliche Grundlage	Vertragspartner	Vertragsinhalt
Kaufvertrag	§ 433 BGB	Käufer – Verkäufer	Der Verkäufer verpflichtet sich zur Übergabe und Verschaffung des Eigentums an einer mängelfreien Sache, der Käufer zur Zahlung des vereinbarten Kaufpreises und zur Abnahme der gekauften Sache.
Dienstvertrag	§ 611 BGB	Dienstberechtigter – Dienstverpflichteter	Verpflichtung zum Tätigwerden (auf Zeit) gegen Zahlung von Entgelt
Werkvertrag und ähnliche Verträge	§§ 631 ff. BGB	Unternehmer – Besteller	entgeltliche Verpflichtung zur Erreichung eines bestimmten (Arbeits-) Erfolges
Leihvertrag	§ 598 BGB	Leiher – Verleiher	unentgeltliche Überlassung von Sachen zum Gebrauch
Mietvertrag	§ 535 BGB	Mieter – Vermieter	entgeltliche Überlassung von Sachen zum Gebrauch
Pachtvertrag	§ 581 BGB	Pächter – Verpächter	entgeltliche Überlassung von Sachen oder Rechten zum Gebrauch und **Genuss der Früchte**
Sachdarlehensvertrag	§ 607 BGB	Darlehensnehmer – Darlehensgeber	Überlassung vertretbarer Sachen mit der Verabredung, ein Darlehensentgelt zu zahlen und Sachen gleicher Art, Güte und Menge zurückzuerstatten
Darlehensvertrag	§ 488 BGB	Darlehensnehmer – Darlehensgeber	Zur-Verfügung-Stellung eines Geldbetrages gegen Zahlung von Zinsen und Rückerstattung des Darlehens bei Fälligkeit
Versicherungsvertrag	§ 1 Gesetz über den Versicherungsvertrag (VVG)	Versicherer – Versicherungsnehmer	Ersatz eines Vermögensschadens bzw. Zahlung eines Kapitals oder einer Rente nach Eintritt des Versicherungsfalls bei vorheriger Prämienzahlung

3.2 Wichtige Vertragsformen im Kosmetikinstitut

Eine Kosmetikerin, die ihr Institut in bester Citylage in angemieteten Räumen betreibt, behandelt ihre Kunden kosmetisch und verkauft ihnen Produkte zur Reinigung und Pflege der Haut. Damit ist sie Partnerin verschiedener Verträge, nämlich einem Mietvertrag über die Räume, einem Dienstvertrag über die kosmetische Behandlung der Kundin und schließlich einem Kaufvertrag über die Produkte.

Der **Dienstvertrag** ist ein gegenseitiger Vertrag, durch den sich der eine Vertragsteil zur Leistung der versprochenen Dienste verpflichtet und der andere Vertragsteil zur Zahlung der vereinbarten Vergütung. Dabei ist es gleichgültig, ob es sich bei dem geleisteten Dienst um eine einmalige Tätigkeit handelt (die Kosmetikerin führt eine Behandlung an der Kundin durch) oder um eine auf Dauer angelegte Tätigkeit (die Kosmetikerin arbeitet als Angestellte in einem großen Institut).

Ein Arbeitsvertrag ist eine Form des Dienstvertrages.
→ Kapitel II/6.2

Oft ist eine Abgrenzung zwischen einem Dienst- und einem **Werkvertrag** schwierig, da es fließende Übergänge zwischen diesen Vertragsarten gibt. Die Rechtsfolgen der beiden Vertragsarten sind jedoch unterschiedlich, insbesondere hinsichtlich der Vergütung im Falle einer nicht ordnungsgemäßen Vertragserfüllung. Die Vergütung beim Dienstvertrag ist nach der Leistung der Dienste zu entrichten (§ 614 BGB).

Demgegenüber kann beim Werkvertrag, wenn das Werk mangelhaft ist, der Besteller bei Vorliegen der gesetzlichen Voraussetzungen des § 634 BGB Nacherfüllung verlangen, den Mangel selbst beseitigen und Ersatz der erforderlichen Aufwendungen verlangen, vom Vertrag zurücktreten, die Vergütung mindern, Schadensersatz oder Ersatz vergeblicher Aufwendungen verlangen. Entscheidend ist also, dass sich der Unternehmer beim Werkvertrag zu einem **Erfolg** verpflichtet (§ 631 Abs. 2 BGB).

Der Dienstvertrag verpflichtet zur Leistung der vereinbarten Dienste. Beim Werkvertrag schuldet der Unternehmer dem Besteller einen bestimmten Erfolg.

Der **Mietvertrag** ist ein Vertrag zwischen Mieter und Vermieter zur Gebrauchsüberlassung einer Sache gegen Entgelt. Diese Sache kann eine bewegliche Sache sein, wie z. B. ein Mietwagen, oder eine unbewegliche Sache, wie z. B. die Räumlichkeiten des Kosmetikinstituts. Die Rechte und Pflichten aus einem Mietvertrag sind in den Paragraphen 535 ff. BGB geregelt. Die **Schriftform** ist nicht für die Miete beweglicher Sachen gesetzlich vorgeschrieben, jedoch bei Wohn- und Geschäftsräumen, wenn die Mietdauer ein Jahr übersteigt.

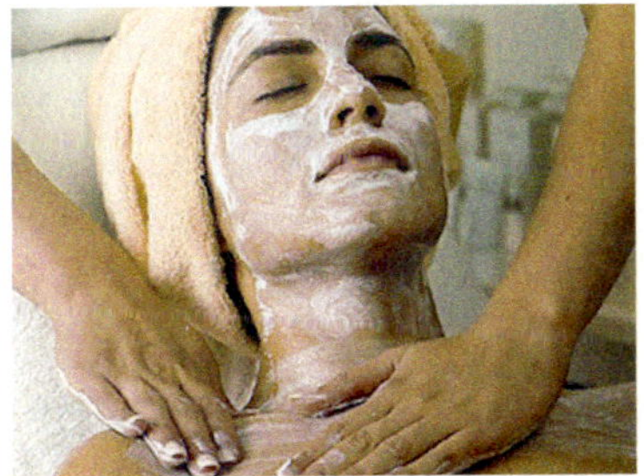

Dienstvertrag

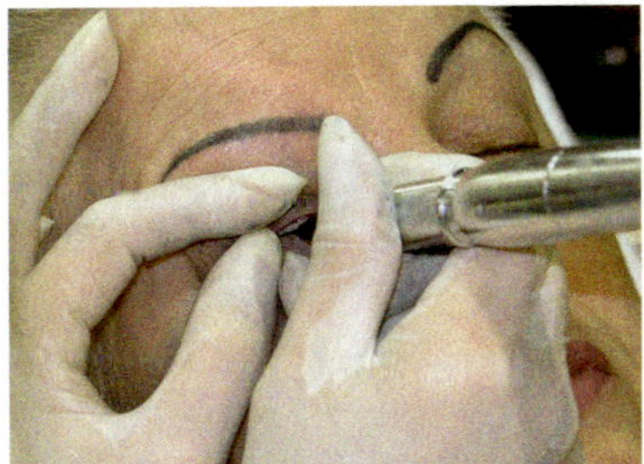

Werkvertrag

Kaufvertrag

3.3 Allgemeine Geschäftsbedingungen (AGB) und Verbraucherschutz

Wird der Inhalt eines Vertrages gemeinsam von den Vertragsparteien bestimmt, so ist der Vertrag individuell ausgehandelt. Im Gegensatz zur Individualvereinbarung eines Vertrages steht die Verwendung von allgemeinen Geschäftsbedingungen bei einem Vertragsabschluss.

3.3.1 AGB

Im Zuge von Massenproduktion und Massenkonsum von standardisierten Waren und Dienstleistungen kommt es immer mehr dazu, dass eine Vertragspartei Vertragsbedingungen vorformuliert, die dann für eine Vielzahl von Verträgen gelten sollen. Der Verwender stellt diese Bedingungen, die so genannten **allgemeinen Geschäftsbedingungen (AGB)**, dem anderen Vertragspartner bei Abschluss des Vertrages.

AGB haben nur dann Gültigkeit, wenn bei Vertragsabschluss ausdrücklich auf sie hingewiesen wurde bzw. ihre Kenntnisnahme zumutbar ist und der Kunde sie akzeptiert. Gleichgültig ist dabei, ob die Vertragsbestimmungen einen äußerlich gesonderten Bestandteil des Vertrages bilden oder in der Vertragsurkunde selbst aufgenommen werden, welchen Umfang sie haben, in welcher Schriftart sie verfasst sind und welche Form der Vertrag hat. Individuelle Vereinbarungen haben Vorrang.

→ §§ 305–310 BGB

Hintergrund der Verwendung von allgemeinen Geschäftsbedingungen ist also eine Vereinfachung der Geschäftsabläufe. Zweck ist aber natürlich auch, die Rechtsstellung des Verwenders – in der Regel eines Unternehmers – zu stärken und die des Kunden zu schmälern. Häufig ist es nämlich so, dass die Kunden die allgemeinen Geschäftsbedingungen akzeptieren, ohne eigentlich von ihrem Inhalt Kenntnis zu nehmen – oft ist es „zu lästig", das Kleingedruckte zu lesen, die Bedingungen sind schwer verständlich formuliert oder sehr umfangreich.

Letztlich geht es also um die Vertragsfreiheit einerseits und die Verhinderung eines Missbrauchs dieser Vertragsfreiheit andererseits. Die Freiheit zur einseitigen inhaltlichen Ausgestaltung eines Vertrages wird deshalb gesetzlich beschränkt, um damit eine **Vertragsgerechtigkeit** sicherzustellen. Früher gab es für die AGB ein spezielles Gesetz, doch wurden diese Vorschriften im Zuge des Schuldrechtsmodernisierungsgesetzes in das Bürgerliche Gesetzbuch (BGB) integriert.

Will eine Kosmetikerin allgemeine Geschäftsbedingungen verwenden, die die Besonderheit der von ihr angebotenen Leistung berücksichtigen, so muss sie wissen, dass diese AGB nicht nur für ihre Kunden verständlich bzw. transparent sein müssen, sondern dass solche Vertragsbedingungen auch einer besonderen (richterlichen) Inhalts- und Angemessenheitskontrolle unterliegen. Kann eine Bedingung der Kontrolle nicht standhalten, wird festgestellt, dass sie unwirksam ist.

Die **Stiftung Warentest** veröffentlicht ihre Ergebnisse u. a. in den Zeitschriften „test" und „Finanztest".

3.3.2 Verbraucherschutz

Einer einseitigen Abwälzung vertraglicher Risiken durch den Verwender von AGB auf den Kunden tritt u. a. der Verbraucherschutz entgegen. Unter **Verbraucher** versteht man jede natürliche Person, die ein Rechtsgeschäft zu einem Zweck abschließt, der weder einer gewerblichen noch einer selbstständigen Tätigkeit zugerechnet werden kann. Rechtsgeschäfte von Verbrauchern dienen also ausschließlich privaten Zwecken.

Inzwischen ist der Verbraucherschutz zu einem **wesentlichen Schutzprinzip** des bürgerlichen Rechts geworden. So wird der Verbraucher auch dann geschützt, wenn er selbst nicht rechtsgeschäftlich handelt, sondern ihm z. B. eine Ware unbestellt zugeschickt wird, ihm gegenüber der Eindruck einer Gewinnzusage erweckt wird oder wenn er Informationen braucht. Grund dafür ist, dass Verbraucher im Vergleich zu den Unternehmern als „schwächere" Marktgruppe anzusehen sind. Diese schwächere Stellung soll durch die Vorschriften und Maßnahmen des Verbraucherschutzes ausgeglichen werden.

www.stiftungwarentest.de

Unter www.vzbv.de → Links finden Sie eine Liste sämtlicher **Verbraucherzentralen** in Deutschland.

- **Verbraucherinformation:** Bereitstellung produktbegleitender Informationen durch die **Verbraucherzentralen**, Preis- und Qualitätsvergleiche, Testergebnisse der **Stiftung Warentest**, Informationen zu Umweltschutz und Umweltverträglichkeit
- **Verbrauchererziehung:** Aufklärung über den Schutz des Verbrauchers und die damit verbundenen Rechte. Verbraucher können sich durch verschiedene Medien, z. B. durch Informationsschriften oder in Seminaren, über ihre Rechte informieren.
- **Persönliche Beratung** und Rechtsschutz: Die Verbraucherzentralen unterhalten Beratungsstellen, die im persönlichen Gespräch, aber auch telefonisch oder per E-Mail meist kostenlose Beratung und Informationen z. B. zu Fragen der Ernährung und Gesundheit, zu Finanzen und Verschuldung und in Rechtsfragen anbieten.

3.4 Vertragsstörungen

Was passiert, wenn schon bei der Begründung eines Vertrages oder später bei dessen Abwicklung Hindernisse auftreten, die dazu führen, dass Leistungen gar nicht, zu spät oder nur schlecht erbracht werden? Zu welchen Rechtsfolgen führt das?

Störung beim Kaufvertrag
→ Kapitel V/5
→ Kapitel VI/7.2.1

Eine Neukundin betritt das Kosmetikinstitut und wünscht eine klassische Gesichtspflegebehandlung. Die Kosmetikerin ist damit einverstanden.

Mit einem gegenseitigen Vertrag, also einem Schuldverhältnis zwischen zwei Personen, werden gegenseitige (voneinander abhängige) Rechte und Pflichten für beide Vertragspartner begründet.

Haben Kosmetikerin und Kundin einen Vertrag über eine „klassische Gesichtspflegebehandlung" geschlossen, dann kann die Kosmetikerin in der Regel nur Zahlung verlangen, wenn und soweit sie kosmetische Leistungen an der Kundin vorgenommen hat.

Sieht man einen solchen Vertrag als einen Organismus an, dann versteht sich eine Pflichtverletzung durch einen der Vertragspartner als eine Störung dieses Organismus. Juristisch spricht man insofern von einer **Leistungsstörung**. Nach der Art der Leistungsstörung lassen sich drei Typen der Pflichtverletzung unterscheiden:
- die Nichterfüllung einer vertraglichen (oder einer gesetzlichen) Leistungspflicht,
- die Schlechterfüllung,
- die Verletzung von Nebenpflichten (insbesondere Schutzpflichten).

Die Kosmetikerin beginnt mit der Gesichtsbehandlung. Sie führt eine Gesichtsmassage durch und trägt der Kundin ein Tages-Make-up auf. Außerdem empfiehlt sie der Kundin den Kauf eines Pflegeproduktes aus ihrem Sortiment.

In unserem Beispielsfall geht der Gesichtsbehandlung keine Hautanalyse voran, es erfolgt weder eine Grundreinigung noch das Auftragen eines Pflegeproduktes. Die Kosmetikerin hat deshalb ihre Leistungen nicht so wie von ihr geschuldet erbracht. Sie hat ihre **Hauptleistungspflichten** verletzt. Die Kosmetikerin schuldete der Kundin eine „klassische Gesichtspflegebehandlung".

3.4.1 Schadenersatz

Eine Schuldnerin – hier die Kosmetikerin – ist zum Schadenersatz verpflichtet, wenn sie die Pflichtverletzung **zu vertreten** hat. Welche Umstände die Verantwortlichkeit eines Schuldners begründen, ergibt sich aus den Paragraphen 276, 277, 278 des BGB. Nach diesen gesetzlichen Vorschriften hat ein Schuldner **Vorsatz** und Fahrlässigkeit zu vertreten. Fahrlässig handelt, wer die im Verkehr erforderliche Sorgfalt außer Acht lässt. Unter erforderlicher Sorgfalt ist dabei zu verstehen, was allgemein von einer durchschnittlichen Kosmetikerin erwartet werden kann.

Vorsatz
das Wissen und Wollen einer unerlaubten Handlung

Der Vertrag zwischen Kundin und Kosmetikerin war auf eine „klassische Gesichtspflegebehandlung" gerichtet, die Kundin wollte also für die Kosmetikerin offensichtlich erkennbar **die Pflege** ihres Gesichtes. Weil diese der Kundin jedoch weder eine pflegende Maske noch ein sonstiges pflegendes Produkt auftrug, hat die Kosmetikerin folglich die verkehrsübliche Sorgfalt außer Acht gelassen, also fahrlässig gehandelt. Sie hat die Pflichtverletzung zu vertreten.

Was wäre, wenn die Kosmetikerin nicht selbst gehandelt hätte? Nehmen wir an, sie hätte ihre Auszubildende, die gerade erst einen Monat im Institut arbeitet, die Behandlung durchführen lassen und sie hätte die Auszubildende dabei nicht beaufsichtigt. Ist die Kosmetikerin dann für einen Fehler der Auszubildenden verantwortlich?

§ 278 BGB: Verantwortlichkeit des Schuldners für Dritte
Der Schuldner hat ein Verschulden seines gesetzlichen Vertreters und der Personen, deren er sich zur Erfüllung seiner Verbindlichkeit bedient, in gleichem Umfang zu vertreten wie eigenes Verschulden.

Diese Vorschrift regelt also die Verantwortlichkeit eines Schuldners – hier der Kosmetikerin – für ihre Auszubildende. Die Kosmetikerin hat die Pflichtverletzung ihrer Auszubildenden so zu vertreten, als wäre es ihre eigene.

Bei der Neukundin handelt es sich um eine 60-jährige Geschäftsfrau mit schuppender, extrem trockener Haut, die ihren winterblassen Teint zum Frühlingsanfang „auffrischen lassen" will. Ein zu extremes chemisches Peeling durch die Kosmetikerin, der im übrigen Fachkenntnisse für das Peeling fehlen, führt zu außerordentlichen Hautirritationen bei der Kundin, die deswegen einen Geschäftstermin absagen muss.

Art, Inhalt und Umfang des Schadenersatzes werden in den §§ 249 ff. BGB bestimmt.

Die vom Schuldner (der Kosmetikerin) zu vertretende Pflichtverletzung begründet für den anderen Vertragspartner einen **Schadenersatzanspruch**. Der Schadenersatzanspruch erstreckt sich auf alle unmittelbaren und mittelbaren Nachteile des schädigenden Verhaltens. Ist wie hier im Fallbeispiel sogar ein Schaden am Körper bzw. an der Gesundheit einer Person entstanden, dann wäre neben dem **materiellen Schaden** (wenn z. B. der Kundin durch den ausgefallenen Geschäftstermin nachweislich ein gewinnbringender Auftrag nicht erteilt worden ist) gegebenenfalls auch **Schmerzensgeld** (immaterieller Schaden) zu zahlen. Anschauliches Beispiel für ein Schmerzensgeld wegen Verletzung einer vertraglichen Schutzpflicht ist etwa beim Friseur das Verbrennen der Kopfhaut beim Legen einer Wasserwelle.

Neben der sich aus einem Vertrag ergebenden Hauptleistungspflicht gibt es auch Nebenleistungs- und Schutzpflichten, auf deren Einhaltung zu achten ist. Bei Vorsatz und bei Fahrlässigkeit führen Pflichtverletzungen zu einer Haftung.

3.4.2 Umgang mit Vertragsstörungen

Reklamation (Kaufvertrag) → Kapitel VI/7

Vor allem wenn es um Reklamationen geht, können im Berufsalltag der Kosmetikerin immer wieder problematische Situationen auftreten. Hier sollte die Kosmetikerin versuchen, sich den Standpunkt des anderen bewusst zu machen. Wird ein Streit über einen Behandlungsvertrag, bei dem etwas „schief gelaufen" ist, erst einmal vor dem Richter ausgetragen, wird die Kosmetikerin nicht nur diesen Kunden aus ihrer Kartei streichen müssen, sondern möglicherweise durch negative „Mundpropaganda" auch noch weitere Kunden verlieren. Da im Wirtschaftsleben dauerhafte Beziehungen zu Kunden immer wichtiger werden, kann das nicht im Interesse der Kosmetikerin liegen, auch wenn die Reklamation möglicherweise unberechtigt ist.

Kundenorientierung im Kosmetikinstitut → Kapitel IV/1

Inzwischen gibt es jedoch auch juristische Möglichkeiten, die verhindern können, dass ein solcher Konflikt die dauerhafte Beziehung zum Kunden gefährdet oder gar zerstört. Eine davon ist die **Mediation**. Dies ist eine außergerichtliche Vermittlung in Konflikten durch neutrale Dritte. Im Mittelpunkt steht dabei, dass die Beteiligten eigenständig versuchen, eine Lösung ihres Problems zu finden. Im Unterschied zum Gerichts- und Schlichtungsverfahren bestimmt also nicht ein Richter oder Schlichter über den Ausgang des Streitfalles, sondern die Beteiligten haben es selbst in der Hand, die für sie beste (wirtschaftlichste) Lösungsalternative zu finden.

1 Welche Art von Vertrag haben Kosmetikerin und Kundin im Beispielfall geschlossen?
2 Um welchen Typus der Pflichtverletzung handelt es sich im Beispielfall?

4 Stellvertretung

Bei der Stellvertretung werden Willenserklärungen in fremdem Namen abgegeben. Es handelt sich also um eine Ausnahme von dem Normalfall, dass diejenige Person, die ein Rechtsgeschäft eingehen will, sich auch persönlich um den Abschluss und die Einhaltung kümmern muss. Abgesehen von einigen höchstpersönlichen Rechtsgeschäften wie z. B. die Eheschließung oder die Errichtung eines Testaments können nahezu alle Rechtsgeschäfte durch einen Stellvertreter abgewickelt werden.

Die Stellvertretung kann der Kosmetikerin in ihrem Geschäftsleben beispielsweise in den folgenden Fällen begegnen.

1 Eine Kosmetikerin ist oft auf Geschäftsreisen unterwegs und möchte ihrer Angestellten eine Vollmacht zur Erledigung verschiedener Geschäftsvorgänge (z. B. Wareneinkauf) einräumen.
2 Die Kosmetikerin ist zwar selbst stets im Geschäft, möchte aber, dass auch die Angestellten A und B selbstständig kassieren können.
3 Die Leiterin einer Kosmetikfirma will auf den bekannten großen Messen ausstellen und beauftragt im Rahmen der Veranstaltungsorganisation einen Hostessenservice zur Standbetreuung und ein Cateringunternehmen für die Verpflegung.

Stellvertretung – Umleitung der Wirkungen eines Rechtsgeschäfts auf die Vertretene

Die Beispiele zeigen, dass die Einräumung von Vertretungsmacht ein Mittel der Kosmetikerin ist, den eigenen rechtsgeschäftlichen Wirkungskreis durch Arbeitsteilung zu erweitern. Das Gesetz gibt der Kosmetikerin, die nicht stets vor Ort an ihrem Institut oder dort sehr beschäftigt ist, nämlich die Möglichkeit, den Angestellten rechtsgeschäftliches Handeln zu gestatten. Die Wirkungen dieses rechtsgeschäftlichen Handelns treffen aber nicht die Angestellten, sondern die Kosmetikerin selbst. Die Kosmetikerin kann sich von ihrer Angestellten vertreten lassen.

rechtsgeschäftliches Handeln = Abgabe von Willenserklärungen
→ Kapitel II/2

Bestellt also die Angestellte Waren für die Kosmetikerin, dann wird damit nicht die Angestellte, sondern unmittelbar die Kosmetikerin verpflichtet, diese Waren zu bezahlen. Die Angestellte bringt zwar den Vertragsabschluss zustande, aber dieser Vertrag wirkt unmittelbar für und gegen die Kosmetikerin, d. h., sie erhält die Waren geliefert und muss sie bezahlen.

Unter (Stell-)Vertretung im Sinne der §§ 164 ff. BGB versteht man rechtsgeschäftliches Handeln im fremden Namen und mit unmittelbarer Wirkung für die Person des Vertretenen.

Wird die Vertretungsmacht durch ein Rechtsgeschäft begründet, so handelt es sich um eine so genannte **Vollmacht**. Die Erteilung einer Vollmacht erfolgt durch eine Erklärung gegenüber der zu Bevollmächtigenden (**Innenvollmacht**) oder sie kann auch gegenüber dem Geschäftspartner erklärt werden (**Außenvollmacht**). So könnte z. B. die Kosmetikerin den Lieferanten L anrufen und ihm mitteilen, dass die Angestellte A für sie bis zur Summe von 1000 Euro Waren aussuchen und bestellen kann.

Die Erteilung einer Vollmacht ist grundsätzlich – abgesehen von speziellen Ausnahmen z. B. ein Grundstück betreffend – nicht an eine bestimmte Form gebunden. Die Vollmacht ist **formfrei** möglich.

Schließt die Angestellte einen Vertrag ohne Vollmacht oder außerhalb des Rahmens ihrer Vertretungsmacht (bestellt sie also nicht Waren im Wert von 1000, sondern von 2000 Euro), wird die Angestellte selbst aus diesem Vertrag verpflichtet. Sie wäre in diesem Fall eine **Vertreterin ohne Vertretungsmacht**. Allerdings steht es der Kosmetikerin frei, durch nachträgliche Genehmigung noch in den Vertrag einzusteigen.

Das **Handelsrecht** ist im Handelsgesetzbuch (HGB) festgeschrieben und betrifft Rechtsgeschäfte von Unternehmern.

Den Umfang einer Vollmacht bestimmt grundsätzlich die Vollmachtgeberin. Bei einigen Vollmachten des **Handelsrechts** ist der Umfang gesetzlich festgelegt, so bei der Prokura und der Handlungsvollmacht.

Die **Prokura** ist die umfassendste Vollmacht, die ein Unternehmer einem Mitarbeiter erteilen kann. Durch Erteilung der Prokura erhält der Prokurist die gleichen Befugnisse wie der Unternehmer selbst (Ausnahme: Veräußerung und Belastung von Grundstücken). Jede Handlung des Prokuristen berechtigt und verpflichtet den Unternehmer.

Die **Handlungsvollmacht** nach dem Handelsgesetzbuch ist eine Vertretungsmacht, deren Umfang einerseits vom Inhaber des Geschäftsbetriebes bestimmt wird, die aber gleichzeitig einen vom Gesetz festgelegten Mindestumfang hat.

Je nachdem, in welchem Umfang die Kosmetikerin ihrer Angestellten Vollmacht erteilen will, ist zu unterscheiden zwischen

- **Spezialvollmacht:** Die Kosmetikerin ermächtigt die Angestellte zur Vornahme eines bestimmten, einzelnen Rechtsgeschäftes, z. B. einmalige Vertretung an der Kasse, während die Kosmetikerin in Urlaub ist.
- **Artvollmacht:** Diese Vollmacht befugt zur Vornahme einer bestimmten, zum Kosmetikbetrieb gehörenden Art von Rechtsgeschäften, z. B. dem Kassieren aller Warenverkäufe.
- **Generalvollmacht:** Damit erhält die Angestellte die Befugnis, alle branchenüblichen Geschäfte, die zum konkreten Kosmetikbetrieb passen, mit Wirkung für die Kosmetikerin vorzunehmen.

Es gibt noch eine Regelung im Handelsrecht für Angestellte im Laden oder Warenlager. Für **Ladenangestellte** gilt auch ohne entsprechende Vollmachterteilung, dass sie zu Verkäufen und zur Empfangnahme (z. B. von Waren oder Geld) ermächtigt sind, die in einem derartigen Laden gewöhnlich vorkommen. Wenn jemand einen Verkaufsraum betritt und mit einer dort beschäftigten Person Geschäfte abschließt, wird gemäß § 56 HGB im Namen des Unternehmens gehandelt. Bei unternehmensbezogenen Geschäften besteht eine tatsächliche Vermutung, dass der Handelnde für das Unternehmen aufgetreten ist.

Der Bote ersetzt hier sozusagen einen Brief der Absenderin K. Statt eines Briefes übermittelt A die Willenserklärung.

Anders als ein Stellvertreter gibt ein **Bote** keine eigene Willenserklärung ab, sondern übermittelt die eines anderen. Beispiel: Der Angestellte A ruft den Lieferanten L an: „Meine Chefin K lässt Ihnen ausrichten, dass sie gemäß Ihrem Angebot vom 15. Mai 20 Flaschen Reinigungsmilch ‚Super-Clean' zu je 10,50 Euro bestellt." Da das Handeln des Boten nicht rechtsgeschäftlicher Natur ist, braucht er auch nicht geschäftsfähig zu sein.

1 Was ist der Unterschied zwischen einem Stellvertreter und einem Boten?
2 Eine Kundin hat die Erstellung eines Braut-Make-ups mit Ihnen vereinbart. Am Morgen des Hochzeitstages erscheint Sie mit rotem Ausschlag im Gesicht und bittet Sie um Wahrnehmung des Termins beim Standesamt in ihrem Namen, als ihre Stellvertreterin. Können Sie das Ja-Wort mit Wirkung für die Kundin abgeben?
3 Was passiert, wenn Sie ohne Vollmacht für einen anderen einen Vertrag abschließen?

5 Rechtsformen von Unternehmen

Jeder Unternehmensgründer muss sich bei der Gründung seines Unternehmens für eine **Rechtsform** entscheiden. Für die Wahl der Rechtsform gibt es keine Patentlösung, ausschlaggebend ist die jeweilige Situation, wie z. B.

- Betriebsgröße
- Möglichkeiten der Kapitalbeschaffung
- Anzahl der Geschäftspartner
- Gewinn und Verlustverteilung
- Haftung

Wahl der Rechtsform bei Gründung eines Kosmetikinstituts
→ Kapitel VII/1.5

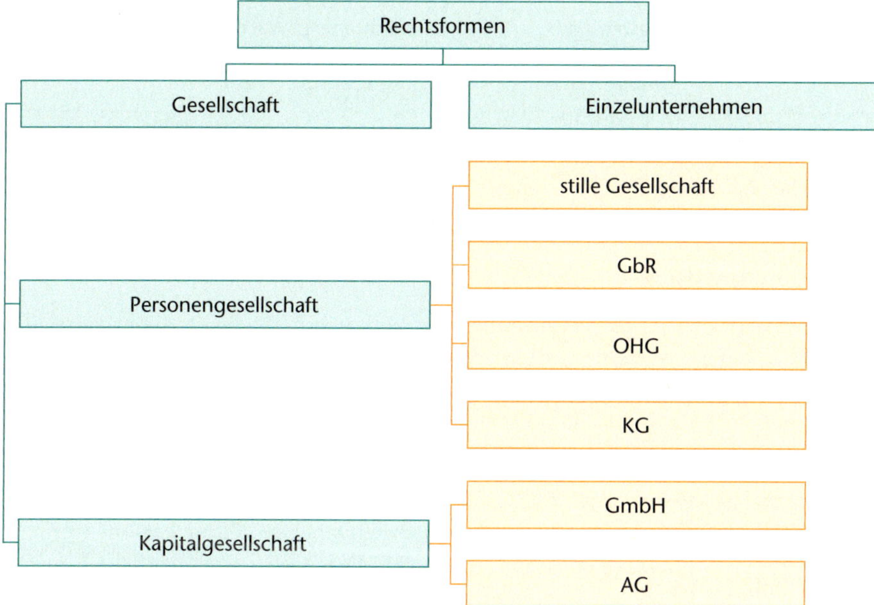

II Recht

5.1 Einzelunternehmen

Die Kosmetikerin Beate Müller ist seit fünf Jahren in einem Kosmetikinstitut in einer Großstadt als Angestellte beschäftigt. Sie denkt darüber nach, sich selbstständig zu machen, denn sie möchte mit ihrer Familie in einen Nachbarort auf dem Lande ziehen. Dort hat die Familie ein eigenes Wohnhaus mit Grundstück gekauft. Dort gäbe es die Möglichkeit, einen kleinen Kosmetiksalon einzurichten und ihre Arbeitstätigkeit zu Hause auszuüben.

Beate hat 8000,00 € gespart, die sie in ihr Unternehmen einbringen könnte. Der restliche Kapitalbedarf zur Gründung des Instituts müsste durch einen Kredit gedeckt werden. Auf Grund ihrer beruflichen Erfahrungen und Kontakte hat sie sich schon im Vorfeld überlegt, welche Einrichtungsgegenstände (z. B. Kosmetikliege, Apparate) und welche kosmetischen Produkte sie anschaffen will. Was muss sie bei der Gründung ihres Unternehmens noch beachten?

Eine gängige Form eines Unternehmens ist das Einzelunternehmen. Die Gründung ist insoweit einfach, als das Einzelunternehmen nicht an eine bestimmte Form gebunden ist. Einerseits muss die Einzelunternehmerin allein das Kapital zur Finanzierung des Unternehmens aufbringen, womit natürlich auch ein hohes finanzielles Risiko verbunden sein kann. Andererseits steht ihr dann auch der erzielte Gewinn allein zu. Die Führung des Betriebes liegt allein in ihrer Hand. Sie trägt allein die Verantwortung gegenüber Mitarbeitern und Kunden. Mitarbeitern kann die Einzelunternehmerin Handlungsvollmacht erteilen und ihnen somit Aufgaben im Betrieb übertragen.

Fremdkapitalbeschaffung
→ Kapitel VII/2.3

Vollmacht
→ Kapitel II/4

Als Einzelunternehmerin haftet man allein für alle Schulden des Betriebes und zwar unbegrenzt, also nicht nur mit dem Betriebsvermögen, sondern auch mit dem Privatvermögen.

Tabelle II/2 *Einzelunternehmen*

Vorteile	Nachteile
▪ geringer Kapitalaufwand	▪ unbeschränkte Haftung auch mit Privatvermögen
▪ erwirtschafteter Gewinn muss nicht geteilt werden	▪ hohe Arbeitsbelastung
▪ alleinige Entscheidungsbefugnis	▪ beschränktes Wachstum durch begrenzte Arbeitskraft und begrenzte Geldmittel (Kreditbasis)
▪ geringe Entnahmen (Lebensführung) ▪ einfache und kostengünstige Gründung	▪ persönlicher Ausfall (z. B. Krankheit) führt leicht zur Krise des Unternehmens

5.2 Gesellschaften

Mit Gesellschaft wird eine **Vereinigung von Personen** bezeichnet, die privatrechtsgeschäftlich ein gemeinsames Ziel verfolgen. Da heute auch eine GmbH oder AG von einer einzigen Person gegründet werden kann, ist diese Definition jedoch etwas offener zu sehen.

Innerhalb der Gesellschaften unterscheidet man **Personengesellschaften**, bei denen die (natürlichen) Personen als Rechtssubjekte im Vordergrund stehen, und **Kapitalgesellschaften**, die als juristische Person agieren. Daneben gibt es Personenvereinigungen, die dem öffentlichen Recht unterliegen. Dies sind z. B. hoheitliche Einrichtungen wie Bund, Länder und Gemeinden, aber auch Anstalten des öffentlichen Rechts oder Stiftungen. Sie fallen nicht unter den Gesellschaftsbegriff.

5.2.1 Stille Gesellschaft

stille Gesellschaft
→ § 230 HGB

Werden einer Einzelunternehmerin von einem Außenstehenden zusätzliche finanzielle Mittel zur Verfügung gestellt, ohne dass diese Person nach außen in Erscheinung treten will (also z. B. keinerlei Führungs- oder Weisungsbefugnisse in Bezug auf das Unternehmen haben will), dann spricht man von einer so genannten **„stillen Gesellschaft“**. Im Gesellschaftsvertrag kann geregelt werden, dass ein stiller Gesellschafter nicht an einem Verlust beteiligt sein soll. Ihm steht jedoch eine Gewinnbeteiligung zu. Sind beispielsweise über Banken bzw. Kreditinstitute keine finanziellen Mittel für ein Einzelunternehmen zu erhalten, so kann eine stille Gesellschaft durchaus vorteilhaft sein.

5.2.2 Gesellschaft bürgerlichen Rechts (GbR)

GbR
→ §§ 705 ff. BGB

Die Gesellschafter einer GbR dürfen keine Kaufleute sein.
→ Kapitel VII/1.4.2
→ Kapitel VII/1.5

Die Gesellschaft bürgerlichen Rechts muss aus mindestens zwei Gesellschaftern bestehen, die auch formlos einen Gesellschaftervertrag schließen können, mit dem sie sich gegenseitig verpflichten, die Erreichung eines gemeinsamen Zwecks zu fördern. Gemeinsamer Zweck kann z. B. ein gemeinsamer Geschäftsbetrieb – mit Ausnahme eines Handelsgewerbes – sein. Jeder Gesellschafter muss einen Beitrag leisten. Falls nichts Abweichendes vereinbart wird, haben die Gesellschafter gleiche Beiträge zu leisten und deshalb auch gleichen Anteil an Gewinn und Verlust. Die Beiträge der Gesellschafter können Geldleistungen oder Arbeitsleistungen, aber auch die Einbringung von Kunden oder Know-how sein.

Die Beiträge und die durch die Geschäftsführung erworbenen Gegenstände werden gemeinschaftliches Vermögen der Gesellschafter (**Gesellschaftsvermögen**). Haben die Gesellschafter in ihrem Gesellschaftsvertrag keine speziellen Abmachungen getroffen, dann steht ihnen die Führung des Geschäftes gemeinschaftlich zu (Grundsatz der Einstimmigkeit). Grundsätzlich haften die Gesellschafter mit ihrem Gesellschafts- und ihrem Privatvermögen.

5.2.3 Offene Handelsgesellschaft (OHG)

Die offene Handelsgesellschaft ist eine Personengesellschaft, deren Zweck auf den Betrieb eines Handelsgewerbes unter gemeinschaftlicher **Firma** gerichtet ist. Charakteristisch an dieser Rechtsform ist, dass bei keinem der Gesellschafter die Haftung gegenüber den Gesellschaftsgläubigern beschränkt ist. Hieraus erklärt sich auch der Name: Die OHG ist „offen", weil der Zugriff der Gläubiger auf das Vermögen der Gesellschafter offen ist. Insofern besteht auch eine enge Bindung der Gesellschafter, denn alle haben für das Handeln der jeweils anderen einzustehen.

Wichtig ist, dass man nicht Unternehmen mit **Firma** verwechselt. Firma ist der Name, unter dem ein Kaufmann seine Geschäfte betreibt

Die **Gründung der OHG** vollzieht sich in zwei Stufen: dem Abschluss eines Gesellschaftervertrages und der Anmeldung zum Handelsregister. Der Gesellschaftervertrag ist ohne Einhaltung einer bestimmten Form möglich, d. h., man muss ihn in der Regel nicht notariell beurkunden lassen. Zuständig für die Anmeldung zum Handelsregister ist das Gericht, in dessen Bezirk die Gesellschaft ihren Sitz hat. Dabei hat die Anmeldung zu enthalten:

- Name, Vorname, Geburtsdatum und Wohnort jedes Gesellschafters,
- die Firma der Gesellschaft und den Ort, an dem die Gesellschaft ihren Sitz hat,
- den Zeitpunkt, an dem die Tätigkeit der Gesellschaft begonnen hat.

Alle Gesellschafter sind zur Geschäftsführung berechtigt bzw. verpflichtet. Anders als bei der GbR geht das Gesetz bei der OHG von einer **Einzelgeschäftsführungsbefugnis** aus, d. h., jeder Gesellschafter ist berechtigt, allein zu handeln. Soll das anders sein, so können die Gesellschafter in ihren Vertrag aufnehmen, das nur zusammen gehandelt werden kann. Bei dieser so genannten **Gesamtgeschäftsführungsbefugnis** bedarf es dann für jedes Geschäft der Zustimmung aller.

Für die Verbindlichkeiten der OHG haften die Gesellschafter sowohl mit dem Gesellschaftsvermögen als auch persönlich. Selbst nach dem Ausscheiden eines Gesellschafters aus der OHG besteht auch später noch eine so genannte **Nachhaftung**. Vorteil dieser vollen Haftung ist jedoch, dass dadurch meist eine größere Kreditwürdigkeit bei Banken und Kreditinstituten besteht.

5.2.4 Kommanditgesellschaft (KG)

Bei der Kommanditgesellschaft ist die Haftung einer oder mehrerer Gesellschafter auf den Betrag ihrer Vermögenseinlage beschränkt (**Kommanditist**), während mindestens ein Gesellschafter unbeschränkt haftet (**Komplementär**). Die Höhe der Haftsumme der Kommanditisten ist ins Handelsregister einzutragen. Ist die Einlage vom Kommanditisten vollständig bezahlt, dann kann er auch nicht mehr unmittelbar für die Verbindlichkeiten der Gesellschaft haftbar gemacht werden.

Prokura
→ Kapitel II/4

Die Gründung der KG vollzieht sich nach den gleichen rechtlichen Schritten wie bei der OHG. Die Kommanditisten sind von der Geschäftsführung ausgeschlossen und grundsätzlich auch nicht zu einer Vertretung der Gesellschaft nach außen ermächtigt, es sei denn, es wird ihnen ausdrücklich Prokura erteilt. Vorteil dieser Gesellschaftsform ist also, dass man sich vorab entscheiden kann, ob man nur mit einer begrenzten Vermögensmasse Teilhaberin wird, dafür aber von der Geschäftsführung ausgeschlossen ist, oder ob man voll haften will bzw. muss, dafür aber „die Zügel in der Hand hält".

Der Komplementär einer KG kann auch eine juristische Person, z. B. eine GmbH, sein. Die Rechtsform ist dann die **GmbH & Co KG**. Bei dieser Rechtsform ist also eine Vermischung zweier Grundtypen erfolgt. Wichtig ist, dass es sich dabei insgesamt um eine Personengesellschaft und nicht um eine Kapitalgesellschaft handelt.

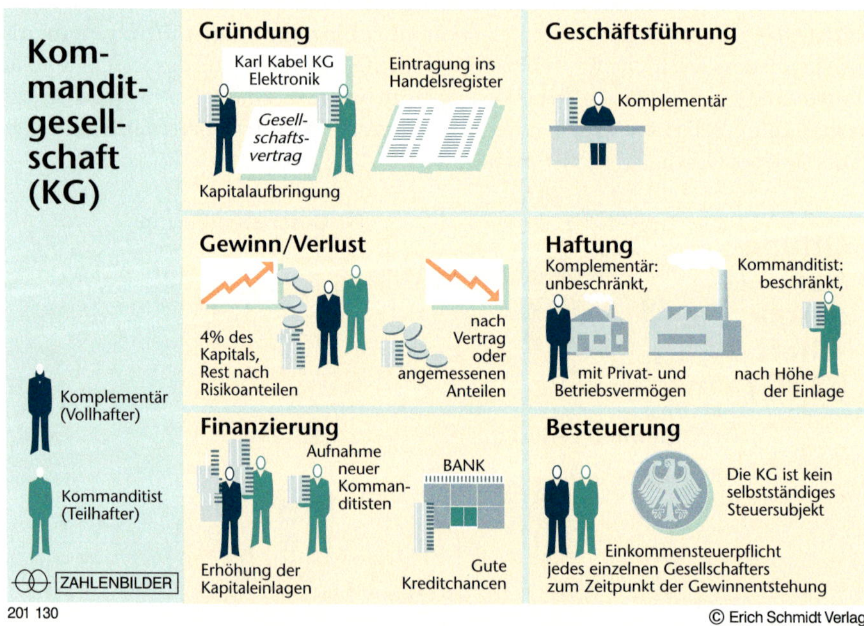

201 130 © Erich Schmidt Verlag

5.2.5 Gesellschaft mit beschränkter Haftung (GmbH)

Rechtsfähigkeit
→ Kapitel II/1.1

Die Gesellschaft mit beschränkter Haftung ist eine **Kapitalgesellschaft**. Im Gegensatz zu den Personengesellschaften haften die Gesellschafter grundsätzlich „nur" mit dem Gesellschaftsvermögen, nicht mit ihrem Privatvermögen. Die Gesellschaft als solche ist rechtsfähig, also eine juristische Person. Die Gründung einer GmbH ist schwieriger als die Gründung einer Personengesellschaft, da der Gesellschaftervertrag der notariellen Form bedarf.

Bei der GmbH wird ein Stammkapital in Höhe von mindestens 25 000 Euro vorausgesetzt. Auf dieses Kapital muss jeder Gesellschafter eine Einlage von mindestens 100 Euro zahlen (**Stammeinlage**). Die Einlagen können in Form von Geld- oder Sachleistungen erbracht werden.

Bei Sachleistungen muss der Gegenstand (z. B. ein Fahrzeug, ein Kopierer) und der hierfür veranschlagte Betrag im Gesellschaftsvertrag festgesetzt werden. Um die GmbH anmelden zu können, muss auf jede Stammeinlage mindestens ein Viertel gezahlt sein und dabei insgesamt mindestens die Hälfte des Stammkapitals angesammelt worden sein (also mindestens 12 500 Euro). Sachleistungen müssen voll erbracht sein.

Sogar eine so genannte **Einmann-GmbH** ist zulässig. In diesem Fall wird die GmbH nur durch eine Person errichtet.

Um handeln zu können, bedarf es bei der GmbH verschiedener **Organe**. Das sind im Wesentlichen ein oder mehrere Geschäftsführer und die **Gesellschafterversammlung**. Für Verbindlichkeiten der GmbH haftet den Gläubigern grundsätzlich „nur" das Gesellschaftsvermögen, nicht die einzelnen Gesellschafter. Diese Beschränkung der Haftung macht das wirtschaftliche Risiko besser kalkulierbar. Insbesondere für Existenzgründer liegt darin ein erheblicher Vorteil.

Organe
Gesetz- oder verfassungsgemäß vorgesehene Institutionen einer juristischen Person, vor allem ihre gesetzlichen Vertreter

5.2.6 Aktiengesellschaft (AG)

Auch die Aktiengesellschaft ist eine Kapitalgesellschaft, also eine juristische Person. Das Grundkapital dieser Gesellschaft in Höhe von mindestens 50 000 Euro ist in Aktien zerlegt. Jeder Kapitalanteil ist damit als Wertpapier verbrieft und somit dem Kapitalmarkt (an der Börse) zugänglich.

Bei der Gründung der AG erfolgt die Feststellung des Gesellschaftsvertrages durch eine oder mehrere Personen. Dabei ist notarielle Beurkundung erforderlich. Diese Personen (Aktionäre) übernehmen die Aktien gegen Zahlung einer Einlage. Sie werden am Gewinn der AG durch eine so genannte **Dividende** beteiligt. Die AG wird gerichtlich und außergerichtlich durch den **Vorstand** vertreten, der auch zur Geschäftsführung befugt ist. Gibt es mehrere Vorstandsmitglieder, dann handeln diese in der Regel gemeinschaftlich. Die Haftung ist bei der AG auf das Gesellschaftsvermögen beschränkt.

Dividende
Anteil vom Bilanzgewinn pro Aktie, der den Aktionären ausbezahlt wird

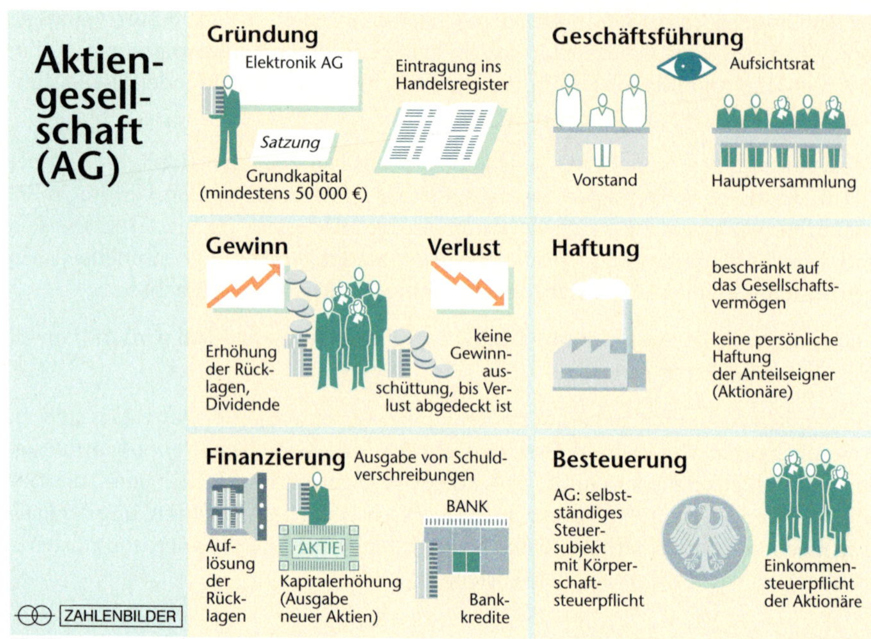

Tabelle II/3 Gesellschaftsformen

	Gesellschaft bürgerlichen Rechts (GbR)	Offene Handelsgesellschaft (OHG)	Kommanditgesellschaft (KG)	Gesellschaft mit beschränkter Haftung (GmbH)	Aktiengesellschaft (AG)
Typus	Personengesellschaft			Kapitalgesellschaft	
Personen	mindestens zwei			eine	
Abschluss des Gesellschaftsvertrages	formlos			notarielle Form	Gesellschaftsvertrag als Satzung, die notariell zu beurkunden ist
Geschäftsführung und Vertretung	grundsätzlich alle Gesellschafter	grundsätzlich alle Gesellschafter	Komplementär	Geschäftsführer	Vorstand
Haftung	Gesellschafter haften mit Gesellschafts- und Privatvermögen	Gesellschafter haften mit Gesellschafts- und Privatvermögen	Komplementäre haften persönlich, Kommanditisten nur beschränkt auf ihre Einlage	Haftung beschränkt auf Gesellschaftsvermögen; Stammkapital mind. 25 000 €	Haftung beschränkt auf Gesellschaftsvermögen. Grundkapital mind. 50 000 €

1 Nennen Sie Ihnen bekannte Einzelunternehmen aus den Berufsfeldern Gesundheit und Körperpflege.
2 Sie möchten als Einzelunternehmerin ein Kosmetikinstitut übernehmen – welche Risiken müssen Sie beachten?
3 Welcher wesentliche Unterschied besteht zwischen der Rechtsform der Personengesellschaft und der Kapitalgesellschaft?
4 Erfassen Sie tabellarisch die Vor- und Nachteile einer Gesellschaftsgründung.

6 Arbeitsrecht

Unter Arbeitsrecht versteht man das Recht der Arbeitsverhältnisse. Arbeitsverhältnisse sind rechtsgeschäftliche Schuldverhältnisse. Sie werden durch einen **Arbeitsvertrag** begründet. Da ein Arbeitsverhältnis auf einen dauerhaften Austausch von Arbeitsleistung und Arbeitslohn gerichtet ist, spricht man auch von einem Dauerschuldverhältnis.

Rechtsgeschäfte
→ Kapitel II/2

6.1 Berufsausbildungsverhältnis

Das Berufsausbildungsverhältnis ist ein besonders ausgestaltetes Arbeitsverhältnis auf der Grundlage eines Vertrages zwischen dem **Ausbildenden** und dem **Auszubildenden** (früher auch als Lehrling bezeichnet). Ist der Auszubildende noch minderjährig, bedarf der Berufsausbildungsvertrag der Zustimmung des gesetzlichen Vertreters.

Rechtliche Grundlage für das Berufsausbildungsverhältnis ist das Bundesbildungsgesetz (BBiG).

Ausbildender ist derjenige, der jemand anderen zur Berufsausbildung **einstellt**. Der Ausbildende muss die Ausbildung aber nicht unbedingt selbst vornehmen, sondern kann einen **Ausbilder** mit der Durchführung der Ausbildung beauftragen.

Nach Abschluss des **Berufsausbildungsvertrages**, spätestens aber vor Beginn der Berufsausbildung, muss der Ausbildende den wesentlichen Inhalt des Vertrages schriftlich niederlegen. Diese Vertragsniederschrift ist vom Ausbildenden, vom Auszubildenden und gegebenenfalls von dessen gesetzlichem Vertreter zu unterzeichnen. Danach hat der Ausbildende dem Auszubildenden eine Ausfertigung der unterzeichneten Vertragsniederschrift auszuhändigen.

Der Ausbildungsvertrag bedarf der Schriftform.

Vor Beginn der Berufsausbildung muss zwischen den Ausbildenden und dem Auszubildenden ein Berufsausbildungsvertrag geschlossen werden. Für diesen Vertrag ist die Schriftform erforderlich. Beide Vertragspartner müssen ein Exemplar der Vereinbarungen erhalten.

§ 4 Abs. 1 BBiG
In die Vertragsniederschrift ist mindestens Folgendes aufzunehmen:
1. die Art, die sachliche und zeitliche Gliederung sowie das Ziel der Berufsausbildung, insbesondere die Berufstätigkeit für die ausgebildet werden soll (z. B. Kosmetikerin),
2. Beginn und Dauer der Berufsausbildung,
3. Ausbildungsmaßnahmen außerhalb der Ausbildungsstätte,
4. Dauer der regelmäßigen täglichen Ausbildungszeit,
5. Dauer der Probezeit,
6. Zahlung und Höhe der Vergütung,
7. Dauer des Urlaubs,
8. Voraussetzungen, unter denen der Berufsausbildungsvertrag gekündigt werden kann,
9. ein in allgemeiner Form gehaltener Hinweis auf die Tarifverträge, Betriebs- oder Dienstvereinbarungen, die auf das Berufsausbildungsverhältnis anzuwenden sind.

Über den Mindestgehalt eines Berufsausbildungsvertrages hinaus kann es noch weitere Vereinbarungen geben, die für den Auszubildenden bedeutsam sein können. Allerdings ist im Ausbildungsvertrag nicht alles frei vereinbar. Es gibt Vereinbarungen, die grundsätzlich **nichtig** sind, z. B.

→ § 5 BBiG
Nichtigkeit von Rechtsgeschäften
→ Kapitel II/2.2.1

- die Verpflichtung des Auszubildenden, für die Berufsausbildung eine Entschädigung zu zahlen,
- Vertragsstrafen oder
- den Ausschluss oder die Beschränkung von Schadenersatzansprüchen.

Nach dem Abschluss des Ausbildungsvertrages hat der Ausbildende die **Eintragung in das Verzeichnis der Berufsausbildungsverhältnisse** bei der zuständigen Stelle – das sind die jeweiligen Kammern – zu beantragen. Für den Auszubildenden ist die Eintragung gebührenfrei. Zweck dieser Eintragung ist vor allem eine Überwachung der Einhaltung von Rechtsvorschriften, denn ein Eintrag erfolgt nur, wenn

- der Berufsausbildungsvertrag dem Berufsausbildungsgesetz und der Ausbildungsordnung entspricht,
- die persönliche und fachliche Eignung sowie die Eignung der Ausbildungsstätte für das Einstellen und Ausbilden vorliegen und
- für Auszubildende unter 18 Jahren die **ärztliche Bescheinigung** über die Erstuntersuchung nach § 32 Abs. 1 des **Jugendarbeitsschutzgesetzes** zur Einsicht vorgelegt wird. Danach darf ein Jugendlicher, der in das Berufsleben eintritt, nur dann beschäftigt werden, wenn er innerhalb der letzten 14 Monate von einem Arzt untersucht wurde und hierüber eine Bescheinigung vorliegt. Zur Überprüfung des Gesundheitszustandes des Jugendlichen muss sich der Ausbildende vor Ablauf des ersten Ausbildungsjahres eine Bescheinigung über eine ärztliche Nachuntersuchung vorlegen lassen.

Das **Jugendarbeitsschutzgesetz (JArbSchG)** regelt die Arbeitsbedingungen für jugendliche Arbeitnehmer und Auszubildende. Jugendlicher im Sinne des Gesetzes ist, wer zwischen 15 und 18 Jahren alt ist.

6.1.1 Eignung des Ausbildenden

→ § 20 BBiG

Ausbilden darf nur, wer dazu persönlich und fachlich geeignet ist. Bis Juli 2003 musste ein entsprechender Eignungsnachweis in der Regel durch die Ausbildereignungsprüfung erbracht werden. Als Erleichterung für die Ausbildungsbetriebe wird seit August 2003 für fünf Jahre auf den besonderen Nachweis der Ausbildereignung verzichtet.

Nicht jeder ist als Ausbilder geeignet …

Persönlich nicht geeignet ist,

- wer Kinder und Jugendliche nicht beschäftigen darf, weil er z. B. innerhalb der letzten fünf Jahre wegen eines Verbrechens zu einer Freiheitsstrafe von mindestens zwei Jahren oder wegen eines Sittlichkeitsdeliktes verurteilt wurde (§ 25 JArbSchG);
- wer wiederholt und schwer gegen das Berufsbildungsgesetz oder auf Grund des Gesetzes erlassenen Vorschriften und Bestimmungen verstoßen hat.

Fachlich nicht geeignet ist,

- wer die erforderlichen beruflichen Fertigkeiten und Kenntnisse nicht besitzt oder
- wer die erforderlichen berufs- und arbeitspädagogischen Kenntnisse nicht besitzt.

6.1.2 Rechte und Pflichten von Ausbildenden und Auszubildenden

In jedem Ausbildungverhältnis bestehen Rechte und Pflichten beider Vertragspartner. Für den Ausbildenden sind diese Pflichten in den Paragraphen 6 bis 8 BBiG festgeschrieben. Die Pflichten des Auszubildenden finden sich im Paragraph 9 BBiG (vgl. Tabelle II/4).

Freistellung

Eine wichtige Verpflichtung für den Ausbildenden ist die Freistellung des Auszubildenden für den Berufsschulunterricht oder für Sonderveranstaltungen, die außerhalb der eigentlichen Unterrichtszeit durchgeführt werden und den Unterricht notwendig ergänzen (z. B. Betriebsbesichtigungen). Die Zeit der Freistellung umfasst den Zeitraum für den Unterricht einschließlich der Pausen sowie den Zeitraum für die Wegstrecke zwischen Ausbildungsbetrieb und Unterrichtsstätte.

Tabelle II/4 *Rechte und Pflichten von Ausbildenden und Auszubildenden*

Der Ausbildende verpflichtet sich,	Der Auszubildende verpflichtet sich,
▪ dafür zu sorgen, dass dem Auszubildenden die erforderlichen Fähigkeiten/Fertigkeiten und Kenntnisse vermittelt werden, die zum Erreichen des Ausbildungszieles erforderlich sind.	▪ sich um den Erwerb der Fertigkeiten und Kenntnisse zu bemühen, die erforderlich sind, um das Ausbildungsziel zu erreichen. Eigeninitiative bei der Ausbildung ist gefragt!
▪ die Ausbildung planmäßig, sachlich und zeitlich so zu gliedern, dass das Ausbildungsziel in der vorgesehenen Ausbildungszeit erreicht werden kann. Regelungen über Ausbildungsziel und Gliederung der Berufsausbildung sind im Ausbildungsvertrag und der Ausbildungsverordnung enthalten.	▪ die ihm im Rahmen seiner Berufsausbildung übertragenen Verrichtungen sorgfältig auszuführen.
▪ die Ausbildungsmittel, insbesondere Werkzeuge und Werkstoffe, die zur Berufsausbildung und zum Ablegen der Prüfungen erforderlich sind, kostenlos zur Verfügung zu stellen. Dies gilt auch, wenn die Prüfungen nach Beendigung des Ausbildungsverhältnisses stattfinden. Zu den Ausbildungsmitteln gehören auch eine ggf. erforderliche Sicherheitsausrüstung, Zeichen- und Schreibmaterial sowie Fach- und Tabellenbücher, die in der Ausbildungsstätte gebraucht werden. Ist vom Ausbildenden eine besondere Berufskleidung vorgeschrieben, so sollte im Ausbildungsvertrag geregelt werden, dass sie vom Ausbildenden zur Verfügung gestellt wird. Materialien, Lehrbücher und Unterlagen, die für den Berufsschulunterricht benötigt werden, zählen nicht zu den erforderlichen Ausbildungsmitteln.	▪ an Ausbildungsmaßnahmen teilzunehmen, für die er vom Ausbildenden freizustellen ist, also am Berufsschulunterricht und den laut Ausbildungsverordnung vorgesehenen Prüfungen. ▪ die für die Ausbildungsstätte geltende Ordnung zu beachten; abgesehen von einer allgemeinen Hausordnung, z. B. Hygienevorschriften oder Vorschriften zu Arbeitsschutz und Unfallverhütung, dem Anlegen von Schutzkleidung, Rauchverbote, Vorschriften über das Betreten von Werkstätten bzw. bestimmten Räumen. Allerdings dürfen diese Ordnungen nicht in das Recht des Einzelnen auf die freie Entfaltung der Persönlichkeit (Artikel 2 des Grundgesetzes) eingreifen. Vor allem im Kosmetikinstitut kann es Vorschriften zum äußeren Auftreten des Auszubildenden geben.
▪ den Auszubildenden zum Besuch der Berufsschule und zum Führen von Berichtsheften anzuhalten, die er dem Auszubildenden kostenlos zur Verfügung stellen und auch durchsehen muss.	▪ den Weisungen zu folgen, die ihm im Rahmen der Berufsausbildung vom Ausbildenden, vom Ausbilder oder von anderen weisungsberechtigten Personen (z. B. von Verantwortlichen für den Arbeitsschutz) erteilt werden.
▪ dafür zu sorgen, das der Auszubildende charakterlich gefördert sowie sittlich und körperlich nicht gefährdet wird, auch und vor allem nicht durch eine körperliche Züchtigung durch den Ausbildenden (vgl. § 31 JArbSchG).	▪ die Werkzeuge, Maschinen und sonstigen Einrichtungen pfleglich zu behandeln.
▪ dem Auszubildenden nur Verrichtungen zu übertragen, die dem Ausbildungszweck dienen und seinen körperlichen Kräften angemessen sind. Zumutbar sind auch Verrichtungen, die mit der Sauberkeit des eigenen Arbeitsplatzes und der Pflege der Gegenstände zusammenhängen, mit denen der Auszubildende zu tun hat.	▪ über Betriebs- und Geschäftsgeheimnisse Stillschweigen zu wahren, so dass sie z. B. der Konkurrenz nicht bekannt werden.

1 Was ist die wichtigste Aufgabe des Ausbildenden?

2 Was muss die Auszubildende Ruth beachten, die ihren Freunden oft und gerne über Details ihrer Arbeit berichtet?

3 Die Ausbildende hält Ruth ständig dazu an, die Hilfsmittel zum Auftragen dekorativer Kosmetik zu reinigen. Ruth ist davon genervt – zu Recht?

Arbeitszeiten

→ § 8 JArbSchG

Bei der Beschäftigung Jugendlicher, die die Berufsschule besuchen, muss der Ausbildende außerdem beachten, dass er Jugendliche auch nicht beschäftigen darf

- vor einem Berufsschulunterricht, der um 9 Uhr beginnt (dies gilt auch für die über 18-jährigen Berufsschulpflichtigen),
- an einem Berufsschultag mit mehr als fünf Unterrichtsstunden von mindestens 45 Minuten, einmal in der Woche,
- in Berufsschulwochen mit einem planmäßigem Blockunterricht von mindestens 25 Stunden an mindestens fünf Tagen. Allerdings sind zusätzliche betriebliche Ausbildungsveranstaltungen bis zu zwei Stunden wöchentlich zulässig.

Die **regelmäßige tägliche Ausbildungszeit** muss in der Vertragsniederschrift ausdrücklich vereinbart werden, wobei die nach dem Jugendarbeitsschutzgesetz zulässigen Höchstgrenzen zu beachten sind. Jugendliche dürfen nicht länger als acht Stunden täglich und nicht mehr als 40 Stunden wöchentlich beschäftigt werden.

Ausbildungsvergütung

→ § 10 BBiG

Schließlich gehört es zu den Pflichten des Ausbildenden, dem Auszubildenden eine angemessene monatliche Ausbildungsvergütung zu bezahlen, die mit fortschreitender Berufsausbildung – mindestens aber jährlich – ansteigt. Die Höhe richtet sich nach dem Alter des Auszubildenden und der Dauer der Berufsausbildung.

→ § 11, 12 BBiG

Die laufende monatliche Vergütung ist spätestens am letzten Arbeitstag des Monats zu zahlen. Bei unverschuldeter Krankheit des Auszubildenden ist sie für die Dauer von sechs Wochen weiterzuzahlen.

Was Lehrlinge verdienen

Durchschnittliche Ausbildungsvergütung 2006 in Euro pro Monat (ausgewählte Berufe)

Beruf	West	Ost
Binnenschiffer(in)	925	925
Maurer(in)	833	679
Versicherungskaufmann(frau)	813	813
Elektroniker(in) Gebäude- u. Infrastruktursysteme	762	739
Industriemechaniker(in)	753	715
Industriekaufmann(frau)	723	642
Einzelhandelskaufmann(frau)	670	602
Verwaltungsfachangestellte(r)	665	630
Kfz-Mechatroniker(in)	573	436
Bürokaufmann(frau)	565	456
Koch, Köchin	558	440
Anlagenmechaniker(in) Sanitär, Heizung, Klima	532	356
Gärtner(in)	532	380
Med. Fachangestellte(r)	522	448
Maler(in)	500	458
Elektroniker(in) Energie- und Gebäudetechnik	499	401
Tischler(in)	492	372
Bäcker(in)	457	351
Florist(in)	424	312
Friseur(in)	418	266

1140 © Globus Quelle: BIBB

Im Jahr 2004 betrugen die tariflichen Ausbildungsvergütungen im Gesamtdurchschnitt über die Berufe und Ausbildungsjahre in den alten Bundesländern 617 Euro pro Monat, in den neuen Bundesländern 526 Euro (Quelle: BiBB). Von Beruf zu Beruf traten jedoch erhebliche Unterschiede auf, wobei unterdurchschnittlich niedrige Ausbildungsvergütungen in den Körperpflegeberufen festzustellen sind.

Nach einer Studie des Bundesinstitutes für berufliche Bildung (BiBB) nehmen die Ausbildungsvergütungen im Durchschnitt mehr als ein Drittel der Ausbildungskosten ein.

Tarifverträge
→ Kapitel II/6.4

Die tariflich vereinbarten Vergütungen stellen für tarifgebundene Betriebe verbindliche Mindestbeträge dar, das heißt, niedrigere Vergütungen sind unzulässig, höhere Zahlungen dagegen möglich. Auch die nicht tarifgebundenen Ausbildungsbetriebe zahlen häufig die für sie geltenden tariflichen Sätze. Nach derzeitiger Rechtsprechung können sie diese Sätze allerdings auch um bis zu 20 % unterschreiten.

Ist die Ausbildungsvergütung so gering, dass sie zur Deckung der notwendigen Ausgaben (Lehrmittel, Fahrtkosten, Lebensunterhalt) nicht ausreicht, kann der Auszubildende eine **Berufsausbildungsbeihilfe** beantragen. Dazu muss er sich an die zuständige Agentur für Arbeit wenden.

Urlaub

Der Auszubildende hat während seiner Ausbildung das Recht auf einen bezahlten Erholungsurlaub, dessen Dauer im Ausbildungsvertrag festgelegt sein muss und sich u. a. nach dem Alter des Auszubildenden richtet. Der jährliche Urlaub beträgt, wenn der Jugendliche zu Beginn des Kalenderjahres noch nicht

→ § 19 JArbSchG

- 16 Jahre alt ist: mindestens 30 Werktage,
- 17 Jahre alt ist: mindestens 27 Werktage,
- 18 Jahre alt ist: mindestens 25 Werktage.

II Recht

6.1.3 Beginn und Ende des Ausbildungsverhältnisses

Das Ausbildungsverhältnis beginnt mit einer **Probezeit**, die mindestens einen und höchstens drei Monate beträgt. Während der Probezeit kann das Berufsausbildungsverhältnis von beiden Vertragspartnern jederzeit ohne Angabe von Gründen fristlos (ohne Einhalten einer Kündigungsfrist) gekündigt werden. Zweck der Probezeit: Vom Ausbildenden ist zu prüfen, ob der Auszubildende geeignet ist, und vom Auszubildenden ist zu prüfen, ob er die richtige Berufswahl getroffen hat.

→ § 13 BBiG

Kündigung → Kapitel II/6.3

Nach der Probezeit ist eine **Kündigung** des Ausbildungsvertrages nur möglich

- aus einem wichtigen Grund ohne Einhalten einer Kündigungsfrist. Eine Kündigung aus wichtigem Grund ist jedoch ausgeschlossen, wenn dem Kündigenden die maßgeblichen Gründe länger als zwei Wochen bekannt waren.
- vom Auszubildenden mit einer Frist von vier Wochen, wenn er die Berufsausbildung aufgeben oder sich einer anderen Ausbildung unterziehen will.

Die Kündigung ist formbedürftig – sie ist daher schriftlich abzufassen. Nach der Probezeit müssen auch die Kündigungsgründe angegeben werden.

Vorzeitig gelöste Ausbildungsverträge 2005 (in %[1])

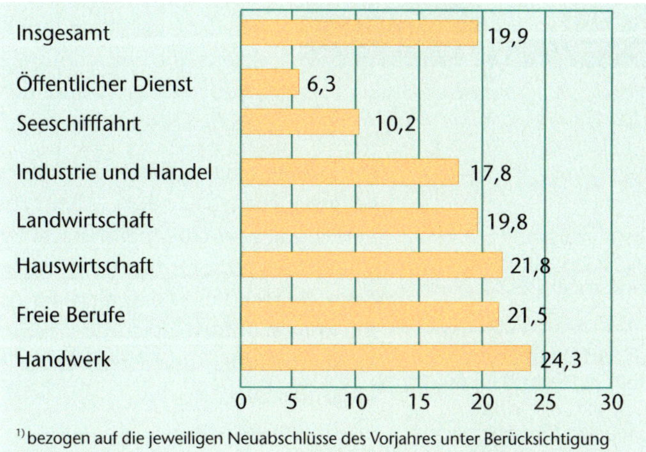

[1] bezogen auf die jeweiligen Neuabschlüsse des Vorjahres unter Berücksichtigung der Probezeit — Quelle: Statistisches Bundesamt (2006)

Wird das Berufsausbildungsverhältnis nicht gekündigt, endet es mit dem Bestehen der Abschlussprüfung oder mit dem Ablauf der vereinbarten Ausbildungszeit. Wenn ein Auszubildender die Abschlussprüfung nicht besteht, setzt sich das Ausbildungsverhältnis bis zur nächstmöglichen Wiederholungsprüfung fort. Höchstens wird es ein Jahr lang fortgesetzt.

→ § 14 BBiG

6.1.4 Zeugnis

Bei Beendigung der Berufsausbildung hat der Ausbildende dem Auszubildenden ein Zeugnis auszustellen. Das Zeugnis muss Angaben enthalten über

→ § 8 BBiG

- Art,
- Dauer,
- Ziel der Berufsausbildung,
- die erworbenen Fertigkeiten und Kenntnisse des Auszubildenden und
- Angaben über Führung, Leistung und besondere fachliche Fähigkeiten, wenn der Auszubildende die Aufnahme dieser Angaben ins Zeugnis verlangt.

Durch Tarifverträge kann in bestimmten Grenzen von gesetzlichen Regelungen, z. B. denen zur Ausbildungszeit, abgewichen werden.

Tarifverträge → Kapitel II/6.4

6.2 Arbeitnehmerschutz

Arbeit ist notwendig – neben der Existenzsicherung soll sie auch die Zufriedenheit und das Selbstwertgefühl des Menschen steigern. Leider kann Arbeit den Menschen aber auch gefährden, ihn körperlich oder seelisch krank machen.

6.2.1 Entwicklung von Arbeitsschutzbestimmungen

Arbeitssicherheit und Arbeitsschutz hatten nicht immer die Bedeutung, die sie heute besitzen. Vor allem im 19. Jahrhundert waren die in der schnell wachsenden Industriegesellschaft arbeitenden Menschen fast ohne jeden Schutz der Willkür der Unternehmer ausgeliefert. Es bestanden keine Schutzvorschriften und es gab auch keine Sozialversicherungen.

Die ersten Maßnahmen des Arbeitsschutzes richteten sich gegen Kinderarbeit.

Die Wurzel des staatlichen Arbeitsschutzes wird im **„Regulativ des Preußischen Königs vom 9. März 1839 über die Beschäftigung jugendlicher Arbeiter in Fabriken"** gesehen. Dieses Gesetz sollte den frühzeitigen Gesundheitsverschleiß von Kindern und Jugendlichen verhindern. Es verbot u. a. die Beschäftigung von Kindern unter neun Jahren, Jugendliche unter 16 Jahren durften nicht länger als zehn Stunden am Tag arbeiten. Ansätze eines allgemeinen Arbeitsschutzes verabschiedete der Norddeutsche Bund mit der Gewerbeordnungsnovelle von 1878, die für alle deutschen Bundesstaaten die Einrichtung einer Fabrikinspektion verbindlich vorsah. Bis zum heutigen Tage wurde der Arbeitsschutz in einer Vielzahl von staatlichen Rechtsvorschriften ausgebaut.

Nichtigkeit von Rechtsgeschäften → Kapitel II/2.2.1

Das Bundesministerium für Wirtschaft und Arbeit stellt auf seiner Homepage aktuelle Informationen zu Arbeitsschutz und Arbeitsrecht bereit

online

http://www.bmwa.bund.de → Arbeit → Arbeitsrecht

Der Arbeitsschutz gehört zu den Arbeitnehmerschutzrechten. Damit werden dem Arbeitgeber ebenso wie dem Arbeitnehmer zwingend bestimmte Pflichten auferlegt. Die Verletzung von Arbeitnehmerschutzrechten führt zur Nichtigkeit eines Vertrages und kann zudem eine Ordnungswidrigkeit oder sogar Straftat sein. Der Arbeitsschutz findet seine rechtliche Grundlage im **Arbeitsschutzgesetz**, mit dem entsprechende EG-Richtlinien umgesetzt wurden. Weitere wichtige Arbeitnehmerschutzrechte sind:

- Frauen, Mutter- und Elternschutz
- Jugendschutz
- Behindertenschutz
- Kündigungsschutz

6.2.2 Arbeitszeitgesetz

Das Arbeitszeitgesetz (ArbZG) soll die Gesundheit und Sicherheit der Arbeitnehmer durch zeitliche Begrenzung der täglichen Arbeitszeit gewährleisten und außerdem den Sonntag und die staatlichen Feiertage als Tage der Arbeitsruhe schützen. Es enthält folgende wesentliche Regelungen:

- Die werktägliche Arbeitszeit darf acht Stunden nicht überschreiten; daraus resultiert eine wöchentliche Höchstarbeitszeit von 6 x 8 = 48 Stunden.
- Die werktägliche Arbeitszeit kann auf zehn Stunden pro Tag ausgedehnt werden, wenn innerhalb von sechs Kalendermonaten oder innerhalb von 24 Wochen im Durchschnitt acht Stunden werktäglich nicht überschritten werden.
- Bei einer Arbeitszeit von mehr als sechs bis zu neun Stunden ist die Arbeit durch eine Ruhepause von mindestens 30 Minuten zu unterbrechen; bei einer Arbeitszeit von mehr als neun Stunden muss die Pause mindestens 45 Minuten dauern. Länger als sechs Stunden dürfen Arbeitnehmer nicht ohne Pause beschäftigt werden.
- Arbeitnehmer dürfen an Sonn- und gesetzlichen Feiertagen nicht beschäftigt werden. In bestimmten, vom Gesetz festgelegten Arbeitsbereichen ist die Sonn- und Feiertagsbeschäftigung, jedoch erlaubt.
- Die Ruhezeit zwischen Feierabend und Arbeitsbeginn am nächsten Tag muss mindestens 11 Stunden betragen.

6.2.3 Bundesurlaubsgesetz

Das Bundesurlaubsgesetz (BUrlG) sieht vor, dass jeder Arbeitnehmer einen Urlaubsanspruch von mindestens 24 Werktagen pro Kalenderjahr unter Weiterzahlung des Arbeitsentgelts hat. Tarifvertraglich wird in der Regel jedoch ein wesentlich höherer Urlaubsanspruch vorgegeben. Als Werktage gelten alle Kalendertage, die nicht Sonn- oder gesetzliche Feiertage sind. Der Urlaub soll zusammenhängend (mindestens 10 Tage) genommen und auch gewährt werden.

Der Urlaub ist zum Erholen da!

Erkrankt der Arbeitnehmer während des Urlaubs, so werden die durch ärztliches Zeugnis nachgewiesenen Tage der Arbeitsunfähigkeit auf den Jahresurlaub nicht angerechnet. Während des Urlaubs soll sich der Arbeitnehmer erholen, er darf keine dem Urlaubszweck widersprechende Erwerbstätigkeit leisten.

6.2.4 Schwerbehindertenrecht

Teil 2 des neunten Sozialgesetzbuches (SGB IX) beinhaltet besondere Schutzvorschriften für Schwerbehinderte. Als solche gelten Personen mit einem Grad der Behinderung von wenigstens 50 %. Für diesen Personenkreis hat der Gesetzgeber eine **Beschäftigungspflicht** festgeschrieben. Jeder Betrieb mit mindestens 20 Arbeitsplätzen muss auf 5 % seiner Arbeitsplätze Schwerbehinderte beschäftigen oder eine Ausgleichsabgabe für jeden unbesetzten Pflichtplatz bezahlen. Das Geld wird für die berufliche Förderung und Unterstützung von behinderten Personen verwendet.

Behinderte haben es besonders schwer, einen Ausbildungs- oder Arbeitsplatz zu finden.

Für Schwerbehinderte bestehen besondere Regelungen beim Kündigungsschutz. Das Arbeitsverhältnis eines Schwerbehinderten kann nur nach vorheriger Zustimmung des Integrationsamtes und mit einer Kündigungsfrist von mindestens vier Wochen gekündigt werden. Schwerbehinderte haben außerdem Anspruch auf zusätzlichen bezahlten Urlaub von fünf Arbeitstagen im Jahr.

6.2.5 Mutterschutzgesetz

Werdende und stillende Mütter genießen den besonderen Schutz des Staates. In der Phase der Schwangerschaft und der Stillzeit danach sollen berufstätige Frauen keinen Belastungen ausgesetzt werden, die schädlich für Mutter oder Kind sein könnten. Der Arbeitgeber muss deshalb besondere Vorkehrungen zum Schutz von Schwangeren am Arbeitsplatz treffen. Aus diesem Grund muss die Arbeitnehmerin ihren Arbeitgeber über die Schwangerschaft und den voraussichtlichen Entbindungstermin informieren.

Bei einem Einstellungsgespräch ist die Frage des Arbeitgebers nach einer Schwangerschaft unzulässig. Sie muss nicht wahrheitsgemäß beantwortet werden.

- Sechs Wochen vor und acht Wochen nach der Entbindung dürfen Schwangere nicht beschäftigt werden. Das Beschäftigungsverbot verlängert sich bei Früh- und Mehrlingsgeburten auf zwölf Wochen. In dieser Zeit zahlt die gesetzliche Krankenversicherung Mutterschaftsgeld, die Differenz zum letzten Nettogehalt trägt der Arbeitgeber. Privat krankenversicherte Selbstständige haben dagegen keinen Anspruch auf Mutterschaftsgeld.
- Schwangeren dürfen keine schweren körperlichen Arbeiten zugemutet werden. Gleiches gilt für Arbeiten, bei denen sie schädlichen Einwirkungen (z. B. Staub, Dämpfen oder Gasen, Hitze, Kälte oder Nässe) ausgesetzt sind.
- Das Tragen oder Heben schwerer Lasten (regelmäßig über 5 kg oder gelegentlich mehr als 10 kg) ist verboten.
- Nach dem fünften Monat ist langes Stehen (mehr als 4 Stunden) nicht mehr zulässig.
- Während der Schwangerschaft und bis vier Monate nach der Entbindung darf der Arbeitgeber keine Kündigung aussprechen.
- Werdende und stillende Mütter dürfen keine Überstunden, Nachtarbeit (zwischen 20 und 6 Uhr) oder Sonntagsarbeit leisten.

1 Warum wird der Arbeitnehmerschutz auch als sozialer Arbeitsschutz bezeichnet?
2 Eine Mitarbeiterin im Kosmetikinstitut arbeitet werktäglich von 10.00 Uhr bis 18.00 Uhr. Wie hoch ist ihr Anspruch auf Arbeitspausen?

Tabelle II/5 *Arbeitnehmerschutz*

Gesetzliche Regelung der Arbeitsbedingungen	Arbeitgeber und Arbeitnehmer auferlegte Rechte und Pflichten
BGB	insbesondere §§ 617, 618, 629
Arbeitsschutzgesetz	grundsätzliche Regelungen
Bundesurlaubsgesetz	Regelungen zum bezahlten Jahresurlaub
Arbeitszeitgesetz	▪ Höchstdauer ▪ Ruhezeiten
Mutterschutzgesetz	▪ Beschäftigungsverbot ▪ Verbot von Nacht- und Sonntagsarbeit ▪ Entgeltfortzahlung
Bundeselterngeld- und Elternzeitgesetz (seit 01.01.07)	▪ Anspruch auf max. dreijährige Elternzeit ▪ Anspruch auf Elterngeld (max. 14 Monate)
Jugendarbeitsschutzgesetz	▪ begrenzte Arbeitszeit ▪ längerer Urlaub ▪ Fürsorgepflichten ▪ Gesundheitsschutz
Behindertenrecht (SGB IX)	▪ Anspruch auf Teilzeitarbeit ▪ spezielle Kündigungsregeln ▪ höherer Urlaubsanspruch
Belästigungsschutzgesetz	Schutz vor sexueller Belästigung am Arbeitsplatz
Heimarbeitergesetz	▪ spezielle Arbeitszeitregelungen ▪ Gefahrenschutz
Arbeitsplatzschutzgesetz	betrifft spezielle Arbeitsverhältnisse, z. B. Wehrdienst
Kündigungsschutzgesetz	Schutz des Arbeitnehmers bei Kündigungen

6.3 Ende des Arbeitsverhältnisses

Im Wesentlichen unterscheidet man vier Möglichkeiten, ein Arbeitsverhältnis zu beenden, nämlich durch

- ordentliche Kündigung
- außerordentliche Kündigung
- Aufhebungsvertrag
- Zeitablauf (befristeter Arbeitsvertrag)

6.3.1 Ordentliche Kündigung

einseitige Rechtsgeschäfte → Kapitel II/2

gesetzlicher Kündigungsschutz → Kapitel II/6.3.5

Tarifverträge → Kapitel II/6.4

Formvorschriften → Kapitel II/2.1

Ein Arbeitsvertrag wird im Normalfall durch eine ordentliche Kündigung beendet. Die Kündigung ist eine einseitige, empfangsbedürftige Willenserklärung, die erst wirksam wird, wenn sie dem anderen Vertragspartner zugegangen ist. Bei ordentlichen Kündigungen müssen beide Seiten die **gesetzliche Kündigungsfrist** beachten. Sie beträgt vier Wochen zum 15. eines Monats oder zum Monatsende. Bei Kündigungen durch den Arbeitgeber sind bei mehrjähriger Betriebszugehörigkeit längere Fristen maßgebend (§ 622 BGB). Auch Tarifverträge können längere Kündigungsfristen vorgeben.

Die Kündigung kann vom Arbeitnehmer oder vom Arbeitgeber ausgesprochen werden. Sie bedarf nach § 623 BGB zwingend der **Schriftform**. Aus Beweisgründen empfiehlt es sich, das Kündigungsschreiben per Einschreiben durch die Post zustellen zu lassen oder gegen Empfangsquittung beim Arbeitgeber abzugeben.

In den meisten Arbeitsverträgen wird eine **Probezeit** vereinbart. Während der Probezeit von bis zu sechs Monaten kann das Arbeitsverhältnis mit einer Frist von zwei Wochen zu jedem Tag gekündigt werden.

Eine besondere Art der ordentlichen Kündigung ist die **Änderungskündigung**. Sie ist eine Kündigung des Arbeitgebers, verbunden mit dem Angebot, das Arbeitsverhältnis zu anderen Bedingungen, z. B. einer anderen Entlohnung oder in einer anderen Beschäftigung, fortzusetzen.

6.3.2 Außerordentliche Kündigung

Die außerordentliche Kündigung kann von beiden Vertragspartnern nur ausgesprochen werden, wenn ein **wichtiger Grund** vorliegt. Die außerordentliche Kündigung ist wie die ordentliche Kündigung eine einseitige Willenserklärung mit vergleichbaren Rechtsfolgen, aber ohne Einhaltung einer Frist. Sie muss spätestens zwei Wochen nach Kenntnis des Kündigungsgrundes ausgesprochen werden. Der Betriebsrat muss innerhalb von drei Tagen eine Stellungnahme abgegeben haben.

Wichtige Gründe können sein:
- Arbeitsverweigerung
- Diebstahl
- Beleidigungen
- Tätlichkeiten
- Vorenthaltung des Lohnes

6.3.3 Aufhebungsvertrag

Bei einem Aufhebungsvertrag erklären – im Unterschied zur Kündigung – beide Vertragspartner, dass sie das Arbeitsverhältnis auflösen wollen. Der Arbeitnehmer gibt also bewusst seinen Arbeitsplatz auf. Deshalb gehen die Arbeitsagenturen davon aus, dass der Arbeitnehmer seine möglicherweise folgende Arbeitslosigkeit selbst verursacht hat. Kürzungen bzw. Sperrzeiten bei der Zahlung des Arbeitslosengeldes sind die Folge. Dieser Nachteil kann häufig auch nicht durch die **Abfindung** aufgewogen werden, die der Arbeitnehmer meistens erhält, wenn er einer Aufhebung zustimmt. Auch muss man beachten, dass mit dem Aufhebungsvertrag jeglicher Kündigungsschutz verloren geht.

Arbeitslosengeld
→ Kapitel II/6.6

Abfindung
Eine in Geld gewährte Gegenleistung für die Aufgabe eines Rechts. Üblich ist die Zahlung eines halben Monatsgehaltes je Beschäftigungsjahr.

6.3.4 Befristeter Arbeitsvertrag

Wird ein Arbeitsverhältnis nur für einen bestimmten Zeitraum geschlossen, endet es mit Ablauf dieser Frist, ohne dass es einer Kündigung bedarf.

6.3.5 Gesetzlicher Kündigungsschutz

Für viele Menschen ist das Einkommen aus unselbstständiger Arbeit die Hauptquelle zur Sicherung ihrer Existenz. Deshalb hat der Gesetzgeber auch hier besondere Schutzrechte geschaffen.

Das **Kündigungsschutzgesetz** (KSchG) sichert den Arbeitnehmer vor Nachteilen einer Kündigung durch den Arbeitgeber. Diesen Kündigungsschutz können Arbeitnehmer (mit Ausnahme von leitenden Angestellten) geltend machen,
- wenn sie dem Betrieb mehr als sechs Monate angehören und
- in einem Unternehmen mehr als zehn Arbeitnehmer beschäftigt sind.

In Unternehmen mit fünf bis zehn Mitarbeitern gilt der Kündigungsschutz nur für Arbeitsverhältnisse, die bereits vor dem 1. Januar 2004 bestanden.

Kündigungsgründe nach dem Kündigungsschutzgesetz (bei Kündigung durch den Arbeitgeber)

Person des Arbeitnehmers	Verhalten des Arbeitnehmers	betriebliche Gründe
▪ mangelnde Leistung ▪ fehlende Eignung ▪ lange Krankheit ▪ wiederholtes Fehlen wegen der gleichen Krankheit	▪ Arbeitsverweigerung ▪ Störung des Betriebsfriedens ▪ Beleidigung ▪ Verweigerung von Mehrarbeit ▪ häufige Unpünktlichkeit	▪ Auftragsmangel ▪ Betriebsschließung ▪ Rationalisierungsmaßnahmen

Statt einer Klage können sich Arbeitgeber und Arbeitnehmer auch außergerichtlich auf eine Abfindung einigen.

Arbeitsgericht → Kapitel II/7.2.1

Verhaltensbedingte Kündigungen bedürfen der vorhergehenden schriftlichen **Abmahnung** durch den Arbeitgeber. Sie muss das Fehlverhalten rügen und unmissverständlich die Folgen darlegen, wenn der Arbeitnehmer sein Verhalten nicht ändert.

Ist der Arbeitnehmer der Auffassung, die Kündigung sei ungerechtfertigt, kann er innerhalb von drei Wochen nach Zugang der Kündigung **Klage beim Arbeitsgericht** erheben. Stellt das Gericht daraufhin fest, dass der Arbeitsvertrag durch die Kündigung nicht aufgelöst ist, kann das Arbeitsverhältnis entweder fortgesetzt werden oder das Arbeitsgericht verurteilt den Arbeitgeber auf Antrag des Arbeitnehmers zur Zahlung einer Abfindung.

Sind Sie mit Ihrem Zeugnis zufrieden?

6.3.6 Zeugnis

Nach der Kündigung hat der Arbeitnehmer Anspruch auf ein Arbeitszeugnis: Auf Wunsch des Arbeitnehmers muss der Arbeitgeber ein **qualifiziertes Zeugnis** ausstellen, das Aussagen zur Führung und zu den Leistungen (Kenntnisse, Erfahrungen, Erfolge usw.) des Beschäftigten enthält. Arbeitszeugnisse müssen der Wahrheit entsprechen, dürfen aber auch keine Formulierungen enthalten, die den künftigen Berufsweg des Arbeitnehmers unnötig erschweren würden.

Bestimmte Formulierungen in qualifizierten Zeugnissen sind als **Sprach-Codes** bekannt. Es werden verschlüsselte Aussagen verwendet, die auf den ersten Blick positiv klingen, in Wirklichkeit aber eine ganz andere Bedeutung haben.

Tabelle II/6 *Sprach-Codes bei Arbeitszeugnissen*

Formulierung	Bewertung
„stets/jederzeit zur vollsten Zufriedenheit" „wir waren außerordentlich zufrieden" „Verhalten war stets vorbildlich"	sehr gut
„zur vollsten Zufriedenheit" „Verhalten war vorbildlich"	gut
„zur vollen Zufriedenheit" „Verhalten war gut"	befriedigend
„zu unserer Zufriedenheit" „Verhalten gab keinen Anlass zur Beanstandung"	ausreichend
„war (stets) bemüht" „war bestrebt" „Verhalten war angemessen"	ungenügend
„galt als umgängliche Kollegin"	war unbeliebt
„hat alle Arbeiten ordnungsgemäß erledigt"	war wenig engagiert
„erledigte die Arbeiten mit großem Fleiß und Interesse"	war eifrig, aber unfähig
„war stets ein Vorbild an Pünktlichkeit/Ordentlichkeit"	hat völlig versagt
„zeigte Verständnis für die Arbeit"	war faul
„war tüchtig und wusste sich gut zu verkaufen"	ist wichtigtuerisch und unangenehm

6.4 Tarifverträge

Ein Tarifvertrag ist ein schriftlicher Vertrag zwischen den so genannten **Tarifpartnern**. Bei den Tarifpartnern handelt es sich einerseits um einen einzelnen Arbeitgeber oder einen Arbeitgeberverband und andererseits um eine Gewerkschaft als Interessenvertretung der Arbeitnehmer. Gegenstand eines solchen Tarifvertrages ist die Regelung arbeitsrechtlicher Fragen wie z. B. Arbeitsbedingungen, die Höhe des Arbeitsentgelts, Urlaub.

Rechtliche Grundlagen für den Tarifvertrag bilden insbesondere das Grundgesetz (Artikel 9 Abs. 3) und das Tarifvertragsgesetz (TVG).

Den Tarifpartnern ist es also gestattet, die Tarife für Arbeitsleistungen (allgemein versteht man darunter einheitliche Bedingungen für bestimmte Leistungen) durch vertragliche Verhandlungen zu bestimmen, statt es dem Gesetzgeber zu überlassen, die Tarife staatlich festzulegen. Deshalb spricht man beim Abschluss von Tarifverträgen auch von der **Tarifautonomie**.

Sie erinnern sich: Bestimmte Verträge bedürfen der Schriftform. → Kapitel II/2.1

Autonomie
Selbstbestimmung

II Recht

Tarifverträge haben einen schuldrechtlichen und einen normativen Teil. Der schuldrechtliche Teil regelt die Rechte und Pflichten der Tarifpartner (z. B. die Vertragsdauer), während der normative Teil die Rechtsnormen zur Regelung der einzelnen Arbeitsverhältnisse zwischen den Tarifvertragspartnern enthält (Abschluss, Inhalt und Beendigung von Arbeitsverhältnissen, Betriebsverfahrensrechtliches).

Man unterscheidet zwei Arten von Tarifverträgen:
- Ein **Manteltarifvertrag** ist ein auf längere Zeit angelegter Tarifvertrag. Darin werden diejenigen Arbeitsbedingungen geregelt, die nicht ständiger Änderung unterliegen, wie z. B. Arbeitszeit, Urlaub oder Kündigungsfristen.
- Ein **Lohn**- oder **Gehaltstarifvertrag** regelt das Arbeitsentgelt für einen bestimmten Zeitraum.

Die Regelungen des Tarifvertrages gelten unmittelbar und zwingend für die Arbeitsverhältnisse von Mitgliedern der Tarifvertragspartner. Hierbei spricht man von **Tarifgebundenen**. Somit findet der Tarifvertrag auf ein Arbeitsverhältnis Anwendung, auch wenn im einzelnen Arbeitsvertrag nicht ausdrücklich auf den Tarifvertrag Bezug genommen wird.

Bestimmungen des Arbeitsvertrages, die Tarifvertragsregelungen widersprechen, sind unwirksam, es sei denn, die individuelle arbeitsvertragliche Regelung sieht eine Leistung **über Tarif** vor. Eine zugunsten des Arbeitnehmers wirkende Abweichung gegenüber dem Tarifvertrag ist also jederzeit möglich.

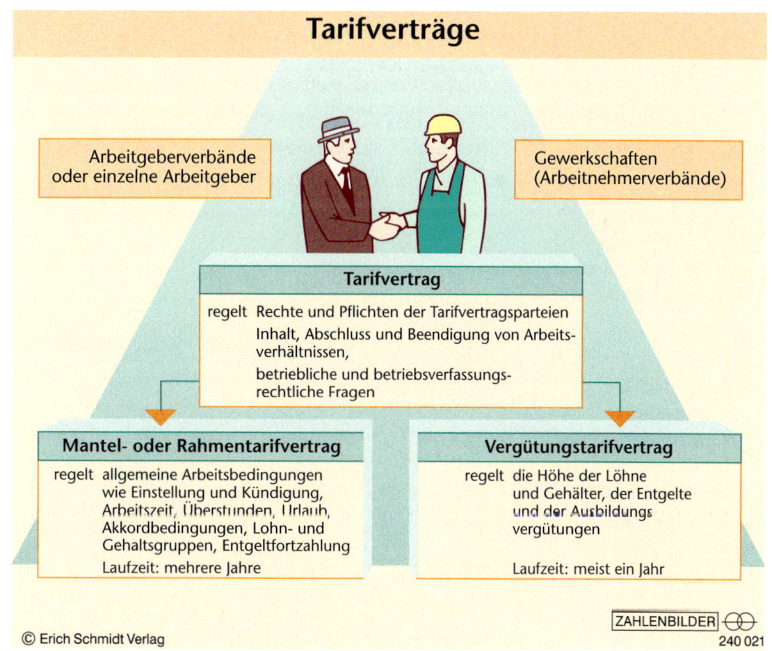

Wirkung entfaltet ein Tarifvertrag aber nicht nur zwischen den Tarifpartnern. Durch eine so genannte **Allgemeinverbindlichkeitserklärung** des Bundesministeriums für Wirtschaft und Arbeit kann ein Tarifvertrag bzw. dessen Wirkung auch über die Vertragsbeteiligten hinaus erstreckt werden. Sie sichert damit den nicht gewerkschaftlich organisierten Arbeitnehmern die rechtliche Gleichstellung mit den Gewerkschaftsmitgliedern zu.

II Recht

Tabelle II/7 *Geltungsbereiche des Tarifvertrages*

persönlich	Grundsätzliche Wirkung nur zwischen den Tarifgebundenen, es sei denn, es besteht eine Allgemeinverbindlichkeitserklärung.
räumlich	Bund, Bundesland, Bezirk, Ort oder einzelner Betrieb
zeitlich	In der Regel ist eine bestimmte Dauer im Vertrag festgelegt.
fachlich	Geltung für bestimmte Gruppen von Arbeitnehmern (z. B. kaufmännische Angestellte und technische Angestellte)
betrieblich	Zugehörigkeit des Betriebes zum Wirtschaftszweig, für den der Tarifvertrag abgeschlossen ist

Durch eine **Bindung** werden die nicht tarifgebundenen Mitarbeiter innerhalb eines Unternehmens den tarifgebundenen gleichgestellt.

Ist der Arbeitnehmer kein Gewerkschaftsmitglied, kann im Arbeitsvertrag auch eine **Bindung** an den jeweils geltenden Tarifvertrag vereinbart werden.

Wie entstehen Tarifverträge?

Ein Tarifvertrag dient auch der Begründung einer so genannten **Friedenspflicht** zwischen Arbeitnehmern und Arbeitgebern. Während der Laufzeit eines Tarifvertrages darf es keine Arbeitskämpfe wegen Angelegenheiten geben, die in dem betreffenden Tarifvertrag geregelt wurden.

Läuft ein Tarifvertrag aus, formulieren die entsprechenden Ausschüsse der Tarifpartner ihre Forderungen und Absichten für den Abschluss eines neuen Tarifvertrags. Es beginnen die **Tarifverhandlungen**. Bereits während der laufenden Verhandlungen kann es zu **Warnstreiks** kommen, mit denen die Gewerkschaften ihren Forderungen Nachdruck verleihen wollen.

Die **Schlichtungskommission** besteht in der Regel aus der jeweils gleichen Anzahl von Arbeitnehmer- und Arbeitgebervertretern plus einer neutralen Person, auf die sich beide Seiten einigen müssen.

Kommt es bei den Verhandlungen zu keiner Einigung, wird ein **Schlichtungsverfahren** eingeleitet. Die **Schlichtungskommission** versucht, einen Kompromiss zu erzielen. Gelingt dies nicht, wird in einer Urabstimmung über **Arbeitskampfmaßnahmen** entschieden. Stimmen mindestens 75 % der gewerkschaftlich organisierten Arbeitnehmer dafür, wird von der Gewerkschaft ein **Streik** ausgerufen.

Maßnahmen des Arbeitskampfes
- auf Arbeitnehmerseite: Streik
- auf Arbeitgeberseite: Aussperrung

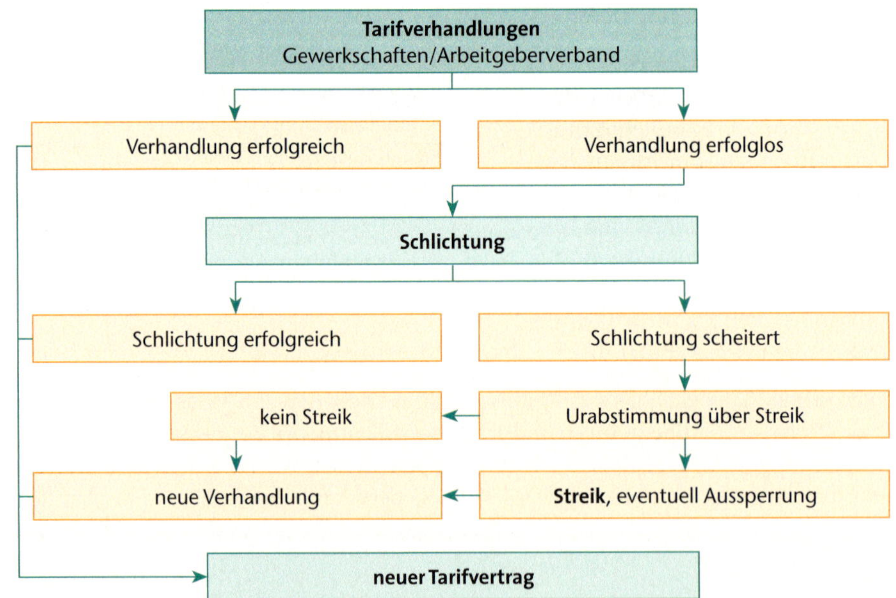

6.5 Betriebsverfassungsgesetz

Soweit in einem Tarifvertrag Einzelheiten zum Lohn und/oder zur Arbeitszeit nicht geregelt sind, ist eine **Betriebsvereinbarung** möglich, insbesondere wenn eine entsprechende Tariföffnungsklausel besteht. Eine Betriebsvereinbarung ist nach überwiegender Ansicht ebenfalls ein formbedürftiger Vertrag. Er wird zwischen Arbeitgeber und Betriebsrat über Angelegenheiten geschlossen, die zum Aufgabenbereich eines Betriebsrates gehören (siehe Tabelle II/8).

Beim **Betriebsrat** handelt es sich um ein Organ der Arbeitnehmer eines Betriebes, das in bestimmten betrieblichen Angelegenheiten mitwirkt und mitbestimmt, so vor allem bei sozialen und personellen Angelegenheiten. Der Betriebsrat wird von den Arbeitnehmern auf vier Jahre gewählt. Seine Größe bestimmt sich nach der Zahl der Mitarbeiter im Betrieb. Im Einzelnen ist hinsichtlich der Aufgaben eines Betriebsrates ein Blick in das **Betriebsverfassungsgesetz** (BetrVG) zu werfen.

§ 1 BetrVG
(1) In Betrieben mit in der Regel mindestens fünf ständigen wahlberechtigten Arbeitnehmern, von denen drei wählbar sind, werden Betriebsräte gewählt. […]

Wahlberechtigt sind alle volljährigen Mitarbeiter eines Betriebes. Wählbar sind Mitarbeiter, die seit mindestens sechs Monaten im Betrieb beschäftigt sind.

Tabelle II/8 *Aufgaben und Rechte des Betriebsrates*

Mitbestimmungsrechte in sozialen Angelegenheiten	Mitwirkungsrechte in personellen Angelegenheiten	Unterrichtungsrecht in wirtschaftlichen Angelegenheiten
Der Betriebsrat hat, soweit eine gesetzliche oder tarifliche Regelung nicht besteht, in folgenden Fällen mitzubestimmen:	Der Betriebsrat ist bei der Durchführung folgender Maßnahmen zu beteiligen:	Der Arbeitgeber muss den Betriebsrat unterrichten und sich mit ihm beraten über
▪ Betriebsordnung und Arbeitnehmerverhalten	▪ Einstellung, Ein- und Umgruppierung, Versetzung	▪ wirtschaftliche und finanzielle Lage
▪ Beginn, Ende und Verteilung der täglichen Arbeitszeit, Pausen	▪ Durchführung betrieblicher Bildungsmaßnahmen	▪ Produktion- und Absatzlage
▪ Urlaubsplan	▪ Kündigung	▪ Arbeitsmethoden
▪ Einführung von technischen Einrichtungen zur Überprüfung von Verhalten und Leistung der Arbeitnehmer		▪ Investitionen und Rationalisierungen ▪ Stillegen, Verlegen, Zusammenschließen von Betrieben
▪ Unfallverhütung		▪ Änderung der Betriebsorganisation
▪ Sozialeinrichtungen im Betrieb		▪ Gestaltung des Arbeitsplatzes
▪ betriebliche Entlohnungsgrundsätze		
▪ betriebliches Vorschlagwesen		

6.6 Gesetzliche Sozialversicherungen

Die Begriffe Lohn und Gehalt werden hier bedeutungsgleich verwendet.

Auf Grund des Arbeitsvertrages ist der Arbeitgeber zur Zahlung eines Arbeitsentgelts verpflichtet. Wir haben gesehen, dass sich die **Höhe des Arbeitsentgelts** grundsätzlich nach der jeweiligen Vereinbarung im Arbeitsvertrag richtet. Wenn ein Tarifvertrag gilt, wird die Lohnhöhe dadurch bestimmt.

Steuerabzüge → Kapitel II/8

In der Regel ist der im Arbeitsvertrag vereinbarte Lohn der **Bruttolohn**, jedoch kann auch die Zahlung von Nettolohn vereinbart werden. Dann übernimmt der Arbeitgeber die Zahlung der Arbeitnehmeranteile der Sozialversicherungsbeiträge.

Zu hohe Lohnabzüge?

Kosmetikerin Jana ist glücklich: Sie hat gleich nach ihrer Ausbildung eine Arbeitsstelle in einem renommierten Wellness-Hotel gefunden. Das im Arbeitsvertrag vereinbarte Bruttogehalt beträgt 1400 Euro monatlich – eine stolze Summe, findet Jana. Als sie aber am Ende des Monats ihre Gehaltsabrechnung in den Händen hält, ist sie enttäuscht. Von den 1400 Euro werden ihr nur 1008,34 Euro ausbezahlt! Jana überprüft ihre Abrechnung. Wo ist das Geld nur geblieben?

Der Bruttolohn ist von **Lohnabzügen** betroffen. Abgezogen werden neben Lohnsteuer, Kirchensteuer und Solidaritätszuschlag auch noch der Arbeitnehmeranteil der **Sozialversicherungsbeiträge**. Diese Abzüge werden vom Arbeitgeber einbehalten und direkt an die zuständigen Stellen (Finanzamt bzw. Krankenkasse) abgeführt. Übrig bleibt der **Nettolohn**, der dem Arbeitnehmer ausbezahlt wird.

Bei der gesetzlichen Sozialversicherung handelt es sich um eine öffentlich-rechtliche, auf gesetzlicher Grundlage beruhende Pflichtversicherung mit **sozialer Ausrichtung**. Ihr Zweck ist nämlich zum einen ein Individualschutz, d. h. Vorsorge des Einzelnen für Zeiten, in denen das Erwerbseinkommen ausfällt, z. B. wegen Krankheit, Alter oder Arbeitslosigkeit.

Rechtliche Grundlage der gesetzlichen Sozialversicherungszweige sind die Sozialgesetzbücher (SGB).

Zum anderen besteht aber auch ein Schutz der Allgemeinheit vor mangelnder Vorsorge des Einzelnen. Alle Arbeitnehmer sind gleichermaßen verpflichtet, Beiträge zu leisten. Durch die Einzahlungen in die Sozialversicherungssysteme muss nicht bzw. nicht primär Sozialhilfe in Anspruch genommen werden (**Subsidiaritätsprinzip**).

Subsidiaritätsprinzip
Leistungen des Staates greifen erst dann, wenn sich der Einzelne nicht mehr selbst helfen kann.

Nach der Systematik des Sozialversicherungsrechtes führt jede Arbeit, die in abhängiger Beschäftigung gegen Zahlung von Entgelt ausgeübt wird, in den verschiedenen Versicherungszweigen zur **Versicherungspflicht** und damit grundsätzlich auch zur entsprechenden Beitragspflicht, es sei denn, es besteht Versicherungsfreiheit bzw. eine gesetzliche Möglichkeit zur Befreiung von der Versicherungspflicht.

Tabelle II/9 Prinzipien der gesetzlichen Sozialversicherung

Pflichtversicherung	Für abhängig Beschäftigte besteht Versicherungspflicht und damit Pflicht zur Beitragszahlung.
Beitragsverteilung	Grundsätzlich zahlen Arbeitgeber und Arbeitnehmer je die Hälfte der Beiträge. Ausnahmen bestehen bei der Unfallversicherung, die der Arbeitgeber allein trägt, und neuerdings auch bei der Kranken- und Pflegeversicherung.
Befreiung von der Versicherungspflicht	Von der Versicherungspflicht befreit sind Arbeitnehmer, deren Einkommen geringfügig ist. Arbeitnehmer, deren Einkommen über der Versicherungspflichtgrenze liegt (derzeit 46 800 €/Jahr, wird jedes Jahr neu festgelegt), können von der gesetzlichen in eine private Krankenversicherung wechseln.
Solidarprinzip	Die Höhe der Beiträge richtet sich nach dem Einkommen. Alle Versicherungspflichtigen zahlen den gleichen Prozentsatz ihres versicherungspflichtigen Bruttoeinkommens. Die Versicherungsleistungen dagegen richten sich nach dem Bedarf des Einzelnen.
Generationenvertrag	Jüngere Erwerbstätige sichern mit ihren Beiträgen zur Rentenversicherung das Einkommen (Rente) der Älteren.
Subsidiaritätsprinzip	Die Versicherungsleistungen haben Vorrang vor staatlicher Unterstützung (z. B. Sozialhilfe). Nur wenn die Versicherungsleistungen nicht ausreichen, greift der Staat unterstützend ein.

Solidarität
Zusammengehörigkeit, Gemeinsamkeit

II Recht

Beitragsbemessungsgrenzen

Das Arbeitsentgelt, das in § 14 SGB IV als Bruttoarbeitsentgelt definiert wird, ist also sowohl für die Begründung der Versicherungspflicht als auch für das Beitrags- und Leistungsrecht der Sozialversicherung von entscheidender Bedeutung. Mit Ausnahme der Unfallversicherung tritt die Versicherungspflicht für Beschäftigte nur ein, wenn diese **Beschäftigung gegen Entgelt** ausgeübt wird.

Ob bestimmte Entgeltbestandteile (laufende Zulagen, Zuschläge, Zuschüsse u. a.) als Arbeitsentgelt anzusehen sind, ergibt sich aus der Arbeitsentgeltverordnung und der Sachbezugsverordnung, erlassen von der Bundesregierung.

Für die Berechnung der Beiträge wird das Arbeitsentgelt nur bis zu einer bestimmten Höhe herangezogen. Liegt das monatliche Bruttoeinkommen über diesen **Beitragsbemessungsgrenzen**, bleibt der darüberliegende Teil sozialabgabenfrei.

Tabelle II/10 Beitragsbemessungsgrenzen 2007 (monatliches Bruttoentgelt)

Renten- und Arbeitslosenversicherung	West 5250,00 €	Ost 4550,00 €
Kranken- und Pflegeversicherung	West 3562,50 €	Ost 3562,50 €

Geringfügige Beschäftigung

Die Höhe des Arbeitsentgelts muss bestimmte Mindestgrenzen überschreiten, ansonsten ist die abhängige Beschäftigung **versicherungsfrei**. Solche Beschäftigungsverhältnisse werden als geringfügig bezeichnet.

Mit dem Zweiten Gesetz für moderne Dienstleistungen am Arbeitsmarkt erfuhr der § 8 SGB IV eine Neuregelung. Geringfügigkeit liegt vor, wenn das Arbeitsentgelt aus der Beschäftigung regelmäßig 400 Euro monatlich nicht übersteigt.

Bundesgesetzblatt I 4621 vom Dezember 2002

Werden mehrere geringfügige Beschäftigungen gleichzeitig ausgeübt, werden die Arbeitsentgelte zusammengerechnet. Das insgesamt erzielte Arbeitsentgelt ist dann für die Sozialversicherungspflicht maßgebend.

Bei geringfügig Beschäftigten in Privathaushalten gelten Besonderheiten (§ 8a SGB IV).

Bei geringfügiger Beschäftigung ist die Befreiung von der Sozialversicherungspflicht gesetzlich angeordnet. Das gilt jedoch nicht für die Unfallversicherung, die der Arbeitgeber in jedem Falle tragen muss.

Außerdem wurde eine so genannte **Gleitzone** eingeführt, die von 400,01 Euro bis 800,00 Euro im Monat reicht. Arbeitsentgelte innerhalb dieser Gleitzone führen zwar grundsätzlich zur Versicherungspflicht, jedoch gelten für die Berechnung des Arbeitnehmerbeitrages zur Sozialversicherung Besonderheiten. Die Höhe der Beiträge reicht dabei von ca. 4 % bis 21 % des Arbeitsentgelts. Der Arbeitgeber dagegen hat auch in der Gleitzone den vollen Beitragsanteil zu zahlen.

Tabelle II/11 *Die fünf Säulen der Sozialversicherung*

	Krankenversicherung	Rentenversicherung	Arbeitslosenversicherung	Unfallversicherung	Pflegeversicherung
Träger	Orts-, Ersatz-, Betriebs-, Innungs-, Seekrankenkassen, Bundesknappschaft	Deutsche Rentenversicherung (Dachverband)	Bundesagentur für Arbeit bzw. örtliche Agenturen für Arbeit	Berufsgenossenschaften	Pflegekassen, bei den Krankenkassen angesiedelt
Beiträge	Durchschnittlicher Beitrag von 14 % des Bruttolohns, von dem der Arbeitgeber die Hälfte zahlt. Zusätzlich zahlen die Arbeitnehmer einen Sonderbeitrag von 0,9 % für Krankengeld und Zahnersatz.	derzeit 19,9 % des Bruttolohns, davon zahlt der Arbeitgeber die Hälfte	derzeit 4,2 % des Bruttolohns, davon zahlt der Arbeitgeber die Hälfte	nach Unternehmensgröße und Gefahrenklasse, der Arbeitgeber zahlt den vollen Beitrag	Für Arbeitnehmer mit Kindern derzeit 1,7 % des Bruttolohns, der Arbeitgeber zahlt davon die Hälfte. Kinderlose Arbeitnehmer zahlen einen Zuschlag von 0,25 %.
Versicherte	gegen Entgelt beschäftigte Arbeitnehmer bis zur Versicherungspflichtgrenze, Kinder und Ehepartner sind mitversichert	gegen Entgelt beschäftigte Arbeitnehmer, Auszubildende	gegen Entgelt beschäftigte Arbeitnehmer	alle Arbeitnehmer, auch wenn kein oder geringfügiges Entgelt gezahlt wird	wie bei Krankenversicherung
Leistungen	Heilmittel, Krankenpflege, Vorsorge- und Rehabilitationsmaßnahmen	Rente (Altersrente, Erwerbs- und Berufsunfähigkeitsrente), Altersruhegeld	Arbeitslosengeld I, Arbeitsförderung, Wintergeld, Winterausfallgeld, Kurzarbeitergeld	Unfallverhütung, Heilbehandlung, Berufshilfe, Verletztengeld, Verletztenrente, Hinterbliebenenrente	je nach Pflegebedürftigkeit Einteilung in drei Pflegestufen; Leistungen zur häuslichen und zur stationären Pflege

Stand: Juni 2007

Für den Anspruch auf Leistungen aus der Arbeitslosenversicherung (**Arbeitslosengeld I**) müssen bestimmte Voraussetzungen erfüllt sein:

- bestehende Arbeitslosigkeit,
- Arbeitslosmeldung bei der zuständigen Agentur für Arbeit,
- 65. Lebensjahr noch nicht vollendet,
- Erfüllung einer Anwartschaftszeit: Innerhalb der letzten zwei Jahre vor Eintritt der Arbeitslosigkeit muss der Arbeitnehmer mindestens 12 Monate lang eine versicherungspflichtige Beschäftigung ausgeübt haben.

Die Kontrollaufgaben zu den Abschnitten II/6.2 bis II/6.6 finden Sie auf Seite 59.

Wie geht es weiter nach ALG I?
Das Sozialgesetzbuch (SGB II) sieht verschiedene Leistungen als Grundsicherung für Arbeitsuchende vor, insbesondere das so genannte **Arbeitslosengeld (ALG) II** für Erwerbsfähige. Hierbei sind unbedingt die gesetzlichen Antragsfristen zu beachten.

7 Öffentlich-rechtliche Vorschriften

Nachdem wir uns mit zahlreichen Regelungen des Privatrechts, vor allem des schuldrechtlichen Teils des BGB sowie dem Handelsrecht beschäftigt und uns auch das Arbeitsrecht näher angesehen haben, stellt sich die Frage: Wie kann man das Privatrecht vom öffentlichen Recht abgrenzen – und warum ist eine solche Abgrenzung notwendig?

7.1 Privates und öffentliches Recht

Das vom Grundsatz der Privatautonomie getragene **Privatrecht** regelt die Beziehungen der einzelnen Rechtssubjekte untereinander, während das **öffentliche Recht** die Beziehungen des einzelnen Rechtssubjektes zum Staat bzw. zu den Trägern hoheitlicher Gewalt umfasst. Zur Unterscheidung wurden verschiedene Theorien entwickelt. Überwiegend wird danach differenziert, dass öffentliches Recht diejenigen Rechtsnormen sind, die ausschließlich einen Träger öffentlicher Gewalt (den Staat oder die Kommunen) berechtigen oder verpflichten.

Privatautonomie
→ Kapitel II/2

Privatrecht: Gemeinde X und der Bürger Z schließen einen Kaufvertrag über ein Grundstück ab. Dieser Vertrag verpflichtet nicht nur die Gemeinde in ihrer Eigenschaft als Hoheitsträgerin, sondern auch den Bürger Z. Der Kaufvertrag ist daher dem Privatrecht zuzuordnen.
Öffentliches Recht: Gemeinde X macht beim Bürger Z Kosten für Abwasser geltend. Als Hoheitsträgerin ist die Gemeinde auf der Grundlage einer kommunalen Satzung berechtigt, derartige Gebühren zu erheben. In diesem Fall liegt ein öffentlich-rechtliches Rechtsverhältnis vor.

Auf dieser Grundlage lässt sich das öffentliche Recht wie folgt gliedern:

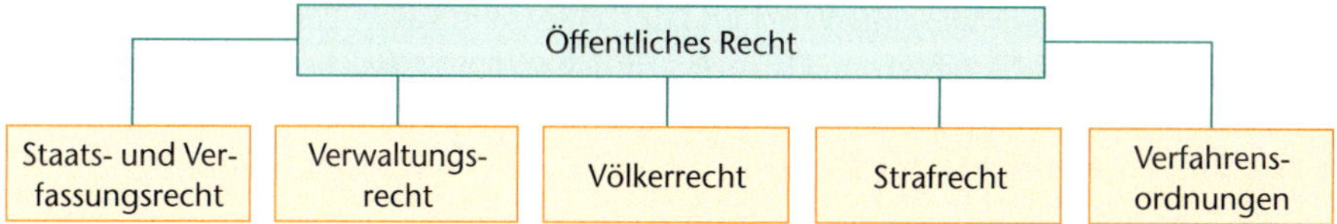

7.2 Gerichte und Gerichtszweige

Kommen wir nochmals zurück zum Beispielfall 2. Vor welchem Gericht kann sich der Bürger Z gegen den Abwasserbescheid der Gemeinde rechtlich zur Wehr setzen, wenn er z. B. meint, dass dieser zu hoch ausgefallen ist? Auch für die Antwort auf diese Frage ist die Unterscheidung zwischen privatem und öffentlichem Recht wichtig, denn hiervon hängt ab, welches Gericht zuständig ist. In unserem Fall wäre es das Verwaltungsgericht.

Es gibt also verschiedene **Gerichtszweige**. Danach ist die **streitige Gerichtsbarkeit** insbesondere gegliedert in:

- Verfassungsgerichtsbarkeit,
- ordentliche Gerichtsbarkeit, die sowohl Zivil- und Strafsachen umfasst,
- Verwaltungsgerichtsbarkeit,
- Finanzgerichtsbarkeit,
- Arbeitsgerichtsbarkeit,
- Sozialgerichtsbarkeit.

Die **streitige Gerichtsbarkeit** ist abzugrenzen von der freiwilligen Gerichtsbarkeit, zu der vor allem Vormundschafts-, Nachlass-, Betreuungs-, Unterbringungs- und Registersachen gehören.

Unter Gerichtsbarkeit versteht man die staatliche Tätigkeit (auch Justizhoheit genannt) zur Verwirklichung der bestehenden Rechtsordnung.

Instanz
Hierarchischer Aufbau innerhalb einer Gerichtsbarkeit. In der Regel kann ein Gerichtsverfahren über bis zu drei Instanzen laufen.

Erfüllungsort
Ort, an dem der Schuldner seine vertragliche Leistung zu bewirken hat.

Für den Prozess vor dem Arbeitsgericht gilt das Arbeitsgerichtsgesetz.

Tabelle II/12 Zuständigkeit innerhalb der einzelnen Gerichtsbarkeiten

sachliche Zuständigkeit	Bezieht sich auf den Gegenstand/die Art der Rechtsache und entscheidet, **welche Gerichtsbarkeit** zuständig ist.
funktionelle Zuständigkeit	Bezieht sich darauf, welches Gericht **innerhalb einer Gerichtsbarkeit** tätig zu werden hat. So gibt es im Bereich der ordentlichen Gerichtsbarkeit z. B. das Amstgericht (erste Instanz) und das Landgericht (zweite Instanz). Um zur nächsthöheren **Instanz** zu gelangen, bedarf es eines Rechtsmittels (Berufung, Revision oder Beschwerde).
örtliche Zuständigkeit	Wird auch als **Gerichtsstand** bezeichnet. Bezieht sich darauf, welches Gericht erster Instanz wegen seines Sitzes die Rechtsache zu erledigen hat.

Gerichtsstand
Im Zivilrecht gibt es folgende Gerichtsstände:
Der allgemeine Gerichtsstand einer natürlichen Person ist an ihren Wohnsitz (§ 13 ZPO).
Dem gehen aber vor:
- der **besondere Gerichtsstand**: Es besteht ein besonderer Gerichtsstand z. B. am Ort der Niederlassung eines Gewerbes (§ 21 ZPO); bei Streitigkeiten aus einem Vertrag kann der Kläger auch am **Erfüllungsort** klagen (§ 29 ZPO) oder bei Widerklagen am Ort der Klage (§ 33 ZPO).
- der **ausschließliche Gerichtsstand**: Bei Miete oder Pacht ist z. B. das Gericht zuständig, in dessen Bezirk sich die Räume befinden (§ 29a ZPO).

7.2.1 Arbeitsgerichtsbarkeit

Die Arbeitsgerichte haben über privatrechtliche Streitigkeiten aus Arbeitsverträgen und Tarifverträgen zu entscheiden. Ebenso sind sie zuständig für Auseinandersetzungen in Fragen des Betriebsverfassungsrechts und der Mitbestimmung. Den Arbeitsgerichten gehören neben Berufsrichtern auch ehrenamtliche Richter an, die paritätisch besetzt sind, d. h. je ein ehrenamtlicher Richter aus Kreisen der Arbeitnehmer und der Arbeitgeber. Im Verfahrensablauf steht vorab die so genannte **Güteverhandlung**.

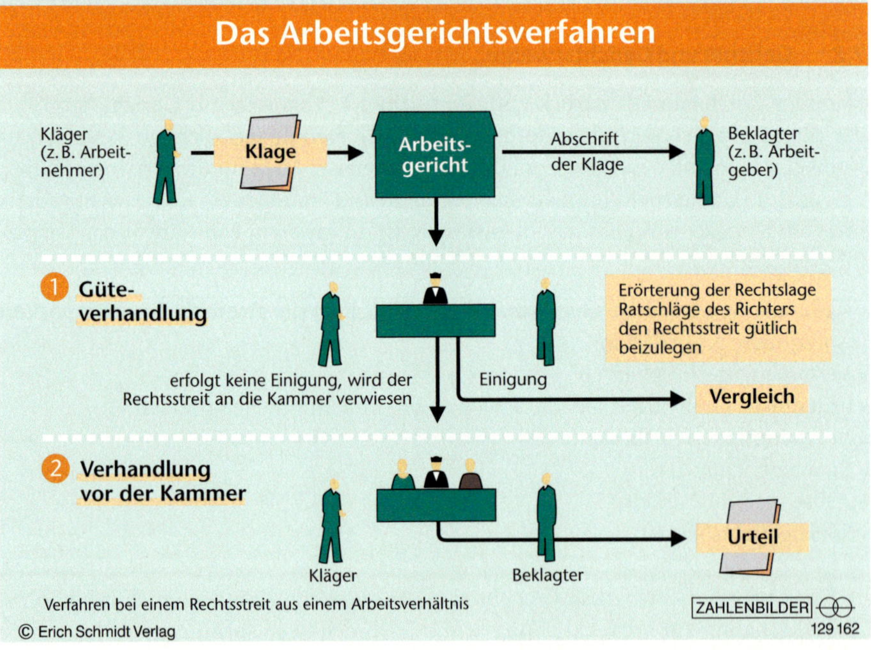

7.2.2 Sozialgerichtsbarkeit

In allen Instanzen wirken neben den Berufsrichtern ehrenamtliche Richter als Beisitzer mit. Das grundsätzlich gerichtskostenfreie Verfahren unterscheidet sich von einem Zivilprozess vor allem durch den so genannten Untersuchungsgrundsatz. Der bedeutet, das das Sozialgericht den Sachverhalt selbst (von Amts wegen) zu erforschen hat, während im Zivilprozess der **Beibringungsgrundsatz** gilt. Die Sozialgerichte entscheiden über die ihnen per Gesetz zugewiesenen Sozialrechtsstreitigkeiten.

Zuständigkeit, Organisation und Verfahren der Sozialgerichtsbarkeit sind dem Sozialgerichtsgesetz zu entnehmen.

Beibringungsgrundsatz
Die am Gerichtsverfahren Beteiligten (Kläger, Beklagte) müssen dem Gericht die Fakten (Beweismittel, Erklärungen) vorlegen, die zur Entscheidung notwendig sind. Das Gericht muss den Sachverhalt nicht selbst erforschen.

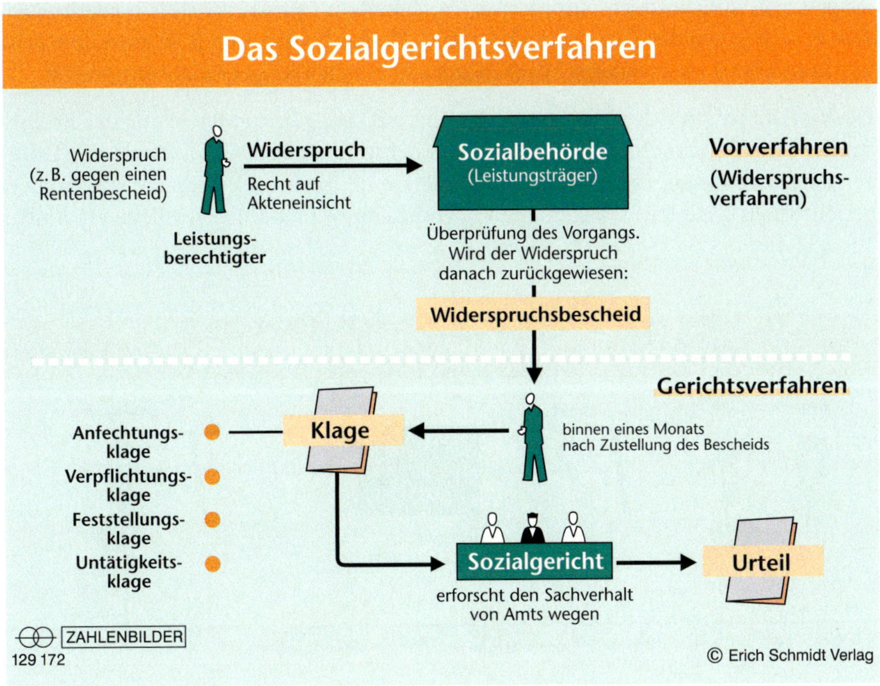

Das Sozialgerichtsverfahren

Widerspruch (z.B. gegen einen Rentenbescheid)
Leistungsberechtigter
Widerspruch
Recht auf Akteneinsicht
Sozialbehörde (Leistungsträger)
Vorverfahren (Widerspruchsverfahren)
Überprüfung des Vorgangs. Wird der Widerspruch danach zurückgewiesen:
Widerspruchsbescheid
Gerichtsverfahren
binnen eines Monats nach Zustellung des Bescheids
Klage
Anfechtungsklage
Verpflichtungsklage
Feststellungsklage
Untätigkeitsklage
Sozialgericht
erforscht den Sachverhalt von Amts wegen
Urteil
ZAHLENBILDER
129 172
© Erich Schmidt Verlag

7.3 Gerichtsverfahren

Als Gerichtsverfahren bezeichnet man das vor und von den einzelnen Gerichten durchgeführte Verfahren. Dieses Verfahren ist durch die so genannten Prozessordnungen geregelt. Bei den **Prozessordnungen** handelt es sich um formelles Recht, das der Durchsetzung des materiellen Rechts (= alle Rechte und Pflichten der Einzelnen untereinander und gegenüber dem Staat) dient.

Es gibt
- die Zivilprozessordnung,
- die Strafprozessordnung,
- die Verwaltungsgerichtsordnung,
- das Arbeitsgerichtsgesetz,
- das Sozialgerichtsgesetz.

7.3.1 Ablauf eines Zivilprozesses

Beim Zivilprozess erfolgt die Erhebung der Klage durch die Zustellung der Klageschrift. Diese muss mindestens folgende Angaben enthalten:
- Bezeichnung der Parteien und des Gerichtes,
- Angabe des (Streit-)Gegenstandes und
- des Grundes des erhobenen **Anspruchs**,
- Stellen eines bestimmten Antrages.

→ § 253 ZPO

Anspruch
das Recht, von einem anderen ein Tun oder Unterlassen zu verlangen

→ § 261 ZPO
Durch die Erhebung der Klage wird die so genannte **Rechthängigkeit** der Streitsache begründet. Während der Dauer der Rechthängigkeit kann diese Streitsache von keiner Partei anderweitig anhängig gemacht werden. Der Vorsitzende des Gerichtes bestimmt dann entweder einen frühen ersten Termin zur mündlichen Verhandlung oder veranlasst ein schriftliches Vorverfahren.
→ § 272 ZPO

Beim **frühen ersten Termin** wird dem Beklagten eine Frist zur schriftlichen Klageerwiderung gesetzt. Beim **schriftlichen Vorverfahren** wird der Beklagte mit Zustellung der Klageschrift aufgefordert, binnen zwei Wochen dem Gericht schriftlich anzuzeigen, dass er sich gegen die Klage verteidigen will. Zugleich wird dem Beklagten eine Frist von mindestens zwei weiteren Wochen zur schriftlichen Klageerwiderung gesetzt.

→ § 278 ZPO
Das Gericht soll in jeder Lage des Verfahrens auf eine gütliche Beilegung des Rechtsstreites bedacht sein. Zu diesem Zweck geht der mündlichen Verhandlung eine **Güteverhandlung** voraus, es sei denn, es hat bereits ein Einigungsversuch vor einer außergerichtlichen Gütestelle stattgefunden oder die Güteverhandlung erscheint erkennbar aussichtslos.

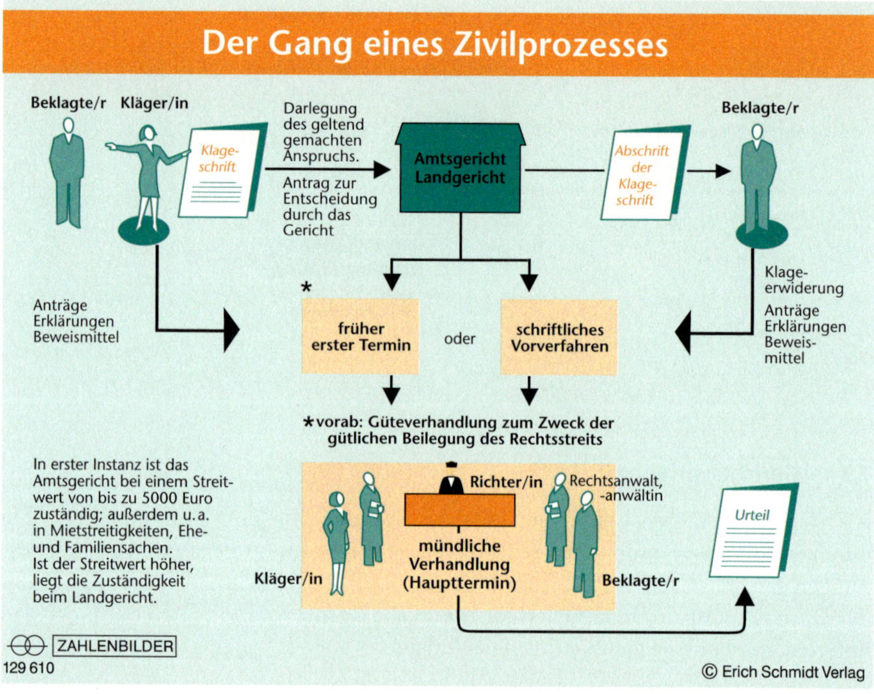

Es folgt dann die mündliche Verhandlung und gegebenenfalls eine Beweisaufnahme. Ist dann schließlich ein Rechtsstreit zur Entscheidung reif, so hat das Gericht diese Endentscheidung durch **Endurteil** zu erlassen.
→ § 300 ZPO

7.3.2 Ablauf eines Strafverfahrens

Der Gang eines Strafverfahrens unterscheidet sich erheblich von einem Zivilprozess. Wird eine Straftat begangen, nimmt die **Staatsanwaltschaft** die Ermittlungen auf und die Polizei wirkt bei der Aufklärung aller belastenden und entlastenden Umstände mit. Die Staatsanwaltschaft entscheidet, ob die Ermittlungen abgeschlossen sind und ob ein Strafverfahren durchzuführen ist. Sie hat das so genannte Anklagemonopol. Geht der Staatsanwalt mit hinreichender Wahrscheinlichkeit davon aus, dass die vorhandenen Beweise eine Verurteilung des Beschuldigten rechtfertigen, so reicht er eine **Anklageschrift** beim zuständigen Gericht ein.

Andernfalls wird der Staatsanwalt das Verfahren einstellen und den Beschuldigten davon verständigen. Die Anklageschrift schildert die dem Beschuldigten vorgeworfene Tat, bezeichnet die Beweismittel und gibt an, gegen welche Strafnorm(en) der Beschuldigte verstoßen haben soll. Die Anklageschrift bestimmt den Umfang des gerichtlichen Verfahrens. Im Zwischenverfahren entscheidet dann das Gericht, ob es die Eröffnung des Hauptverfahrens zulässt. Das geschieht nur dann, wenn der Beschuldigte hinreichend verdächtig erscheint.

Schließlich kommt es zur **Hauptverhandlung**, deren Ablauf in der Strafprozessordnung genau vorgeschrieben ist. Das Ergebnis dieser Hauptverhandlung wird in öffentlicher Sitzung durch Urteil verkündet.

7.4 Kosten des Gerichtsverfahrens

Für die Tätigkeit der Gerichte sind Gerichtskosten zu zahlen. Auch für den bzw. die Rechtsanwälte entstehen Gebühren und Auslagen. Ist also guter Rat teuer?

Es gibt zunächst die **Beratungshilfe**. Beratungshilfe bedeutet, dass man sich in bestimmten Angelegenheiten fachkundigen Rat holen kann. Wenn notwendig, umfasst die Beratungshilfe auch eine Vertretung in der bestimmten Rechtssache, z. B. gegenüber Behörden. Der Ratsuchende kann erst einmal zum nächst gelegenen Amtsgericht gehen und dort dem zuständigen Rechtspfleger sein Rechtsproblem schildern. Er muss dabei seine persönlichen und wirtschaftlichen Verhältnisse darlegen. Wenn das Amtsgericht nicht mit sofortiger Auskunft oder Aufnahme eines Antrages weiterhelfen kann, dann stellt es einen **Berechtigungsschein** aus, mit dem der Ratsuchende dann einen Anwalt aufsuchen kann. Es ist auch möglich, einen Bewilligungsantrag nachträglich zu stellen, wenn man zunächst unmittelbar einen Anwalt aufgesucht hat.

Aber auch für den, der keinen Berechtigungsschein hat und die Beratungskosten selbst zahlen muss oder will, gibt es bei einem Anwalt die Möglichkeit einer so genannten **Erstberatung**. Ist der Auftraggeber ein Verbraucher und die Tätigkeit des Anwaltes beschränkt sich auf ein erstes Beratungsgespräch, betragen die Anwaltsgebühren höchstens 190 Euro.

Verbraucher
→ Kapitel II/3.3.2

Für den Fall eines Rechtsstreites besteht des Weiteren die Möglichkeit **Prozesskostenhilfe** zu beantragen. Wird sie bewilligt, so übernimmt die Prozesskostenhilfe dann – je nach einzusetzendem Einkommen – voll oder teilweise den eigenen Beitrag zu den Gerichtskosten und die Kosten des eigenen Anwaltes. Allerdings erfasst die Prozesskostenhilfe nicht die Kosten, die gegebenenfalls dem Gegner zu erstatten sind, vor allem nicht die Kosten des gegnerischen Anwaltes.

1 Erläutern Sie den Unterschied zwischen einer Kündigung und einem Aufhebungsvertrag.
2 Nachdem der Arbeitnehmerin Heike im Kosmetikinstitut gekündigt wurde, wartet sie längere Zeit vergeblich auf ihr Arbeitszeugnis. Kann sie auf Ausstellung eines Zeugnisses klagen?
3 Sie haben schon den Begriff der Vertragsfreiheit kennen gelernt. Was bedeutet dann die Tarifautonomie und wem steht diese zu?
4 Was ist ein Betriebsrat und welche Rechte hat er in personellen Angelegenheiten?
5 Warum ist die gesetzliche Sozialversicherung auch für die Kosmetikerin bedeutsam?
6 Berechnen Sie den Rentenversicherungsbeitrag (Arbeitnehmer und Arbeitgeber) für einen Bruttolohn von 2350,00 €.
7 Warum sind die Sozialversicherungen Pflichtversicherungen?
8 Nennen Sie drei der wichtigsten Gerichtszweige.
9 Was ist ein wesentlicher Unterschied zwischen einem Zivilprozess und einem Sozialgerichtsverfahren?
10 Welche Aufgabe hat der Staatsanwalt im Strafverfahren?

8 Steuern

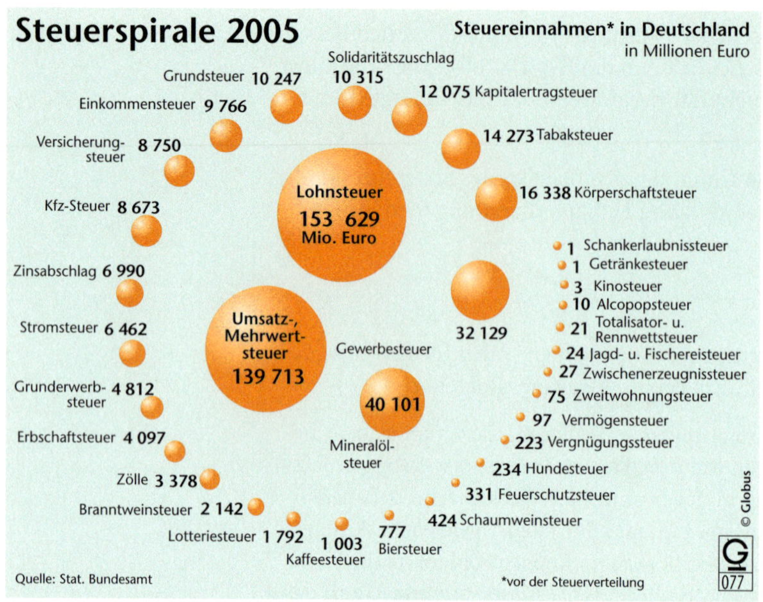

Grundsätzlich versteht man unter Steuern einmalige oder laufende Geldleistungen, die keine Gegenleistung für eine Leistung des Staates darstellen. Steuern werden von einem öffentlich-rechtlichen Gemeinwesen (Bund, Land oder Gemeinde) erhoben und allen Bürgern auferlegt, bei denen der Tatbestand zutrifft, an den das Gesetz die Steuerpflicht knüpft. Steuern sind die wichtigste Einnahmequelle des Staates.

Steuern stellen eine Geldleistung ohne Anspruch auf eine konkrete Gegenleistung dar. Sie werden zwangsweise erhoben.

8.1 Lohn- und Einkommensteuer

Rechtliche Grundlage für die Erhebung der Einkommensteuer ist das Einkommensteuergesetz (EStG)

Das einer Kosmetikerin auf Grund ihrer Arbeitsleistung zufließende Geld ist ihr (Arbeits-) Einkommen. Je nachdem, ob sie dieses Einkommen als selbstständig tätige Unternehmerin erzielt oder ob die Kosmetikerin als Angestellte tätig ist, bestehen verschiedene steuerliche Pflichten.

natürliche Personen
→ Kapitel II/1.1

→ § 1 EStG

Einkommensteuerpflichtig sind **natürliche Personen** mit ihren sämtlichen Einkünften, wenn sie im Inland ihren Wohnsitz oder gewöhnlichen Aufenthalt haben. Besteuerungsgrundlage ist das Einkommen jeweils für ein Kalenderjahr, das sich aus der Summe verschiedener **Einkunftsarten** ergibt.

Einkünfte aus selbstständiger Arbeit
\+ Einkünfte aus nicht selbstständiger Arbeit
\+ Einkünfte aus Gewerbebetrieb
\+ Einkünfte aus land- und forstwirtschaftlichen Betrieben
\+ Einkünfte aus Kapitalvermögen
\+ Einkünfte aus Vermietung und Verpachtung

= Summe der Einkünfte

Was selbstständige Arbeit ist, ist in § 18 des Einkommensteuergesetzes geregelt. Da die Tätigkeit einer im eigenen Institut arbeitenden Kosmetikerin gemäß § 18 Abs. 1 nicht zu den freiberuflichen Tätigkeiten zählt, ist ihr Einkommen als **Einkunft aus einem Gewerbebetrieb** zu deklarieren, so dass neben der Einkommensteuer eine Gewerbesteuer zu zahlen ist.

Gewerbesteuer
→ Kapitel VII/5.6

Nach Abzug verschiedener berücksichtigungsfähiger Beträge ergibt sich daraus insgesamt das **zu versteuernde Einkommen**. Die Höhe der Einkommensteuer ist den entsprechenden Einkommensteuertabellen zu entnehmen.

juristische Personen
→ Kapitel II/1.1

Der Einkommensteuer für natürliche Personen entspricht die **Körperschaftsteuer** für juristische Personen.

Gehälter, Löhne, Gratifikationen und Tantiemen gehören zu den **Einkünften aus nicht selbstständiger Tätigkeit**. Ist eine Kosmetikerin als Angestellte tätig, so unterliegen ihre dabei erzielten Einkünfte dem Lohnsteuerabzug.

→ § 19 EStG

§ 38 EStG Erhebung der Lohnsteuer
(1) Bei Einkünften aus nichtselbstständiger Arbeit wird die Einkommensteuer durch Abzug vom Arbeitslohn erhoben (Lohnsteuer) [...]
(2) Der Arbeitnehmer ist Schuldner der Lohnsteuer. Die Lohnsteuer entsteht in dem Zeitpunkt, in dem der Arbeitslohn dem Arbeitnehmer zufließt.
(3) Der Arbeitgeber hat die Lohnsteuer **für Rechnung** des Arbeitnehmers bei jeder Lohnzahlung vom Arbeitslohn einzubehalten.

für Rechnung
hier: zu Lasten des Arbeitnehmers

Bei Lohn- und Gehaltsempfängern wird also die Einkommensteuer in Form der **Lohnsteuer** durch den Arbeitgeber unmittelbar an das Finanzamt abgeführt. Der Arbeitgeber zieht den entsprechenden Betrag vom monatlichen Arbeitsentgelt des Arbeitnehmers ab und überführt ihn an das zuständige Finanzamt.

Die Lohnsteuer ist eine besondere Erhebungsform der Einkommensteuer für Einkünfte aus nicht selbstständiger Tätigkeit.

Grundlage für die Berechnung der Lohnsteuer bildet die **Lohnsteuerkarte**, auf der die **Lohnsteuerklasse** bereits eingetragen ist. Die Lohnsteuerklasse richtet sich nach dem Familienstand des Arbeitnehmers und dem Verdienst des Ehepartners. In den einzelnen Lohnsteuerklassen ist die Besteuerung unterschiedlich hoch. Die geringsten Abzüge gibt es in der Steuerklasse III, die höchsten in der Steuerklasse VI. Die Höhe der Lohnsteuer kann der jährlich erscheinenden **Lohnsteuertabelle** entnommen werden.

Die Wahl der günstigeren Steuerklasse für Verheiratete sollte immer mit Hilfe eines Fachmanns (Steuerberater, Lohnsteuerhilfeverein) getroffen werden.

Tabelle II/13 Steuerklassen

Steuerklasse	Arbeitnehmer
I	Ledige, geschiedene und verheiratete Arbeitnehmer, die von ihrem Ehegatten dauernd getrennt leben oder deren Ehegatte im Ausland wohnt. Verwitwete, sofern sie nicht in die Steuerklassen II oder III fallen.
II	Arbeitnehmer der Steuerklasse I, in deren Wohnung mindestens ein Kind gemeldet ist, für das sie Kindergeld oder einen Kinderfreibetrag erhalten (Alleinerziehende).
III	Verheiratete Arbeitnehmer, wenn der Ehegatte keinen Arbeitslohn bezieht oder nach Steuerklasse V besteuert wird. Verwitwete für das Kalenderjahr, das auf das Todesjahr des Ehepartners folgt.
IV	Verheiratete Arbeitnehmer, wenn beide Ehegatten Arbeitslohn beziehen.
V	Verheiratete Arbeitnehmer, wenn der Ehegatte nach Steuerklasse III besteuert wird.
VI	Arbeitnehmer, die von mehreren Arbeitgebern gleichzeitig Arbeitslohn beziehen. Auf der zweiten und allen folgenden Lohnsteuerkarten wird diese Steuerklasse ausgewiesen.

Wer muss Lohnsteuer zahlen und wer muss sie abführen?

? Überprüfen Sie, ob Jana (vgl. Seite 52) eine korrekte Gehaltsabrechnung von ihrem neuen Arbeitgeber erhalten hat. Nutzen Sie die unten stehenden Angaben aus der Lohnsteuertabelle.

Gehaltsabrechnung März 20XX

Steuerklasse I

Bruttogehalt	**1400,00 €**
– Lohnsteuer	? €
– Kirchensteuer (8 %)	? €
– Solidaritätszuschlag	? €
– Rentenversicherung (9,95 %)	? €
– Arbeitslosenversicherung (2,1 %)	? €
– Krankenversicherung (7,1 %)	? €
– Pflegeversicherung (1,1 %)	? €
= Nettolohn	**? €**

Lohn/ Gehalt bis	Steuerklasse	Lohnsteuer	ohne Kinderfreibetrag SolZ	Kirchensteuer 8 %	9 %
1400,99	I	97,16	3,23	7,77	8,74
	II	71,16	–	5,69	6,40
	III	–	–	–	–
	IV	97,16	3,23	7,77	8,74
	V	335,66	18,46	26,85	30,20
	VI	362,00	19,91	28,96	32,58

8.2 Kirchensteuer

Neben der Lohnsteuer muss der Arbeitgeber auch die Kirchensteuer an das Finanzamt abführen, wenn der Arbeitnehmer einer Steuer erhebenden Religionsgemeinschaft angehört. Der Kirchensteuersatz beträgt je nach Bundesland 8 % oder 9 % der Lohn- oder Einkommensteuer.

8.3 Solidaritätszuschlag

Seit 1995 wird zur Einkommen- oder Lohnsteuer eine Ergänzungsabgabe erhoben, die zur Finanzierung der deutschen Wiedervereinigung und zur langfristigen Sicherung des Aufbaus in den neuen Bundesländern dient. Dieser so genannte Solidaritätszuschlag bemisst sich ebenfalls nach der Höhe der Lohn- oder Einkommensteuer.

Derzeit beträgt er 5,5 % der Lohn- oder Einkommensteuer, für niedrige Einkommen auch weniger. Die genauen Beträge für Kirchensteuer und Solidaritätszuschlag können ebenfalls den entsprechenden Steuertabellen entnommen werden.

9 Grundgesetz

Die soziale Marktwirtschaft ist eine der nach unserem Grundgesetz möglichen Wirtschaftsordnungen und die derzeit geltende Wirtschaftsordnung.

Das Grundgesetz ist der Maßstab, der beim wirtschaftlichen und wirtschaftspolitischen Handeln von jedem Einzelnen zu beachten ist. Hinsichtlich der wirtschaftlichen Tätigkeit ist vor allem den Grundrechten gemäß Artikel 2, Artikel 9, Artikel 12 sowie Artikel 14 des Grundgesetzes (GG) besonderes Augenmerk zu schenken.

Artikel 2 Abs. 1 GG

- **Artikel 2 GG** umfasst die **persönlichen Freiheitsrechte**. Jeder hat das Recht auf die freie Entfaltung seiner Persönlichkeit, soweit er nicht die Rechte anderer verletzt und nicht gegen die verfassungsmäßige Ordnung oder das Sittengesetz verstößt. Darin enthalten ist also auch die wirtschaftliche Betätigungsfreiheit jedes Einzelnen.

Artikel 9 Abs. 3 Satz 1 GG

Tarifpartner → Kapitel II/6.4

- **Artikel 9 GG** enthält die **Vereinigungsfreiheit**. So ist u. a. das Recht, zur Wahrung und Förderung der Arbeits- und Wirtschaftsbedingungen Vereinigungen bilden zu dürfen, für jedermann und für alle Berufe gewährleistet.

Artikel 12 Abs. 1, Satz 1 GG

- **Artikel 12 GG** enthält die **Berufsfreiheit**. Alle Deutschen haben das Recht, Beruf, Arbeitsplatz und Ausbildungsstätte frei zu wählen.

Artikel 14, Abs. 1, Satz 1 GG

Artikel 14 Abs. 2 GG

- **Artikel 14 GG** enthält eine **Eigentumsgarantie**. Danach ist das Eigentum und das Erbrecht gewährleistet. Allerdings ist nach Absatz 2 des Artikels zu beachten, dass Eigentum auch verpflichtet. Sein Gebrauch soll zugleich dem Wohl der Allgemeinheit dienen.

III Analyse betrieblicher Arbeitsabläufe

1 Aufgaben der Kosmetik

Kosmetik – mit diesem Begriff verbinden viele Menschen das tägliche „Sich-schön-Machen“ vor dem Spiegel. Kosmetik soll aber nicht nur verschönernd wirken, sondern mindestens ebenso das allgemeine Wohlbefinden steigern helfen. Immer mehr Menschen haben hohe Ansprüche an die Pflege und die Gesunderhaltung des gesamten Körpers und sind in zunehmendem Maße bereit, Zeit und Geld für **prophylaktische** und das allgemeine Körperempfinden verbessernde Maßnahmen zu investieren.

prophylaktisch
vorbeugend, die Gesundheit erhaltend

Dazu sind in besonderem Maße Leistungen und Produkte gefragt, die sich mit dem größten und für das äußere Erscheinungsbild des Menschen wichtigsten Organ befassen, nämlich der menschlichen Haut. Genau dies bestimmt den Schwerpunkt des kosmetischen Aufgabenfeldes.

Nach der Definition der Weltgesundheitsorganisation WHO ist Gesundheit ein Zustand des vollkommenen köperlichen, geistigen und seelischen Wohlbefindens.

Aufgaben der Kosmetik

Pflege und Schutz der Haut	Dekoration der Haut
▪ Schutz vor Umweltschäden (z. B. Sonneneinstrahlung) ▪ Vorbeugen von Alterserscheinungen ▪ Hautveränderungen beheben oder mildern ▪ vorbeugende Beratung	▪ Hervorhebung der Persönlichkeit durch Make-up und farbliche Betonung der Augen und Lippen ▪ Abdecken von Hautveränderungen ▪ Entfernen von unerwünschtem Haarwuchs

Die Kosmetikerin übernimmt eine besondere **Verantwortung** gegenüber dem gesunden Menschen. Sie muss entscheiden, welche Behandlungsmöglichkeiten die richtigen sind und welche pflegerischen Maßnahmen und Präparate eingesetzt werden. Eine fehlerhafte Behandlung oder eine falsche Auswahl von Produkten kann schlimmstenfalls ernsthafte Gesundheitsschäden beim Kunden anrichten.

Voraussetzung für eine fachlich korrekte Kundenberatung und Behandlung ist das exakte Bestimmen des Hauttyps und die Aufstellung eines passenden Behandlungsplans. Die Behandlung muss für die Kundin einen positiven Einfluss auf das Gesamterscheinungsbild der Haut aufweisen. Es sollte aber auch eine entspannende und erholsame Umgebung geschaffen werden.

Kosmetische Behandlungen werden am gesunden Menschen durchgeführt und dienen im Wesentlichen der Gesunderhaltung. Die Kosmetik erfüllt aber auch dekorative Aufgaben.

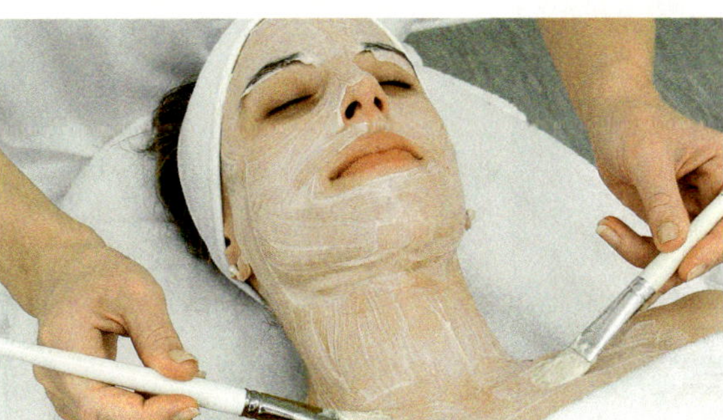

Pflegende Kosmetik

Dekorative Kosmetik

Die Kosmetikerin benötigt daher neben manuellem Geschick auch besonders ausgeprägte Fähigkeiten zum behutsamen Umgang mit Menschen. Sie muss über breit angelegte Fertigkeiten und Kenntnisse auf allen Gebieten dekorativer und pflegerischer kosmetischer Anwendungen verfügen. Dies umfasst Grundkenntnisse über die Anatomie und den Aufbau der Haut, die **Somatologie** und die **Histologie** ebenso wie über den Einsatz berufsüblicher Geräte, Apparate und Präparate unter besonderer Berücksichtigung des Gesundheitsschutzes und der Hygiene.

Somatologie Lehre von den Eigenschaften des menschlichen Körpers

Histologie Lehre vom menschlichen Gewebe

Kosmetikerinnen sind außerdem Fachleute für manuelle Massage bei der Gesichts-, Hals-, Nacken- und Dekolleteepflege. Sie kennen sich mit den Verfahren der Haarentfernung, Maniküre und **Körperbehandlung** aus. Die Formgestaltung der Augenbrauen und das farbliche Verändern der Wimpern zählt ebenfalls zum Aufgabengebiet.

Körperbehandlungen z. B. Cellulitis- oder Straffungsbehandlungen

Ganzheitskosmetik

Anhangsgebilde der Haut sind Haare und Nägel.

Zur Gesunderhaltung der Haut und ihrer **Anhangsgebilde** bedarf es jedoch nicht nur der fachkundigen Pflege. Ebenso kann eine gesunde Ernährung, ausreichend Bewegung und eine vernünftige Lebensweise (ausreichend Schlaf, nicht rauchen) zu einer Verbesserung des äußeren Erscheinungsbildes der Haut beitragen.

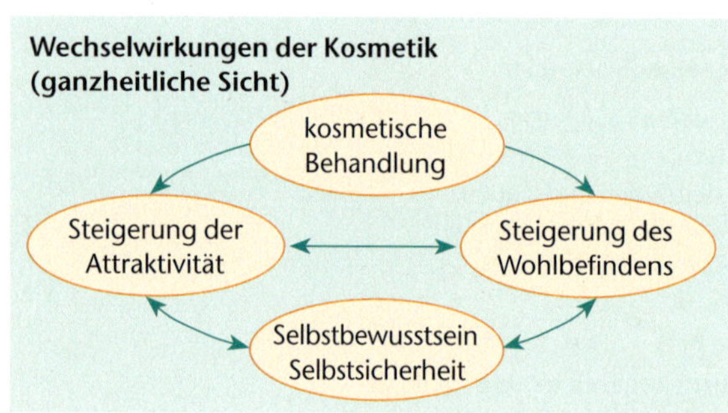

In Übereinstimmung mit diesem **ganzheitlichen Ansatz** sind alle körperlichen und psychischen Funktionen des Menschen im Zusammenhang zu sehen. Auch bei der kosmetischen Behandlung sollten die **individuellen Lebensgewohnheiten** des Kunden nicht vernachlässigt werden. Unterstützend zur kosmetischen Behandlung berät die Kosmetikerin deshalb ihre Kunden nicht nur zur sinnvollen Pflege der Haut, sondern auch in Fragen der Ernährung und zu gesundheitsfördernden Maßnahmen.

Nicht zuletzt hat die Arbeit der Kosmetikerin aber auch **psychologische** Wirkungen. Ein positives Erscheinungsbild und eine frische, gepflegte Haut sind nicht nur ein Zeichen von Gesundheit. Sie steigern auch die persönliche **Attraktivität** und damit das Selbstbewusstsein der Menschen. Dagegen können Alltagsstress, Ärger und Anspannungen den Hautzustand negativ beeinflussen. Die Steigerung des Wohlbefindens, Entspannung und das „Verwöhnenlassen" prägen in steigendem Maße die Ansprüche der Kunden an eine kosmetische Behandlung.

Attraktivität Anziehungskraft

Aspekte der Ganzheitskosmetik: gesunde Ernährung …

… ausreichend Bewegung

… und Entspannung

2 Grenzen der kosmetischen Behandlung

Die Kosmetikerin arbeitet am gesunden Menschen und wird im Gegensatz zu den medizinischen Berufen **nicht therapeutisch tätig**. Dadurch werden auch die Grenzen ihrer beruflichen Tätigkeit abgesteckt. Eine klare Trennung zwischen den Tätigkeitsfeldern der Kosmetik und den medizinischen bzw. heilenden Berufen ist jedoch nicht immer leicht. Dazu muss die Kosmetikerin zunächst zwischen einem gesunden und einem krankhaften Hautzustand unterscheiden können. Oft sind jedoch die Übergänge von einer nicht krankhaften Hautveränderung zu einer Hautkrankheit fließend bzw. nicht eindeutig zu erkennen.

Hautveränderungen und Hautkrankheiten → F Kapitel VI

Hinweis: Die mit F gekennzeichneten Querverweise beziehen sich auf die Fachkunde Kosmetik Band 1.

Die Kosmetikerin arbeitet am gesunden Menschen. Die Behandlung von Hautkrankheiten bzw. von erkrankter Haut ist ihr verboten. Im Zweifelsfall ist von einer kosmetischen Behandlung abzusehen und auf einen Facharzt zu verweisen.

Behandlungen, die den gesunden „Normalzustand" der Haut erhalten und beeinflussen (verbessern) sollen, sind eindeutig dem kosmetischen Bereich zuzuordnen. Dazu gehören auch natürliche Schwankungen des Hautzustandes, wie z. B. Hautunreinheiten, Sonnenbrand oder die „normale" Ausprägung von Leberflecken. Auch das Altern des menschlichen Körpers ist als ein natürlicher Vorgang anzusehen. Die Vorbeugung und Behandlung von Alterserscheinungen ist der Kosmetikerin daher ebenfalls grundsätzlich erlaubt.

Die exakte Abgrenzung zwischen ärztlichen und kosmetischen Dienstleistungen ist nicht eindeutig geregelt, ein spezielles Gesetz für die Tätigkeit der Kosmetikerin gibt es nicht. Grundlage dieser Abgrenzung ist daher das **Heilpraktikergesetz** (HPG). Nach Paragraph 1 Abs. 1 dieses Gesetzes brauchen Nichtärzte, die heilkundliche Behandlungen ausführen wollen, dazu eine Erlaubnis. Ohne diese Erlaubnis machen sie sich strafbar.

Ebenso bedeutsam für die Tätigkeit der Kosmetikerin ist die Abgrenzung zwischen kosmetischen Mitteln und Arzneimitteln.
→ F Kapitel II/1

§ 1 Abs. 2 HPG
Ausübung der Heilkunde im Sinne dieses Gesetzes ist jede berufs- oder gewerbsmäßig vorgenommene Tätigkeit zur Feststellung, Heilung oder Linderung von Krankheiten, Leiden oder Körperschäden bei Menschen, auch wenn sie im Dienste von anderen ausgeübt wird.

Heilkundliche Behandlungen sind erlaubnispflichtig. Kosmetikerinnen dürfen keine heilkundlichen Behandlungen durchführen.

Eine Behandlungsform ist folglich dann dem heilkundlichen, also erlaubnispflichtigen Bereich zuzuordnen, wenn sie der Feststellung oder Behandlung eines krankhaften Hautzustandes dient. Im Grenzbereich zwischen kosmetischen und heilkundlichen Behandlungen kommt es jedoch immer wieder zu gerichtlichen Auseinandersetzungen, ob eine Kosmetikerin eine bestimmte Behandlung durchführen darf.

Will ein Kosmetikinstitut Zusatzleistungen anbieten, die möglicherweise in den heilkundlichen Bereich fallen, sollte die aktuelle Rechtslage durch einen Rechtsanwalt geprüft werden.

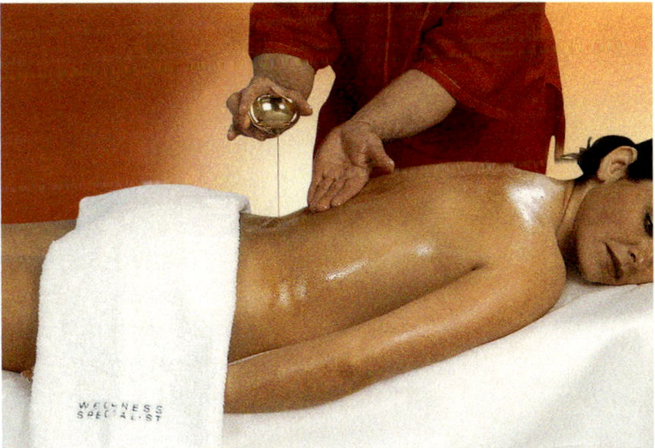
Heilkundliche oder kosmetische Behandlung?

III Arbeitsabläufe

3 Zusammenarbeit mit anderen Berufsfeldern

Der Beruf der Kosmetikerin ist dem **Berufsfeld Körperpflege** zugeordnet. Dazu gehören (gemäß Systematisierung der Bundesagentur für Arbeit) außerdem noch die staatlich anerkannten Berufe Friseur und Podologe.

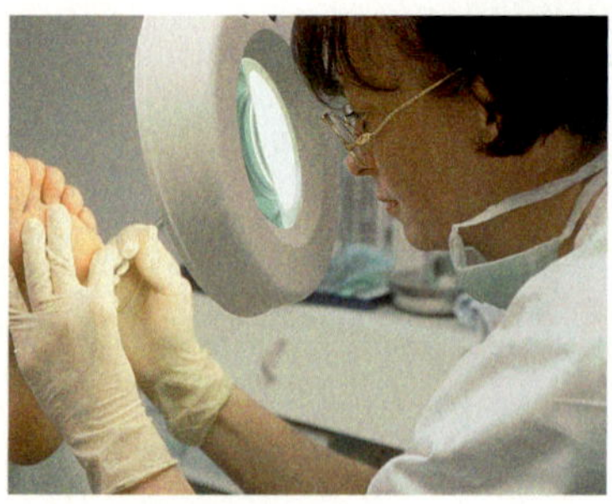

Eine Podologin bei der Arbeit

Durch die bestehenden Überschneidungen der Ausbildungsinhalte und Tätigkeitsmerkmale von Kosmetikern und Friseuren bieten sich vielfältige Kooperationsmöglichkeiten, so z. B. die Integration von kosmetischen Behandlungen in das Leistungsangebot der Friseurin.

Podologen befassen sich mit der Erhaltung und Wiederherstellung der Fußgesundheit. Im Gegensatz zu der Kosmetikerin dürfen sie auf ärztliche Anordnung auch krankhafte Erscheinungen am Fuß behandeln. Der Aufbau eines gemeinsamen Fußpflege- und Kosmetikinstituts wäre hier eine mögliche Form der Kooperation.

Dermatologie
Lehre von der Haut und deren Krankheiten

Die Zusammenarbeit zwischen der Kosmetik und den **ärztlichen Berufen** gewinnt zunehmend an Bedeutung. Besonders die Hautärzte (**Dermatologen**) rücken hier naturgemäß in den Blickpunkt des Interesses. Unter dem Stichwort **dermatologische Kosmetik** werden derzeit unterschiedliche Formen der Kooperation zwischen Hautärzten und Kosmetikerinnen diskutiert.

Siehe hierzu auch Gründungskonzepte → Kapitel VII/1.2.2

Hier ist jedoch Vorsicht geboten. Die Abgrenzung der Berufsfelder hat auch Auswirkungen im Bereich der Kooperationsmöglichkeiten. So kann ein Arzt – auf der Grundlage des ärztlichen Berufsrechtes – zwar mit nichtärztlichen Gesundheitsberufen kooperieren, nicht aber unmittelbar mit der Kosmetikerin. Hier ist eine deutliche Abgrenzung zwischen der ärztlichen Praxis und dem Institut notwendig. Berufsrechtliche Bedenken bestehen auch gegen eine Kooperation in Form von „Weiterreichen" von Patienten an die Kosmetikerin oder das Auslegen von Werbematerialien in der Praxis.

Uneingeschränkt möglich ist dagegen die Anstellung einer Kosmetikerin bei einem Arzt. Für Kosmetikerinnen mit entsprechender Ausbildung besteht daher die Möglichkeit, als Angestellte in dermatologischen Arztpraxen und Hautkliniken zu arbeiten. Hier kann die fachärztliche Behandlung durch eine kosmetische Begleitbehandlung unterstützt werden.

Eine weitere Möglichkeit ist die Zusammenarbeit mit einem benachbarten Berufsfeld, den **nichtärztlichen Gesundheitsberufen**. Dazu gehören z. B. Physiotherapeuten, Masseure oder Hebammen. Diese arbeiten in der Regel als Selbstständige in eigenen Praxen. Soweit es sich nicht um heilkundliche Behandlungsformen handelt, ist eine Kooperation mit diesen Berufen denkbar.

Auch der Bereich **Handel und Verkauf** soll hier nicht unerwähnt bleiben. Eine steigende Zahl von großen Drogerien und Parfümerien richtet eigene kosmetische Behandlungsräume ein – ein attraktives Betätigungsfeld für die Kosmetikerin, die hier behandelnde und beratende Funktionen ausüben kann.

1. Die Kosmetik hat die Aufgabe, zur Gesunderhaltung des Menschen beizutragen. Erläutern Sie die physischen, psychischen und sozialen Wechselwirkungen der Kosmetik zur Erfüllung dieser Aufgabe.
2. Beschreiben Sie den wesentlichen Unterschied zwischen den Berufsfeldern Körperpflege und Gesundheit.
3. Welche Bedeutung hat das Heilpraktikergesetz (HPG) für die Arbeit der Kosmetikerin? Welche Grenzen muss die Kosmetikerin bei ihrer Tätigkeit auf Grund dieses Gesetzes beachten?

4 Wirtschaftliche Bedeutung der Kosmetik

Bisher wurden die Aufgaben und Tätigkeiten der Kosmetikerin vorwiegend aus der Sicht der einzelnen Person bzw. des einzelnen Kosmetikinstituts betrachtet. Nun wechseln wir die Perspektive: Nicht mehr die einzelne Kosmetikerin und ihre Tätigkeit in einem bestimmten Institut stehen im Vordergrund, sondern vielmehr die Gesamtheit aller Unternehmen eines Landes und die wirtschaftlichen Beziehungen zwischen den Unternehmen und den Verbrauchern. Diese gesamtwirtschaftliche Betrachtungsweise ist Gegenstand der **Volkswirtschaftslehre**.

An den wirtschaftlichen Aktivitäten eines Landes sind verschiedene Gruppen beteiligt, die Akteure oder Wirtschaftssubjekte genannt werden. Dazu gehören

- die Unternehmen
- die privaten Haushalte
- der Staat
- die Banken
- das Ausland

Die **Unternehmen** haben die Aufgabe, für die privaten Haushalte Sachgüter und Dienstleistungen bereitzustellen.

Sachgüter
Dienstleistungen
→ Kapitel III/4.2

Private Haushalte sind Personengemeinschaften, die hinsichtlich ihres Einkommens gemeinsam wirtschaften. Das bedeutet, dass über die Verwendung des Einkommens gemeinsam entschieden wird. Natürlich kann ein Haushalt auch nur aus einer einzigen Person bestehen (Singlehaushalt). Gemeinsam ist allen Haushalten, dass sie nur ein begrenztes Einkommen zur Verfügung haben. Die Entscheidung, was mit diesem Einkommen anzufangen ist, also welche Güter oder Dienstleistungen gekauft werden und welcher Teil des Einkommens gespart werden soll, bezeichnet das Grundproblem des Wirtschaftens: das **Knappheitsproblem**.

Wirtschaften ist der planvolle Umgang mit den vorhandenen knappen Mitteln.

4.1 Bedürfnis und Bedarf

Stellen Sie sich vor, Sie hätten ein unbegrenztes Einkommen – jeden Monat so viel Geld zur Verfügung, wie Sie nur wollen. Bestimmt fallen Ihnen unendlich viele Möglichkeiten ein, wie und wofür Sie dieses Geld verwenden würden?

So geht es den meisten Menschen. Wir alle haben scheinbar unbegrenzte **Bedürfnisse**. Einige davon sind allen Menschen gemeinsam, wie z. B. essen, trinken, schlafen oder der Wunsch nach Nähe und Geborgenheit. Andere sind abhängig von der persönlichen Lebenssituation des Einzelnen und seinem kulturellen und sozialen Umfeld, also der Gesellschaft, in der er lebt.

Bedürfnis
Gefühl eines Mangels verbunden mit dem Bestreben, ihn zu beseitigen

Einteilung von Bedürfnissen nach ihrer Dringlichkeit

Die Zuordnung von Bedürfnissen ist einem ständigen zeitlichen Wandel unterworfen. So ist z. B. in unserer heutigen Gesellschaft der Besitz eines Fernsehers oder eines Pkw kein Luxusbedürfnis mehr.

Leider reichen die finanziellen Mittel jedoch in den allermeisten Fällen nicht aus, um alle Bedürfnisse zu befriedigen. Wenn sich ein Bedürfnis ganz konkret auf ein bestimmtes Produkt oder eine bestimmte Dienstleistung richtet, wird von **Bedarf** gesprochen. Bedarf kann definiert werden als die finanzielle Möglichkeit, ein bestimmtes Gut zu kaufen. Nicht jedes Produkt, das man sich leisten könnte, wird aber auch tatsächlich gekauft. Erst wenn der Bedarf wirksam wird, d. h., wenn tatsächlich Geld für den Kauf des Produktes aufgewendet wird, handelt es sich um eine **Nachfrage**.

Bedürfnisse (alle Wünsche)

Bedarf (erfüllbare Wünsche)

Nachfrage (erfüllte Wünsche)

Bedarf und Nachfrage als Teilmengen der Bedürfnisse

4.2 Produktionsfaktoren

Die Gesamtheit der menschlichen Bedürfnisse gilt als zentrale Antriebskraft des wirtschaftlichen Handelns und Entscheidens. Ohne Bedürfnisse gäbe es für die Menschen keinen Grund, Produkte und Dienstleistungen in großen Mengen zu produzieren und gegen Geld zu tauschen. Die in einer Volkswirtschaft produzierten Produkte und Dienstleistungen werden unter dem Begriff **Wirtschaftsgüter** zusammengefasst.

Wirtschaftsgüter sind Mittel zur Befriedigung von Bedürfnissen.

Nach ihrer Art, ihrer Verwendung und ihrer Nutzungsdauer werden Wirtschaftsgüter wie folgt unterschieden:

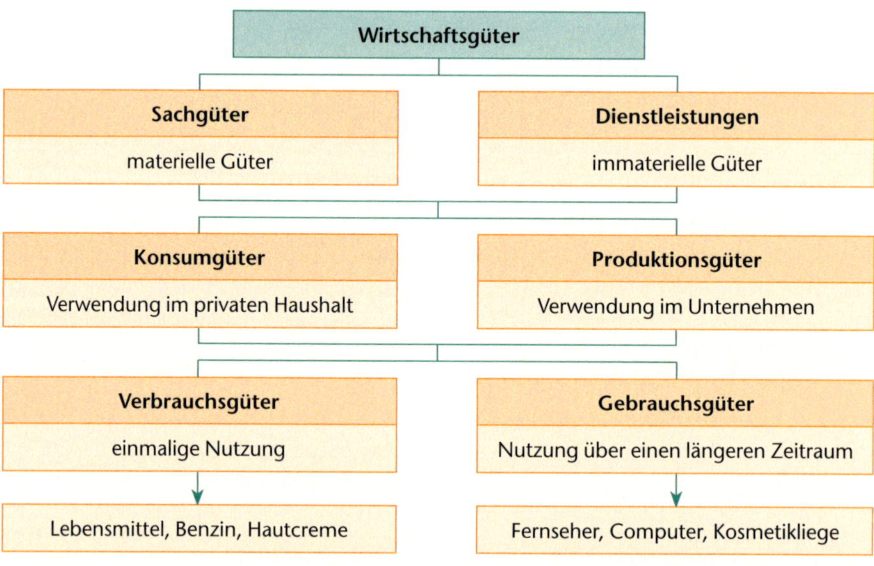

Mit **Kapital** ist nicht nur Geld gemeint, sondern auch alle mit dem Geld gekauften Güter, die in der Produktion eingesetzt werden, z. B. Werkzeuge, Maschinen.

In einer arbeitsteiligen Volkswirtschaft werden die Wirtschaftsgüter von den Unternehmen bereitgestellt. Für die Herstellung der Güter werden die **Produktionsfaktoren** Arbeit, Boden und **Kapital** benötigt, die wiederum von den privaten Haushalten zur Verfügung gestellt werden. Unternehmen und private Haushalte befinden sich daher in einem gegenseitigen Abhängigkeitsverhältnis.

Arbeitskraft: Die Kosmetikerin Heike arbeitet als Angestellte für ein Kosmetikinstitut.
Boden: Das Kosmetikinstitut soll vergrößert werden. Dazu werden leerstehende Praxisräume von einer Physiotherapeutin angekauft, die ihre Praxis aufgeben will.
Kapital: Kosmetikerin Heike erwirbt Aktien einer großen Telefongesellschaft.

Arbeit

Boden

Kapital

Produktionsfaktoren werden bei der Erstellung von Gütern nicht verbraucht, sondern genutzt. Da aber auch die Produktionsfaktoren nicht in unbegrenzter Menge vorhanden sind, steht das Unternehmen – ebenso wie die Haushalte – dem wirtschaftlichen Knappheitsproblem gegenüber. Ziel des unternehmerischen Wirtschaftens ist es daher, die Produktionsfaktoren möglichst optimal zu **kombinieren**.

4.3 Einfacher Wirtschaftskreislauf

Da es in jedem Land eine unübersehbare Zahl von Wirtschaftsakteuren gibt, die untereinander Produktionsfaktoren, Güter und Geld tauschen (wirtschaften), ergibt sich für den Betrachter ein verwirrendes und undurchschaubares Bild. Aus diesem Grund wird für die gesamtwirtschaftliche Betrachtung aller Tauschprozesse mit **Modellen** gearbeitet. Modelle haben die Aufgabe, komplizierte Vorgänge zu vereinfachen, zu strukturieren und übersichtlich darzustellen.

Modelle vereinfachen die Wirklichkeit, sie lassen etwas weg.

Das Modell des einfachen Wirtschaftskreislaufes befasst sich mit den Tauschprozessen zwischen den privaten Haushalten und den Unternehmen. Dazu werden alle Haushalte und alle Unternehmen einer Volkswirtschaft zu je einem Sektor zusammengefasst. Der Einfluss des Staates, der Banken und des Auslandes bleibt dabei unberücksichtigt. Vereinfachend wird davon ausgegangen, dass

- die privaten Haushalte ihr gesamtes Einkommen für Wirtschaftsgüter ausgeben (also nichts sparen) und
- alle von den Unternehmen hergestellten Wirtschaftsgüter an die privaten Haushalte verkauft werden.

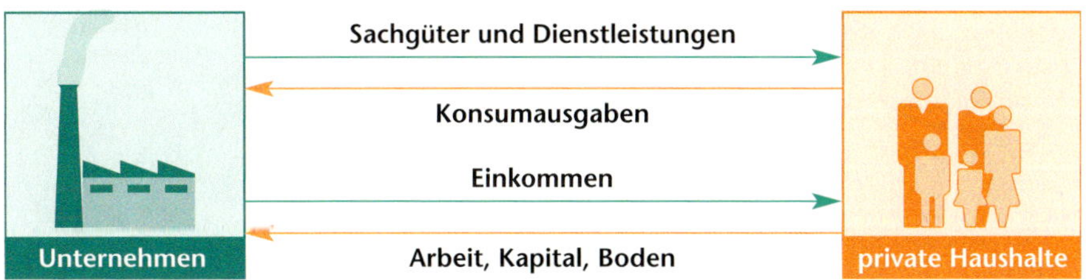

Die von den Unternehmen hergestellten Güter werden an die Haushalte verkauft und von diesen verbraucht (Konsum). Im Gegenzug stellen die Haushalte den Unternehmen die Produktionsfaktoren Arbeit, Boden und Kapital zur Verfügung. Zwischen beiden Sektoren bewegt sich also ein **Güterstrom**.

Die Haushalte werden von den Unternehmen für die Bereitstellung der Produktionsfaktoren bezahlt, sie erhalten **Einkommen** in Form von Löhnen und Gehältern für die Arbeit, Zinsen und Dividenden für das Kapital und Mieten und Pachten für den Boden. Von diesem Einkommen kaufen die Haushalte die Wirtschaftsgüter. Zwischen beiden Sektoren bewegt sich also auch ein **Geldstrom**.

4.4 Wirtschaftssektoren

An der Erstellung und dem Vertrieb von Wirtschaftsgütern sind in den meisten Fällen mehrere Unternehmen beteiligt. So wird z. B. das bei der Herstellung einer Hautcreme verwendete Olivenöl in landwirtschaftlichen Betrieben produziert. Andere Unternehmen kaufen die Rohstoffe und übernehmen die Produktion der Hautcreme, die dann über den Groß- und Einzelhandel bzw. das Kosmetikinstitut an den Endverbraucher weiterverkauft wird.

Die Gewinnung von Rohstoffen steht an erster Stelle der Produktionskette. Dieser Wirtschaftsbereich wird deshalb **primärer Wirtschaftssektor** genannt. Dazu gehören neben landwirtschaftlichen Betrieben auch Unternehmen der Fischerei, der Forstwirtschaft, des Bergbaus sowie der Erdöl- und Erdgasgewinnung.

Die Weiterverarbeitung der Rohstoffe zu fertigen Produkten wird von den Unternehmen des **sekundären Wirtschaftssektors** übernommen. Sie werden auch produzierendes Gewerbe genannt. Zum sekundären Wirtschaftssektor gehören die Industrieunternehmen und Handwerksbetriebe wie Schreiner, Goldschmiede, Tischler usw.

Zum dritten Bereich, dem **tertiären Wirtschaftssektor**, zählen die Dienstleistungsunternehmen. Dazu gehören Handel, Banken und Versicherungen ebenso wie Transportunternehmen, Gastronomie- und Tourismusbetriebe, Friseure, Schneider, Beratungsunternehmen, Ärzte, Architekten und viele andere. Auch das Kosmetikinstitut gehört zum tertiären Wirtschaftssektor.

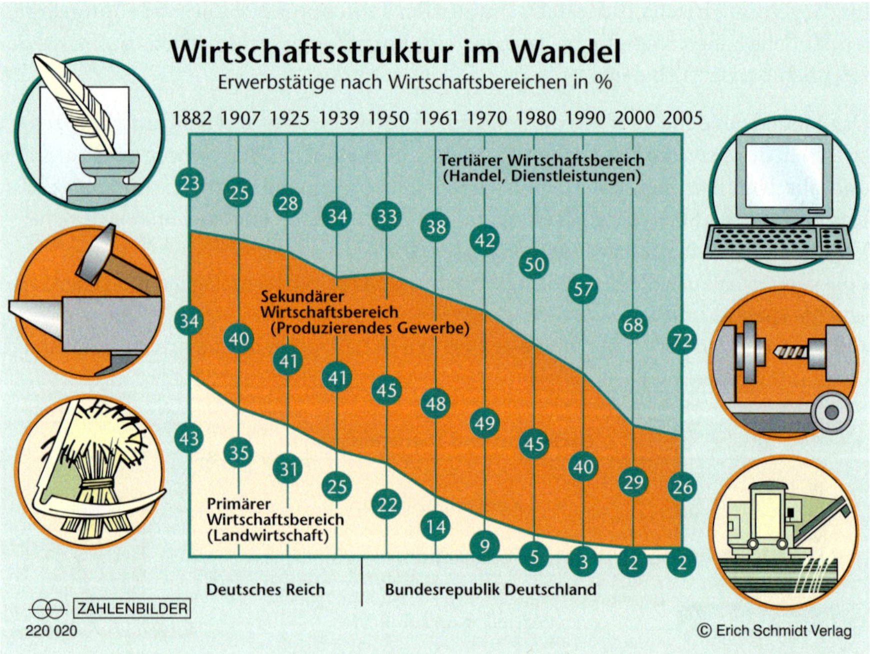

Aus dem Schaubild wird ersichtlich, dass die Bedeutung des tertiären Sektors in Deutschland stetig zunimmt. Heute sind über zwei Drittel aller Beschäftigten in Dienstleistungsunternehmen tätig, während es vor hundert Jahren nur etwa ein Viertel waren. Diese Entwicklung lässt sich nicht nur in Deutschland, sondern in vielen **Industriestaaten** beobachten. Man spricht auch von einem **Strukturwandel** der Wirtschaft zu einer Dienstleistungsgesellschaft.

Industriestaaten
z. B. Länder der Europäischen Union, USA und Kanada

Das Kosmetikinstitut als Dienstleistungsunternehmen gehört zum tertiären Wirtschaftssektor.

4.5 Leistungen der Kosmetikerin

Die Tätigkeit der Kosmetikerin als Anbieterin von Dienstleistungen ist in drei Hauptbereiche einzuteilen.

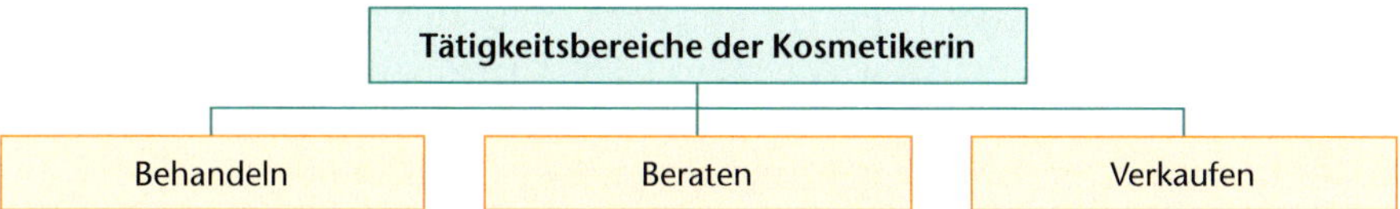

Diese Dienstleistungen werden als **personengebundene Dienstleistungen** bezeichnet. Sie zeichnen sich dadurch aus, dass Erstellung und Verbrauch gleichzeitig erfolgen. So wird z. B. eine kosmetische Gesichtsbehandlung von der Person der Kosmetikerin unmittelbar an der Person der Kundin vorgenommen und von dieser gleichzeitig „verbraucht". In Abgrenzung zu den gebundenen Dienstleistungen können bei ungebundenen Dienstleistungen die Erstellung und der Verbrauch sowohl zeitlich als auch räumlich auseinanderfallen. Beispiele hierfür sind Finanzdienstleistungen oder Versicherungen.

Die Kosmetikbranche ist in den letzten Jahren stetig gewachsen. 2004 wurden in Deutschland über 11 Milliarden Euro für Körperpflegemittel und kosmetische Produkte ausgegeben. Auch die Zahl der Beschäftigten in der Branche ist in den letzten Jahren gestiegen.

Körperpflegemarkt in Deutschland, 2004

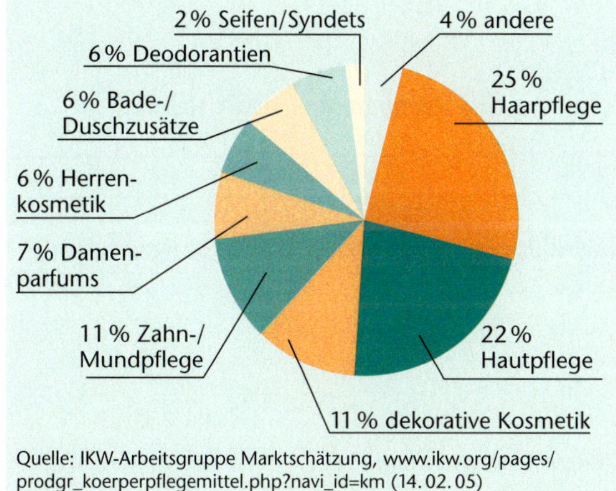

Quelle: IKW-Arbeitsgruppe Marktschätzung, www.ikw.org/pages/prodgr_koerperpflegemittel.php?navi_id=km (14. 02. 05)

Sozialversicherungspflichtig Beschäftigte im Bereich „Körperpflege"

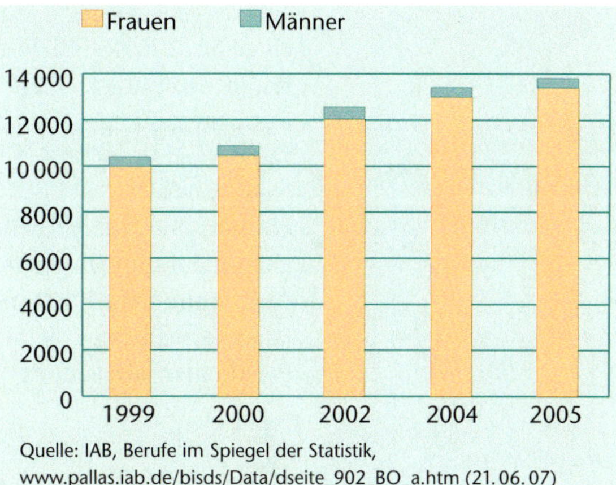

Quelle: IAB, Berufe im Spiegel der Statistik, www.pallas.iab.de/bisds/Data/dseite_902_BO_a.htm (21. 06. 07)

1 Zwei mögliche Ziele der Werbung sind Bedürfnisweckung und Umsatzsteigerung. Erläutern Sie diese Ziele mit Hilfe der Begriffe Bedürfnis, Bedarf und Nachfrage.

2 Die folgenden Situationen beschreiben Wirtschaftsbeziehungen zwischen Unternehmen und privaten Haushalten. Ordnen Sie diese den Geld- bzw. Güterströmen im Schaubild auf Seite 69 zu.
   a) Ein Kosmetikinstitut überweist einer Mitarbeiterin das monatliche Gehalt.
   b) Die Kosmetikerin Heike beteiligt sich als stille Gesellschafterin beim Kosmetikinstitut „beauty".
   c) Die Inhaberin des Kosmetikinstituts „beauty" nimmt sich aus der aktuellen Kollektion zwei Lippenstifte für zu Hause mit.
   d) Das Kosmetikinstitut stellt zur Betreuung der EDV-Anlage einen Studenten zur Aushilfe ein.
   e) Eine Kundin bezahlt ihre Rechnung mit Kreditkarte.

3 Nennen Sie mögliche Gründe, warum die Beschäftigtenzahlen im primären und sekundären Wirtschaftssektor in Deutschland immer weiter sinken.

4.6 Aufbau- und Ablauforganisation

Das Kosmetikinstitut möchte sich seinen Kunden möglichst kompetent und leistungsfähig präsentieren. Dazu gehört – neben der Qualität des Angebots und der Kompetenz der Mitarbeiterinnen – auch eine gut funktionierende Unternehmensorganisation, die sicherstellt, dass die tägliche Arbeit im Institut reibungslos und mit möglichst wenig Aufwand abläuft. Ziel ist es, Fehlentscheidungen zu vermeiden und eine gleichbleibende Qualität der erbrachten Leistungen zu gewährleisten.

Störungen im Arbeitsablauf → Kapitel VI/6

Die Arbeitsorganisation ist von Institut zu Institut unterschiedlich ausgeprägt und hängt stark von der Größe des Betriebes ab. Besonders für größere Unternehmen, in denen die Arbeitsaufgaben auf viele Mitarbeiter übertragen werden, ist es wichtig, eine optimale Organisationsform zu finden. Bei allen Fragen der Unternehmensorganisation darf es jedoch nicht dazu kommen, dass Organisation zum Selbstzweck wird. Es gilt: So viele Regelungen wie nötig, so viel Flexibilität wie möglich.

4.6.1 Stellenbeschreibung

Die Aufbauorganisation zerlegt die Gesamtaufgabe (die Summe aller anfallenden Arbeitsaufgaben) des Kosmetikinstituts in Teilaufgaben. Es ist möglich, die Teilaufgaben räumlich (wo fallen sie an?), zeitlich (wann fallen sie an?) oder nach Objekten (woran/an wem werden sie ausgeführt?) zu ordnen. Die Teilaufgaben werden dann so zusammengefasst, dass sie von einer Mitarbeiterin ausgeführt werden können.
Eine solche Zusammenfassung wird als **Stelle** bezeichnet.

Mögliche Teilaufgaben im Kosmetikinstitut:
- Terminverwaltung
- Hygiene (z. B. desinfizieren, sterilisieren)
- Raumbetreuung (z. B. Behandlungsvor- und Nachbereitung in der Kabine)
- Kundenempfang
- Kundenberatung
- Hautanalyse
- kosmetische Gesichtsbehandlung (hier ist eine weitere Untergliederung möglich)
- Dokumentation/Datenverwaltung
- Abrechnung/Buchhaltung
- Lagerverwaltung
- Personaleinsatzplanung

Die Aufbauorganisation eines Unternehmens regelt, wer welche Teilaufgabe durchführt.

Werden die für eine Stelle vorgesehenen Teilaufgaben schriftlich festgehalten, spricht man von einer **Stellenbeschreibung**. Diese ist personenunabhängig gefasst und enthält in der Regel neben der Beschreibung der Arbeitsaufgaben auch Angaben zur hierarchischen Eingliederung der Stelle im Unternehmen, zu Vorgesetzten und untergeordneten Stellen, Anforderungen an den Stelleninhaber und Angaben zur tariflichen Einordnung/Gehaltsgruppe. Sucht das Unternehmen einen neuen Mitarbeiter, dient die Stellenbeschreibung als Grundlage für die Formulierung von Stellenanzeigen (z. B. in einer Zeitung).

Gehaltstarifvertrag → Kapitel II/6.4

Überorganisation
Ein Übermaß an Regeln und Vorgaben behindert die notwendige Anpassung des Unternehmens an die Marktsituation.

Die Festlegung von Stellenbeschreibungen ist besonders in größeren Unternehmen üblich. Vorteile liegen in der klaren Abgrenzung von Aufgaben, Kompetenzen und Verantwortungsbereichen für alle Mitarbeiter. Auch als Einarbeitungshilfe für neue Mitarbeiter ist eine Stellenbeschreibung hilfreich. Nachteile sind der hohe Aufwand bei der Erarbeitung und Einführung sowie die Gefahr einer **Überorganisation** durch zu starre Anwendung und Handhabung der Vorgaben.

4.6.2 Leitungssysteme

Ein weiterer wichtiger Aspekt der Aufbauorganisation eines Unternehmens ist die **Weisungsbefugnis** der einzelnen Stellen. Es muss geklärt werden, wer wem Arbeitsanweisungen erteilen darf. Die Organisation der Weisungsbefugnisse wird auch als Leitungssystem bezeichnet. Zur ihrer Darstellung bedient man sich eines Organigramms.

Einliniensystem

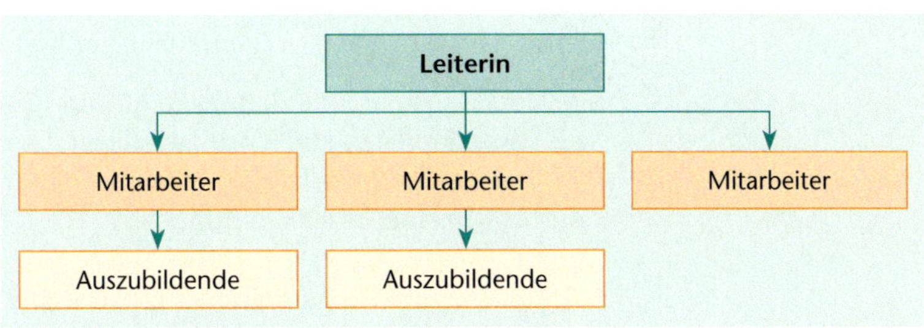

Das Einliniensystem ist durch eine klare Zuordnung der Weisungsbefugnisse gekennzeichnet. Jede Stelle erhält nur von einer unmittelbar vorgesetzten Stelle Anweisungen. Durch diese klare Struktur können Missverständnisse durch unklare oder gar gegensätzliche Anweisungen vermieden werden. Nachteilig kann sich jedoch die Tatsache auswirken, dass in einem solchen System gleichrangige Stellen nur über die gemeinsame vorgesetzte Stelle zusammenarbeiten können. Es besteht daher die Gefahr von sehr starren und bürokratischen Arbeitsabläufen.

Mehrliniensystem

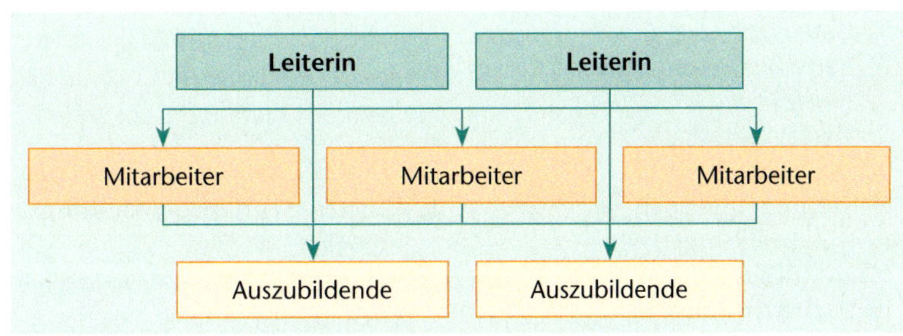

Beim Mehrliniensystem wird von dieser starren Hierarchie abgewichen. Zur besseren Nutzung der Fachkenntnisse und Kompetenzen der einzelnen Mitarbeiter wird die Weisungsbefugnis der Stellen erweitert. Ein Stelleninhaber erhält damit Arbeitsaufträge von mehreren übergeordneten Stellen. Vorteile dieser Organisationsform sind Entbürokratisierung und kürzere Dienstwege. Die eigenverantwortliche Zusammenarbeit der einzelnen Mitarbeiter wird gefördert. Dem stehen allerdings unübersichtlichere Strukturen und die Gefahr von Missverständnissen („Das hat mir X aber anders gesagt!") gegenüber.

Stabliniensystem

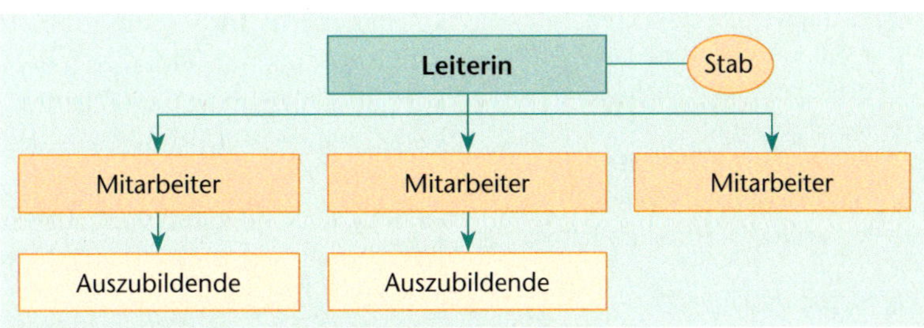

Das Stabliniensystem kann als Sonderform des Einliniensystems bezeichnet werden. Hier werden einzelnen Stellen mit Weisungsbefugnis (Instanzen) Stäbe oder Stabsstellen zugeordnet. Diese haben in der Regel selbst keine Weisungsbefugnis, sondern in erster Linie eine beratende Funktion. So könnte der Leiterin des Instituts z. B. ein Student zugeordnet werden, der aushilfsweise die Beratung, Einarbeitung und Wartung für das neue EDV-System im Institut übernimmt. Stäbe verfügen meist über hochqualifizierte Fachkenntnisse und können wertvolle Hinweise zur Vermeidung von Fehlentscheidungen geben. Andererseits besteht für solche Mitarbeiter durch die mangelnde Entscheidungsfreiheit auch die Gefahr eines Motivationsverlustes.

III Arbeitsabläufe

4.6.3 Ablauforganisation

Zur Organisation der Arbeitsabläufe werden anfallende Arbeitsaufgaben in einzelne Arbeitsschritte unterteilt. Dann wird festgelegt, wann, in welcher Reihenfolge, mit welchen Hilfsmitteln und an welchem Ort die jeweilige Teilaufgabe erledigt wird. Zur Beschreibung der einzelnen Arbeitsschritte werden so genannte Arbeitsanweisungen erstellt. Wie ausführlich diese Arbeitsanweisung ausfällt, hängt in erster Linie von der Art der Teilaufgabe ab: Eine eher mechanische Tätigkeit (z. B. Durchführen einer Hautanalyse) kann einfacher und detaillierter in Arbeitsschritte gegliedert werden als eine eher geistige Tätigkeit (z. B. Kundenberatung).

Bei der Erstellung einer optimalen Ablauforganisation muss auch geregelt werden, wie auf Besonderheiten und Störungen reagiert werden soll, z. B. bei Krankheit eines Mitarbeiters, einer unvorhergesehenen Verlängerung der Behandlungsdauer oder dem Ausbleiben eines bestellten Kunden.

Die Ablauforganisation regelt, wie eine Teilaufgabe durchgeführt wird.

Checkliste abends

- ☑ Anrufbeantworter einschalten
- ☑ Terminplan für nächsten Tag bereitlegen
- ☑ Datensicherung PC
- ☑ Karteikarten kontrollieren/einordnen
- ☑ Geräte kontrollieren/abschalten
- ☑ Rechner abschalten
- ☑ Abfälle entsorgen
- ☑ Lichter ausschalten
- ☑ Post mitnehmen
- ☑ Geschäft abschließen
- ☑ Freitag: Pflanzen gießen

Checkliste Arbeitsplatzvorbereitung

- ☑ Kabine lüften
- ☑ Kosmetikliege frisch beziehen
- ☑ Kosmetikliege einrichten
- ☑ Präparate und Materialien für die Behandlung bereitlegen
- ☑ Geräte bereitstellen
- ☑ Instrumente gereinigt/sterilisiert bereitlegen
- ☑ Musik und Düfte bereithalten

Beispiele für Checklisten im Kosmetikinstitut

Checklisten

Eine häufig genutzte Darstellungsform von Arbeitsanweisungen ist die **Checkliste**. Die einzelnen Arbeitsschritte werden tabellarisch aufgeführt und können in der vorgegebenen Reihenfolge „abgehakt“ werden. Besonders für neue Mitarbeiter und für Arbeitsabläufe, die im Berufsalltag seltener vorkommen, sind Checklisten hilfreich. Sie stellen sicher, dass nichts vergessen wird und die einzelnen Arbeitsschritte einheitlich und in gleichbleibender Qualität durchgeführt werden.

Zur **Erstellung** einer Checkliste hat sich folgendes Vorgehen bewährt:

1. Zunächst wird die Arbeitsaufgabe, für die die Checkliste zu erstellen ist, festgelegt.
2. Über einen längeren Zeitraum wird beobachtet und notiert, welche Arbeitsschritte dabei regelmäßig anfallen. Dabei sind auch allgemeine Arbeiten (Lüften, Pflanzen gießen) zu berücksichtigen.
3. Es wird gemeinsam im Team festgelegt, wann, wie oft und durch wen die Aufgabe zu erledigen ist. Dabei sollten alle Mitarbeiter ihre Erfahrungen und Wünsche einbringen können.
4. Eine Checkliste ist niemals endgültig. Verbesserungen, Ergänzungen oder Änderungen sollten immer möglich sein.

Vorteile der Checklisten-Technik:

- Zeitersparnis, insbesondere bei der Einarbeitung neuer Mitarbeiter
- Reduzierung der Fehlerquoten
- Qualitätssicherung der täglichen Arbeit im Institut
- Sicherung des „Know-how“ – kein Informationsverlust bei Mitarbeiterwechsel
- rationelles und damit wirtschaftliches Arbeiten
- Wettbewerbsvorteile durch höhere Kundenzufriedenheit

1 Beschreiben Sie den Unterschied zwischen Stelle, Stab und Instanz.
2 Wo sehen Sie Probleme für ein Kosmetikinstitut, das nach dem Mehrliniensytem organisiert ist?
3 Erstellen Sie in Partner- oder Gruppenarbeit eine Checkliste für eine Arbeitsaufgabe aus Ihrem privaten oder Ausbildungsalltag, z. B. „Hautanalyse durchführen“, „vor dem Urlaub“, oder „Montagmorgen“. Lassen Sie Ihre Checkliste von einer anderen Arbeitsgruppe erproben.

5 Datenverwaltung und Datenschutz

Unabhängig von der Betriebsgröße, den Kunden- oder Umsatzzahlen fallen in jedem Kosmetikinstitut eine Fülle von Daten an, die für unterschiedliche Zwecke erfasst, aufbewahrt, geordnet und bei Bedarf für die Mitarbeiter zugänglich gemacht werden müssen. Diesen Vorgang nennt man **Datenverwaltung**.

In einem Kosmetikinstitut fallen Daten u. a. in folgenden Bereichen an:
- Kundendaten
- Lieferantendaten
- Mitarbeiterdaten
- Produktdaten (z. B. Kataloge, Preislisten, Produktinformationen)
- Bedienungs- und Wartungsanleitungen für Geräte
- Daten zur Buchführung (z. B. Eingangs- und Ausgangsrechnungen, Mahnungen)

Grundlagen der Buchführung → Kapitel VII/5

In allen genannten Bereichen lassen sich Stammdaten und Bewegungsdaten unterscheiden. **Stammdaten** sind Daten, die sich über einen längeren Zeitraum hinweg oder gar nicht ändern, wie z. B. Artikelnummern von Produkten oder Name, Geburtsdatum sowie Hauttyp eines Kunden. **Bewegungsdaten** dagegen werden häufig geändert oder ergänzt. Beispiele sind Angaben über durchgeführte Behandlungen oder Preise von Produkten und Dienstleistungen.

5.1 Elektronische Datenverarbeitung

Der Einsatz von Computern ist für die Mehrzahl der Menschen aus dem privaten und beruflichen Alltag nicht mehr wegzudenken. Auch für Kosmetikinstitute gibt es speziell zugeschnittene Computerprogramme, die die Kosmetikerin bei der Erledigung der täglichen Verwaltungsaufgaben unterstützen. Der Übergang von der „klassischen" Datenverwaltung mit Karteikarten und Aktenordnern hin zu einer vollständig „papierlosen" Verwaltung hat sich zwar lange noch nicht vollzogen. Der Computer hat aber schon heute in vielen Kosmetikinstituten Einzug gehalten.

Häufig genutzte Leistungen bei der elektronischen Datenverwaltung:
- Verwaltung von Kundendaten/Kundenkartei
- Dokumentation von Behandlungen
- Terminplanung
- Führen des Kassenbuchs
- Warenwirtschaft
- Erstellen und Ausdrucken von Rechnungen
- Umsatzkontrolle

Der erste Computer der Welt wurde 1941 von Konrad Zuse in Berlin entwickelt. Diese Anlage, auch Z3 genannt, wog über eine Tonne. Sie beherrschte die vier Grundrechenarten und konnte quadratische Wurzeln ziehen.

5.2 Verwaltung der Kundendaten

Die Kundenkartei ist für die meisten Kosmetikinstitute ein zentraler Datenspeicher und wichtiges Hilfsmittel bei der Behandlungsplanung und -durchführung.

Die Kundenkarte – gleichgültig, ob elektronisch oder auf Papier – ist gewissenhaft und übersichtlich zu führen und nach jeder Behandlung zu aktualisieren. Die Kundendaten umfassen neben Name, Geburtsdatum, Anschrift und Angaben zur Erreichbarkeit auch Anamnese und Ergebnisse der Hautanalyse. Interessant sind auch Informationen über besondere Vorlieben des Kunden (z. B. hinsichtlich bestimmter Musik oder Düfte) oder auch die Frage, wie der Kunde auf das Kosmetikinstitut aufmerksam wurde.

Jede durchgeführte Behandlung wird dokumentiert. Neben der Behandlungsmethode sollten auch Informationen über verwendete Produkte, Produktverkäufe und die Behandlungsfortschritte des Kunden festgehalten werden. Aber auch aufgetretene Unverträglichkeiten oder Beschwerden des Kunden sind detailliert zu erfassen.

Sinnvoll ist auch das Führen einer Neukundenkartei. Hierfür wird die Karteikarte mit einem Vermerk oder einer farbigen Markierung an der Oberkante versehen. Bearbeiten Sie Daten von Neukunden besonders gewissenhaft und nehmen Sie sich Zeit beim Ausfüllen.

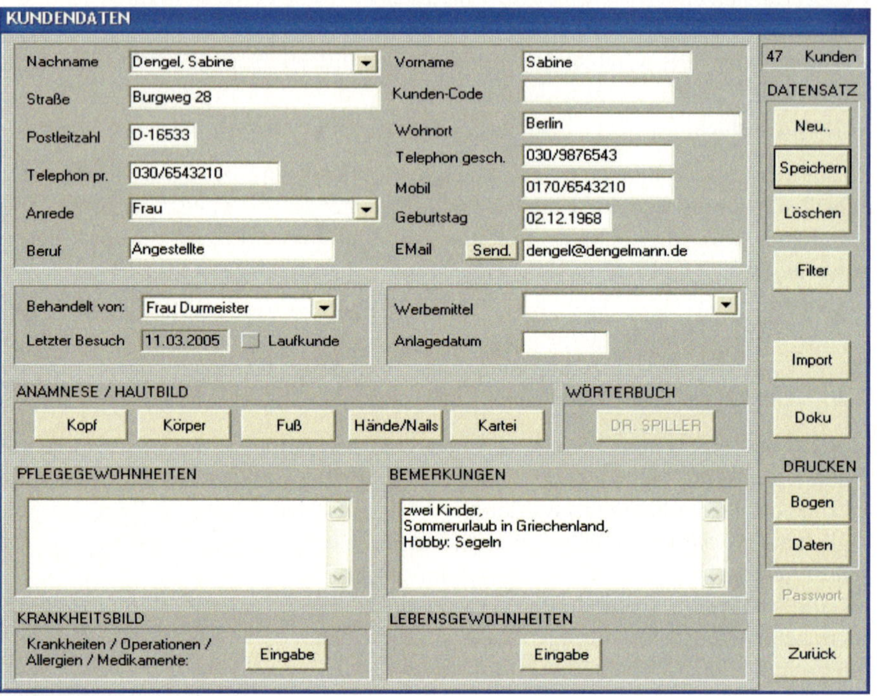

Elektronische Kundenkarte

Die Dokumentation der Kundendaten hat eine Vielzahl von Aufgaben zu erfüllen:

- Informationsgrundlage für eine individuelle Beratung im Kosmetikinstitut und für Produktempfehlungen zur Heimpflege
- Basis für spätere Behandlungen (Dokumentation des Behandlungsverlaufs)
- Gewährleistung eines kontinuierlichen Behandlungsablaufs, auch wenn ein anderer Mitarbeiter den Kunden bedient
- Gewährleistung einer bedürfnisgerechten Terminplanung
- Grundlage für die Abrechnung der Leistungen
- Gedächtnisstütze für die Kosmetikerin
- Stärkung des Vertrauensverhältnisses zwischen Kunden und Kosmetikerin

Kundendaten sind sorgfältig zu verwalten und stets auf dem neuesten Stand zu halten. Sie sind eine wichtige Informationsquelle für das Kosmetikinstitut.

Datenerhebungen für Marketingzwecke → Kapitel VI/1.1.2

Darüber hinaus können die Kundendaten auch für Marketing- oder Kontrollzwecke genutzt werden. Die modernen Computerprogramme bieten Funktionen, mit denen sich „auf Knopfdruck“ Statistiken abrufen lassen über die Häufigkeit der Kundenbesuche, die Anzahl der Stamm- und Neukunden oder über die Altersstruktur der Kunden. So lässt sich z. B. die Umsatzentwicklung, der Grad der Kundenbindung oder die Entwicklung der Zielgruppe eines Instituts ständig kontrollieren.

5.3 Terminverwaltung

Kosmetische Behandlungen werden im Kosmetikinstitut fast ausnahmslos nach **Terminsystem** durchgeführt. Dieses System bietet sowohl für den Kunden als auch für die Kosmetikerin enorme Vorteile – vorausgesetzt, es funktioniert reibungslos.

Beim **Terminsystem** werden mit dem Kunden feste Behandlungstermine vereinbart.

Eine effektive Terminplanung verhindert nicht nur längere Wartezeiten und fördert damit die Kundenzufriedenheit. Sie erleichtert auch die Arbeit der Kosmetikerin, die ihre Kunden ohne Zeitdruck bedienen und mit geregelten Arbeitszeiten rechnen kann. Auch aus betriebswirtschaftlicher Sicht ist eine möglichst gleichmäßige Auslastung der Geräte, Kabinen und Mitarbeiter von Vorteil, da Leerzeiten Kosten verursachen.

Trotzdem ist jeder Terminplan gewissen Störungen ausgesetzt. Kurzfristige Änderungen der Behandlung, ein ausführliches Verkaufsgespräch, spezielle Kundenwünsche oder die Absage eines Kunden können den geplanten Arbeitsablauf verändern. Wichtig ist deshalb eine flexible Handhabung der Terminplanung.

Voraussetzung für eine effektive Terminverwaltung ist die möglichst exakte Einschätzung der Behandlungsdauer. Dazu muss schon bei der Terminvergabe nach den Wünschen des Kunden gefragt werden. Neben der üblichen Behandlungszeit, die der Kunde in der Kabine verbringt, sollte auch die Ankleidezeit für den Kunden, Zeiten für die Vor- und Nachbereitung des Arbeitsplatzes sowie für die Abschlussberatung eingeplant werden. Bei Neukunden ist zusätzlich Zeit für Beratung und Hautanalyse vorzusehen.

Die Vergabe von **Terminkarten** an den Kunden kann verhindern, dass der Behandlungstermin vergessen wird. Häufig wird auf diesen Karten auch um eine rechtzeitige Absage gebeten, sollte der vereinbarte Termin nicht eingehalten werden können. Bei besonders langfristigen Terminen kann es sinnvoll sein, den Kunden am Tag vor der Behandlung noch einmal telefonisch oder per E-Mail an seinen Termin zu erinnern.

Terminvergabe

- ☑ Alle Termine und Terminänderungen sofort in den Terminplaner eintragen.
- ☑ Keine zu langfristigen Termine vergeben, sie werden vom Kunden leicht vergessen.
- ☑ Dem Kunden nur zwei alternative Termine zur Auswahl anbieten.
- ☑ Wenig attraktive Termine zuerst vergeben.
- ☑ Terminkarten an Kunden vergeben.
- ☑ Für Neukunden mehr Zeit einplanen.
- ☑ Markieren Sie, wenn ein Kunde zu spät oder gar nicht erscheint.
- ☑ Spontankunden werden nach Möglichkeit bedient, doch dürfen dadurch keine Wartezeiten für bestellte Kunden entstehen.
- ☑ Bei Terminverzug wartende Kunden informieren. Teilen Sie möglichst genau mit, wie lange es noch dauern wird.
- ☑ Machen Sie möglichst frühzeitig einen Jahresplan für Urlaub, Fortbildung etc.
- ☑ Zeitpuffer (z. B. für Pausen) einplanen.

Sollte ein Kunde sehr kurzfristig absagen oder dem Behandlungstermin ohne Absage fernbleiben, sollten Sie ihn freundlich, aber deutlich darauf hinweisen, was dies für Sie und das Institut bedeutet.

Ihr nächster Termin:

Datum	Zeit	Datum	Zeit

Ich freue mich auf Ihren Besuch.

Terminkarten im Kosmetikinstitut

Bei der Terminverwaltung mit einem **Computerprogramm** werden Behandlungszeiten automatisch eingetragen und die entsprechenden Kabinen, Geräte sowie Mitarbeiter als „belegt“ markiert und für weitere Einträge gesperrt. Doppelbelegungen werden dadurch ausgeschlossen. Durch das Zusammenstellen einzelner Behandlungsmodule wird die voraussichtliche Behandlungszeit festgelegt.

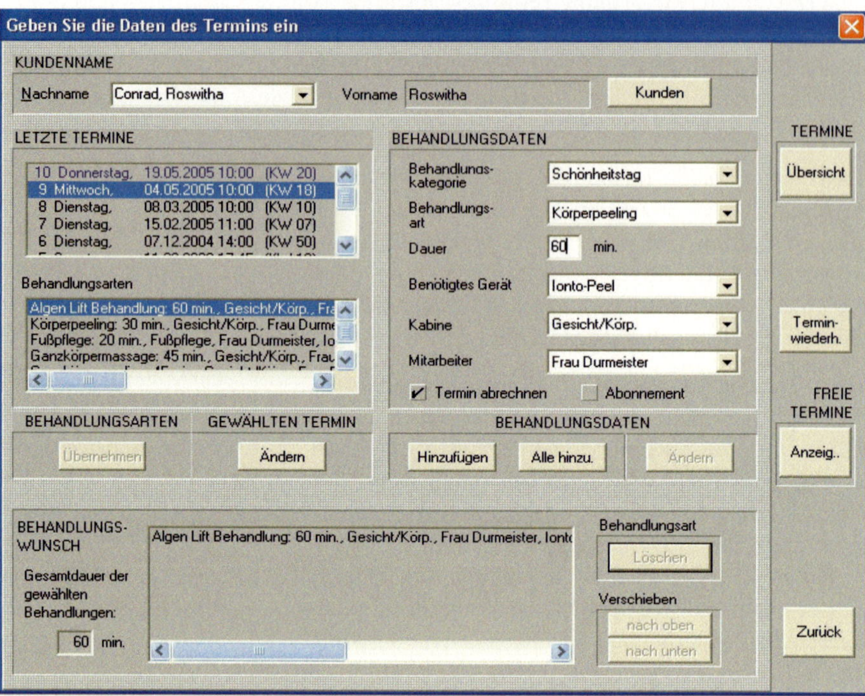

Elektronische Terminvergabe

5.4 Internet

Das Internet ist ein weltweites Netzwerk von Computern und dient dem Austausch und der Übermittlung von Daten. Ursprünglich in den USA für militärische Zwecke entwickelt, schlossen sich ab 1986 zunächst US-amerikanische Universitäten und Forschungseinrichtungen zusammen und bildeten das NSFNet, eine schnelle Verbindung von Großrechnern an fünf Standorten. Durch den Anschluss von ähnlichen Projekten anderer Staaten und von internen Netzen international tätiger Unternehmen wurde das Internet geschaffen, das heute viele Millionen Nutzer in allen Ländern miteinander verbindet und eine Vielzahl von Diensten anbietet:

- das Versenden von elektronischen Nachrichten (E-Mail),
- das Usenet, in dem in so genannten Newsgroups (Diskussionsforen) alle erdenklichen Themen diskutiert werden,
- die Recherche in Datenbanken (Telnet),
- das World Wide Web (weltweites Netz = WWW).

Das **World Wide Web** wurde 1989 in der Schweiz entwickelt und ist somit nur einer von vielen Diensten im Internet. Es beruht auf vernetzbaren, hauptsächlich aus Texten und Grafiken bestehenden Informationsseiten (**Websites**), die durch Querverweise – so genannte **Hyperlinks** – miteinander verknüpft werden können. Diese Links sind meist unterstrichen oder farbig hervorgehoben und ermöglichen, per Mausklick von einer Website zu einer anderen zu wechseln.

Jede Website im Internet hat eine eigene **Adresse**, z. B.
www.bfd-ev.com = Bundesberufsverband der Fachkosmetikerinnen in Deutschland e V.
www.bdk-kosmverb.de = Bundesverband deutscher Kosmetikerinnen e. V.

Alle Adressen sind nach derselben Struktur aufgebaut. Dabei steht z. B. „www" für World Wide Web, die Endung „.de" für Deutschland und „.com" für commercial (kommerziell = geschäftlich). Ist keine genaue Adresse bekannt, kann eine so genannte **Suchmaschine** eingesetzt werden, die das gesamte Internet nach passenden Adressen durchforstet. Nach der Eingabe eines selbst definierten Suchbegriffes werden die Adressen aller Websites aufgelistet, in denen der Begriff auftaucht.

Die Adressen einiger der bekanntesten **Suchmaschinen** lauten:
www.google.de
www.lycos.de
www.altavista.com
www.yahoo.de
www.web.de

Derzeit existieren über 60 Millionen eingetragene Websites. Ist der eingegebene Suchbegriff zu allgemein formuliert, kann es deshalb schnell passieren, dass das Suchergebnis völlig unüberschaubar wird. So liefert die Suchmaschine Google z. B. für den Suchbegriff „Kosmetikinstitut" über 60 000 Einträge. Sowohl für die Recherche im Internet als auch für den Anbieter einer Website ist es also von größter Bedeutung, ob die „richtige" Seite gefunden wird.

Um den eigenen Internetauftritt bekannt zu machen, sollte das Kosmetikinstitut die Adresse nicht nur auf Briefbögen, Visiten- und Terminkarten abdrucken. Zusätzlich empfiehlt es sich, die Adresse in den wichtigsten Suchmaschinen zu platzieren und auf eine sinnvolle Verlinkung zu achten. Auch Fachportale bieten eine gute Möglichkeit, Interessenten auf die eigene Seite aufmerksam zu machen.

Fachportale werden z. B. von Fachzeitschriften angeboten. Mit speziellen Suchmaschinen kann ein Interessent in Sekundenschnelle herausfinden, wo sich das nächste Kosmetikinstitut in seiner Umgebung befindet.

Virenschutz

Viren sind Computerprogramme, die bestimmte Dateien oder ganze Datenbestände löschen oder manipulieren können. In den meisten Fällen werden solche Viren über das Internet verbreitet und dringen beim Herunterladen von Dateien oder mit eingehenden E-Mails – häufig zunächst unbemerkt – in den eigenen Computer ein und richten dort erheblichen Schaden an. Hat ein Computer Internetzugang, ist daher die Installation eines **Virenschutzprogrammes** (Virenscanner) unerlässlich. Virenscanner können Viren erkennen und neutralisieren. Da ständig neue Viren über das Internet verbreitet werden, muss der Virenscanner ständig aktualisiert und auf dem neuesten Stand gehalten werden.

Quelle: Stat. BA *1. Quartal 2006, Käufe über das Internet nicht ausgewiesen imu 111 0307

E-Mails von unbekannten Absendern sollten ungeöffnet gelöscht werden. Achten Sie beim Herunterladen von Dateien aus dem Internet darauf, ob Ihnen die Quelle bekannt ist. Fremde Datenträger (Disketten, CD-ROM) sollten vor dem Öffnen mit einem Virenscanner geprüft werden.

5.5 Datenschutz im Kosmetikinstitut

Der Begriff Datenschutz ist ein wenig missverständlich. Nicht die Daten selbst sollen geschützt werden, sondern die Bürger vor den nachteiligen Folgen der Datenverarbeitung. Gefahren bestehen vor allem bei der missbräuchlichen Verwendung von Daten oder deren unbefugter Weiterleitung an Dritte.

Im Umgang mit personenbezogenen Daten, die z. B. in den Kundenkarteien gespeichert sind, gibt es strenge Regeln, die durch das **Bundesdatenschutzgesetz** (**BDSG**) und die Landesdatenschutzgesetze vorgegeben werden. So ist ohne eine schriftliche Genehmigung des Betroffenen eine Weitergabe personenbezogener Daten verboten.

Die auf der Kundenkarteikarte festgehaltenen Daten unterliegen dem gesetzlichen Datenschutz.

Personenbezogene Daten sind:
- Name, Anschrift und Geburtsdatum
- Angaben über sachliche und persönliche Verhältnisse wie Vermögen, Beruf, Zahlungsverhalten, politische Anschauungen, Hobbys, aber auch Krankheiten

Personenbezogene Daten unterliegen gesetzlichem Schutz. Im Kosmetikinstitut dürfen personenbezogene Daten nicht von unbefugten Mitarbeitern oder von Dritten eingesehen werden. Sie werden stets vertraulich behandelt.

Das Bundesdatenschutzgesetz gibt dem einzelnen Bürger verschiedene Möglichkeiten, den Umgang mit seinen personenbezogenen Daten selbst zu überprüfen:

Tabelle III/1 Rechte des Bürgers (Betroffenen) gemäß BDSG

Auskunft	Der Betroffene hat das Recht auf Auskunft über alle Daten, die über ihn gespeichert und an Dritte weitergegeben wurden. Der Zweck der Speicherung muss genannt werden. Damit hat der Kunde das Recht auf Einsicht in seine Karteikarte.
Berichtigung	Sind die gespeicherten Daten falsch, so hat der Betroffene das Recht, dass die Daten korrigiert werden.
Sperrung	Ist der Wahrheitsgehalt der Daten umstritten, dürfen die Daten nicht weiter genutzt werden. Sie sind noch vorhanden, aber gesperrt.
Löschung	Sind die Voraussetzungen für eine Speicherung entfallen oder war die Speicherung unzulässig, so sind die Daten zu löschen.
Schadenausgleich	Sind z. B. durch die unzulässige Datenverarbeitung Schäden entstanden, hat der Betroffene das Recht auf Schadenersatz.
Anrufung	Jedem Bürger steht das Recht zu, sich an den Landes- oder Bundesbeauftragten für Datenschutz zu wenden.

Die Datenschutzbeauftragten der einzelnen Bundesländer finden Sie z. B. unter www.datenschutz.hessen.de oder www.datenschutz.thueringen.de

Den Bundesdatenschutzbeauftragten (und ein Lexikon zum Datenschutz) finden Sie unter www.bfd.bund.de

Bundesamt für Sicherheit in der Informationstechnik: www.bsi.de

Mit dem Einsatz von **Bundes- und Landesdatenschutzbeauftragten** sieht das Gesetz Kontrollinstanzen vor, die dem Betroffenen bei der Durchsetzung seiner Rechte helfen, die aber auch von sich aus in vorbeugender Weise die Einhaltung der Datenschutzbestimmungen überwachen. Den Datenschutz im privaten Bereich (Unternehmen, Verbände, Selbstständige usw.) kontrollieren die Aufsichtsbehörden der einzelnen Bundesländer. Dabei richtet sich die örtliche Zuständigkeit nach dem Sitz des Unternehmens. Außerdem wurde das **Bundesamt für Sicherheit in der Informationstechnik** eingerichtet. Hier erhält man Tipps und Beratung rund um das Thema Datenschutz und Datensicherheit.

Datenverarbeitung laut BDSG:
- speichern
- übermitteln
- verändern
- sperren
- löschen

von personenbezogenen Daten

Daneben gibt es die interne Datenschutzkontrolle durch **betriebliche Datenschutzbeauftragte**. Jedes Kosmetikinstitut, in dem mehr als vier Mitarbeiter mit der **Datenverarbeitung** zu tun haben, muss einen Datenschutzbeauftragten benennen. Seine Aufgabe besteht darin, die Einhaltung der Datenschutzgesetze zu überwachen und die Mitarbeiter über die Anforderungen des Datenschutzes zu informieren.

6 Ein Behandlungsablauf

Im folgenden Abschnitt wird beispielhaft der mögliche Ablauf einer kosmetischen Behandlung dargestellt. Vor dem Hintergrund der Kundenorientierung erfolgt die Beschreibung der einzelnen Arbeitsabläufe von der Begrüßung bis zur Verabschiedung aus Sicht des Kunden.

Phasen des Verkaufs- und Beratungsgesprächs → Kapitel VI/5

Begrüßung

Die bestellte Kundin, Frau Schulz, möchte eine klassische kosmetische Gesichtsbehandlung machen lassen. Sie hat sich telefonisch einen Termin besorgt und ist das erste Mal in diesem Kosmetikinstitut. Frau Schulz wird beim Eintreten von der Kosmetikerin Heike begrüßt.

Für das Ansehen des Kosmetikinstituts beim Kunden spielt die Qualität der Kundenbetreuung während des gesamten Behandlungsablaufes eine wesentliche Rolle.

Begrüßung des Kunden

- ☑ Schenken Sie dem Kunden beim Betreten des Kosmetikinstitus Beachtung durch Blickkontakt und eine freundliche Begrüßung.
- ☑ Zeigen Sie dem Kunden, dass Sie sich über den Besuch freuen.
- ☑ Sprechen Sie den Kunden nach Möglichkeit mit seinem Namen an und stellen Sie sich selbst vor.
- ☑ Erkundigen Sie sich nach den Behandlungswünschen des Kunden.
- ☑ Leiten Sie daraus den weiteren Organisationsablauf ab und informieren Sie den Kunden darüber.
- ☑ Begleiten Sie den Kunden zum Wartebereich oder zum Bedienungsplatz.
- ☑ Im Wartebereich bieten Sie dem Kunden eine Erfrischung an.
- ☑ Sprechen Sie den Kunden zwischendurch an, wenn er längere Zeit warten muss.

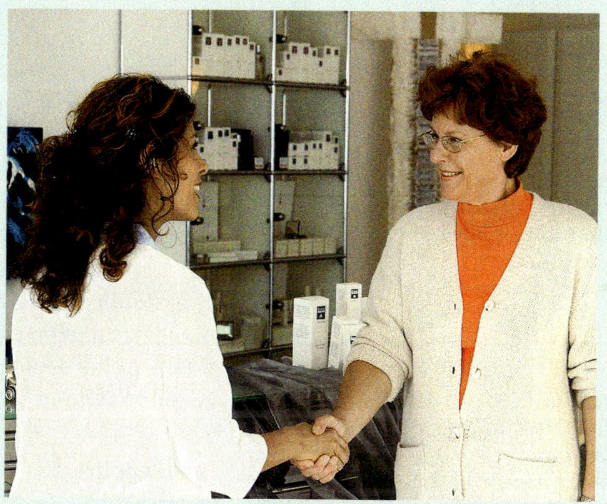

Eine freundliche Begrüßung schafft eine gute Basis für den Behandlungsablauf.

Gestaltung des Empfangs- und Verkaufsraumes

Die Kosmetikerin ist zurzeit noch mit einer anderen Kundin beschäftigt. Deshalb bittet sie Frau Schulz, noch für zehn Minuten im Wartebereich Platz zu nehmen. Jetzt hat Frau Schulz Zeit, sich den Empfangs- und Verkaufsbereich genauer zu betrachten. Im Empfangsbereich befindet sich eine kleine Sitzgruppe mit einem Tisch. Die Stühle sind so platziert, dass Frau Schulz den gesamten Raum überblicken kann. Auf dem Tisch sind Blumen arrangiert und zur Information liegen aktuelle Zeitschriften aus. Gegenüber sind verschiedene Verkaufsregale aufgestellt. Diese sind so platziert, dass sie einen Überblick über das gesamte Warenangebot geben. Die Rezeption befindet sich an der rechten Seite und passt zum Gesamtbild. Der Behandlungsraum ist durch eine Tür vom Verkaufsraum getrennt. Im hinteren Bereich liegen die Kundentoilette und eine kleine Küche.

In vielen Instituten gehen Empfangs- und Verkaufsbereich ineinander über. Für die Gestaltung dieser Räume gibt es kein Patentrezept. Neben dem persönlichen Geschmack entscheiden auch die Erwartungen der Zielgruppe darüber, ob die Raumgestaltung modern, luxuriös oder eher gemütlich wirken soll. Es gilt, Aspekte der Warenpräsentation und der Arbeitsorganisation zu berücksichtigen und gleichzeitig eine harmonische, angenehme Atmosphäre zu schaffen.

Arbeitsorganisation → Kapitel III/4.6

Warenpräsentation → Kapitel VI/4.3

Die Gestaltung der Empfangs- und Verkaufsräume sollte nicht nur funktionalen Aspekten genügen, sondern hat auch entscheidenden Einfluss auf das Wohlbefinden des Kunden.

Blick in den Verkaufsraum

Blick auf die Rezeption

Anforderungen an den Behandlungsraum

Die andere Kundin ist mit ihrer Behandlung fertig und die Kosmetikerin Heike hat jetzt für Frau Schulz Zeit. Sie begleitet Frau Schulz in den Behandlungsraum und bittet sie, ihre Garderobe und den störenden Schmuck abzulegen und auf dem Kosmetikstuhl Platz zu nehmen. Frau Schulz findet den Behandlungsraum sauber und aufgeräumt vor – nichts deutet darauf hin, dass hier noch vor ein paar Minuten eine andere Kundin behandelt wurde.

Anforderungen der DIN 77600 „Kosmetik-Dienstleistungen in Parfümerien"
→ F Kapitel II/1.2

Um die **Intimsphäre** der Kundin zu wahren, muss der Behandlungsraum vom Empfangs- und Verkaufsraum abgetrennt sein. So wird sichergestellt, dass persönliche Beratungsgespräche nicht mitgehört werden können und man von außen keinen Einblick in den Behandlungsraum hat.

In der Arbeitsstättenverordnung (ArbStättV) finden sich Vorgaben zur Gestaltung von Arbeitsstätten unter dem Gesichtspunkt des Arbeitsschutzes.

http://bundesrecht.juris.de/bundesrecht/arbst_ttv_2004/index.html

Die DIN 77600 schreibt als Mindestanforderung eine **Raumgröße** von 8 m^2 für Gesichtsbehandlungen bzw. 10 m^2 für Ganzkörperbehandlungen vor. In jedem Fall muss die Größe des Behandlungsraumes für einen reibungslosen Behandlungsablauf und die fachgerechte Anwendung der Geräte ausreichen.

Der Behandlungsraum muss durch ein Fenster oder eine Belüftungsanlage gut **belüftet** werden können. Weitere Voraussetzungen sind eine ausreichende **Beleuchtung** (Tageslicht oder tageslichtähnlich) und eine individuell regulierbare **Raumtemperatur**.

Die Anforderungen der Arbeitshygiene sind in der Hygieneverordnung festgelegt.
→ F Kapitel III/4.2

Außerdem müssen die Anforderungen der **Arbeitshygiene** beachtet werden. Dazu gehört u. a., dass Fußböden, Geräte und Arbeitsflächen eine regelmäßige feuchte Reinigung und Desinfektion vertragen. Auch Regale und Schränke müssen gereinigt und evtl. desinfiziert werden können.

Der Behandlungsraum ist ein Ort, in dem sich die Kunden eineinhalb bis zwei Stunden aufhalten. Er sollte deshalb so gestaltet sein, dass sich der Kunde darin wohl fühlen kann. Zu einer angenehmen und entspannten Raumatmosphäre tragen neben einem sauberen und aufgeräumten Arbeitsplatz auch dezente **Musik** und angenehme **Düfte** bei. Der Einsatz dieser Mittel sollte aber immer auf die individuellen Wünsche des Kunden abgestimmt werden.

Einrichtung des Behandlungsraumes

Zur **Grundausstattung** des Behandlungsraumes gehören
- eine stufenlos verstellbare Kosmetikliege,
- ein beweglicher, abwaschbarer Arbeitstisch,
- ein verstellbarer, ergonomisch geformter Arbeitsstuhl,
- eine verstellbare, abwaschbare Lupenleuchte,
- ein Waschbecken mit fließendem warmen und kalten Wasser,
- ein Sterilisator zur Desinfektion,
- ein Abfalleimer mit Müllbeutel und Deckel,
- ein Spiegel oder ein kleiner Frisierplatz,
- evtl. ein Bedampfungsgerät.

Alle Geräte müssen den sicherheitstechnischen und hygienischen Vorschriften entsprechen und regelmäßig gewartet werden.

Zum **Behandlungsmaterial** gehören
- Hilfsmittel wie Wasserschüssel, Maskenschälchen mit Auftragepinsel, Färbestäbchen, Spatel usw.,
- verschiedene Arbeitsgeräte, z. B. Zupfzange, Pinzette, Schere, Lanzette,
- pflegende Präparate, z. B. zur Gesichtsreinigung, Massageöle, Masken und Packungen, Tages- und Nachtcreme, Ampullen,
- dekorative Präparate, z. B. für das Gestalten eines Tages- oder Abend-Make-ups, Augenbrauen- und Wimpernfarbe,
- Verbrauchsmaterialien, z. B. Kompressen, Kosmetiktücher, Wattepads, Wattestäbchen,
- Accessoires, z. B. Handtücher, Stirnbänder, Bezug für die Kosmetikliege, Fußtuch (vor der Kosmetikliege), Bademantel.

Arbeitsplatz und Arbeitsgeräte müssen den gesetzlichen Vorschriften des Arbeitsschutzes entsprechen.
→ F Kapitel II/2

Unfallverhütung beim Einsatz elektrischer Geräte
→ F Kapitel IX/1

Gesetzesgrundlagen beim Einsatz elektrischer Geräte
→ F Kapitel IX/3

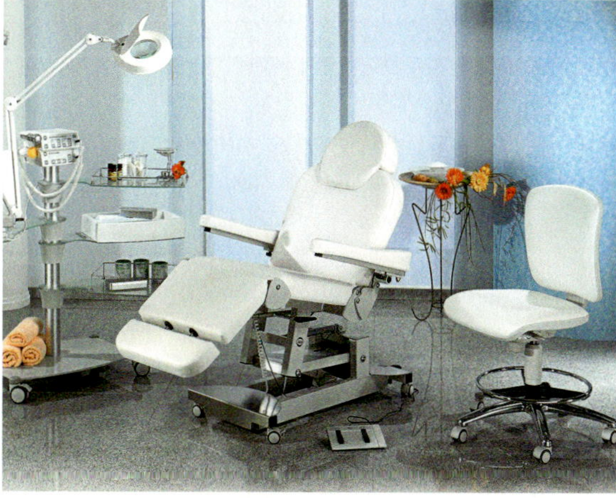
Ein Behandlungsraum „zum Wohlfühlen“

Ein gut vorbereiteter Arbeitsplatz

Vor- und Nachbereitung des Arbeitsplatzes

Bevor ein Kunde in den Behandlungsraum geleitet wird, sind eine Reihe von Arbeitsschritten zur Behandlungsvorbereitung durchzuführen:
- den Behandlungsraum gut durchlüften,
- Kosmetikliege ordentlich einrichten,
- benötigte Präparate und Materialien in Griffweite bereitlegen,
- benötigte Geräte gereinigt bereitstellen,
- benötigte Instrumente steril bzw. gereinigt bereitstellen,
- Musik und Düfte bereithalten (nach Wunsch des Kunden einzusetzen).

Ebenso wichtig ist auch die **Nachbereitung** des Arbeitsplatzes nach einer Behandlung. Alle benutzten Geräte müssen desinfiziert werden, Instrumente, mit denen die Haut verletzt wurde, sind zu sterilisieren. Benutzte Arbeitsmaterialien sind zu entsorgen (z. B. Kompressen) bzw. wegzuräumen (Handtücher). Benutzte Präparate müssen ebenfalls entfernt bzw. korrekt weggeräumt werden.

Anamnese und Hautanalyse

Beispiele für Karteikarten und Analysebögen → F Kapitel VII/4

Die Kosmetikerin Heike möchte eine Karteikarte für Frau Schulz anlegen und eine Hautdiagnose durchführen. Frau Schulz ist damit einverstanden. Als Erstes werden die persönlichen Daten wie Name, Adresse, Telefon, Alter, Beruf usw. aufgenommen. Heike führt dann mit Hilfe des bereitgelegten Analysebogens eine Anamnese und eine gründliche Hautanalyse durch und hält die Ergebnisse schriftlich fest. Bereits bei der telefonischen Terminvereinbarung wurde Frau Schulz darum gebeten, zu ihrem ersten Behandlungstermin mit abgereinigtem Gesicht ins Institut zu kommen, und über die geplante Dauer der Sitzung informiert.

Anamnese
Erfassung von Daten zur Vorgeschichte durch Befragung des Kunden

Die Kosmetikerin sammelt in einem ersten Vorgespräch vor Beginn der Behandlung Informationen über bisherige und gegenwärtige Lebenssituationen des Kunden, die für eine fachgerechte Behandlung notwendig sind (**Anamnese**). So müssen z. B. schon vor Beginn der Hautreinigung mögliche Allergien oder Empfindlichkeiten bekannt sein, damit eine korrekte Auswahl der Reinigungspräparate erfolgen kann. Im Vorgespräch sollten folgende Punkte geklärt werden:

Tabelle V/2 *Inhalte des Vorgespräches*

Individuelle Hautpflege	Welche Präparate werden zu Hause für die Reinigung und Pflege der Haut verwendet? Wie werden diese Präparate angewendet? Welche dekorativen Mittel werden verwendet?
Persönliche Erfahrungen	Empfindlichkeiten oder Unverträglichkeiten gegenüber bestimmten Stoffen, Allergien
Körperliche Leiden	z. B. Stoffwechsel-, Schilddrüsen- oder Kreislaufstörungen
Besonderheiten	Lebensgewohnheiten, Schwangerschaften

Beurteilen der Haut → F Kapitel VII

Um eine fachkundige und typgerechte Behandlung durchführen zu können, muss eine korrekte **Hautanalyse** vorgenommen werden. Für die Überprüfung der Haut darf kein Make-up aufgetragen sein und die Haut darf nicht unmittelbar vorher gereinigt worden sein.

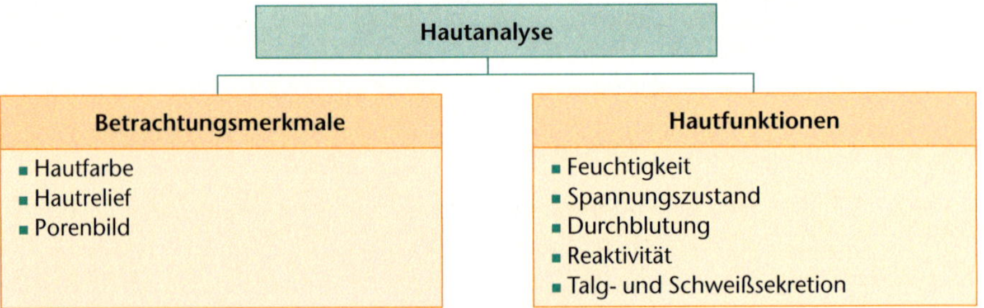

Eine sorgfältige und fachgerechte Hautanalyse ist Voraussetzung für die korrekte Auswahl passender Behandlungsmethoden und Präparate. Für Anamnese und Hautanalyse ist ausreichend Zeit einzuplanen.

Behandlung

Die Kosmetikerin Heike hat die Hautanalyse abgeschlossen. Auf Grund ihrer Ergebnisse schlägt sie Frau Schulz nun ein passendes Pflegekonzept vor und erläutert, welche Behandlungsmethoden und Präparate sie einsetzen will und welche Wirkungsweise diese haben. Da die Haut von Frau Schulz sehr trocken ist, entscheiden sich Heike und Frau Schulz für eine Feuchtigkeitspackung und ein spezielles Pflegepräparat für die Augen. Heike beginnt mit der Gesichtsbehandlung und Frau Schulz lässt sich verwöhnen.

Wie sieht der weitere Ablauf der kosmetischen Gesichtsbehandlung aus?

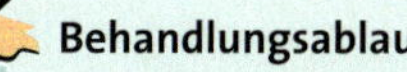

Behandlungsablauf

- ☑ Nach einer gründlichen Gesichtsreinigung werden die Hautunreinheiten entfernt.
- ☑ Auf Grund der starken Beanspruchung der Haut sollte sie zwischendurch mit einem Gesichtswasser desinfiziert werden.
- ☑ Danach folgt eine Gesichtsmassage mit verschiedenen Massagegriffen.
- ☑ Zur weiteren Pflege wird der Kundin eine typgerechte Gesichtsmaske aufgetragen und die Augen werden mit kühlenden Wattepads abgedeckt.
- ☑ Nach 15 Minuten Einwirkungszeit wird die Maske vom Gesicht und vom Hals mit warmen Kompressen entfernt.
- ☑ Zum Behandlungsabschluss wird die Haut mit einem typgerechten Gesichtswasser behandelt. Außerdem verwendet man noch eine passende Tagescreme.

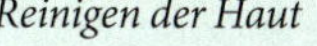

Reinigen der Haut

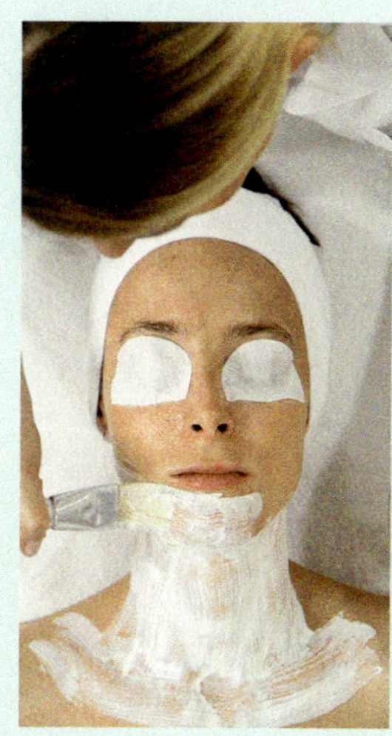

Auftragen einer Pflegemaske

Nach der Gesichtsbehandlung bietet die Kosmetikerin Frau Schulz noch ein dezentes Tages-Make-up an. Frau Schulz ist einverstanden.

Für eine gute Kundenbetreuung während der **Behandlungsphase** sollten die folgenden Punkte beachtet werden:

Reinigen der Haut
→ F Kapitel X

- Das einleitende Beratungsgespräch hat das Ziel, gemeinsam mit dem Kunden eine Übereinstimmung für die anschließende Behandlung zu finden.
- Weisen Sie auf neue Dienstleistungs- oder Produktenangebote hin.
- Organisieren Sie einen reibungslosen Behandlungsablauf ohne unnötige Verzögerungen.
- Vermeiden Sie Hektik und Ruhestörungen im Behandlungsablauf. Arbeiten Sie allein, stellen Sie während der Behandlung den Anrufbeantworter ein.
- Erläutern Sie Ihre Behandlungsmethoden.
- Fragen Sie während der Behandlung nach dem Befinden des Kunden.
- Gehen Sie auf eventuelle Fragen oder Einwände des Kunden aufmerksam ein und versuchen Sie, Lösungen anzubieten.
- Geben Sie Pflegetipps für zu Hause und bieten Sie kosmetische Präparate zum Kauf an.

Kundeneinwände behandeln
→ Kapitel IV/4.5

Zusatzangebote

Zusatzbehandlungen sind in der heutigen Marktsituation wichtig für die Imagepflege eines Kosmetikinstituts. Ähnlich wie Serviceleistungen bieten auch Zusatzangebote eine Möglichkeit, sich von den Mitbewerbern abzugrenzen und ein eigenes Institutsprofil zu entwickeln.

Serviceleistungen
→ Kapitel IV/4.7

Abgestimmt auf die jeweilige Zielgruppe kann ein Kosmetikinstitut z. B. folgende Zusatzleistungen anbieten:
- Handpflege
- Nagelmodellage und Maniküre
- Solarium zur Hautbräunung
- Softlaser-Behandlungen
- permanente Haarentfernung
- Pediküre
- Ganzkörperbehandlungen und -massagen
- Ernährungsberatung

Das Angebot ist abhängig von Größe und Ausstattung des Instituts sowie von der fachlichen Qualifikation der Mitarbeiterinnen.

Abschlussberatung und Verabschiedung

Die Kosmetikerin Heike hat ihre Behandlung abgeschlossen. Frau Schulz ist entspannt und sehr zufrieden mit der intensiven Hautpflege und ihrem neuen Make-up. Heike schlägt Frau Schulz vor, diese Behandlungen fünf bis sechs Mal in wöchentlichen Abständen zu wiederholen, um einen intensiven Pflegeerfolg zu spüren. Außerdem bietet sie ihrer Kundin noch eine schützende Tagescreme für die Heimpflege an. Heike begleitet Frau Schulz zur Rezeption, wo diese ihre Rechnung bezahlt und sich die Anwendung der empfohlenen Tagescreme nochmals erklären lässt. Zum Schluss vereinbart Frau Schulz noch einen neuen Behandlungstermin.

Verabschiedung des Kunden

- ☑ Gegebenenfalls ist die Frisur oder das Make-up in Ordnung zu bringen, so dass der Kunde das Institut korrekt verlässt.
- ☑ Lassen Sie dem Kunden ausreichend Zeit zum Ankleiden.
- ☑ Vergewissern Sie sich, dass vom Kunden nichts liegen gelassen wurde (abgelegter Schmuck, Garderobe).
- ☑ Begleiten Sie die Kundschaft zur Rezeption und erläutern Sie die Zusammenstellung der Rechnung.
- ☑ Erläutern Sie die Anwendung und Wirkungsweise von Produkten für die Heimpflege.
- ☑ Bitten Sie den Kunden, sofort im Institut Bescheid zu geben, falls Probleme mit Hautunverträglichkeiten auftreten.
- ☑ Fragen Sie nach der Kundenzufriedenheit.
- ☑ Vereinbaren Sie nach Möglichkeit einen Termin für die nächste Behandlung im Kosmetikinstitut.
- ☑ Verabschieden Sie den Kunden mit Namen und einem freundlichen Gruß.
- ☑ Bedanken Sie sich für den Besuch.
- ☑ Vergessen Sie nicht, die Kundenkartei zu aktualisieren.

Eine ausführliche Abschlussberatung ist ein wichtiger Bestandteil der kosmetischen Behandlung.

IV Vom Umgang mit Kunden

Jedes Unternehmen – und damit auch jedes Kosmetikinstitut – steht in Konkurrenz zu seinen Mitbewerbern. Für den wirtschaftlichen Erfolg eines Unternehmens ist es von entscheidender Bedeutung, dass die Kunden mit den Leistungen des Unternehmens zufrieden sind, denn andernfalls können sie jederzeit zu einem Mitbewerber wechseln und Produkte und Dienstleistungen anderswo einkaufen. Jedes Unternehmen muss daher bestrebt sein, gezielt auf die Bedürfnisse und Erwartungen der Kunden einzugehen und ihn rundum zufrieden zu stellen. Diesen Grundsatz bezeichnet man als **Kundenorientierung**. Die kundenorientierte Ausrichtung aller betrieblichen Arbeits- und Handlungsabläufe hat zum Ziel, eine größtmögliche **Kundenzufriedenheit** zu erzeugen, die einerseits den Kunden an das eigene Geschäft bindet und andererseits einen steigenden Zufluss neuer Kunden zur Folge hat.

Kundenzufriedenheit und Reklamation → Kapitel VI/7.1

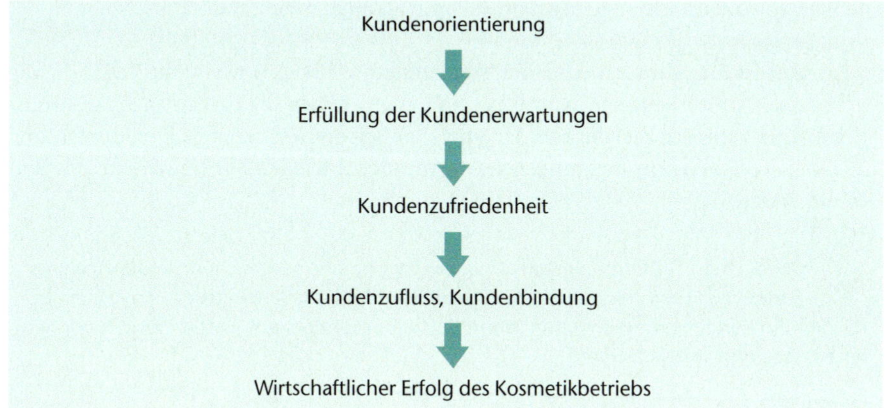

Kundenorientierung

1 Kundenorientierung im Kosmetikinstitut

Die kosmetische Behandlung ist eine personenbezogene Dienstleistung, d. h., die angebotene Dienstleistung wird direkt am Kunden erbracht. Der Kunde kann die Leistung unmittelbar erfahren und bewerten. Deshalb spielt der Grundsatz der Kundenorientierung gerade in der Kosmetikbranche eine besonders wichtige Rolle. Das Kosmetikinstitut muss sämtliche betrieblichen Entscheidungen über das Produkt- und Leistungsangebot, über Preise, Service und Arbeitsabläufe mit Hinblick auf die **Kundenzufriedenheit** treffen. Für die Kosmetikerin ist es nicht nur wichtig, gute handwerkliche Qualität zu zeigen, sondern auch eine professionelle Kommunikation mit dem Kunden und angenehme Umgangsformen zu beherrschen.

Das Kosmetikinstitut als Dienstleistungsunternehmen → Kapitel III/4.5

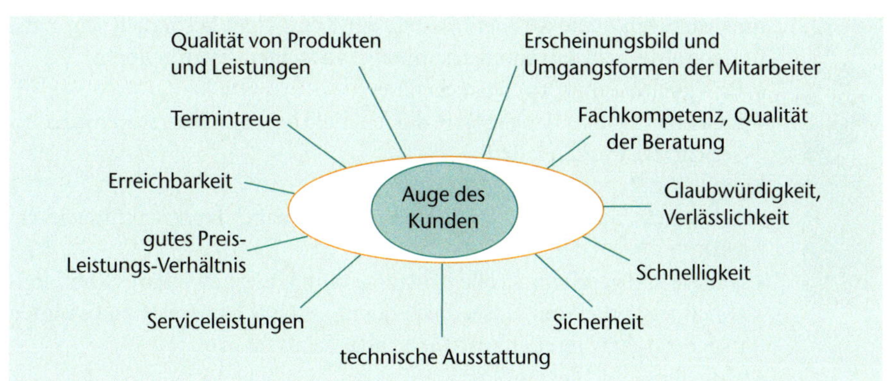

Kundenerwartungen

Die Kunden beobachten während ihres gesamten Aufenthalts im Institut bewusst oder unbewusst die Institutsatmosphäre. Sie registrieren angenehme, aber auch unangenehme Situationen im Behandlungsablauf.

Die **Erwartungen eines Kunden** beziehen sich im Wesentlichen auf die Produktqualität, ein faires Preis-Leistungs-Verhältnis und eine verantwortungsbewusste, qualifizierte Behandlung. Als selbstverständlich wird die Sicherheit und gesundheitliche Unbedenklichkeit der angewendeten Geräte und Präparate vorausgesetzt. Die Kunden erwarten aber auch eine optimale Organisation mit Termintreue und zügigen Arbeitsabläufen (Minimierung der Wartezeiten) sowie eine gute Erreichbarkeit des Geschäfts. Kunden bewerten außerdem die technische Ausstattung im Kosmetikbetrieb und bemerken Veränderungen durch Erneuerung.

Von den Mitarbeitern im Institut erwartet der Kunde neben hohen fachlichen Kompetenzen auch angenehme Umgangsformen, Höflichkeit, Freundlichkeit und Ausgeglichenheit sowohl im Umgang mit dem Kunden als auch miteinander.

Zufriedene Kunden sind die Voraussetzung für den wirtschaftlichen Erfolg eines Unternehmens. Nur wenn ein Unternehmen die Erwartungen des Kunden erfüllt, kann das Ziel der Kundenzufriedenheit erreicht werden. Die Ausrichtung aller betrieblichen Entscheidungen auf die Kundenzufriedenheit nennt man Kundenorientierung.

Beobachten Sie Ihren eigenen Kosmetikbetrieb und vergleichen Sie die einzelnen Punkte aus Sicht des Kunden! Geben Sie eine kritische Auswertung, in welchen Bereichen die Kundenerwartungen in Ihrem Betrieb besonders gut erfüllt werden und wo Verbesserungen möglich wären.

2 Anforderungen an die Kosmetikerin

Die Erfüllung der Kundenerwartungen stellt hohe Anforderungen an die Kosmetikerin bei ihrer täglichen Arbeit. Ihre Persönlichkeit und ihr Auftreten bestimmt zu einem wichtigen Teil die Kundenzufriedenheit und damit den Erfolg des Betriebes. Dazu gehören das äußere Erscheinungsbild, korrekte Umgangsformen und ihre fachlichen und persönlichen Kompetenzen.

der erste Eindruck, → Kapitel IV/3.2.1

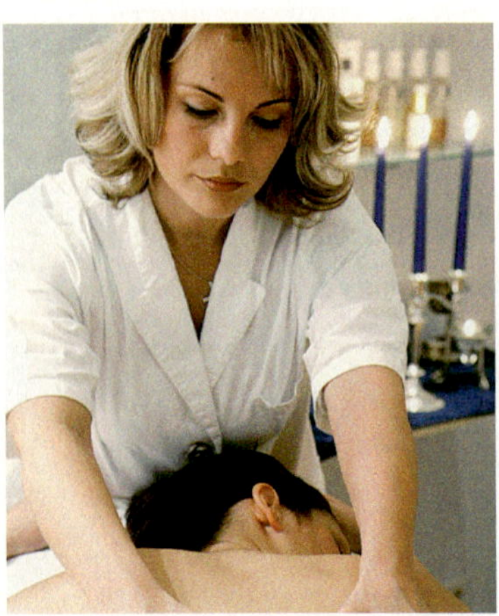

Die äußere Erscheinung einer Kosmetikerin sollte ein Vorbild in der Kosmetikbranche sein.

2.1 Erscheinungsbild

Das äußere Erscheinungsbild bestimmt den ersten Eindruck, den die Kosmetikerin bei ihrem Kunden hinterlässt. Eine gepflegte, angenehme Erscheinung ist die Voraussetzung dafür, dass sich der Kunde während der Behandlung wohl fühlt. Die Kosmetikerin ist der Kundschaft körperlich sehr nahe und muss deshalb bestimmte Grundregeln beachten. Dazu gehören:

- die tägliche Ganzkörperreinigung;
- passende Frisuren (lange Haare dürfen nicht bei der Arbeit stören oder ins Gesicht der Kundin fallen);
- gepflegtes, typgerechtes Make-up;
- fachgerecht manikürte Hände (kurze Fingernägel, keinen Schmuck tragen);
- saubere und geschmackvolle Arbeitskleidung (meistens sind es Kombinationen aus Kittel und Hose, die bequem und aus hygienischen Gründen auch bei hohen Temperaturen waschbar sein sollten);
- bequemes, geschlossenes Schuhwerk.

2.2 Umgangsformen

Gute Umgangsformen prägen das Ansehen der Kosmetikerin und ihres Instituts beim Kunden. Sie sind gerade im Dienstleistungssektor eine wichtige Basis für ihren persönlichen und beruflichen Erfolg. Kosmetiker haben einen sehr direkten Kontakt zu ihren Kunden und sollten deshalb ein taktvolles und sicheres Verhalten zeigen. Vermeiden Sie übertriebene oder nicht passende Höflichkeitsformen. Geben Sie aber auch keine Gelegenheit, Antipathie beim Kunden zu wecken, indem Sie einen unfreundlichen Gesichtsausdruck, Lustlosigkeit oder Desinteresse zeigen.

- Grüßen Sie beim Betreten eines Raumes laut und deutlich.
- Halten Sie zu Ihrem Gesprächspartner Blickkontakt.
- Lassen Sie Ihren Gesprächspartner ausreden.
- Hören Sie aufmerksam zu und antworten Sie deutlich und mit angemessener Lautstärke.
- Privatgespräche am Telefon oder mit anderen Mitarbeitern empfindet der Kunde als störend.
- Betriebsinterne Probleme oder Kritik dürfen nicht an den Kunden weitergegeben werden.
- Vermeiden Sie Störungen des Behandlungsablaufes z. B. durch das Telefon.

Gute Umgangsformen prägen das Image der Kosmetikerin und ihres Instituts.

2.3 Persönliche Kompetenzen

Fachkompetenz

Am Anfang der Ausbildung stellen die fachlichen Arbeiten hohe Anforderungen an die Kosmetikerin und werden manchmal zu einer Überforderung. Daraus folgt dann häufig ein unsicheres Auftreten. Durch die Aneignung eines gründlichen Fachwissens, durch berufliche Qualifikationen und gute handwerkliche Leistungen werden diese Unsicherheiten jedoch abgebaut. Die Fachkompetenz ist die Grundlage des beruflichen Erfolges.

Sozialkompetenz

Zur Sozialkompetenz gehört die Fähigkeit, eine persönliche Beziehung zu anderen Menschen herzustellen. Dazu braucht man Einfühlungsvermögen und ein besonderes Gespür für die persönlichen Besonderheiten jedes Einzelnen. Zu einem guten Umgang mit Menschen gehört es, jeden so anzunehmen, wie er ist. Mit den Kollegen sollte man ein gutes Arbeitsverhältnis aufbauen. Teamfähigkeit ist hier eine wichtige Voraussetzung. Probleme von Kunden oder Kollegen sollten ernst genommen werden, um mögliche Konflikte rechtzeitig zu erkennen und zu lösen.

Sozialkompetenz: Arbeit im Team

Kommunikative Fähigkeiten

Die Grundlage für ein gelungenes Beratungsgespräch ist, dass die Kunden und ihre Wünsche verstanden und ernst genommen werden. Eine Kosmetikerin muss intensiv zuhören können und einen Kunden aussprechen lassen. Die Gesprächssituation muss richtig eingeschätzt werden und eine angemessene Gesprächsführung muss stattfinden, damit die richtigen Schlussfolgerungen gezogen werden können. Im Dialog mit dem Kunden ist eine gemeinsame Zielfindung anzustreben.

Umgang mit Kunden, → Kapitel IV

Personalkompetenz

Dazu gehören Selbstständigkeit, Zuverlässigkeit und Flexibilität. Wird man bei der Arbeit auf einen Fehler hingewiesen, muss man versuchen ihn zu beseitigen und es beim nächsten Mal besser zu machen. Im Ergebnis steht immer ein verantwortungsbewusstes Arbeiten mit den Kunden.

Positive Lebenseinstellung

Körpersprache → Kapitel IV/3.2

Mit Freude an den Beruf heranzugehen und das auch zu zeigen, macht die Arbeit und den Umgang mit den Kunden oft leichter. Dazu gehört, das man gerne zur Arbeit geht und der Umgang mit Menschen Spaß macht. Eine positive Grundeinstellung zum Beruf äußert sich auch in der Körpersprache einer Person, in ihrer Körperhaltung, ihrem Gesichtsausdruck und der Art, auf andere Menschen zuzugehen.

Weshalb sind die persönlichen Kompetenzen für den Erfolg der Kosmetikerin von Bedeutung?

3 Kommunikation

Die Fähigkeit zu kommunizieren ist in jedem Bereich zwischenmenschlicher Tätigkeit von großer Bedeutung. Die Menschen handeln, um Ziele zu erreichen. Hierzu müssen wir zwei Arten von Zielen unterscheiden:

- Ziele, die wir allein erreichen können, und
- Ziele, die wir nur gemeinsam mit anderen erreichen können.

verbale Kommunikation mit Worten; Sprache und Schrift

nonverbale Kommunikation ohne Worte; Körpersprache

Für den zweiten Fall sind wir darauf angewiesen, mit anderen zu kommunizieren. Kommunikation ist ein Vorgang, bei dem von einem Sender eine Information an einen Empfänger geleitet wird. Dazu benutzen wir als Übermittlungsweg in der Regel unsere **Sprache**. Andere Signale oder Handlungen, d. h. **nonverbale Äußerungen**, unterstützen uns dabei. Weitere Übermittlungswege sind neben dem Sprechen z. B. ein Brief, eine E-Mail oder ein Bild.

Der Gebrauch unserer Kommunikationsmittel wird von Kindheit an geübt. Dennoch sollten wir gelegentlich nachdenken, wie wir Sprache benutzen, welche Worte und Zeichen wir wählen und wann wir sie wie einsetzen.

3.1 Verbale Kommunikation

Im Vordergrund steht für die Tätigkeit einer Kosmetikerin immer die verbale Kommunikation, d. h. die Kommunikation mittels **Sprache**. Sie ist im Kosmetikbetrieb eine wichtige Informationsquelle und die Basis für den Behandlungsablauf. Deshalb sollten Sie Ihrer Sprache eine hohe Aufmerksamkeit zukommen lassen. Für eine erfolgreiche Kommunikation mit einem Kunden oder Kollegen ist es wichtig, die Sprache der Situation angemessen und der Zielsetzung entsprechend einzusetzen. In jedem Fall sollten Sie beim Sprechen einige Grundregeln beachten.

Bausteine der Sprache:
- Lautstärke
- Aussprache
- Betonung
- Satzbau
- Pausen
- Wortwahl

- Sprechen Sie **deutlich** und mit **angemessener Lautstärke**, so dass Ihr Gesprächspartner Sie mühelos verstehen kann. Eine leise, undeutliche Sprechweise lässt Sie unsicher erscheinen und wirkt wenig überzeugend.
- Sprechen Sie **lebendig** und **abwechslungsreich**. Betonen Sie die wichtigsten Punkte Ihrer Aussage. Formulieren Sie kurze, prägnante Sätze. Monotonie und Langatmigkeit erzeugen Langeweile und wirken auf Ihren Gesprächspartner ermüdend, so dass er bald das Interesse an Ihren Ausführungen verlieren wird.
- Legen Sie während des Sprechens kurze **Pausen** ein, um Ihrem Gesprächspartner die Möglichkeit zu geben, Ihre Aussage zu überdenken oder selbst etwas zu sagen. Ein endloser Redeschwall wird Ihrem Gesprächspartner das Gefühl geben, dass seine Meinung Sie nicht interessiert und Sie ihn im wahrsten Sinne des Wortes „überreden" wollen.
- Sprechen Sie **verständlich** und verwenden Sie nur Fachbegriffe, die Ihr Gesprächspartner auch versteht. Reduzieren Sie fremdsprachliche Begriffe. Ein Übermaß an Fachwörtern überzeugt Ihren Gesprächspartner nicht von Ihrer Kompetenz, sondern eher von Ihrer Überheblichkeit.

Vermeiden Sie so genannte Killerphrasen, also abwertende Bemerkungen ohne sachlichen Bezug zum Gesprächsthema, wie z. B. „Das werde ich doch wohl besser beurteilen können" oder „Wer hat Ihnen denn das erzählt?" Auch wenn es gar nicht so gemeint ist, wirken solche Bemerkungen verletzend und werden von Ihrem Gesprächspartner als Angriff auf die eigene Person gewertet.

Bedenken Sie, dass die Gesamtwirkung Ihrer Sprache wesentlich von Ihrer Fähigkeit abhängt, sich in Ihren Gesprächspartner hineinzuversetzen. Benutzen Sie die Bausteine der Sprache nicht nach starren Mustern, sondern variieren Sie sie je nach den Möglichkeiten und Erwartungen Ihres Zuhörers. So können Sie z. B. bei einer Kundin mit besonderem Interesse an kosmetischen Trends mehr Fachbegriffe einsetzen als bei einer Neukundin, die zum ersten Mal ein Kosmetikinstitut betritt.

IV Umgang mit Kunden

Verbale Kommunikation ist ein sehr komplexer Vorgang und beginnt im Gedächtnis. Wir überlegen uns, was wir sagen oder schreiben wollen. Dies wiederum muss in Worte gefasst werden, so dass unser Gehirn in seinem „Lexikon" nach den richtigen Worten nachschlägt. Erst jetzt werden Atmung, Lippen, Kehlkopf, Arme, Hände, Finger usw. durch Nervenimpulse aktiviert. Damit ist es aber nicht getan, denn wir hören uns während des Sprechens zu oder lesen unsere geschriebenen Zeilen. Somit kontrollieren wir unsere Arbeit fortlaufend, wobei **motorische** wie auch **sensorische** Vorgänge gleichzeitig ablaufen. Hiermit wird klar, wie massiv psychische und organische Störungen unsere Kommunikationsfähigkeit beeinträchtigen können.

Große Bedeutung für die Entwicklung der Menschheit hatte die Erfindung der Schrift. Diese erlaubt es, Informationen auch über die Zeit hinweg zu übermitteln, also zu speichern. Mit der Entwicklung des Computers und der dazugehörigen Programmiersprache besteht nun die Möglichkeit, problemlos riesige Mengen von Informationen (Daten) in kürzester Zeit zu speichern, abzurufen oder weiterzuleiten. Dies wird mit speziellen Programmen natürlich auch in der Kosmetikbranche genutzt.

motorisch
willkürliche Muskelbewegung

sensorisch
Aufnahme von Reizen durch die Sinnesorgane

Datenverarbeitung
→ Kapitel III/5

Aktives Zuhören

Aktives Zuhören ist eine Kunst, die leider immer mehr verloren geht. Gerade für die Kosmetikerin im Beratungsgespräch ist das Zuhören aber außerordentlich wichtig. Zuhören bedeutet für Sie eine **aktive Tätigkeit**.

Nutzen Sie die Redezeit Ihres Gesprächspartners, um seine Wünsche zu verstehen und sich dazu passende Antworten zu überlegen. Häufig wird der Fehler gemacht, den anderen einfach „reden zu lassen", um dann vorgefertigte Argumente vorzutragen, die nicht zum eben Gesagten passen. Die Folge: Man redet aneinander vorbei. Ihr Gesprächspartner wird nicht das Gefühl haben, dass Sie an seinen Ausführungen interessiert sind.

Die Kosmetikerin möchte der Kundin eine neue Nachtcreme verkaufen. Die Kundin schaut skeptisch auf das Preisschild.
Kundin: „Diese neue Nachtcreme ist aber sehr teuer!"
Die Kosmetikerin lässt sich nicht aus der Ruhe bringen und beginnt, die einzelnen Wirkstoffe in der Creme zu erläutern.
Kundin: „Meine jetzige Nachtcreme gefällt mir aber sehr gut und ich finde diese Creme einfach zu teuer!"
Die Kosmetikerin begreift endlich und erkundigt sich nach der Nachtcreme der Kundin, um vergleichen zu können.

Körperhaltung → Kapitel IV/3.2.4

Mimik → Kapitel IV/3.2.2

Schauen Sie Ihren Kunden während des Beratungsgesprächs an und zeigen Sie eine offene und zugewandte Körperhaltung. Sie benötigen den Blickkontakt, um dem Kunden Ihr Interesse zu signalisieren. Hören Sie geduldig zu und vermitteln Sie keine Hektik. Fallen Sie dem Kunden nicht ins Wort. Durch die Mimik Ihres Kunden (Kopfnicken, Lächeln) erfahren Sie, ob das Gespräch für ihn positiv verläuft. Fassen Sie anschließend das Gehörte mit eigenen Worten zusammen. So können Sie Kommunikationsstörungen vermeiden.

3.2 Nonverbale Kommunikation

Wichtigster Teil der nonverbalen Kommunikation ist die **Körpersprache**. Sie wird durch Blickkontakt, Mimik, Gestik und die Körperhaltung ausgedrückt und vom Gegenüber visuell wahrgenommen. Die Körpersprache ist zum Teil angeboren. Sie wird in der Kindheit weiter erlernt und durch Lob und Tadel verstärkt. Das Kind lernt aber nicht nur, sich mit dem Körper auszudrücken, sondern auch, Signale der Mitmenschen zu verstehen und zu deuten. Auch später lassen sich z. B. Nachdenklichkeit, Hektik, Konzentration usw. mühelos vom Körper ablesen und ebenso deutlich wird die eigene Einstellung zu einem Thema angezeigt.

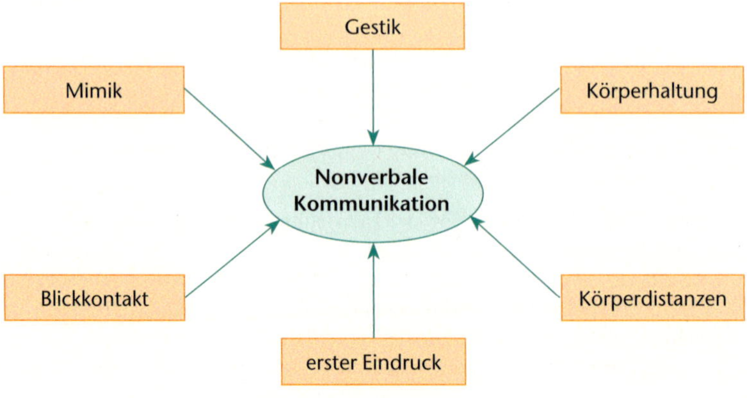

Alles, was ein Gesprächspartner sagt, kann wahr sein oder auch nicht. Bei den körperlichen Aussagen ist das ganz anders, denn die stimmen meist. Der Körper reagiert spontan und unverfälscht. Er signalisiert unmittelbar, welche Gefühle den Gesprächspartner beschäftigen, ganz gleich, ob er das will oder nicht. So hat zum Beispiel ein Pessimist eine andere Körperhaltung als ein Optimist, ein Interessierter wiederum eine andere als ein Gelangweilter.

Kinesik
Wissenschaft von der nonverbalen Kommunikation

Die Kinesik versucht unter anderem aufzuzeigen, inwieweit die Körpersprache den gesprochenen Worten widersprechen kann.

Der Mitarbeiter in einem Kosmetikinstitut ist kein Privatmensch, der sich spontan bewegen kann. Vielmehr wird er vom Kunden in einer Rolle gesehen, an die bestimmte Erwartungen geknüpft sind. Daher muss die Körpersprache die gesprochenen Worte unterstützen und mit den Kundenerwartungen in Einklang sein.

„Ja, selbstverständlich habe ich viel Zeit für Sie!", sagt eine Kosmetikerin zu ihrer Kundin. Jedoch liegt die Hand bereits auf der Türklinke, der Körper ist abgedreht und die Füße sind bereit davonzugehen.

Dieses Beispiel zeigt, dass zwischen der verbalen Aussage und der Körpersprache oft keine Einheit besteht. Wie wird die Kundin wohl auf die Aussage der Kosmetikerin reagieren?

Es ist also wichtig, sich der Wirkung der eigenen Körpersprache auf andere bewusst zu sein. Umgekehrt kann die Kosmetikerin Kommunikationsstörungen leichter vermeiden, wenn sie die Körpersprache des Kunden bewusst wahrnimmt und versteht.

„Der Körper lügt nicht!" – Die richtige Deutung und der bewusste Einsatz der Körpersprache trägt zu einer gelungenen Kommunikation bei.

3.2.1 Der erste Eindruck

Begegnen sich zwei fremde Menschen, fällen sie innerhalb von wenigen Sekunden oder sogar Sekundenbruchteilen ein Urteil über ihr Gegenüber und dessen Befindlichkeit. Dieser erste Eindruck hat eine wechselseitige Bedeutung sowohl für den Kunden als auch für die Kosmetikerin. Der erste Eindruck setzt sich aus drei Phasen zusammen.

Tabelle IV/1 Der erste Eindruck

1. Phase	Sekundenbruchteile	Menschen, denen wir begegnen, gliedern wir in ein Raster ein: bekannt/unbekannt, männlich/weiblich, alt/jung, ansprechend/uninteressant.
2. Phase	erste 30 Sekunden	grobe Abschätzung auf Grund der äußeren Erscheinung, der Körpersprache, des Verhaltens, nach Aussprache, Wortwahl, Sympathie und Antipathie
3. Phase	erste drei Minuten	Während eines Gespräches bekommt man die Möglichkeit, den ersten Eindruck zu bestätigen oder zu **revidieren**.

revidieren
überprüfen, korrigieren

Der erste Eindruck von einer Person ist zwar nicht unbedingt der richtige, dennoch ist er entscheidend für den weiteren Verlauf der Begegnung. Umso wichtiger ist es, den ersten Sekunden eines Zusammentreffens besonderes Interesse zu widmen, denn es gibt schließlich keine zweite Chance für einen ersten Eindruck.

Sehr häufig muss man jedoch den ersten Eindruck im positiven wie im negativen Sinne revidieren, wenn man längeren Kontakt zu einer Person hat. Denn es ist kaum möglich, in so kurzer Zeit einen Menschen richtig und umfassend zu beurteilen. Durch intensives Beobachten einer Person kann man lernen, sich besser auf sie einzustellen, um Fehleinschätzungen zu vermeiden und besser miteinander umgehen zu können.

Eine Neukundin betritt den Kosmetiksalon und schaut sich neugierig um. Sie bemerkt die Kosmetikerin, die ein intensives Gespräch mit einer Kundin führt. Im gleichen Augenblick klingelt das Telefon.

1 Wie würden Sie diese Situation für alle drei Beteiligten lösen? Beachten Sie die Wichtigkeit und Deutung des ersten Eindrucks.
2 Welche Erfahrungen haben Sie mit dem ersten Eindruck von Personen gemacht?
3 In welchen anderen Situationen des Alltags kann der erste Eindruck eine wichtige Rolle spielen?

3.2.2 Mimik

Der mimische Ausdruck von Gefühlen ist bei allen Menschen gleich …

Unter Mimik versteht man das Mienenspiel eines Menschen, also die Bewegung und den Ausdruck seines Gesichts. Von den über zwanzig verschiedenen Gesichtsmuskeln sind siebzehn allein für den mimischen Ausdruck vorgesehen. Sie haben keine anderen Aufgaben. Die Mimik zeigt unser Grundgefühl an. Wenn wir uns freuen, zeigen wir einen typischen Gesichtsausdruck, ebenso wenn wir uns ärgern, ekeln oder traurig sind. Diese Mimiken sind angeboren und allgemein verständlich.

Ein im Alltag sehr häufiger Gesichtsausdruck sieht wie eine Mischung aus Ärger und Missmut aus. Wir setzen ihn sehr häufig auf, ohne uns dessen bewusst zu sein. Wir glauben freundlich dreinzublicken, obwohl uns ein Blick in den Spiegel eines Besseren belehren würde. Tatsächlich ärgern wir uns oft über Kleinigkeiten, die uns die Laune verderben und ahnen nicht, dass sich dieser Zustand auf unserem Gesicht widerspiegelt. Auch aus diesem Grund lohnt es sich, negative Gedanken durch positive zu ersetzen. Ein fröhliches Gesicht wird vom Gegenüber erwidert und wirkt damit auf uns selbst zurück.

Im Folgenden werden einzelne mimische Signale isoliert betrachtet und erläutert. Für die richtige Deutung der Mimik ist es jedoch notwendig, den mimischen Gesamteindruck zu betrachten, denn manche Signale können mehrdeutig sein. So kann z. B. ein Hochziehen der Augenbrauen einerseits Interesse signalisieren, in Verbindung mit herabgezogenen Mundwinkeln oder gespannten Lippen andererseits aber auch Skepsis und Ablehnung bedeuten.

Aufmerksamkeit

1. Signal: Aufmerksamkeit und Interesse

Die Stirn erlaubt Einblicke in den aktuellen Denkprozess des Kunden. Waagerechte Stirnfalten zeigen, dass der Kunde in höchstem Maße aufmerksam ist. Diese Aufmerksamkeit sollte die Kosmetikerin nutzen, um jetzt zu sagen, was wesentlich und wichtig ist. Hat der Kunde dabei leicht zugekniffene Augen, fällt es ihm momentan schwer, dem Gespräch zu folgen. Durch eine kurze Redepause oder eine Wiederholung des letzten Gesprächsinhaltes kann man das Interesse wieder wecken.

2. Signal: Verunsicherung

Berührt sich der Kunde an der Nase oder am Ohrläppchen oder kratzt er sich am Kopf, bedeutet dies momentane Verunsicherung und Unschlüssigkeit. Möchte man diesen Kunden doch noch überzeugen, muss man weitere Argumente bringen oder bereits genannte noch einmal verdeutlichen.

Unschlüssigkeit

3. Signal: Skepsis/Ablehnung

Zieht der Kunde beide Mundwinkel gleichzeitig und mit Anspannung herunter, signalisiert er Missfallen oder Unverständnis. Weitere Signale der Skepsis können Stirnrunzeln, Kopfschütteln oder ein Naserümpfen sein. Man muss versuchen herauszubekommen, welche Bedenken er hat. Steht er dem Gesprächsgegenstand oder der Person der Kosmetikerin skeptisch gegenüber? Fragen Sie Ihren Kunden direkt nach seinen Einwänden. Wenn es um die Sache geht, bieten Sie ihm weitere passende Argumente an.

Ein zuckender oder zitternder Mundwinkel deutet auf starke Ablehnung hin. Der Kunde ist hochgradig nervös und ungeduldig. Diese Situation sollte unbedingt entspannt werden. Folgende Möglichkeiten kann die Kosmetikerin nutzen:

- den Kunden freundlich lächelnd anschauen,
- langsam und ruhig sprechen,
- den Kunden aussprechen lassen,
- offene Fragen stellen,
- viel Geduld haben und die Ruhe bewahren.

Skepsis

4. Signal: Langeweile

Wenn ein Kunde anfängt, seinen Kopf mit der Hand zu stützen, wenn er wegschaut oder sich mit anderen Dingen beschäftigt, ist das ein Signal für Langeweile. Das Gespräch interessiert den Kunden nicht und er ist nicht bereit, weitere Informationen aufzunehmen. Und zwar nicht, weil er alles weiß, sondern weil das Gespräch an seinen Bedürfnissen vorbeigeht. Was kann man tun, um dem abzuhelfen?

- nachfragen, was den Kunden wirklich interessiert
- Neuigkeiten passend zum Kunden erläutern
- den Kunden ins Gespräch einbeziehen und mehr reden lassen

Langeweile

3.2.3 Gestik

Kraftvolle und bestimmte Gesten verraten Selbstsicherheit. Sich kratzen, an sich herumzupfen und andere nervöse Gesten enthüllen Anspannung und Unsicherheit. Mit unseren Händen untermalen und kommentieren wir im Gespräch unsere Worte, und zwar eindeutiger und wahrhaftiger als die gesprochene Sprache es könnte.

Nach vorn gestreckte Arme und eine einen Schlag andeutende Handbewegung unterstreichen entschiedene Worte oder einen Entschluss. Der ausgestreckte Finger wird ein symbolischer Stock, mit dem der Sprecher den Zuhörer quasi zur Zustimmung „prügelt". Diese Geste wirkt besonders irritierend, wenn der Zeigefinger zu den Worten den Takt schlägt.

Aggressive Gestik

Nach oben offene Hände symbolisieren Geben, Nehmen und „Bitte". Die nach oben zeigende Handfläche wird als Unterwerfungsgeste gebraucht. Sie hat nichts Einschüchterndes und erinnert an die Geste eines Straßenbettlers. Sind die Hände nach unten geöffnet, zeigen sie sich zudeckend, beschwichtigend oder herabmindernd.

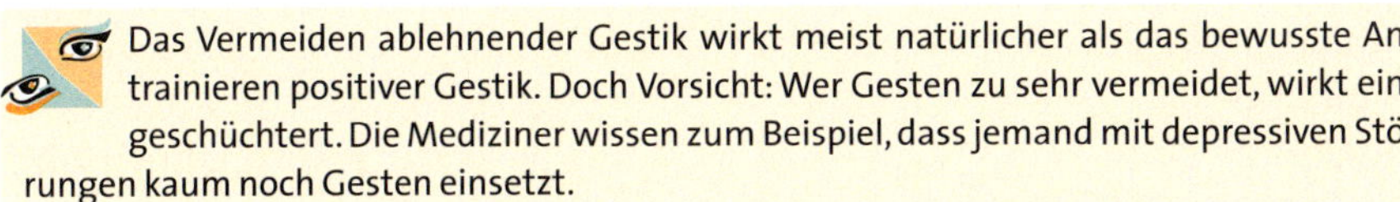

Das Vermeiden ablehnender Gestik wirkt meist natürlicher als das bewusste Antrainieren positiver Gestik. Doch Vorsicht: Wer Gesten zu sehr vermeidet, wirkt eingeschüchtert. Die Mediziner wissen zum Beispiel, dass jemand mit depressiven Störungen kaum noch Gesten einsetzt.

Offene Gestik

3.2.4 Körperhaltung

Eine aufrechte Körperhaltung ist das Signal einer aufrechten Seele. Gehen Sie nicht mit hängenden Schultern, den Blick auf den Erdboden geheftet, durch das Leben! Ihr Körper sieht nicht nur niedergedrückt aus, er strahlt auch eine niedergedrückte Stimmung aus. Tragen Sie den Kopf hoch, den Blick über die Horizontlinie erhoben. Überzeugen wird eine aufrechte Haltung allerdings nur, wenn sie mit lockeren Bewegungen einhergeht. Wer so aussieht, als habe er einen Stock verschluckt, strahlt Unbehagen und einen Mangel an Spontaneität aus.

Wer seiner sicher ist, wird beim Gespräch anderen immer den Körper zuwenden. Die Arme sind leicht angewinkelt, die Hände zeigen eine offene Gestik. Vor der Brust verschränkte Arme oder hinter dem Rücken versteckte Hände signalisieren Ablehnung und Distanz.

Respektieren Sie die Distanzzonen Ihres Kunden?

3.2.5 Körperdistanz

An dem körperlichen Abstand, den zwei Menschen zueinander einnehmen, lässt sich die Art ihrer Beziehung ablesen. Bis zu 60 Zentimeter Abstand befindet man sich in der **Intimzone** des anderen. Eine solche Nähe signalisiert Vertrautheit und darf nur mit besonderer Erlaubnis eingegangen werden. Bis etwa 1,20 Meter befinden wir uns in der **persönlichen Zone**. In dieser Zone führen wir Gespräche, ohne uns bedrängt zu fühlen. Diese Distanz halten Menschen ein, die in sozialen Funktionen miteinander kommunizieren, wie z.B. Chef und Mitarbeiter oder Kunde und Verkäufer. Wird diese Distanz unterschritten, z.B. in einem engen Fahrstuhl oder beim Schlangestehen, kommen unangenehme Gefühle auf. Von 1,20 Meter bis ca. 3,60 Meter reicht die **öffentliche Zone**. Bis zu dieser Distanz nehmen wir andere Menschen wahr.

Die Kosmetikerin führt ihre Tätigkeit oft in der intimen Zone des Kunden aus. Diese vertrauliche Situation sollte durch sichere Fachkompetenz und eine sensible Umgangsart gelöst werden. Wichtig ist es, dass der Kunde Vertrauen zur Kosmetikerin fasst, damit er das Eindringen in die Intimzone nicht als unangenehm empfindet.

3.2.6 Blick

Der Blick ist die wichtigste Form der nonverbalen Kontaktaufnahme. Ein Blick unter Fremden wird registriert, wenn er etwa drei Sekunden dauert. Ein klein bisschen mehr als drei Sekunden ist ein Signal für eindeutiges Interesse. Dauert der Blick allerdings sehr viel länger, wirkt er starr und bedrohlich, zumindest bei geringer körperlicher Distanz.

Unter Gesprächspartnern ist der Blick ein wichtiger Regulator. Wer redet, wird den anderen nicht ununterbrochen anstarren, sondern die Augen immer wieder mal zur Seite richten. Anders der Zuhörer. Wer den Sprecher unverwandt anschaut, signalisiert Interesse und Sympathie und ermuntert ihn sich auszusprechen. Wer als Zuhörer den Blick senkt, wirkt schüchtern oder abgelenkt.

Was sich mit Blicken alles ausrichten lässt, zeigt die folgende Liste von Redewendungen:
- mit Blicken töten
- große Augen machen
- ein Auge auf jemanden werfen
- jemanden einen Wunsch von den Augen ablesen
- jemandem schöne Augen machen
- jemanden mit Blicken durchbohren
- der Blick spricht Bände

1 Zählen Sie die Elemente der Körpersprache auf und beschreiben Sie ihre Wirkung.
2 Erläutern Sie den Unterschied zwischen der verbalen und nonverbalen Kommunikation.
3 Stellen Sie verschiedene Aussagen vor der Klasse ohne Worte dar, z.B.:
   a) Das freut mich!
   b) Das weiß ich nicht.
   c) Ich bin fassungslos!
   d) Das bezweifle ich!
   e) Ich bin sehr erschöpft.
   f) Ich stehe unter Zeitdruck.
4 Wie würden Sie die folgenden körpersprachlichen Signale interpretieren?
   a) Hände in den Hosentaschen
   b) verschränkte Arme
   c) mit den Fingern trommeln
   d) schlaffer Händedruck

4 Kundenpsychologie

Psychologie (aus dem Griechischen „Seelenlehre“) ist die Wissenschaft vom menschlichen Erleben und Verhalten, was die Erforschung von den Erscheinungen und Zuständen des bewussten und unbewussten Seelenlebens mit beinhaltet. Die Definitionen des Begriffs variieren und sind stark durch wissenschaftliche Schulen bestimmt.

Die Kundenpsychologie (oder Verkaufspsychologie) befasst sich mit dem Erleben und Verhalten des Menschen in Verkaufs- oder Beratungssituationen. Ziel ist es, allgemeingültige Regeln für das Verhalten, die Reaktionen und Gewohnheiten von Kunden zu finden. Wie reagieren Menschen auf Verkaufsargumente oder auf die Person des Verkäufers/Beraters? Wie kann man Kundenwünsche und -bedürfnisse frühzeitig erkennen? Was ist kundenspezifische Kommunikation? Die Kundenpsychologie versucht, Antworten auf diese Fragen zu finden und allgemeine Richtlinien für den Umgang mit Kunden zu erstellen.

Im Kosmetikbereich hat die Arbeit mit Menschen eine wesentliche Bedeutung. Bei den meisten Tätigkeiten und Arbeitsabläufen hat die Kosmetikerin einen engen körperlichen und sozialen Kontakt zum Kunden. Um einen Kunden zufrieden stellen zu können, ist das Verständnis und der behutsame Umgang mit den individuellen Eigenschaften, Verhaltensweisen und Bedürfnissen des Kunden Voraussetzung. Das erfordert viel Fingerspitzengefühl und Einfühlungsvermögen.

Grundsätzliche Verhaltensweisen beim Umgang mit Kunden sind:

Integrieren, d. h. Eingehen auf die Probleme und Interessen des Kunden auch unter Zurückstellung der eigenen Ansichten. Die Kunden sollten aktiv in den Behandlungsablauf mit einbezogen werden. Dadurch haben Sie die Möglichkeit, mehr über die Bedürfnisse der Kunden herauszufinden.

Dominieren, d. h., die Kosmetikerin mit der entsprechenden Fachkompetenz übernimmt die Gesprächsführung. Sie muss eine gute Beraterin sein und das Gespräch mit dem Kunden aktiv und für beide Seiten zufrieden stellend gestalten.

Tabelle IV/2 *Ziele der Kundenpsychologie*

Motivation: Zuwendung des Kunden zur Kosmetikerin und ihrem Leistungsangebot	Durch ein positives Erscheinungsbild, mit Engagement und Interesse schafft sich die Kosmetikerin Sympathie beim Kunden. Sie muss Motive und Kundenerwartungen richtig einschätzen, um eine gute Beratung und Behandlung anbieten zu können. Die dazu notwendigen Informationen muss sie sich im Beratungsgespräch beschaffen.
Überzeugung: Der Kunde erkennt das Angebot für sich als nützlich, richtig und notwendig.	Die Kosmetikerin muss vom eigenen Angebot überzeugt sein und durch verständliche Argumente und nicht durch pauschale Behauptungen die Vorteile für den Kunden aufzeigen. Die Stellungnahme des Kunden zum Angebot ist abzuwarten bzw. zu erfragen. Die Kosmetikerin muss dem Kunden aktiv zuhören und das Gefühl vermitteln, dass seine Wünsche und Einwände ernst genommen werden.
Vertrauen: Der Kunde sieht die Kosmetikerin als kompetente Partnerin und als Vertrauensperson.	Die Entscheidung über Behandlung und Produkte wird gemeinsam und im Dialog mit dem Kunden herbeigeführt. Auch Service- und Zusatzleistungen werden kundenspezifisch angeboten, denn der Kunde legt Wert auf ein maßgeschneidertes Angebot. Ziel ist es, eine Vertrauensbasis über das einzelne Gespräch hinaus aufzubauen und so eine langfristige Bindung des Kunden an das Institut herzustellen.

Kaufmotive
→ Kapitel IV/4.1

Fragen stellen
→ Kapitel IV/4.2

aktives Zuhören
→ Kapitel IV/3.1

Argumentation
→ Kapitel IV/4.4

Kundeneinwände behandeln
→ Kapitel IV/4.5

Serviceleistungen
→ Kapitel IV/4.7

4.1 Kaufmotive ermitteln

Wenn ein Kunde das Kosmetikinstitut betritt, hat er eine feste Absicht oder Erwartung, die er durch den Kauf einer Dienstleistung oder eines kosmetischen Produktes zu erfüllen hofft, wie z. B. der Wunsch nach einem gepflegten Aussehen, den Alterungsprozess der Gesichtshaut ein wenig aufzuhalten, sich verwöhnen zu lassen oder passende Pflegeprodukte für zu Hause mitzunehmen. Die Dienstleistung oder das Produkt muss für den Kunden einen eindeutigen **Nutzen** (Erfolg) bringen. Die Kosmetikerin hat während des Beratungs- oder Verkaufsgespräches daher die Aufgabe, die **Kaufmotive** des Kunden zu ermitteln und darauf aufbauend den Nutzen des empfohlenen Produktes darzulegen.

Motiv
Beweggrund, der das menschliche Verhalten steuert und aktiviert

Kein Mensch tut oder unterlässt irgendetwas im Leben, ohne ein **Motiv** dafür zu haben. Niemand kauft ein Produkt oder eine Dienstleistung, ohne einen irgendwie gearteten Nutzen davon zu erwarten.

Zunächst ist zu unterscheiden, ob eine Handlung tendenziell geplant ist oder eher spontan erfolgt. Speziell bei Motiven, die zum Kauf führen, werden zwei Richtungen deutlich.

rational
vom Verstand geleitet

emotional
vom Gefühl geleitet

Kaufmotive

rational (Plankauf)	**emotional (Impulskauf)**
▪ sehr bewusstes Einkaufen ▪ vernunftgemäß geplant ▪ Kaufverhalten kann gut begründet werden	▪ unbewusstes Einkaufen ▪ von der Situation abhängig (gute Beratung) ▪ stark durch Gefühle geprägt

Eine Kundin möchte ein Pflegeprodukt für ihren Hauttyp kaufen. Dieses Produkt gibt es in einer kleinen Packung von 200 ml zum Preis von 18,00 € und in einer größeren Packung von 400 ml zum Preis von 30,00 €. Die Kundin überlegt, welche Abpackung für sie günstiger wäre und kommt zu der Entscheidung, die größere Packung zu kaufen, da sie das Produkt täglich anwendet und es in der größeren Packung günstiger ist.
Weil die Anwendung dieses Produkts der Kundin schon bekannt ist und eine sehr angenehme Duftnote hat, bietet die Kosmetikerin zusätzlich noch eine Reinigungsmilch passend zum Pflegeprogramm an. Die Kundin entscheidet sich spontan für den Kauf der Reinigungsmilch.

Im obigen Beispiel hat sich die Kundin beim Pflegeprodukt für die große Packungsform entschieden, weil sie damit Geld sparen kann (rationales Kaufmotiv). Beim Kauf der Reinigungsmilch dagegen hat sich die Kundin spontan entschlossen, etwas Neues auszuprobieren (emotionales Kaufmotiv). Bei beiden Kaufentscheidungen spielten außerdem möglicherweise noch weitere Kaufmotive (Anerkennung/Prestige, Gesundheit) eine Rolle.

Fast alle Kaufentscheidungen basieren auf einer Kombination verschiedener Motive. Nur selten wird eine Kaufentscheidung auf Grund eines einzigen Kaufmotivs getroffen. Trotzdem lässt sich bei vielen Menschen ein so genanntes **Leitmotiv** erkennen, das nicht nur die Kaufentscheidungen, sondern das gesamte Erscheinungsbild und Verhalten eines Menschen prägt. Vielleicht haben auch Sie schon Erfahrungen mit eher zurückhaltenden, ängstlichen oder mit besonders aufgeschlossenen Kunden gemacht. Hierauf wird im Abschnitt „Kundentypologie“ noch genauer eingegangen.

Kundentypologie
→ Kapitel IV/4.3

Letztlich lassen sich alle Kaufentscheidungen von Kunden auf eines oder auf eine Kombination der folgenden Motive zurückführen:

Tabelle IV/3 *Kaufmotive*

	Kaufmotiv	Erläuterung	Produktbeispiel
rationale Kaufmotive	Gewinn, Geldersparnis	Mit dem Kauf ist die Erwartung verbunden, einen Ertrag zu erwirtschaften oder Kosten zu sparen. Dieses Kaufmotiv ist sehr ausgeprägt. Kaum ein Kunde wird einen günstigen Preis bzw. ein gutes Preis-Leistungs-Verhältnis nicht zu schätzen wissen.	▪ Produkte mit Wertsteigerungen wie z. B. Immobilien, Aktien ▪ im Kosmetikinstitut: Sonderangebote oder Preisnachlässe aller Art
	Sicherheit	Die Absicherung von Risiken aller Art ist ein wichtiger Wirtschaftsfaktor. Die Angst vor den vielen Unwägbarkeiten des Lebens ist bei allen Menschen vorhanden, jedoch individuell sehr unterschiedlich ausgeprägt.	▪ Versicherungen ▪ technische Sicherheitssysteme wie z. B. ABS ▪ im Kosmetikinstitut: Sicherheit durch fachkundige Beratung, z. B. beim Kauf eines Pflegesystems für besonders sensible Haut
	Bequemlichkeit, Zeitersparnis	„Zeit ist Geld“: Viele Menschen stehen unter permanentem Zeitdruck. Deshalb ist der schnelle Einsatz oder die Aussicht, mit dem Kauf eines Produktes Zeit sparen zu können, in vielen Fällen das ausschlaggebende Kaufmotiv.	▪ Tiefkühlkost ▪ Geschirrspülmaschine ▪ im Kosmetikinstitut: einfache und unkomplizierte Anwendung eines Produktes
	Gesundheit	Mit der steigenden Lebenserwartung und zunehmendem Alter wächst bei vielen Menschen auch die Angst vor Krankheiten. Die langfristige Gesunderhaltung des Körpers ist deshalb oft ein entscheidender Beweggrund für den Besuch eines Kosmetikinstituts.	▪ ökologische Lebensmittel ▪ Sportgeräte ▪ im Kosmetikinstitut: Anwendung von Naturprodukten, regelmäßige kosmetische Behandlung
	soziale Verantwortung, Umweltbewusstsein	Hier wird das „schlechte Gewissen“ angesprochen, das Gefühl, einen Beitrag für den Umwelt- oder den Tierschutz oder auch gegen den Hunger in der Welt leisten zu wollen. Diesem Kaufmotiv wird man im Kosmetiksalon aber wohl nicht allzu häufig begegnen.	▪ Mehrwegverpackungen ▪ Produkte im „fair trade“ ▪ im Kosmetikinstitut: Produkte, die ohne den Einsatz von Tierversuchen hergestellt wurden
emotionale Kaufmotive	Anerkennung, Prestige	Jeder Mensch sieht sich selbst als etwas Einzigartiges und möchte von seiner Umwelt auch so behandelt werden. Dies schließt auch den Wunsch nach einem attraktiven Äußeren ein. Dieses Geltungsbedürfnis ist häufiges Kaufmotiv für besonders teure und exklusive Produkte.	▪ Sportwagen ▪ Schmuck ▪ im Kosmetikinstitut: hochwertige Produkte, dekorative Kosmetik, Anti-Aging-Produkte
	Neugier, Erlebnis	Viele Menschen haben heute ein hohes Einkommen, das es ermöglicht, Geld für die Freizeitgestaltung, den Urlaub oder einfach für Dinge auszugeben, die „Spaß machen“. Beim Besuch im Kosmetikinstitut steht die Steigerung des Wohlbefindens, Entspannung, sich verwöhnen lassen im Vordergrund.	▪ Abenteuerurlaub ▪ Spiele ▪ im Kosmetikinstitut: positive Erlebnisse schaffen, z. B. durch die Anwendung von Wärmepackungen mit anschließender Ganzkörpermassage

Nennen Sie mindestens zwei mögliche Kaufmotive für die folgenden kosmetischen Produkte bzw. Leistungen (Begründung)!

1 150-ml-Tiegel einer pflegenden Hautcreme für die ganze Familie
2 entspannende Aromamassage
3 Nagelmodellage mit anschließender Nail-Art-Gestaltung

Bei der **direkten Bedarfsermittlung** wird zunächst versucht, durch gezieltes Fragen möglichst viel über den Kundenwunsch zu erfahren und das Leistungs- oder Warenangebot dann genau auf die Bedürfnisse abzustimmen.

Bei der **indirekten Bedarfsermittlung** wird der Kunde probeweise mit dem Angebot konfrontiert. Aus seiner Reaktion können dann genauere Rückschlüsse auf den Kundenwunsch gezogen werden. Voraussetzung ist, dass der Kunde zunächst einen konkreten Kaufwunsch äußert.

Offene Fragen werden auch W-Fragen genannt. Sie beginnen meist mit einem Fragewort, z. B.: Wer? Was? Welche? Wann? Wozu? Warum? Wie viele?

4.2 Fragen stellen

Die Kosmetikerin kann dem Kunden nicht ansehen, welches Kaufmotiv und welche Bedürfnisse er hat, wenn er das Geschäft betritt. Es ist ihre Aufgabe, dies im Laufe des Beratungsgespräches herauszufinden und die Beratung bzw. Behandlung dann darauf abzustimmen. Dazu muss sie dem Kunden Fragen stellen. Diesen Vorgang nennt man **Bedarfsermittlung**.

Die Kosmetikerin kann den Gesprächsverlauf durch geschicktes Fragen in die „richtige Richtung" lenken. Außerdem zeigen Fragen seitens der Kosmetikerin dem Kunden, dass sie sich für ihn und seine Bedürfnisse interessiert und nur passende Leistungen bzw. Produkte empfiehlt. Durch Fragen

- gelangt man an Informationen,
- werden die Einstellungen und Bedürfnisse der Kunden bekannt,
- werden die Kunden aktiviert,
- kann eine Übereinstimmung ermittelt werden,
- kann eine positive Gesprächsstimmung hergestellt werden.

Um die richtigen Fragen zu stellen, sollte man sich mit den zwei verschiedenen **Frageformen** vertraut machen.

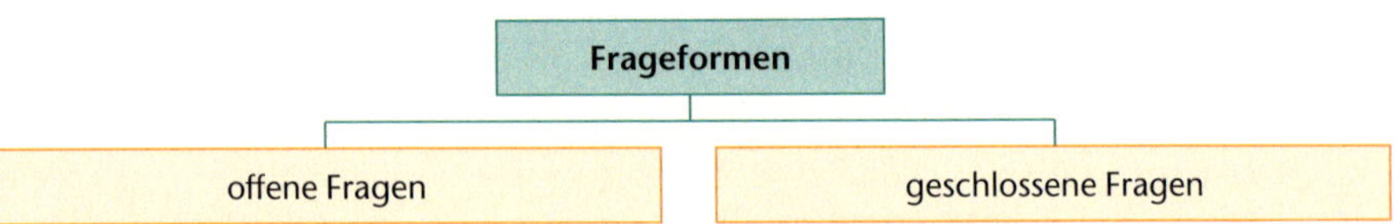

Offene Fragen dienen der Informationsbeschaffung. Der Gesprächspartner muss beim Antworten ausholen und sich ausführlich erklären. Offene Fragen erfordern individuelle Antworten.

„Was hat Sie dazu veranlasst, unser Kosmetikgeschäft zu besuchen?"
„Wie hat Ihnen die Behandlung beim letzten Mal gefallen?"

Geschlossene Fragen dienen der Kontrolle oder Bestätigung von bereits Gesagtem. Der Gesprächspartner kann kurz und knapp oder einfach nur mit Ja oder Nein antworten. Die Gedanken des Kunden werden in eine bestimmte Richtung gelenkt und man erspart ihm lange Erklärungen.

„Sie suchen für Ihren Hauttyp eine getönte Tagescreme?"
„Brauchen Sie auch eine Reinigungsmilch?"

Nach der mit der Frage verfolgten **Absicht** lassen sich Fragen wie folgt einteilen:

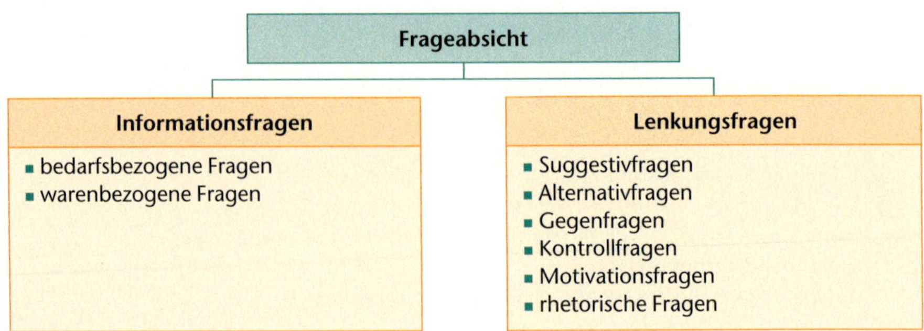

Informationsfragen dienen dazu, zu Beginn der Bedarfsermittlung Informationen über die Ausgangslage und Bedürfnisse des Kunden in Erfahrung zu bringen. Sie werden meistens in der offenen Form gestellt. Man unterscheidet dabei

- bedarfsbezogene (oder kundenbezogene) Fragen, die sich auf das Kaufmotiv und die Kundenerwartung beziehen,
- warenbezogene Fragen, die sich auf die angebotene Ware oder Dienstleistung beziehen.

Bedarfsbezogene Frage: „Zu welchem Anlass möchten Sie die Make-up-Gestaltung haben?"
Warenbezogene Frage: „Welche Pflegeserie haben Sie bis jetzt benutzt?"

Mit Hilfe von **Lenkungsfragen** kann die Kosmetikerin den Verlauf des Beratungsgespräches in eine bestimmte Richtung lenken. Je nach Zielsetzung stehen ihr dazu verschiedene Fragetechniken zur Verfügung.

Mit **Suggestivfragen** wird versucht, den Gesprächspartner zu beeinflussen und seine Aufmerksamkeit in eine bestimmte Richtung zu lenken. Bei Suggestivfragen sollte man aufpassen: Sie können auf den Kunden möglicherweise so wirken, als ob eine Übereinstimmung erzwungen werden soll. Die Kosmetikerin muss während des Gesprächsverlaufs so überzeugend argumentieren, dass die suggerierte Antwort mit den Ansichten des Kunden übereinstimmt.

„Sicher haben Sie schon gehört, dass dieses Produkt speziell für Ihren Hauttyp besondere Vorteile bietet?"
„Sie wollen doch gewiss nicht, dass Ihre Haut schneller austrocknet?"
„Meinen Sie nicht auch, dass die neue Pflegeserie genau das Richtige für Sie ist?"

Bei **Alternativfragen** werden dem Kunden zwei gleichwertige Antwortmöglichkeiten angeboten. Grundsätzlich soll diese Frageart zur Entscheidungsfindung beitragen, indem die Antwortmöglichkeiten eingegrenzt werden. Wenn die Alternativen jedoch nicht den Bedürfnissen des Kunden entsprechen, kann das Gespräch ins Stocken geraten oder unnötig verlängert werden.

Alternativfragen sind meist geschlossene Fragen und dienen der Entscheidung zwischen zwei Angeboten.

„Passt es Ihnen besser am Donnerstag oder Freitag?"
„Nehmen Sie ein Reinigungsgel oder lieber eine Reinigungsmilch?"

Durch **Gegenfragen** eröffnet sich die Möglichkeit, die Führung in einem Gespräch wieder zurück zu erhalten. Damit gewinnt man Zeit und hat außerdem Gelegenheit, Bedenken und Einwänden des Kunden auf die Spur zu kommen und diese zu entkräften.

Kundeneinwände behandeln
→ Kapitel IV/4.5

„Wie viel kostet eine kosmetische Behandlung? – „Um welche spezielle Behandlung geht es denn genau?"
„Ist das nicht ein bisschen teuer?" – „Weshalb meinen Sie, dass der Preis zu hoch ist?"

Durch **Kontrollfragen** kann man eine Übereinstimmung zwischen den Gesprächspartnern feststellen. Sie eignen sich sehr gut, um Teilergebnisse des Gespräches zu sichern. Die Kosmetikerin vergewissert sich, ob sie den Kunden richtig verstanden hat und signalisiert ihm gleichzeitig, dass sie wirklich an seinen Wünschen interessiert ist.

„Kann ich davon ausgehen, dass Sie sich bei der Hautreinigung für die aufwändigere Methode entschieden haben?"
„Habe ich Sie richtig verstanden, dass ich diesmal die neue Gesichtspflege bei Ihnen anwende?"

Die **rhetorischen Fragen** dienen primär dazu, die Aufmerksamkeit des Kunden zu erhalten bzw. zu gewinnen. Es sind keine Fragen im eigentlichen Sinne, sondern lediglich sprachliche Mittel. Rhetorische Fragen beantwortet die Kosmetikerin meist selber und sie erwartet vom Kunden auch keine Antwort.

„Guten Tag, Frau Schulz, darf ich Sie heute verwöhnen?"
„Wollen Sie bitte noch einen Moment in der Warteecke Platz nehmen?"
„Sie werden sich sicher fragen, was diese Behandlung kostet? Die Behandlung, wie ich sie hier angeboten habe, kostet 35,00 €."

Was für Fragen sind das?

1 Gefällt Ihnen unser Kosmetiksalon?
2 Warum glauben Sie, dass es woanders schneller geht?
3 Wann passt es Ihnen besser? Am Mittwoch um 14:00 Uhr oder am Freitag um 09:00 Uhr?
4 Was halten Sie von dem neuen Gesichtswasser?
5 Sie wissen doch auch, dass unsere Pflegeprodukte eine besonders intensive Wirkung haben?

4.3 Kundentypologie

Der Umgang mit unterschiedlichen Kunden ist eine anspruchsvolle, aber auch besonders interessante Seite des Kosmetikberufes. Je besser eine Kosmetikerin ihre Kunden und deren Ansprüche kennt, umso leichter fällt es ihr, die richtigen Umgangsformen und Verhaltensweisen, z. B. bei einem Beratungsgespräch, zu finden. Natürlich ist jeder Kunde etwas Besonderes und möchte auch so behandelt werden. Trotzdem kann eine Zuordnung des Kunden zu einem bestimmten Kundentyp die richtige Einschätzung der Kundenpersönlichkeit erleichtern. Eine solche Einteilung kann z. B. erfolgen nach

- Geschlecht
- Alter
- Kaufkraft (Einkommen)
- persönlicher Lebenseinstellung
- Geschäftstreue

Es gibt verschiedene Methoden, die Kundentypen einzuteilen. Eine davon ist auf die persönlichen Einstellungen des Menschen zu sich und seiner Umwelt ausgerichtet. Zu den Unterscheidungsmerkmalen dieser Typisierung gehören die äußere Erscheinung, das Temperament und das Leitmotiv des Kunden.

Leitmotiv
→ Kapitel IV/4.1

Der anspruchsvolle Kunde

Hohe Ansprüche an Qualität und Stil

- orientiert sich an Ästhetik, Atmosphäre und Stil
- Leitmotiv: Neugier, Erlebnis
- nimmt weite Wege und höhere Preise für besondere Leistungen in Kauf
- stellt hohe Anforderungen an fachliche Leistungen
- ist Neuem gegenüber aufgeschlossen

Diese Personengruppe ist oft sehr modebewusst und prestigeorientiert. Ein anspruchsvoller Kunde stellt hohe Anforderungen an die geleistete kosmetische Behandlung. Das perfekte äußere Erscheinungsbild der Kosmetikerin und ein harmonisches Umfeld mit exklusivem Ambiente sind Voraussetzungen, um diesen Typ zufrieden zu stellen. Die angewandten Produkte müssen hohe Qualitätsmerkmale aufweisen und sollten auch den Bedürfnissen des Kunden besonders sorgfältig angepasst werden.

Beim Umgang mit diesem Kundentyp sollte man situativ und selbstbewusst agieren und ein intensives Beratungsgespräch durchführen.

Anspruchsvolle Kunden finden wir nahezu gleich verteilt bei beiden Geschlechtern, jedoch stellt sich das Anspruchsniveau nach Altersgruppen sehr unterschiedlich dar. Die anspruchsvollen Kunden sind hauptsächlich in der Altersgruppe zwischen 20 und 50 zu finden, also Menschen, die aktiv im Berufsleben stehen und sehr viel Wert auf Schönheitspflege legen. Ältere Menschen gehören eher nicht zu den anspruchvollsten Kunden. Zwar haben sie meist einen hohen Anspruch an den guten Service und persönliche Betreuung im Institut, sie wünschen aber vor allem Vertrautes und Bewährtes.

Umgang mit älteren Kunden
→ Kapitel VI/5.3

Der zurückhaltende Kunde

- orientiert sich an der Fachkompetenz einer Vertrauensperson
- Leitmotiv: Sicherheit
- konservatives und unauffälliges Erscheinungsbild
- legt Wert auf ein ausgewogenes Preis-Leistungs-Verhältnis

Der zurückhaltende Kunde ist oft unentschlossen und hält sich mit seinen Äußerungen bedeckt. Oft zeigen sich seine Reaktionen vor allem durch die Körpersprache wie Mimik und Gestik. Die Kosmetikerin sollte diesen Kundentyp intensiv beobachten und sich beim Beratungsgespräch viel Zeit nehmen, um mehr über seine Bedürfnisse und Erwartungen zu erfahren. Bei erfolgreichen Problemlösungen und einem angenehmen Ablauf der kosmetischen Behandlung sind diese Kunden zuverlässig und treu.

Hohe Ansprüche an Fachkompetenz und Glaubwürdigkeit

Der bequeme Kunde

- legt Wert auf unkomplizierte und unproblematische Situationen
- Leitmotiv: Bequemlichkeit
- ist wenig anspruchsvoll und nicht sonderlich preisempfindlich
- ist vielfach Stammkunde

Ein angenehmes, unkompliziertes Beratungsgespräch und ein ansprechendes Umfeld sind für diesen Kundentyp wichtig. Der Standort des Kosmetiksalons, eine gute Erreichbarkeit und Parkmöglichkeiten sind wichtige Kriterien für den bequemen Kunden. Ganz generell sind bequeme Kunden sehr treue Kunden und werden häufig zu Stammkunden. Bei Problemen sollte man sie besonders ernst nehmen und gut zuhören.

Hohe Ansprüche an Zuverlässigkeit und Service

Der extravagante Kunde

- orientiert sich an neusten Trendentwicklungen
- Leitmotiv: Prestige, Anerkennung
- möchte durch auffälliges Äußeres im Vordergrund stehen
- stellt hohe Anforderungen an individuelle Leistungen

Dieser Kundentyp legt einen besonders starken Wert auf sein Äußeres. Seine Erscheinung ist oft auffällig und außergewöhnlich modisch. Der extravagante Typ ist in seinen verbalen Äußerungen sehr selbstsicher und setzt auch gezielt seine Körpersprache ein, um auf sich aufmerksam zu machen. Von einer Kosmetikerin verlangt der Kunde spezielle und individuelle Leistungen, wie z. B. permanentes Make-up, spezielle Schminktechniken, Körperbemalungen oder auch auffällige Nagelmodellagen. Im Beratungsgespräch sollte man auf die persönlichen Vorstellungen des Kunden besonders eingehen und sich viel Zeit für ihn nehmen.

Hohe Ansprüche an Kreativität und Ausstattung

Hohe Ansprüche an Verlässlichkeit bei Preisen und Leistungen

Der sparsame Kunde

- orientiert sich am Preis-Leistungs-Verhältnis
- hat ein ausgeprägtes Preisbewusstsein
- Leitmotiv: Geldersparnis
- informiert sich auch über Preise in anderen Instituten
- ist bei Neuangeboten eher skeptisch und kritisch

Den preisbewussten Kunden sollte man im persönlichen Beratungsgespräch von der Servicebereitschaft und den Vorteilen der jahrelangen Zusammenarbeit überzeugen. Im Institut sollten Sonderaktionen und Rabatte deutlich gemacht werden. Der Kunde sollte auf günstige Angebote besonders hingewiesen werden.

Wie mache ich Kunden zu Stammkunden?

Rabatt
→ Kapitel V/3.3.2

Kunden werden überwiegend dann zu Stammkunden, wenn sie sich bevorzugt behandelt fühlen. Das können Sie z. B. dadurch erreichen, dass Sie Neuankündigungen oder Aktionen zunächst Ihren Stammkunden zukommen lassen. Sonderangebote sind immer gern gesehen, vor allem, wenn sie nur für Stammkunden gelten. Ein einfaches Mittel dafür ist die **Kundenkarte**. So kann z. B. nach zehn regulären Kosmetikbehandlungen für die elfte Behandlung ein Sonderrabatt oder ein Gutschein ausgegeben werden. Eine persönliche, freundliche Kundenbetreuung, z. B. bei einer Tasse Kaffee, wird hoch angerechnet. Persönliche Beziehungen zum Kunden sind wichtig für eine angenehme Salonatmosphäre. Kennen Sie Ihren Kunden, dann kennt der Kunde Sie!

Wie gehe ich mit Neukunden um?

Hautanalyse
Anamnese
→ Kapitel III/6
→ F Kapitel VII

Bei neuen Kunden muss vor Beginn der Behandlung eine genaue Anamnese durchgeführt werden. Auch die Hautanalyse ist zeitaufwändig, der Hauttyp muss korrekt bestimmt werden. Eine Kundenkarteikarte ist anzulegen. Helfen Sie dem Neukunden, mit der Salonsituation zurechtzukommen. Erläutern Sie ausführlich die einzelnen Behandlungsschritte und fragen Sie bei der Arbeit öfters nach dem Befinden des Kunden. Gehen Sie auf individuelle Kundenwünsche ein und führen Sie die Arbeit sorgfältig durch. Schaffen Sie eine durchgängig angenehme Behandlungssituation. Versuchen Sie, den Kunden für den nächsten Kosmetikbesuch zu motivieren.

1 Beschreiben Sie noch andere Kundentypen aus Ihrem Erfahrungsbereich. Wie würden Sie diese Kunden behandeln?

2 Wählen Sie drei der beschriebenen Kundentypen aus und erstellen Sie eine passende „Angebotstabelle“ nach dem folgenden Schema:

	Kundentyp I	Kundentyp II	Kundentyp III
kosmetisches Pflegeprodukt			
kosmetische Behandlung			
Serviceleistung			
Richtlinien für das Verhalten der Kosmetikerin			

3 Beurteilen Sie folgende Aussage: „Die Einteilung nach Kundentypen fördert nur das ‚Schubladendenken'. Jeder Kunde muss doch individuell behandelt werden!“

4.4 Argumentation

Prinzipiell besteht die **einfache Argumentation** immer aus den beiden Grundelementen **These** und **Argument**. Mit dem Begriff These bezeichnet man die Aussage, von der ein Gesprächspartner überzeugt werden soll. Das Argument ist eine Aussage, die die These begründet.

These
Behauptung oder Annahme, die mit Argumenten belegt werden soll

Argument
glaubwürdiger, stichhaltiger Beleg oder Beweis, auf den man eine Behauptung stützt

Argumente haben die Aufgabe, plausibel, verständlich und zielgerichtet von einer These zu überzeugen.

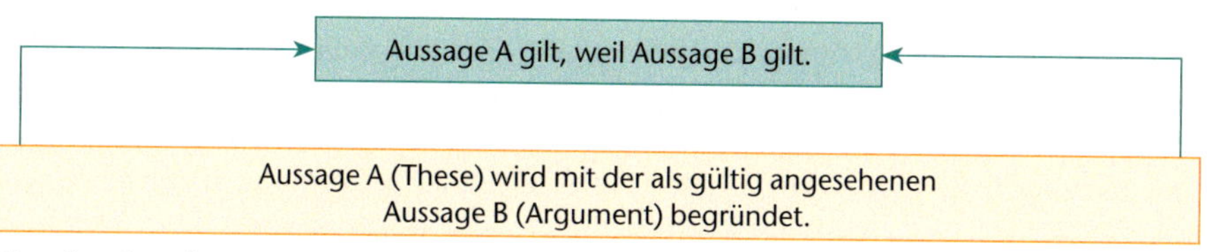

Grundstruktur der Argumentation

Nicht jedes Argument begründet eine These überzeugend und nicht jeder wird sich von denselben Argumenten überzeugen lassen. Damit ein Argument überzeugen kann, muss ein enger und nachvollziehbarer Zusammenhang zwischen These und Argument bestehen. Dies ist immer dann der Fall, wenn der Zusammenhang zwischen These und Argument ohne einen weiteren Gedankenschritt erkennbar ist. Argumente, die in einem solchen engen Bezug zur These stehen, nennt man **Basisargumente**.

Zur These „Lang anhaltendes Sonnenbaden ist ungesund" können folgende Argumente vorgebracht werden:

1. ... weil die Sonnencreme nicht dauerhaft vor Schäden schützt.
2. ... weil alles, was man zu lange macht, nicht gut ist.
3. ... weil viele Leute immer noch nicht begriffen haben, dass auch scheinbar angenehme Dinge gefährlich sein können.
4. ... weil die gefährlichen UV-Strahlen der Sonne die Haut schädigen.

Von den vorgebrachten Argumenten kann nur das Argument vier als Basisargument bezeichnet werden. Hier ist der behauptete Zusammenhang schlüssig und der Bezug von These und Argument eng. In den anderen drei Fällen liegt keine Schlüssigkeit und kein enger Bezug zwischen Argument und These vor. Diese Argumente sind keine Basisargumente. Sie lassen sich zwar zur Begründung heranziehen, wirken aber doch zumindest weit hergeholt und folglich wenig überzeugend.

Als Basisargumente eignen sich z. B.
- nachweisbare Fakten (wissenschaftliche Forschungsergebnisse)
- allgemein anerkannte Normen und Regeln
- Aussagen anerkannter Fachleute (Expertenmeinungen).

Im Umgang mit Kunden sollte sich die Kosmetikerin an den Grundregeln des **partnerschaftlichen Argumentierens** orientieren. Ziel dieser Argumentation ist es, den Gesprächspartner nicht zu überreden, sondern zu überzeugen und einen **Konsens** mit ihm zu erzielen. Voraussetzung dafür ist die Bereitschaft, den anderen als gleichwertigen Gesprächspartner zu akzeptieren und ihm zuzuhören.

Konsens
Übereinstimmung, Einigung

Ein erfolgreiches Beratungsgespräch muss den Kunden also davon überzeugen, dass die empfohlene Behandlung oder das zum Kauf in Frage stehende Produkt für ihn das Richtige ist (These). Hierzu müssen die passenden Argumente gefunden werden.

Kundenbezogene Argumentation

Voraussetzung für eine gute Verkaufsargumentation ist, dass die Kosmetikerin

- über die empfohlene Ware oder Dienstleistung bestens informiert ist und
- über die Erwartungen und Bedürfnisse des Kunden Bescheid weiß.

Gute **Fachkenntnisse** sind notwendig, um ausreichende Argumente zu finden. Je mehr Sie über die Anwendungsmöglichkeiten, die Zusammensetzung und die Wirkungsweise eines Produktes wissen, desto einfacher lassen sich Argumente für die Empfehlung des Produktes finden.

Gleichzeitig sind aber nicht alle Argumente auch gute Verkaufsargumente. Mindestens ebenso wichtig ist es, dass zwischen dem vorgebrachten Argument und den **individuellen Bedürfnissen** des Kunden ein direkter Zusammenhang besteht. Es gilt, aus der Fülle der möglichen Argumente diejenigen auszuwählen, die den Kunden interessieren und überzeugen können. Dazu ist eine gründliche Bedarfsermittlung im Vorfeld unerlässlich.

Bedarfsermittlung → Kapitel IV/4.2

Eine kundenbezogene Argumentation besteht aus drei Schritten.

Tabelle IV/4 *Aufbau einer Argumentationskette*

Kundenwunsch: „Ich habe eine ziemlich fettige Haut und suche eine schützende Tagespflege."		
Schritt 1	Merkmale nennen	„Dieses Fluid enthält Extrakte aus Rosmarin, Salbei und Zinnkraut, aber nur wenig Fett."
Schritt 2	Vorteile aufzeigen	„Es zieht schnell in die Haut ein und wirkt entzündungshemmend."
Schritt 3	Kundennutzen ableiten	„Das Fluid ist ideal als schützende Tagespflege und für Ihre Mischhaut besonders gut geeignet."

Schritt 1: Merkmale nennen

Wie bereits oben beschrieben, wird zu Beginn der Argumentation ein **Produktmerkmal** gewählt, das sich auf den ermittelten Kundenwunsch bezieht und wesentlich zur Erfüllung beitragen kann. Bei der Formulierung sollten Sie darauf achten, dass Sie kein „Fachchinesisch" sprechen, sondern klar und verständlich argumentieren.

Produktmerkmal
Eigenschaft eines Produktes, z. B. Zusammensetzung, Konsistenz, Duft, Farbe, Verarbeitung usw.

Schritt 2: Vorteile aufzeigen

Aus dem Produktmerkmal „enthält Rosmarinextrakt" wird der Vorteil „wirkt entzündungshemmend" abgeleitet. Dieser Vorteil ist für eine Kundin aber nur dann von Interesse, wenn ihre Haut tatsächlich zu Entzündungen neigt. Sie können Ihre Argumentation unterstützen, indem Sie der Kundin das Produkt vorführen, so dass sie z. B. den geschilderten Vorteil „zieht schnell ein" selbst überprüfen kann.

Das Vorführen der Ware unterstützt die Argumentation.

Schritt 3: Kundennutzen ableiten

Hier wird der Bezug zu den speziellen Bedürfnissen der Kunden hergestellt. Der Kundenwunsch „schützende Tagespflege" wird aufgegriffen. Damit signalisieren Sie der Kundin, dass Sie ihren Wunsch ernst nehmen und stellen den individuellen Kundennutzen des Produktes heraus. Gleichzeitig betonen Sie, dass Sie bei Ihrer Empfehlung auch den speziellen Hauttyp der Kundin berücksichtigt haben.

Die kundenbezogene Argumentation besteht aus drei Schritten: Produktmerkmal nennen – Vorteile aufzeigen – Kundennutzen ableiten.

4.5 Kundeneinwände behandeln

Im Laufe eines Beratungsgespräches kann es vorkommen, dass ein Kunde Einwände gegen Ihre Argumente vorbringt oder Ihren Ausführungen widerspricht. In solchen Fällen sollten Sie weder verbal noch nonverbal zeigen, dass Sie diesen oder jenen Einwand vielleicht nicht nachvollziehen können. Vermeiden Sie direkten Widerspruch und bleiben Sie stets höflich und sachlich. Wichtig für eine erfolgreiche Einwandbehandlung ist die Fähigkeit zur **Empathie**, also die Fähigkeit, sich in den Kunden hineinzuversetzen und seine Sichtweise zu akzeptieren. Dies heißt aber nicht, dass Sie ihm unbedingt immer Recht geben müssen.

Empathie
Einfühlungsvermögen

Äußert der Kunde konkrete Kritik, z. B. an einem Produkt, kann dies für Sie bei der Fortführung des Kundengesprächs sehr nützlich sein. Je genauer Sie wissen, was Ihrem Kunden nicht gefällt, desto besser können Sie ihn beraten bzw. behandeln. Solche konkreten Einwände werden als **echte Einwände** bezeichnet und können sich gegen folgende Aspekte richten:

Echte Einwände dienen als Wegweiser beim Beratungsgespräch.

- Eigenschaft eines Produktes, z. B. Qualität, Duft oder Konsistenz;
- Preis, z. B. im Vergleich zu anderen Produkten oder zu Angeboten der Mitbewerber;
- Institut, z. B. ein zu kleines Warensortiment oder fehlende Serviceleistungen;
- Personal, z. B. fehlende Erfahrung, geringe Beratungskompetenz oder genereller Umgang mit dem Kunden gerade bei Auszubildenden oder Berufsanfängern.

Allerdings sind auch solche Einwände denkbar, die der Kunde nur deshalb äußert, um das Beratungsgespräch vorzeitig zu beenden. Diese Einwände sind meistens ungenau formuliert und werden als **unechte Einwände** bezeichnet. In solchen Fällen ist eine Einwandbehandlung durch die Kosmetikerin nicht immer erforderlich. Behandeln Sie den Kunden nach der vertrauten Art weiter und geben Sie ihm das Gefühl, dass alles korrekt abläuft.

Unechte Einwände sind „Fluchtversuche".

Kunde: „Ich bin eigentlich mit den jetzigen Produkten sehr zufrieden. Ich werde mir das zu Hause noch mal überlegen."
Kosmetikerin: „Selbstverständlich, ich freue mich, dass Sie mit den Produkten so gut zurechtkommen."

Methoden der Einwandbehandlung

Da sich Einwände des Kunden im Laufe des Beratungs- oder Verkaufsgespräches nicht vermeiden lassen und sie oft auch berechtigt sind, ist es für die Kosmetikerin wichtig zu wissen, wie sie auf diese Einwände reagieren kann. Folgende Methoden haben sich bei der Behandlung von Kundeneinwänden bewährt.

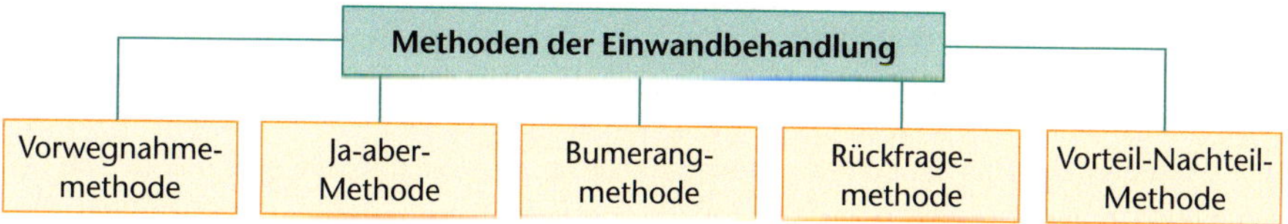

Vorwegnahmemethode
Mögliche oder im Gesprächsverlauf sich anbahnende Einwände werden von der Kosmetikerin selbst angesprochen, bevor der Kunde sie äußert. So können Sie sie in Ihrem Sinne formulieren und entschärfen. Dem Kunden wird sozusagen „der Wind aus den Segeln" genommen.

Kosmetikerin: „Ich habe schon bemerkt, dass Sie mit der neuen Crememaske nicht ganz zufrieden sind. Sie hat eine viel feinere Konsistenz als die alte, nicht wahr?"

Ja-aber-Methode

Im ersten Schritt stimmen Sie dem Kunden zu. Im zweiten Schritt entkräften Sie den Einwand des Kunden mit einem Gegenargument.

Wichtig ist dabei, zwischen dem „Ja" und dem „Aber" deutlich zu signalisieren, dass Sie den Einwand des Kunden verstanden haben und auch ernst nehmen.

Kunde: „Diese Pflegeserie ist schon ein interessantes Angebot, aber so viel Geld wollte ich eigentlich gar nicht ausgeben."
Kosmetikerin: „Ja, Sie haben Recht, die Serie kostet wirklich etwas mehr. Dafür haben Sie aber auch mehrere Artikel zur Haarpflege dabei und diese Produkte sind sehr ergiebig in der Anwendung."

Bumerangmethode

Sie nutzen den Einwand des Kunden selbst als wirkungsvolles Argument, das für die Anwendung der angebotenen Behandlungsmethode spricht. Geben Sie dem Kunden einen Vorteil an, den er bis zu diesem Zeitpunkt noch nicht kannte.

Kunde: „Diese Behandlung dauert aber lange."
Kosmetikerin: „Das ist richtig. Gerade die lange Einwirkzeit ist ja speziell für Ihren Hauttyp von Vorteil. Durch diese besondere Methode werden Sie am Ende der Behandlung den Erfolg deutlich spüren."

Rückfragemethode

Gewinnen Sie ein wenig Zeit und stellen Sie dem Kunden bezüglich seines Einwandes eine Frage. Mit Hilfe der dadurch erhaltenen Informationen können Sie sich Argumente überlegen, die den Einwand des Kunden entkräften.

Kunde: „Diese Hautcreme benutze ich schon einen Monat lang und ich habe keine Verbesserung meiner Haut bemerkt!"
Kosmetikerin: „Wie oft am Tag benutzen Sie die Hautcreme und wie wenden Sie sie an?"
Kunde: „Einmal am Tag, ich habe zur Zeit viel zu tun."
Kosmetikerin: „Das ist schon gut. Versuchen Sie doch eine Möglichkeit zu finden, die Hautcreme zweimal täglich intensiv einzumassieren, dann wird sich Ihr Hautzustand auch verbessern. Sie brauchen noch etwas Geduld."

Vorteil-Nachteil-Methode

Häufig sind Einwände des Kunden durchaus berechtigt. Hier sollten Sie ihm Recht geben und Verständnis zeigen. Dann sollten Sie versuchen, den Nachteil des Produktes auszugleichen, indem Sie die sich daraus ergebenden Vorteile aufzeigen.

Kundin: „Von getönten Tagescremes bekomme ich immer eine fleckige Haut!"
Kosmetikerin: „Sie haben Recht, bei getönten Tagescremes ist die Anwendung etwas schwieriger als bei normalen Produkten. Bedenken Sie aber, dass Sie mit ein wenig Zeit und Übung eine zarte, natürliche Tönung der Haut erzielen können, ohne sie durch UV-Strahlen im Solarium zu belasten. Darf ich Ihnen die Anwendung einmal zeigen?"

1 Woran erkennen Sie echte und unechte Kundeneinwände?
2 Welche Arten von echten Kundeneinwänden gibt es?
3 Wie gehen Sie mit unechten Kundeneinwänden um?
4 Warum sollten Sie sich über Einwände Ihres Kunden freuen? Finden Sie ein Beispiel zur Begründung.
5 Geben Sie zu den dargestellten Methoden der Einwandbehandlung je ein selbst gewähltes Beispiel an. Formulieren Sie in wörtlicher Rede.

4.6 Kundengespräche am Telefon

Das Telefon ist ohne Zweifel ein wichtiges Kommunikationsmittel für den Kosmetiksalon. Es ist aber auch seine Visitenkarte, denn häufig findet der erste Kontakt zwischen Kunde und Institut per Telefon statt. Kunden reagieren sensibel und erwarten auch am Telefon einen guten Service. Der erste Eindruck am Telefon kann deshalb darüber entscheiden, ob der Anrufer Ihr Kunde wird oder nicht.

Der erste Eindruck
→ Kapitel IV/3.2.1

Zu den Grundregeln gehört, dass im beruflichen Umfeld das Telefon auch **abgehoben** wird. Wer telefonisch nicht erreichbar ist, wird wenig Geschäfte machen. Wer das Telefon nicht selber abheben will oder kann, muss dafür Sorge tragen , dass jemand anderes abhebt oder wenigstens der Anrufbeantworter eingeschaltet ist. Kunden, die eine Nachricht auf dem Anrufbeantworter hinterlassen, sind unbedingt zurückzurufen.

Die Kunden rufen im Kosmetikinstitut an, um einen Termin zu vereinbaren oder um eine konkrete Preisinformation zu bekommen oder weil sie eine Frage zur kosmetischen Behandlung haben. Um diese Fragen zügig und korrekt zu klären, ist eine gute **Telefonorganisation** hilfreich. Man sollte notwendige Unterlagen wie z. B.

- Kundenterminplaner,
- aktuelle Preislisten,
- Unterlagen zu besonderen Serviceleistungen oder Aktionen, immer in Griffweite haben.

Telefonorganisation an der Rezeption

Beim Telefonieren reduziert sich die Kommunikation auf die **Stimme**. Eine angespannte oder hektische Salonsituation kann sich auf das Telefongespräch auswirken, wenn der Anrufer die Situation am Tonfall der Stimme mitbekommt.

Sprechen Sie immer mit freundlicher und ausgeglichener Stimme. Ein Lächeln beim Telefonieren ist zwar nicht sichtbar, aber man kann es hören.

Ein **korrekter Umgang** mit Kunden beim Telefonieren ist ebenso wichtig wie im direkten Gespräch, denn ein unzufriedener Kunde wird möglicherweise nicht wieder anrufen. Es ist ein Gebot der Höflichkeit sich freundlich und verständlich, dass heißt im Normalfall langsam, deutlich und mit angemessener Lautstärke zu melden. Lassen Sie den Anrufer immer aussprechen und versuchen Sie unbedingt, sich seinen Namen zu merken, damit Sie ihn später damit ansprechen können. Zum guten Ton gehört es auch, während des Telefonierens nicht zu essen, zu trinken oder nebenbei eine andere Arbeit zu erledigen. Die Rolle des geduldigen Zuhörers fällt in hektischen Situationen vielleicht schwer, allerdings ist Ihnen die Bedeutung des aktiven Zuhörens ja bereits bekannt – sie gilt auch für Telefongespräche! Signalisieren Sie Interesse und Verständnis, indem Sie ab und zu ein zustimmendes „Ja“ oder „hmm“ einfließen lassen.

aktives Zuhören
→ Kapitel IV/3.1

Dass auch Telefongespräche **diskret** verlaufen sollten, ist selbstverständlich. Inhalte des Telefonats werden niemals ohne Erlaubnis des Gesprächspartners an Dritte weitergegeben. Zur Diskretion gehört auch, sich ausschließlich auf den Anrufer zu konzentrieren und nicht parallel andere Gespräche im Raum zu führen.

Abschließend werden die Gesprächsergebnisse noch einmal wiederholt und bestätigt, um Missverständnisse zu vermeiden. Eine freundliche Verabschiedung verbunden mit einem Dank für den Anruf hinterlassen beim Anrufer einen positiven Eindruck.

Wie reagiert man optimal auf schwierige Gesprächssituationen beim Telefonieren? Die folgende Übersicht soll dabei helfen.

Tabelle IV/5 Kundengespräche am Telefon

Kunde	Merkmale	Reaktion der Kosmetikerin
freundlich	Der Kunde bringt sein Anliegen mit angenehmer Stimme vor und geht höflich mit seinem Gesprächspartner um. Er zeigt sich interessiert an Neuigkeiten und pflegt von sich aus den Kontakt zum Kosmetikinstitut.	Antworten Sie mit der gleichen freundlichen Art und geben Sie das Lächeln zurück. Klären Sie das Anliegen korrekt und informieren Sie den Kunden über Neuheiten.
zögernd	Der Kunde braucht viel Zeit und hat Mühe Entscheidungen zu treffen.	Bieten Sie bei der Entscheidungsfindung eine Unterstützung an. Versuchen Sie die Entscheidung durch Lenkungsfragen zu beschleunigen. Haben Sie Geduld und betonen Sie, wie positiv das Ergebnis ist.
schweigend	Der Kunde gibt gar keine oder sehr knappe Antworten, möglichst nur „ja und nein" oder „warum nicht".	Durchbrechen Sie das Schweigen mit offenen Fragen, z. B.: „Welche Erfahrung haben Sie mit der Pflegeserie gemacht? Ihre Meinung ist uns sehr wichtig" oder „Wie viel Zeit haben Sie für Ihren Besuch bei uns ungefähr eingeplant?"
eilig	Der Kunde will mit seinem Anruf möglichst wenig Zeit verschwenden und deshalb in einem kurzen Gespräch alles erledigen. Er ist sachlich und konkret und erwartet korrekte Antworten.	Lassen Sie sich nicht aus der Ruhe bringen, sondern klären Sie unbedingt die wesentlichen Fragen. Reagieren Sie möglichst schnell und präzise und vermeiden Sie unnötige zusätzliche Gesprächsthemen.
verärgert	Bei diesem Kunden hat sich einiges an Wut angesammelt, die er im Kosmetikinstitut loswerden möchte. Die Stimme ist aufgeregt und sehr laut.	Zeigen Sie Verständnis für den Ärger des Kunden. Lassen Sie ihn aussprechen und versuchen Sie ihn zu beruhigen. Klären Sie die Ursachen seiner Probleme und bieten Sie in jedem Fall eine Lösungsmöglichkeit an.
grob	Der Kunde gerät aus der Fassung und schreckt vor nichts zurück. Er greift seinen Gesprächspartner persönlich an und beleidigt oder beschimpft ihn. Seine Stimme ist sehr laut.	Der größte Fehler wäre, Gleiches mit Gleichem zu vergelten und ebenfalls laut zu werden. Stattdessen: Ruhe bewahren und sachlich bleiben. Versuchen Sie, das Gespräch auf eine angemessene Basis zurückzuführen. Widersprechen Sie dem Kunden niemals direkt und vermeiden Sie Killerphrasen.
weiß alles besser	Der Kunde beharrt auf der eigenen Meinung, will immer Recht behalten und hat unzählige Argumente zu allen Themen.	Zeigen Sie sich interessiert an den Ausführungen des Kunden und loben Sie ihn, wenn es etwas zum Loben gibt. Lassen Sie ihn aussprechen und nehmen Sie seine Argumente ernst.

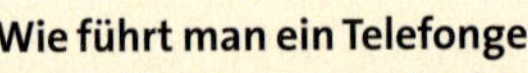

Wie führt man ein Telefongespräch?

Kosmetikerin: Guten Tag, hier Kosmetiksalon Beauty, es spricht Heike Schmidt. Was haben Sie für einen Wunsch?

Kundin: Guten Tag, mein Name ist Müller. Ich habe am Donnerstag um 10:00 Uhr bei Ihnen einen Kosmetiktermin und kann diesen leider nicht wahrnehmen.

Kosmetikerin: Frau Müller, bei welcher Kollegin waren Sie terminlich eingetragen?

Kundin: Ich bin immer bei der Kosmetikerin Sabine eingetragen.

Kosmetikerin : Ja, ich habe Sie im Terminplaner gefunden und werde Sie für den Termin am Donnerstag streichen. Wann hätten Sie denn gerne den neuen Termin, Frau Müller?

Kundin: Darüber habe ich noch gar nicht nachgedacht.

Kosmetikerin: Es wäre aber sicher besser, gleich einen neuen Termin festzulegen, Frau Müller, denn wir haben zur Zeit sehr viel zu tun.
Kundin: Na gut, ich könnte dann aber erst nächste Woche ab 16:00 Uhr zu Ihnen kommen.
Kosmetikerin: Ich sehe, dass am nächsten Dienstag um 16:30 Uhr eine Kosmetikbehandlung bei der Kollegin Bettina möglich wäre. Möchten Sie diesen Termin wahrnehmen?
Kundin: Ich kenne diese Kosmetikerin nicht und bin etwas skeptisch.
Kosmetikerin: Ich kann sie verstehen, Frau Müller, aber die Kollegin Bettina ist eine sehr gute Kosmetikerin und bei den Kunden sehr beliebt.
Kundin: Na gut, dann tragen Sie mich für diesen Termin ein.
Kosmetikerin: Haben Sie einen besonderen Wunsch für Ihre Behandlung?
Kundin: Nein, ich möchte nur eine Basisbehandlung mit Augenbrauen formen und Wimpern färben.
Kosmetikerin: Schön, Frau Müller, dann sehen wir uns am Dienstag um 16:30 Uhr bei meiner Kollegin Bettina. Kann ich sonst noch etwas für Sie tun?
Kundin: Nein, ich komme dann zu der Kosmetikerin Bettina.
Kosmetikerin: Einen schönen Tag noch, Frau Müller, und vielen Dank für den Anruf.

1 Beurteilen Sie dieses Gespräch. War der Service beim Telefonieren ausreichend?
2 Welche Fehler können in einem Telefongespräch auftreten? Machen Sie Verbesserungsvorschläge.
3 Warum wird das Telefon als „Visitenkarte" eines Kosmetikinstituts bezeichnet?
4 Wie reagieren Sie, wenn Sie ein Kunde am Telefon mit lautstarker Stimme beschimpft?

4.7 Serviceleistungen

Serviceleistungen sind Dienstleistungen, die ein Unternehmen seinen Kunden zusätzlich zum eigentlichen Leistungs- und Warensortiment anbietet. Der Kunde kann sie beim oder nach dem Kauf in Anspruch nehmen. Serviceleistungen sind ein wichtiges Marketing-Instrument und dienen vor allem der **Kundenbindung**. Durch einen guten Service kann sich ein Unternehmen von der Konkurrenz abheben und ein eigenes Profil gewinnen. Der Kunde weiß einen guten Service zu schätzen, er fühlt sich besonders bevorzugt behandelt und wird wahrscheinlich wiederkommen. Man unterscheidet fünf verschiedene Kategorien von Serviceleistungen:

Service
engl. Dienst(leistung), Kundendienst

Servicepolitik
→ Kapitel VI/1.2.4

Einen neuen Kunden zu gewinnen ist zehnmal teurer, als einen zufriedenen Kunden zu binden!

Tabelle IV/6 *Serviceleistungen*

1	Produktservice	▪ Umtausch z. B. bei einer Unverträglichkeit ▪ Verpackung als Geschenk ▪ Reparaturservice/Service-Hotline
2	Informationsservice	▪ Beratung, Kundeninformationen ▪ kostenlose Fachzeitschriften oder Kataloge ▪ Internetauftritt ▪ telefonische Bestellannahme
3	Kundenservice	▪ kostenfreie Parkmöglichkeiten ▪ Kinderbetreuung ▪ Angebot von Erfrischungen ▪ bequeme Sitzmöglichkeiten im Wartebereich
4	Lieferservice	▪ Anlieferung der Ware ▪ Abholservice/Entsorgung alter Geräte
5	Zahlungsservice	▪ Kreditkartenbezahlung ▪ Preisnachlass ▪ Gutscheine ▪ Kundenkarten oder Bonuspunkte

Natürlich kann nicht jedes Unternehmen alle Serviceleistungen gleichzeitig anbieten. Das konkrete Angebot hängt ab von der Branche, der Ausstattung und der finanziellen Situation des Unternehmens sowie der fachlichen Qualifikation der Mitarbeiter. Natürlich spielen auch die speziellen Kundenbedürfnisse eine entscheidende Rolle.

1 Welche Rolle spielt der Service für ein Unternehmen?
2 Welche Serviceleistungen könnte ein Kosmetikinstitut anbieten? Unterscheiden Sie nach Kategorien.
3 Welche Serviceleistungen werden in Ihrem Kosmetikbetrieb angeboten?
4 Ein Kosmetikinstitut plant, neben dem Wartebereich eine Spielecke für Kinder einzurichten. Von welchen Faktoren hängt der Erfolg dieses Serviceangebotes ab?

4.8 Ein Rollenspiel

In einem Rollenspiel kann man bestimmte Lebenssituationen in einem kurzen Ausschnitt miterleben oder nachempfinden. Während des Rollenspiels wird eine festgelegte Rolle in einer vorgegebenen Situation übernommen und gespielt. Durch das planvolle Spielen werden Alltagssituationen klarer vor Augen geführt. Der Spielleiter legt die Rollen fest und es wird beschlossen, wer welche Rolle spielt. Eine Zeitvorgabe sollte festgelegt und auch möglichst eingehalten werden. Die Spieler bekommen dann die Gelegenheit, sich kurz in ihre Rolle einzuarbeiten, z. B. mit Hilfe von Rollenspielkarten. Diese sollten erforderliche Hinweise zur Rolle beinhalten, aber nicht zu unübersichtlich sein. Während der Darbietung des Rollenspiels werden für die Zuschauer möglichst systematische Beobachtungsaufträge benötigt. Die Auswertung des Rollenspiels erfolgt gemeinsam, z. B. anhand von Beobachtungsbögen.

Vorbereitung/Durchführung:
- Formulieren Sie für den Kunden und die Kosmetikerin kurze verständliche Inhalte.
- Besprechen Sie den Ablauf.
- Dauer: nicht länger als 10 Minuten!
- Bei der Durchführung nehmen die Spieler eine Position ein, in der sie von den Zuhörern gut beobachtet werden können.
- Sprechen Sie deutlich und verständlich.
- Jedes Rollenspiel sollte mit einer Videokamera aufgenommen werden.
- Die Auswertung und Analyse der Spielsituation sollte gemeinsam erfolgen.

Rollenspiel: Umgang mit Kunden

Rollenkarte „Kunde/Kundin"

1. Bestimmen Sie, welchen Kundentyp Sie darstellen möchten.
2. Sie betreten das Kosmetikinstitut als Neukunde.
3. Sie haben telefonisch einen Termin vereinbart.
4. Sie haben ein Problem mit Ihrer Haut und wünschen eine fachkundige Beratung.
5. Sie überlassen es der Kosmetikerin, Ihr Kaufmotiv und den Bedarf zu ermitteln.
6. Sie reagieren skeptisch auf das Angebot der Kosmetikerin und bringen während der Beratung mindestens einen Einwand vor.
7. Sie fragen nach einer Serviceleistung.

Rollenkarte „Kosmetiker/in"

1. Bestimmen Sie, welche Behandlung/welches Produkt Sie dem Kunden anbieten wollen.
2. Sie begrüßen den Kunden/die Kundin.
3. Sie versuchen, den Kundentypen einzuschätzen.
4. Sie ermitteln mit verschiedenen Fragetechniken das Kaufmotiv und den Kundenwunsch.
5. Sie bieten ein passendes Behandlungskonzept an und argumentieren kundenbezogen.
6. Sie gehen auf Kundeneinwände ein und wenden Methoden der Einwandbehandlung an.
7. Sie bieten eine Serviceleistung an.

V Waren bewirtschaften

1 Grundlagen des Wirtschaftens

Wir haben bereits gesehen, dass alle Unternehmen und privaten Haushalte mit ihren knappen Mitteln wirtschaften müssen. Was aber heißt „wirtschaften" genau? Darunter kann jeder etwas anderes verstehen, je nachdem, welche Ziele er verfolgt. Unter der Annahme, dass alle Wirtschaftsakteure **rational handeln**, sich also weder von Gefühlen, Gewohnheiten noch von der Werbung beeinflussen lassen, unterscheidet man zwei Möglichkeiten, wie wirtschaftliche Entscheidungen zustande kommen können. Werden Entscheidungen nach einer dieser beiden Möglichkeiten getroffen, spricht man vom **ökonomischen Prinzip**.

Wirtschaften → Kapitel III/4

Maximalprinzip: Mit einem gegebenen Mitteleinsatz wird versucht, den größtmöglichen Nutzen zu erzielen.

Minimalprinzip: Es wird versucht, einen gegebenen Nutzen mit möglichst geringem Mitteleinsatz zu erreichen.

Die selbstständige Kosmetikerin Nadine plant eine Werbeaktion mit dem Ziel, neue Kunden zu gewinnen. Mit einem gegebenen Werbeetat von 500 Euro könnte sie versuchen, möglichst viele Neukunden zu gewinnen (Maximalprinzip). Oder sie setzt sich das Ziel, zehn Neukunden zu gewinnen und die Kosten für die Werbeaktion dabei möglichst gering zu halten (Minimalprinzip).

Erstellen eines Werbeplans → Kapitel VI/2.3

Eine gleichzeitige Anwendung beider Prinzipien ist nicht möglich. In jedem Fall muss Nadine sich entscheiden, ob sie mit ihrer Aktion einen maximalen Nutzen oder einen minimalen Kosteneinsatz verwirklichen möchte. Will sie erfolgreich wirtschaften, muss sie also jederzeit sowohl die Kosten als auch den Nutzen ihrer Entscheidungen und Handlungen im Blick behalten.

1.1 Ziele eines Unternehmens

Einen möglichst großen Nutzen (**Gewinn**) zu erzielen, ist ein wichtiges Handlungsmotiv aller privaten Unternehmen. Gewinn wird definiert als die Differenz zwischen dem Umsatz und den Kosten einer bestimmten Periode, z. B. innerhalb eines Geschäftsjahres.

Gewinn = Umsatz – Kosten

Öffentliche Unternehmen dagegen werden vom Staat unterhalten. Sie werden durch die Steuern und Abgaben der Unternehmen und privaten Haushalte finanziert. Ihre Aufgabe ist es, unter möglichst geringen Kosten besondere Güter bereitzustellen, die als **öffentliche Güter** bezeichnet werden. Dazu gehören
- lebensnotwendige Güter, z. B. Trinkwasser,
- soziale Güter, z. B. Kindergärten, Schulen,
- kulturelle Güter, z. B. Theater,
- Infrastruktur, z. B. öffentliche Verkehrsmittel, Autobahnen,
- innere und äußere Sicherheit, z. B. Polizei, Bundeswehr.

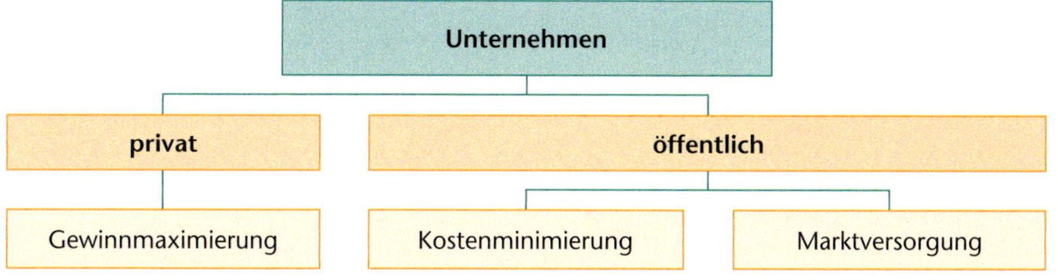

1.2 Aufgaben eines Unternehmens

Wir gehen davon aus, dass das Streben nach Gewinn ein wichtiges Ziel eines Kosmetikinstituts ist. Wie aber kann dieses Ziel erreicht werden? Natürlich muss das Institut möglichst vielen Kunden möglichst viele Dienstleistungen und Produkte verkaufen. Dazu bedarf es aber einer Reihe von Vorkehrungen:

- Kosmetische Produkte für Verkauf und Behandlungen müssen bereitgestellt werden.
- Eine Kosmetikerin muss die Behandlung und den Verkauf durchführen.
- Die Interessen der Kunden müssen mit dem Angebot angesprochen werden.

Diese Voraussetzungen gelten für alle Unternehmen gleichermaßen. Man kann also die in einem Unternehmen regelmäßig anfallenden Prozesse wie folgt zusammenfassen:

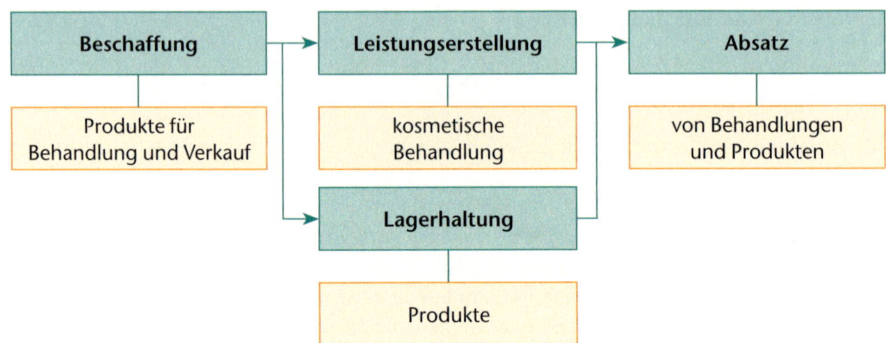

2 Sortiment

Bevor ein Produkt beschafft werden kann, stellt sich für das Kosmetikinstitut zunächst die Frage, welche und wie viele Produkte es überhaupt anbieten soll. In der Regel wird die Kosmetikerin Produkte, die sie während der Behandlung anwendet, auch für die Kunden zum Kauf bereithalten. Es gibt aber auch Produkte, die ausschließlich für die Anwendung im Institut bestimmt sind. Nach der Verwendung der Produkte unterscheidet man zwischen

- **Kabinen- oder Kabinettware** für die kosmetische Behandlung und
- **Verkaufsware** für den Verkauf an die Kunden.

Darüber hinaus müssen auch **Hilfsmittel** wie Papiertücher, Wattepads, Spatel, Lanzetten, Pinsel usw. stets in ausreichender Menge vorrätig sein.

2.1 Sortimentspyramide

Als **Sortiment** bezeichnet man die Gesamtheit aller Produkte, die in einem Geschäft regelmäßig zum Verkauf angeboten werden. Das Sortiment wird in verschiedene Bausteine gegliedert, die zusammen als Sortimentspyramide bezeichnet werden. Oben steht dabei der umfassende Begriff, unten der kleinste Baustein (Sorte).

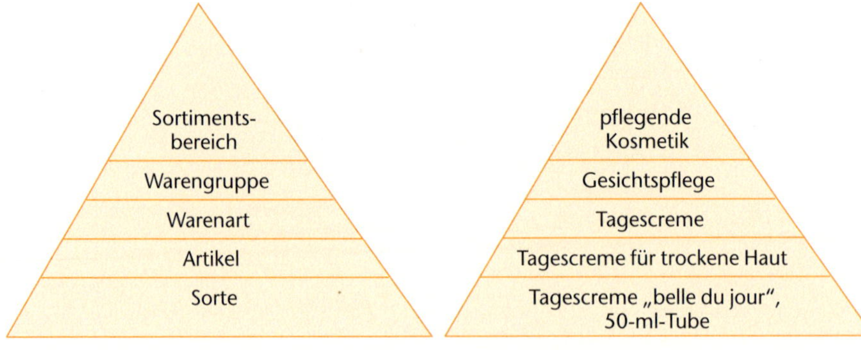

2.2 Sortimentsbreite und -tiefe

Der Umfang eines Sortiments wird nach Breite und Tiefe gegliedert.

Sortimentsbreite

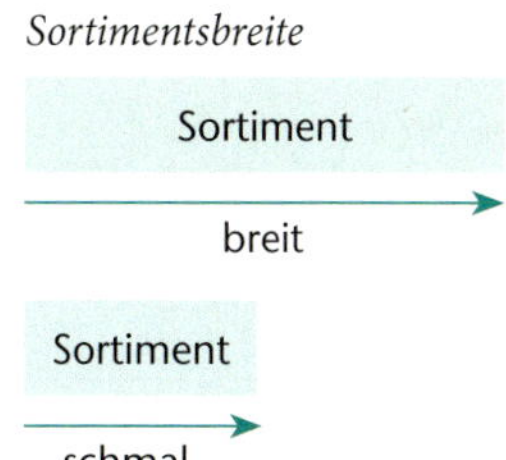

Sortimentsbreite bezeichnet das Angebot an verschiedenen Warengruppen. Besteht ein Sortiment aus vielen Warengruppen, wird es als breites Sortiment bezeichnet. Besteht es aus wenigen oder nur einer Warengruppe, wird es als schmales Sortiment bezeichnet.

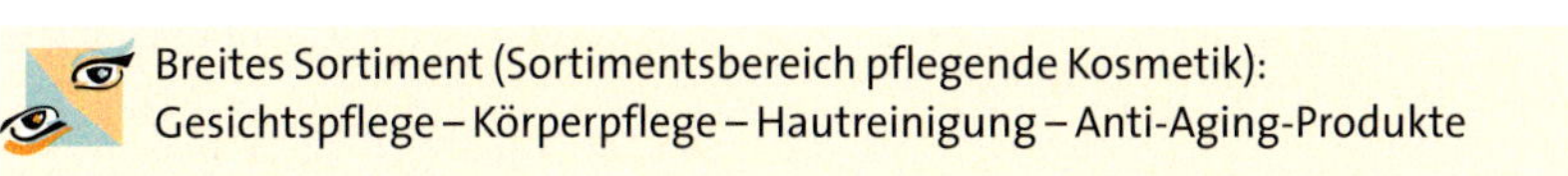

Breites Sortiment (Sortimentsbereich pflegende Kosmetik):
Gesichtspflege – Körperpflege – Hautreinigung – Anti-Aging-Produkte

Die Auswahl an Artikeln innerhalb einer Warengruppe oder Warenart wird als **Sortimentstiefe** bezeichnet. Ist die Auswahl groß, wird das Sortiment als tief bezeichnet. Ist die Auswahl klein, spricht man von einem flachen Sortiment.

Sortimentstiefe

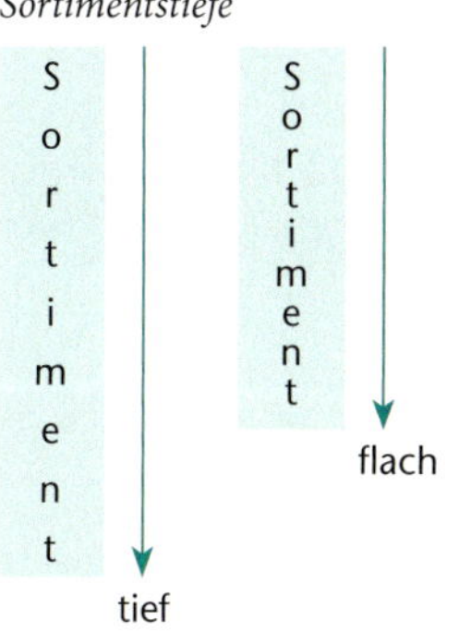

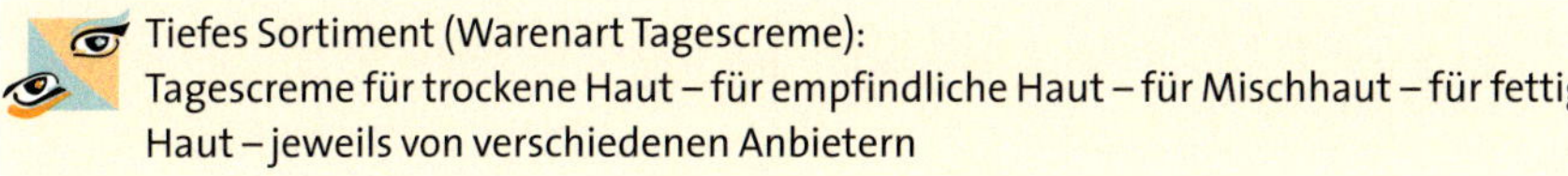

Tiefes Sortiment (Warenart Tagescreme):
Tagescreme für trockene Haut – für empfindliche Haut – für Mischhaut – für fettige Haut – jeweils von verschiedenen Anbietern

2.3 Sortiments- und Artikelarten

Das Sortiment eines Kosmetikinstituts kann auch auf verschiedene Sortimentsbereiche ausgeweitet werden, z. B. auf dekorative Kosmetik, Nagelpflege, Haarschmuck oder Dessous. Die Erweiterung des Sortiments mit branchenfremden Produkten wird auch als **Randsortiment** bezeichnet.

Das Randsortiment stellt eine Ergänzung zum so genannten **Kernsortiment** dar. Das Kernsortiment umfasst alle Artikel, die der Kunde von einem Kosmetikinstitut in jedem Falle erwarten kann. Mit diesen Artikeln erzielt die Kosmetikerin den Hauptanteil am Verkaufsumsatz. Außerdem gibt es noch das **Saisonsortiment**, das alle Artikel umfasst, die nur zu bestimmten Zeiten angeboten werden.

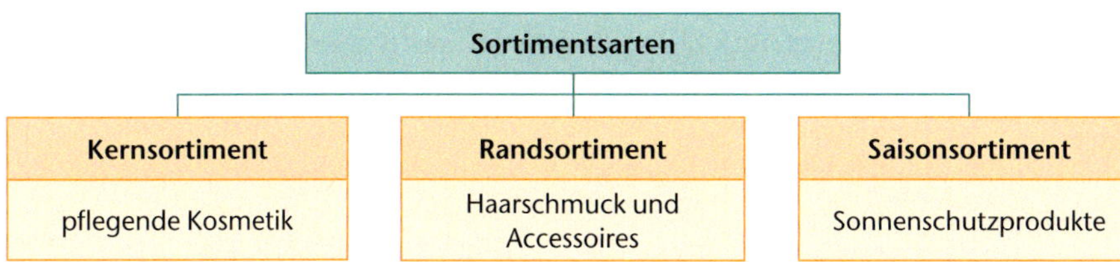

Die einzelnen Artikel eines Sortiments werden wiederum nach verschiedenen Kriterien zusammengefasst, nämlich aus Sicht der Kosmetikerin nach der Umsatzstärke oder aus Sicht des Kunden nach dem Kaufverhalten.

Tabelle V/1 *Artikelarten*

Umsatzstärke	Rennerartikel	umsatzstarke Artikel, werden häufig gekauft
	Pennerartikel	umsatzschwache Artikel, lassen sich schlecht verkaufen
	Aktionsartikel	werden während einer Verkaufsaktion für kurze Zeit zu einem Sonderpreis angeboten
	Trendartikel	steigende Umsatzzahlen durch wachsende Nachfrage
Kaufverhalten	Impulsartikel	werden vom Kunden spontan und ungeplant gekauft
	Suchartikel	werden vom Kunden geplant gekauft

2.4 Sortimentsgestaltung

Wichtig für jedes Unternehmen ist die kundenorientierte Ausrichtung des Sortiments. Die Entscheidung, wie breit und wie tief das Sortiment sein soll, hängt eng mit den Erwartungen und Bedürfnissen der Kunden zusammen. Aber auch betriebswirtschaftliche Aspekte müssen bei der Sortimentsgestaltung berücksichtigt werden.

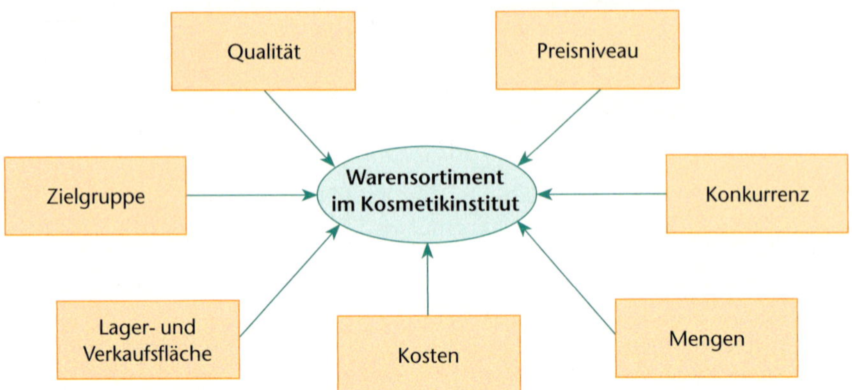

Auswahl des Depots → Kapitel VII/1.3.5

Die Entscheidung über das **Preis- und Qualitätsniveau** des Sortiments hängt eng mit der jeweiligen Zielgruppe zusammen. Für ein besonders teures und exklusives Angebot muss die Kundschaft anspruchsvoll sein und über die entsprechende Kaufkraft verfügen. Wendet sich das Institut dagegen an die „Normalbürgerin", ist ein mittleres bis niedriges Preissegment empfehlenswert.

Bei der Sortimentsgestaltung muss das Institut außerdem das **Angebot der Konkurrenz** genau betrachten. Um nicht als „einer unter vielen" auf dem Markt angesehen zu werden, muss sich das Sortiment eindeutig von dem der Mitbewerber abgrenzen. Befindet sich das Institut z. B. in direkter Nähe zu einer Parfümerie, trägt ein breites Angebot an Düften sicher nicht zur Abgrenzung des Instituts bei.

Ein wichtiger Punkt ist auch die Kostenfrage. Ein sehr breites oder tiefes Sortiment, das von den Kunden nicht nachgefragt wird, verursacht hohe Kosten für den Einkauf und die Lagerung (**Übersortierung**). Ein zu schmales Angebot führt unter Umständen zur Abwanderung von Kunden und damit zu Umsatzeinbußen (**Untersortierung**). Der Mittelweg zwischen diesen beiden Extremen muss durch eine gute Sortimentsgestaltung, d. h. durch **Sortimentsbereinigung bzw. -erweiterung** gefunden werden.

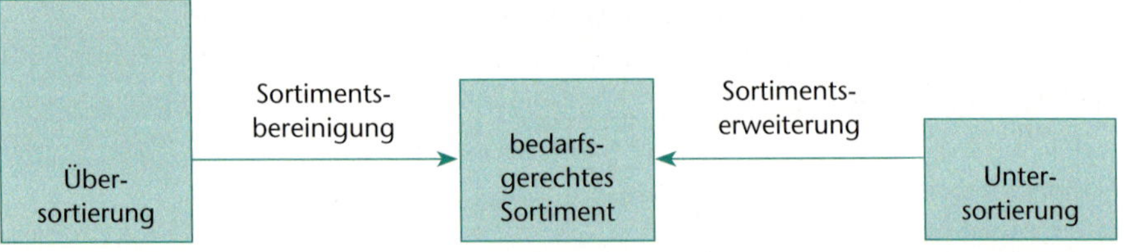

1 Erklären Sie das ökonomische Prinzip anhand des Beispiels „gefahrene Kilometer/ Benzinverbrauch".
2 Erläutern Sie die folgenden Begriffe und finden Sie Beispiele:
a) breites und flaches Sortiment b) schmales und tiefes Sortiment
3 Erstellen Sie eine Sortimentspyramide für die Sorte „Hydro Lipid Frischtonic, 250 ml" (vgl. auch Seite 132).
4 Finden Sie Produkte aus dem Warensortiment, die saisonbedingt verkauft werden.
5 Wie wird ein Kosmetikinstitut zum Trendsetter statt zum Nachahmer?
6 Wozu dient die Sortimentsgestaltung bei der Verkaufsware?

2.5 Depot

Das Sortiment, das ein Hersteller an das Kosmetikinstitut liefert, wird auch **Depot** genannt. Das Depot besteht aus einer kompletten Produktserie mit allen Artikeln. Häufig ist es der Kosmetikerin nicht möglich, einzelne Artikel aus dem Sortiment des Herstellers herauszusuchen, die vielleicht gut ins Sortiment des Instituts passen würden. Beispielsweise kann bei einem Dufthersteller kein einzelner Artikel bestellen werden.

Kriterien zur Depotauswahl
→ Kapitel VII/1.3.5

Ein Depotvertrag autorisiert den Inhaber des Kosmetikinstituts (**Depositär**), die Produkte des Herstellers zu verkaufen, zu verwenden und damit zu werben. Ein Vorteil einer solchen Vereinbarung ist der so genannte **Gebietsschutz**. Damit verpflichtet sich der Hersteller, keine anderen Mitbewerber in der unmittelbaren Umgebung des Instituts zu beliefern. Außerdem gewähren die Hersteller ihren Depositären Unterstützung bei Werbeaktionen, z. B. durch Plakate, Flyer oder andere Werbemittel. Auch liefern die Firmen die entsprechenden Warenträger, die dazu dienen, die Waren ansprechend zu präsentieren.

Der **Gebietsschutz** ist lediglich eine vertragliche Vereinbarung. Eine gesetzliche Grundlage gibt es dafür nicht.

Werbemittel
→ Kapitel VI/2.3
Warenträger
→ Kapitel VI/4.3.1

Es gibt Hersteller, die die Abnahme des gesamten Sortiments verlangen und auch den Nachkauf vorschreiben. In diesem Falle spricht man von einem **Depotzwang**. Werden feste Umsatzzahlen vereinbart, muss die Kosmetikerin diese Mengen abnehmen und durch den Verkauf an ihre Kunden umsetzen. Solche Vorgaben können die Sortimentsgestaltung stark einschränken und bergen ein hohes finanzielles Risiko.

Um die geschäftlichen Aktivitäten frei bestimmen zu können, sollte sich das Institut nicht auf Abnahmepflichten oder vorgeschriebene Umsatzzahlen einlassen.

3 Beschaffung

Um den reibungslosen Arbeitsablauf im Kosmetikinstitut zu gewährleisten, muss die Verkaufs- und Kabinettware rechtzeitig und in ausreichender Menge beschafft werden. Die Kosmetikerin muss darauf achten, dass einerseits so wenig Ware wie möglich im Institut gelagert wird, um die Kosten für Einkauf und Lagerung gering zu halten. Andererseits muss aber genügend Ware vorhanden sein, um stets **behandlungs- und verkaufsbereit** zu bleiben, d. h. jederzeit den Kundenwünschen entsprechend behandeln und verkaufen zu können.

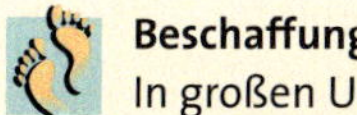

Beschaffungskosten
In großen Unternehmen müssen neben Einkaufspreisen und Lagerkosten auch die Beschaffungskosten berücksichtigt werden. Diese entstehen unabhängig von der Höhe der Bestellung z. B. bei der Erstellung von Anfragen und Angebotsvergleichen, bei der Warenannahme und -prüfung sowie für die Buchhaltung. In einem Kosmetikinstitut sind die Beschaffungskosten auf Grund geringer Warenmengen vernachlässigbar.

Für die Kosmetikerin stellt sich die Frage: In welchen Mengen, wann und bei wem sollen die Waren beschafft werden?

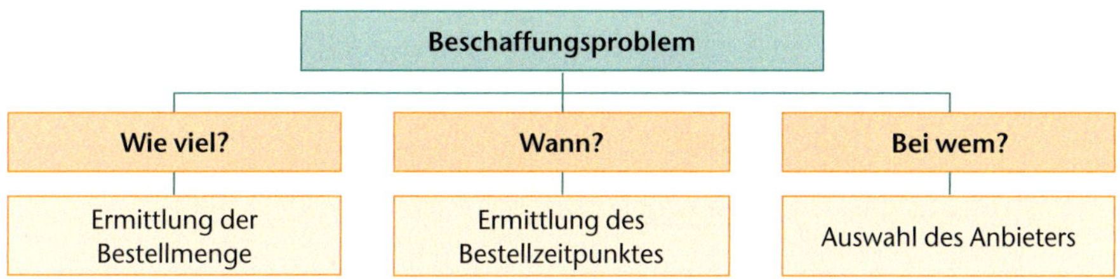

Durchschnittsrechnung → Exkurs Fachrechnen im Anhang

Grundlage der Bedarfsplanung ist die Verkaufsdatenanalyse. Die erfolgten Verkäufe müssen artikelgenau erfasst werden.

3.1 Bestellmenge

Der Ermittlung der Bestellmenge geht zunächst eine Bedarfsplanung voraus. Bei der **verbrauchsorientierten Bedarfsplanung** wird z. B. mit Hilfe der Durchschnittsrechnung anhand der bisherigen Verkaufs- oder Verbrauchszahlen der künftige Bedarf errechnet.

Die Reinigungsmaske „Green Peel" wurde in den letzten fünf Monaten wie folgt verkauft: März: 18 x April: 26 x Mai: 23 x Juni: 19 x Juli: 14 x
Durchschnittsrechnung: 18 + 26 + 23 + 19 + 14 = 100 Verkäufe : 5 Monate = durchschnittlich 20 Verkäufe pro Monat.
Nach der Durchschnittsrechnung ergibt sich also ein Bedarf von 20 Reinigungsmasken pro Monat bzw. etwa eine Reinigungsmaske pro Tag. Beachten Sie bei der Festlegung Ihrer Bestellmenge den Mindestbestellwert des Herstellers, ab der keine Verpackungs- und Versandkosten berechnet werden. Nehmen wir an, die Reinigungsmaske kostet 15,00 € und der Mindestbestellwert liegt bei 300,00 €, dann sollten jeweils 20 Masken für einen Monat bestellt werden.

Gleitende Durchschnittsrechnung
Bei der gleitenden Durchschnittsrechnung werden die neueren Verbrauchswerte stärker gewichtet als die älteren, um eventuelle Trendentwicklungen berücksichtigen zu können. Solche Trends können durch allgemeine saisonale Entwicklungen (z. B. niedrigere Verkaufszahlen in den Sommermonaten) oder durch eine Veränderung der Nachfrage (z. B. steigende Umsätze eines Trendartikels) verursacht werden.

3.2 Bestellzeitpunkt

Handelt es sich um Artikel, die unregelmäßig oder saisonal sehr unterschiedlich verkauft werden, wird der Meldebestand anhand von Erfahrungen und Schätzungen festgelegt.

Der **Sicherheitsbestand** wird auch als Mindestbestand oder eiserne Reserve bezeichnet.

Um die Verkaufsbereitschaft des Instituts jederzeit zu gewährleisten, müssen abverkaufte Artikel rechtzeitig nachbestellt werden. Bei gängigen Artikeln, die regelmäßig verkauft werden, legt man bei der Bestimmung des Bestellzeitpunktes den so genannten **Meldebestand** zugrunde.

Bei diesem Verfahren wird eine Bestellung ausgelöst, wenn der Vorrat eines Artikels auf einen bestimmten Bestand gesunken ist. Voraussetzung ist, dass jederzeit der aktuelle Bestand bekannt ist. Zu berücksichtigen ist dabei die Lieferzeit, die zwischen der Bestellung und dem Eintreffen der Ware im Institut vergeht, und ein **Sicherheitsbestand**, der für Notfälle vorgesehen wird (z. B. zeitweilige Lieferschwierigkeiten des Herstellers oder eine unvorhergesehen hohe Nachfrage). Der Meldebestand lässt sich wie folgt errechnen:

Rechenschema Meldebestand
Bedarfsmenge pro Tag
x Lieferzeit in Tagen
+ Sicherheitsbestand
= Meldebestand

Die Reinigungsmaske „Green Peel" wird durchschnittlich einmal pro Tag verkauft. Die Lieferzeit des Herstellers beträgt 4 Tage. Es wird ein Sicherheitsbestand für eine Woche (5 Masken) festgelegt.

Meldebestand: 1 x 4 + 5 = 9 Masken. Wenn der Lagerbestand auf 9 Masken gesunken ist, wird also eine neue Bestellung über 20 Masken ausgelöst. Trifft die Ware dann nach 4 Tagen ein, ist der **Höchstbestand** von 25 Masken erreicht.

Höchstbestand
= Bestellmenge + Mindestbestand; maximaler Lagerbestand eines Artikels

3.3 Auswahl des Anbieters

Muss Verkaufs- oder Kabinettware nachbestellt werden, weil sie abverkauft bzw. verbraucht ist, entfällt die Suche nach einem Anbieter. Soll jedoch ein neuer Artikel bestellt werden, der bisher noch nicht im Sortiment geführt wurde, oder wird der Anbieter gewechselt, muss die Kosmetikerin versuchen, aus den verschiedenen Angeboten das günstigste herauszusuchen.

Die benötigten Waren sollten so preisgünstig wie möglich eingekauft werden.

In diesen Fällen lohnt ein Vergleich der verschiedenen **Bezugspreise**. In die Berechnung des Bezugspreises müssen alle Kosten einfließen, die der Kosmetikerin bis zum Eintreffen der Ware im Institut entstehen. Vom Hersteller (Verkäufer) eventuell gewährte Preisnachlässe müssen bei der Berechnung abgezogen werden. Zur Kalkulation der Bezugspreise müssen also die **Liefer- und Zahlungsbedingungen** des Verkäufers bekannt sein. Diese Vertragsbedingungen sind in der Regel in den allgemeinen Geschäftsbedingungen des Anbieters nachzulesen.

Bezugspreis
(Einstandspreis)
Preis, den die Kosmetikerin bei einer Bestellung tatsächlich zu zahlen hat.

allgemeine Geschäftsbedingungen
→ Kapitel II/3.3.1

3.3.1 Lieferbedingungen

Die Lieferbedingungen regeln die Lieferzeit und die Übernahme der mit der Lieferung verbundenen Kosten, die für Verpackung, Transport und Versicherung der Ware entstehen. Diese Kosten nennt man **Bezugskosten**. In den meisten Fällen berechnet der Anbieter dem Käufer eine Pauschale, die sich nach der Höhe des Bestellwertes richtet. Ab einer bestimmten Auftragshöhe wird die Ware für den Käufer (das Kosmetikinstitut) fracht- und verpackungskostenfrei versandt.

Ist ein Artikel einmal nicht lieferbar, müssen Sie abklären, ob die Nachlieferung mit zusätzlichen Kosten für Sie verbunden ist.

In der Regel ist bei allen namhaften Herstellern mit einer **Lieferzeit** von zwei bis fünf Tagen zu rechnen. Längere Lieferfristen sollten deshalb nicht akzeptiert werden. Dies gilt insbesondere auch für Nachlieferungen, falls einmal eine Bestellung oder Auslieferung unvollständig erfolgte.

Je kürzer die Lieferzeit, desto geringer die Bestellmenge. Kurze Lieferfristen gewähren Planungssicherheit und senken die Kosten für die Lagerhaltung.

3.3.2 Zahlungsbedingungen

Die Zahlungsbedingungen legen fest, wann der Kaufpreis für die Ware fällig wird und welche Preisnachlässe der Verkäufer gewährt. Wird vertraglich nichts vereinbart, muss der Käufer die Ware sofort bei Lieferung bezahlen. Wird dem Käufer eine längere Frist bis zur Zahlungsfälligkeit (z. B. 30 Tage) eingeräumt, bezeichnet man das als **Zahlungsziel**. Das Institut hat dann die Möglichkeit, die bereits erhaltene Ware zu verkaufen, bevor sie bezahlt werden muss.

Ein **Rabatt** ist ein Preisnachlass, den der Verkäufer bei Abnahme einer bestimmten Mindestmenge auf den Listenpreis gewährt (**Mengenrabatt**). Ein Rabatt kann aber auch in Form von Waren gewährt werden, z. B. wenn der Verkäufer bei Abnahme von fünf Stück eines Artikels den sechsten gratis dazugibt (**Naturalrabatt**).

Ein **Skonto** wird bei Zahlung innerhalb einer bestimmten Frist (meist bis zu acht Tagen) gewährt. Ein für sofortige Zahlung nach Erhalt der Lieferung gewährter Skonto wird auch als **Barzahlungsrabatt** bezeichnet.

Rabatte werden in Prozent des Preises ausgedrückt.

Ein **Skonto** ist ein Preisnachlass für schnelle Bezahlung.

Ein **Barzahlungsrabatt** ist ein Preisnachlass für sofortige Bezahlung.

Ein **Bonus** ist ein nachträglicher Preisnachlass, der dem Käufer z. B. am Jahresende gewährt wird, wenn die Gesamtsumme seiner Bestellungen einen bestimmten Wert überschritten hat.

3.3.3 Bezugskalkulation

Sind die Bedingungen bekannt, können die Bezugspreise für jeden Anbieter berechnet werden, um herauszufinden, welcher Anbieter den günstigsten Preis hat. Dazu verwendet man das folgende Kalkulationsschema.

Prozentrechnung
→ Exkurs Fachrechnen im Anhang

Kalkulationsschema Bezugspreis (Einstandspreis)

Listenpreis des Herstellers (netto, d. h. ohne Umsatzsteuer)
– Rabatt
= Zieleinkaufspreis
– Skonto
= Bareinkaufspreis
+ Bezugskosten
= Bezugspreis

Für die Fußpflege muss eine neue Nagelzange beschafft werden. Es liegen zwei Angebote zur Auswahl vor.

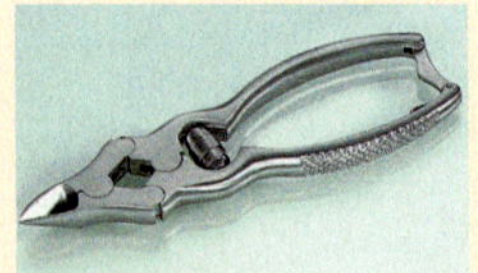

Nagelzange mit Übersetzung

	Anbieter A	**Anbieter B**
Listenpreis laut Katalog	Nagelzange mit Übersetzung, 15 cm: 86,50 €	Nagelzange mit Übersetzung, 15 cm: 90,00 €
Rabatt	–	10 % ab einem Warenwert von 1000 €
Zahlungsbedingungen	bei Zahlung innerhalb von 8 Tagen 2 % Skonto; Barzahlungsrabatt 3 %	bei Zahlung innerhalb von 8 Tagen 3 % Skonto; Barzahlungsrabatt 4 %
Lieferbedingungen	Versandkostenpauschale: 8,00 € bis zu einem Warenwert von 100,00 €; 6,00 € bis zu einem Warenwert von 150,00 €	Versandkostenpauschale: 4,50 € bis zu einem Warenwert von 150,00 €

	Anbieter A	**Anbieter B**
Listenpreis	86,50 €	90,00 €
– Rabatt	–	–
= Zieleinkaufspreis	86,50 €	90,00 €
– Barzahlungsrabatt	2,60 €	3,60 €
= Bareinkaufspreis	83,90 €	86,40 €
+ Bezugskosten	8,00 €	4,50 €
= Bezugspreis	**91,90 €**	**90,90 €**

Bezugskalkulation Nagelzange

Ergebnis: Trotz des höheren Listenpreises ist der Bezugspreis von Anbieter B günstiger.

4 Kaufvertrag

Haben Sie die Bestellmenge, den Bestellzeitpunkt und den günstigsten Anbieter ermittelt, wird eine **Bestellung** ausgelöst. Eine Bestellung ist eine Willenserklärung des Kosmetikinstituts, mit dem Hersteller einen Kaufvertrag über die bestellte Ware abzuschließen. Die Bestellung ist formfrei möglich. Um Missverständnisse zu vermeiden, sollten jedoch die wichtigsten Inhalte schriftlich festgehalten werden.

Bezieht sich die Bestellung nicht auf ein ausführliches Angebot oder die AGB des Verkäufers, sollte sie enthalten:
- genaue Bezeichnung der Ware
- Mengenangabe
- Lieferbedingungen
- Zahlungsbedingungen

4.1 Zustandekommen eines Kaufvertrages

Wie alle Verträge besteht auch der Kaufvertrag aus zwei übereinstimmenden Willenserklärungen, nämlich dem **Antrag** und der **Annahme**. Wird ein Antrag nur mit Änderungen oder Einschränkungen angenommen, gilt dies nicht als Annahme, sondern als neuer Antrag, der vom Vertragspartner wiederum erst angenommen werden muss. Ein Kaufvertrag kann daher auf unterschiedliche Weise zustande kommen, je nachdem, ob der Käufer oder der Verkäufer den Antrag stellt.

Zustandekommen eines Kaufvertrages

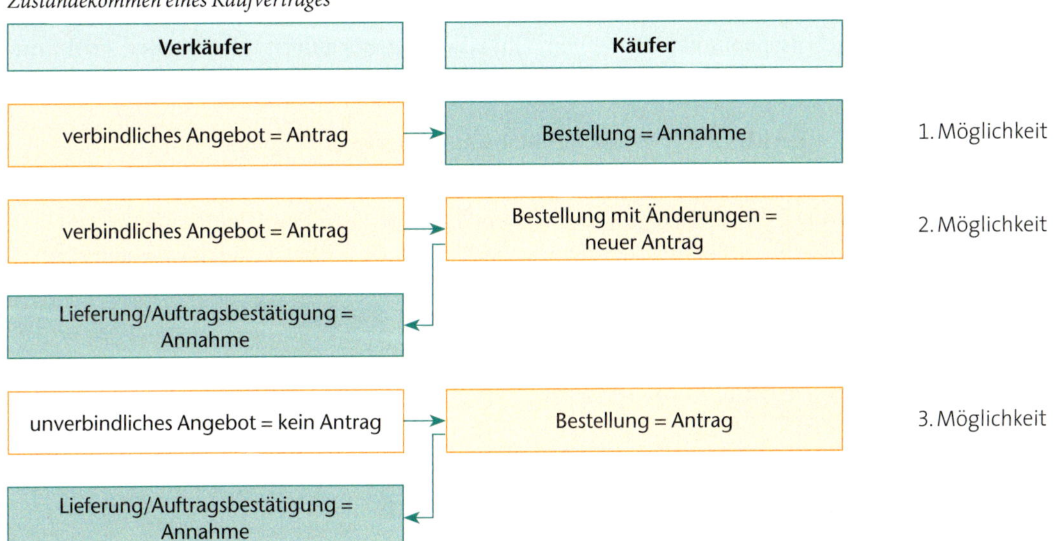

4.2 Das Angebot als Antrag zum Kaufvertrag

Ein **verbindliches Angebot** ist die Willenserklärung des Verkäufers, einen Kaufvertrag abzuschließen. Damit ein Angebot verbindlich ist, muss es an eine bestimmte Person gerichtet sein. Man muss deshalb unterscheiden zwischen einem Angebot und einer so genannten **Anpreisung**, die sich an die Allgemeinheit richtet und den Käufer dazu auffordern soll, seinerseits einen Antrag abzugeben.

Ein **verbindliches Angebot** ist ein Antrag. Der Verkäufer ist verpflichtet, dem Empfänger die angebotene Ware zu den darin festgelegten Bedingungen zu verkaufen.

Typische Anpreisungen sind:
- Warenpräsentation im Verkaufsraum
- Auslagen im Schaufester
- Kataloge, Informationsbroschüren
- Werbeprospekte und Werbeanzeigen

Ein verbindliches Angebot ist an eine bestimmte Person gerichtet. Der Verkäufer ist grundsätzlich an sein Angebot gebunden. Mit der Annahme des Angebots durch den Käufer ist ein Kaufvertrag zustande gekommen.

Eine Anpreisung ist kein Angebot.

V Waren bewirtschaften

Ein **unverbindliches** Angebot ist kein Antrag.

Der Verkäufer kann die Bindung an sein Angebot mit Hilfe so genannter **Freizeichnungsklauseln** ganz oder teilweise aufheben. Gänzlich **unverbindlich** wird ein Angebot z. B. durch den Hinweis „Angebot freibleibend" oder „ohne Gewähr". Mit der Klausel „nur solange der Vorrat reicht" ist nur der Preis, nicht aber die Menge des Angebots verbindlich. Der Zusatz „Preis freibleibend" bindet den Verkäufer umgekehrt an die Menge, aber nicht an den Preis seines Angebots.

Angebotsfristen

Gültigkeit des unbefristeten Angebots

Zu der Frage, wie lange ein Verkäufer an ein Angebot gebunden sein soll, hat der Gesetzgeber genaue Vorschriften erlassen.

- Mündliche oder telefonische Angebote sind sofort mit ihrer Abgabe und nur für die Dauer des Gespräches bindend.
- Ein schriftliches Angebot (z. B. per Brief, E-Mail oder Fax) wird erst dann gültig, wenn es den Empfänger erreicht. Es gilt so lange, wie der Empfänger unter gewöhnlichen Umständen braucht, um es auf dem gleichen Wege zu beantworten. Übliche Fristen sind z. B. für Briefe sieben Tage und für Faxe zwei Tage.

Gültigkeit des befristeten Angebots

Bei einem **befristeten Angebot** gibt der Verkäufer von vornherein an, wie lange sein Angebot gelten soll, z. B. mit dem Hinweis „Angebot gültig bis 8. Oktober" oder „Angebot gilt 10 Tage". Das Angebot ist dann nur für die angegebene Frist verbindlich.

4.3 Rechte und Pflichten aus dem Kaufvertrag

Verpflichtungs- und Verfügungsgeschäft → Kapitel II/2

Vereinfacht gesagt ist der Kaufvertrag eine Vereinbarung über den Tausch von Ware gegen Geld. Juristisch gesehen ist er ein Verpflichtungs- und ein Verfügungsgeschäft. Die Pflichten des einen Vertragspartners begründen dabei die Rechte des anderen.

Pflichten aus dem Kaufvertrag

Der Verkäufer verpflichtet sich	Der Käufer verpflichtet sich
▪ zur Übergabe der mängelfreien Ware, ▪ zur Übertragung des Eigentums, ▪ den vereinbarten Kaufpreis anzunehmen (also beizubehalten).	▪ zur Zahlung des Kaufpreises, ▪ zur Abnahme der Ware.

Besitzer einer Sache ist derjenige, der sie hat (tatsächliche Herrschaft).

Eigentümer einer Sache ist derjenige, dem sie gehört (rechtliche Herrschaft).

Der Kaufvertrag ist erfüllt, wenn der Verkäufer dem Käufer **Besitz** und **Eigentum** an der Ware verschafft und den Kaufpreis angenommen hat und der Käufer die Ware angenommen und den Kaufpreis bezahlt hat.

In den AGB der Hersteller wird häufig ein so genannter **Eigentumsvorbehalt** festgelegt. Das bedeutet, dass das Eigentum an der Ware erst nach Zahlung des vollen Kaufpreises auf den Käufer übergeht.

1 Erläutern Sie die Begriffe Depot und Depotzwang.

2 Inder Kosmetikabteilung eines Warenhauses wird ein Pflegeartikel pro Woche durchschnittlich 180-mal verkauft. Die Lieferzeit beträgt 5 Tage, der Mindestbestand 150 Stück.

a) Ermitteln Sie den Meldebestand.

b) Wie verändert sich der Meldebestand, wenn sich die Lieferzeit auf 3 Tage verkürzt?

3 EinKosmetikprodukt kostet im Einkauf 18,00 € netto. Der Anbieter gewährt bei Abnahme von 20 Stück 5 % Rabatt und 3 % Skonto. Die Bezugskosten betragen 0,25 € pro Stück. Ermitteln Sie den Bezugspreis pro Stück und insgesamt, wenn 25 Stück bestellt werden.

4 Welche Kriterien führen zu einem gültigen Kaufvertrag?

5 Nennen Sie Rechte des Verkäufers aus einem Kaufvertrag.

5 Kaufvertragsstörungen

Nachdem die Bestellung erfolgt und der Kaufvertrag zustande gekommen ist, wird die bestellte Ware im Kosmetikinstitut angeliefert. Den **Lieferer** bestimmt der Verkäufer.

Der **Lieferer** kann z. B. ein Spediteur, die Deutsche Post oder ein Paketdienst sein.

5.1 Warenannahme

äußere Prüfung der Lieferung

Kommt die bestellte Ware im Institut an, muss **sofort** geprüft werden, ob
- die Lieferadresse stimmt,
- die angelieferte Menge (Packstücke) der Bestellung entspricht,
- die Lieferung (Verpackung) unbeschädigt ist.

Ist alles in Ordnung, wird die Ware angenommen und der Empfang bestätigt. Bei Beanstandungen wird wie folgt verfahren:

Vorgehen bei Beanstandungen

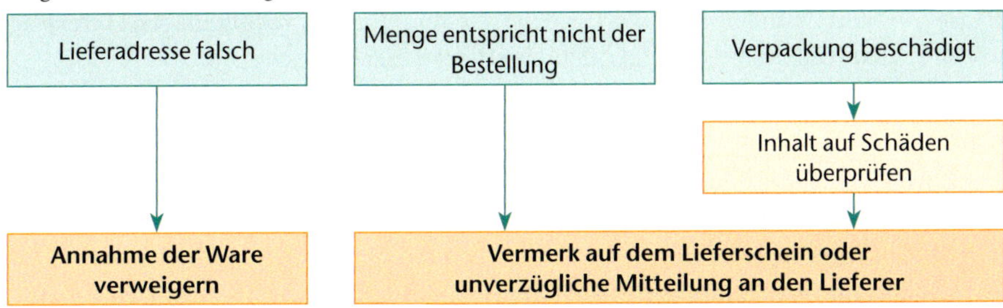

Nach der Warenannahme wird die Ware ausgepackt und geprüft, ob die Qualität und die gelieferte Menge mit der Bestellung übereinstimmen. Liegt der Sendung eine Rechnung bei, muss auch diese auf ihre sachliche und rechnerische Richtigkeit geprüft werden. Wird ein Mangel festgestellt oder wurde die falsche Ware geliefert, muss die Kosmetikerin dies dem Hersteller durch eine **Mängelrüge** unverzüglich mitteilen.

inhaltliche Prüfung der Lieferung

Rügepflicht beim zweiseitigen Handelskauf
Ein zweiseitiger Handelskauf liegt vor, wenn zwei Kaufleute miteinander einen Kaufvertrag abschließen. Hier gelten die Vorschriften des Handelsgesetzbuches (HGB), die in einigen Punkten von den Regelungen des BGB abweichen. So besteht für den Käufer bei einem zweiseitigen Handelskauf die Pflicht, die Ware nach Erhalt unverzüglich, d.h. ohne schuldhaftes Verzögern zu prüfen und dem Lieferer die Mängel anzuzeigen.

Versteckte Mängel, die nicht sofort, sondern erst bei Verwendung der Ware erkennbar werden, müssen unverzüglich nach Entdecken gerügt werden. Wird die Rügepflicht nicht eingehalten, verliert der Käufer seine Gewährleistungsansprüche an den Verkäufer. Im Gegensatz dazu kann der Käufer bei einem Verbrauchsgüterkauf einen Mangel innerhalb der Gewährleistungsfrist von zwei Jahren zu jedem beliebigen Zeitpunkt rügen.

Reklamation → Kapitel VI/7

Verbrauchsgüterkauf → Kapitel VI/7.2.1

V Waren bewirtschaften

5.2 Mangelhafte Lieferung (Schlechtleistung)

Der Verkäufer ist verpflichtet, dem Käufer die gekaufte Ware mängelfrei zu übergeben. Werden bei der Ware Mängel festgestellt, kann der Käufer verschiedene Rechte geltend machen:
- Nacherfüllung (vorrangiges Recht),
- Rücktritt vom Kaufvertrag oder Minderung des Kaufpreises (nachrangiges Recht),
- Schadenersatz statt Leistung oder Ersatz vergeblicher Aufwendungen, wenn ein Verschulden des Verkäufers vorliegt und dem Käufer ein Schaden entstanden ist (nachrangiges Recht).

Die Gewährleistungsansprüche des Käufers bei Schlechtleistung werden ausführlich im Kapitel VI/7.2.1 behandelt.

5.3 Lieferungsverzug

keine Ware – enttäuschte Kunden!

Bei der Reinigungsmaske „Green Peel" wurde der Meldebestand erreicht und die Bestellung rechtzeitig ausgelöst. Es wurde sofortige Lieferung zugesagt. Nach einer Woche ist die Ware jedoch noch immer nicht im Kosmetikinstitut eingetroffen. Die telefonische Nachfrage ergibt, dass die Bestellung von der zuständigen Mitarbeiterin versehentlich nicht weitergeleitet wurde. Als die Lieferung nach weiteren fünf Tagen endlich eintrifft, ist der Sicherheitsbestand verbraucht und es mussten mehrere interessierte Kunden abgewiesen werden.

Wird eine Bestellung nicht rechtzeitig geliefert, kann dies für das Kosmetikinstitut schwerwiegende Konsequenzen haben. Die Verkaufs- und Behandlungsbereitschaft ist nicht mehr gewährleistet, Umsatzeinbußen und möglicherweise der Verlust von enttäuschten Kunden sind die Folge.

Auf Grund des Kaufvertrages ist der Verkäufer zur **rechtzeitigen Lieferung** verpflichtet. Tut er das nicht, gerät er in Lieferungsverzug.

5.3.1 Voraussetzungen des Lieferungsverzugs

Zunächst muss geprüft werden, ob sich der Verkäufer tatsächlich in Verzug befindet. Dies ist der Fall, wenn

- die Lieferung fällig ist und
- der Käufer die Lieferung angemahnt hat bzw. eine Mahnung entbehrlich war.

Wird ein kalendermäßig bestimmbarer Liefertermin vereinbart, spricht man auch von einem Fixkauf oder Fixgeschäft.

Wurde im Kaufvertrag kein Liefertermin vereinbart, ist die Lieferung sofort nach Vertragsabschluss fällig. Wurde im Kaufvertrag ein Liefertermin angegeben, der **kalendermäßig bestimmt** werden kann, ist die Lieferung nach Ablauf dieses Datums fällig. Dann entfällt die Notwendigkeit der Mahnung.

Kalendermäßig bestimmbare Liefertermine:
- Lieferung am 11. Mai
- Lieferung im Mai
- Lieferung fünf Tage nach Eingang der Bestellung

Eine Mahnung ist außerdem entbehrlich, wenn es sich um einen **Zweckkauf** handelt. Bei einem Zweckkauf entfällt nach einem bestimmten Termin das Interesse des Käufers an der Ware, z. B. ein kaltes Buffet für eine Jubiläumsfeier. Teilt der Verkäufer von sich aus mit, dass er nicht liefern wird, **setzt er sich selbst in Lieferungsverzug**. Auch dann ist eine Mahnung des Käufers unnötig.

Wurde ein Liefertermin vereinbart, der **nicht kalendermäßig bestimmt** werden kann, muss der Käufer die fällige Lieferung anmahnen, damit der Verkäufer in Lieferungsverzug kommt. Eine **Mahnung** (dringende Aufforderung zur Lieferung) unterliegt keinen Formvorschriften. Es empfiehlt sich aber aus Beweisgründen, sie schriftlich abzufassen. Mit dem Zugang der Mahnung gerät der Verkäufer dann in Lieferungsverzug.

Kalendermäßig nicht bestimmbare Liefertermine:
- Lieferung sofort
- Lieferung so bald wie möglich
- Lieferung ab Mai

1 Was muss der Käufer bei der Warenannahme beachten?
2 Ist der Hersteller aus dem Eingangsbeispiel (Abschnitt 5.3) in Lieferungsverzug geraten und wenn ja, wann?
3 Welcher Schaden ist dem Institut entstanden und wie könnte dieser bemessen werden?

5.3.2 Rechte des Käufers bei Lieferungsverzug

Sind die Voraussetzungen für den Lieferungsverzug erfüllt, stehen dem Käufer verschiedene Rechte zu.

Der Käufer hat **sofort** das Recht

- die Lieferung weiterhin zu fordern. Das ist aus Sicht des Käufers sinnvoll, wenn er die Ware anderswo nicht oder nur zu einem höheren Preis beschaffen kann.
- Schadenersatz (Verzögerungsschaden) zu verlangen. Voraussetzung dafür ist, dass den Verkäufer ein **Verschulden** trifft und dem Käufer durch den Lieferungsverzug tatsächlich ein nachweisbarer Schaden entstanden ist.

Ein **Verschulden** des Verkäufers liegt vor, wenn er die Verzögerung durch fahrlässiges oder vorsätzliches Handeln zu verantworten hat.

Kein Verschulden trifft den Verkäufer bei höherer Gewalt, z. B. durch Unwetter oder Streik.

Nach Ablauf einer angemessenen Nachfrist kann der Käufer

- vom Kaufvertrag zurücktreten. Dies ist sinnvoll, wenn der Käufer die Ware anderswo schneller oder günstiger bekommt.
- Schadenersatz statt der Leistung verlangen. Auch hier ist das Verschulden des Verkäufers und ein nachweisbarer Schaden Voraussetzung.
- Ersatz vergeblicher Aufwendungen geltend machen. Solche Aufwendungen können dem Käufer bereits vor dem Eintreten des Lieferungsverzugs entstanden sein.

Ein Kosmetikinstitut plant die Veranstaltung eines „Schminktages", bei dem sich die Kunden von professionellen Visagisten gratis schminken lassen und die neue Kollektion kennen lernen können. Dazu wurden bei einem Hersteller größere Mengen dekorativer Kosmetikprodukte bestellt. Außerdem wurden Flyer gedruckt, die die Kunden auf die Veranstaltung aufmerksam machen sollten. Nachdem der Hersteller nicht rechtzeitig lieferte, musste die Veranstaltung kurzfristig abgesagt werden. Dem Institut ist ein Schaden durch den entgangenen Gewinn entstanden, den diese Verkaufsaktion gebracht hätte. Die Kosten für den Druck der Flyer können als vergebliche Aufwendungen geltend gemacht werden.

Eine **Nachfrist** muss dem Verkäufer Zeit geben, die Ware zu liefern, ohne dass er sie noch selbst herstellt oder anderswo beschafft. Hier wird also ein relativ enges Zeitfenster vorgegeben. Die Nachfrist kann entfallen, wenn ein Fixkauf oder ein Zweckkauf vorliegt oder der Verkäufer mitteilt, dass er nicht liefern kann.

Um bei einer verspäteten Lieferung nicht noch mehr Zeit zu verlieren, sollte dem Verkäufer bereits zusammen mit der Mahnung eine Nachfrist gesetzt werden.

Rechte des Käufers bei Lieferungsverzug

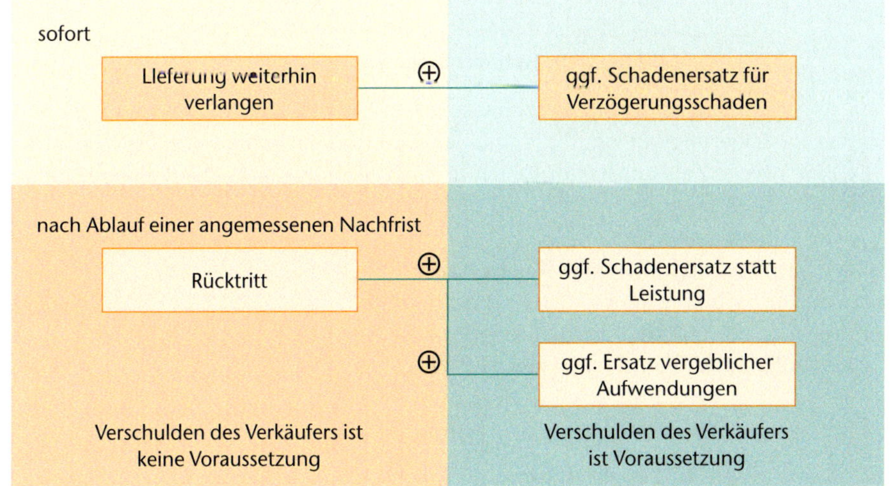

5.4 Annahmeverzug

Bei Annahmeverweigerung einer ordnungsgemäßen Lieferung gerät der Käufer in Annahmeverzug.

Die Kosmetikerin Nadine bestellt 20 Reinigungsmasken „Green Peel“ zur Lieferung am 15. Mai. Als die Lieferung pünktlich im Institut eintrifft, verweigert Nadine die Annahme, da sie zwischenzeitlich auf einer Fachmesse ein Produkt mit einer neuartigen Wirkstoffkombination kennen gelernt und sofort gekauft hat.

Liefert der Verkäufer die richtige Ware rechtzeitig und mängelfrei an den richtigen Ort und der Käufer nimmt sie nicht an, so gerät der Käufer in Annahmeverzug.

Voraussetzungen für den Annahmeverzug sind:
- Fälligkeit der Lieferung,
- der Verkäufer bietet dem Käufer die Ware an,
- der Käufer nimmt die Ware nicht ab.

In diesem Falle stehen dem Verkäufer verschiedene Rechte zu.

Rechte des Verkäufers bei Annahmeverzug

Hinterlegung	Selbsthilfeverkauf	Rücktritt
Der Verkäufer kann die Ware auf Kosten des Käufers in Verwahrung nehmen und auf Abnahme klagen.	Der Verkäufer kann die Ware nach Ablauf einer Nachfrist weiterverkaufen bzw. bei einer Versteigerung verkaufen lassen.	Der Verkäufer kann vom Kaufvertrag zurücktreten.

5.5 Zahlungsverzug

Zahlung vergessen? – Der Käufer gerät in Zahlungsverzug.

Ein Kosmetikinstitut hat mit dem Hersteller ein Zahlungsziel von 30 Tagen vereinbart. Die Rechnung trifft zusammen mit der Lieferung am 15. Mai im Institut ein. Am 20. Juni hat das Institut die Rechnung noch nicht bezahlt.

Der Käufer ist aus dem Kaufvertrag verpflichtet, die Ware zu bezahlen. Er kommt in Zahlungsverzug, wenn
- er den vereinbarten Kaufpreis nicht rechtzeitig, nicht vollständig oder gar nicht bezahlt,
- die Zahlung fällig ist und
- er den Zahlungsverzug zu vertreten hat.

Für die Fälligkeit der Zahlung gelten ähnliche Bestimmungen wie beim Lieferungsverzug. Wurde auf der Rechnung ein **kalendermäßig bestimmbarer Zahlungstermin** genannt, gerät der Käufer mit Ablauf dieses Datums in Verzug.

Ist der Termin **nicht kalendermäßig bestimmt**, tritt der Zahlungsverzug
- durch eine Mahnung oder
- automatisch 30 Tage nach Erhalt der Rechnung und bei Fälligkeit ein. Bei Verbrauchsgüterkäufen muss diese Bestimmung auf der Rechnung vermerkt sein.

Ist das Kosmetikinstitut aus dem Eingangsbeispiel in Zahlungsverzug geraten und wenn ja, wann?

Die Rechte des Verkäufers aus dem Zahlungsverzug entsprechen grundsätzlich denen des Käufers aus dem Lieferungsverzug. Der Verkäufer hat **sofort** das Recht
- auf der Zahlung zu bestehen und
- Schadenersatz (Verzögerungsschaden) zu verlangen.

Grundlage für die Berechnung des Verzögerungsschadens ist der Anspruch des Verkäufers auf Zahlung von **Verzugszinsen**. Der Zinssatz beträgt für das Jahr bei Verbrauchsgüterkäufen 5 % und bei Handelskäufen 8 % über dem gültigen **Basiszinssatz**. Gegen Nachweis kann der Verkäufer aber auch einen höheren Schaden geltend machen.

Zinsrechnung → Exkurs Fachrechnen im Anhang

Der **Basiszinssatz** wird jeweils zum 1. Januar und 1. Juli eines Jahres von der Europäischen Zentralbank (EZB) bekannt gegeben.

Nach Ablauf einer angemessenen Nachfrist kann der Verkäufer
- vom Kaufvertrag zurücktreten. Dies ist für den Verkäufer sinnvoll, wenn der Käufer zahlungsunfähig ist, um nicht ganz leer auszugehen.
- Schadenersatz statt der Leistung verlangen (Verschulden des Käufers und ein nachweisbarer Schaden ist Voraussetzung).
- Ersatz vergeblicher Aufwendungen geltend machen.

http://basiszinssatz.info

5.6 Mahnverfahren

Kommt der Käufer seiner Zahlungspflicht nicht nach, kann der Verkäufer mit Hilfe des kaufmännischen und des gerichtlichen Mahnverfahrens versuchen, seine Ansprüche durchzusetzen.

5.6.1 Kaufmännisches (außergerichtliches) Mahnverfahren

Unter dem kaufmännischen Mahnverfahren versteht man den Versuch des Verkäufers, den Käufer auf außergerichtlichem Wege zur Zahlung zu bewegen. Da es keine Vorschriften für das kaufmännische Mahnverfahren gibt, kann die Vorgehensweise im Einzelnen sehr unterschiedlich sein.

Schritt 1: Erinnerungsschreiben
Darin wird der Käufer freundlich an die Fälligkeit der Zahlung erinnert.

Schritt 2: Erste Mahnung
Reagiert der Käufer nicht, wird eine erste Mahnung verschickt. Darin wird der Käufer noch einmal zur Zahlung aufgefordert und ihm dafür ein bestimmter Termin (Nachfrist) gesetzt. Durch den Hinweis „Mahnung" z. B. in der Betreffzeile wird das Schreiben eindeutig als Mahnung erkennbar.

Schritt 3: Zweite Mahnung
Mit Ablauf der Nachfrist gerät der Käufer in Zahlungsverzug, wenn auf der Rechnung kein kalendermäßig bestimmbares Datum genannt war. Der Verkäufer kann nun Verzugszinsen berechnen. In der zweiten, schärfer formulierten Mahnung weist er auf diesen Umstand hin und kündigt eventuelle Kosten für das Mahnverfahren an.

Schritt 4: Dritte Mahnung
Der Käufer ist offensichtlich nicht zur Zahlung bereit oder in der Lage. Es wird eine letzte Frist gesetzt mit dem Hinweis, dass nach deren Ablauf das gerichtliche Mahnverfahren oder die Klage eingereicht wird.

Das kaufmännische Mahnverfahren hat in der Praxis an Bedeutung verloren. In der Regel ist bereits auf der Rechnung ein fester Zahlungstermin genannt, so dass der Käufer nach 30 Tagen automatisch in Zahlungsverzug gerät. In den meisten Fällen werden daher verkürzte Mahnverfahren angewendet.

Zahlungserinnerung

Sehr geehrte Frau Bond,

sicher haben Sie übersehen, unsere Rechnung Nr. 05679 vom 15. Mai rechtzeitig zu begleichen. Wir bitten Sie deshalb, den noch offenen Betrag in Höhe von 1500,– € in den nächsten Tagen zu überweisen.

Sollte der Ausgleich inzwischen erfolgt sein, betrachten Sie dieses Schreiben bitte als gegenstandslos.

Mit freundlichem Gruß

La Belle
Kosmetiktechnik GmbH

i. A.
Simon le Beau

Entwerfen Sie für den Hersteller La Belle einen Text für eine erste Mahnung zur fälligen Rechnung vom 15. Mai. Setzen Sie dem Kosmetikinstitut eine angemessene Nachfrist und berechnen Sie die Verzugszinsen für einen Monat (Basiszins: 1,21 %).

V Waren bewirtschaften

5.6.2 Gerichtliches Mahnverfahren

Bleibt das außergerichtliche Mahnverfahren erfolglos, kann der Verkäufer das gerichtliche Verfahren einleiten. Dazu muss er einen Mahnbescheid beim Amtsgericht beantragen. Ein solcher Antrag ist im Schreibwarengeschäft oder auch im Internet erhältlich. Der Verkäufer muss darin nur angeben, wie hoch seine Ansprüche sind und worauf er seine Forderungen stützt. Seine Angaben werden vom Gericht nicht überprüft.

Ablauf des gerichtlichen Mahnverfahrens

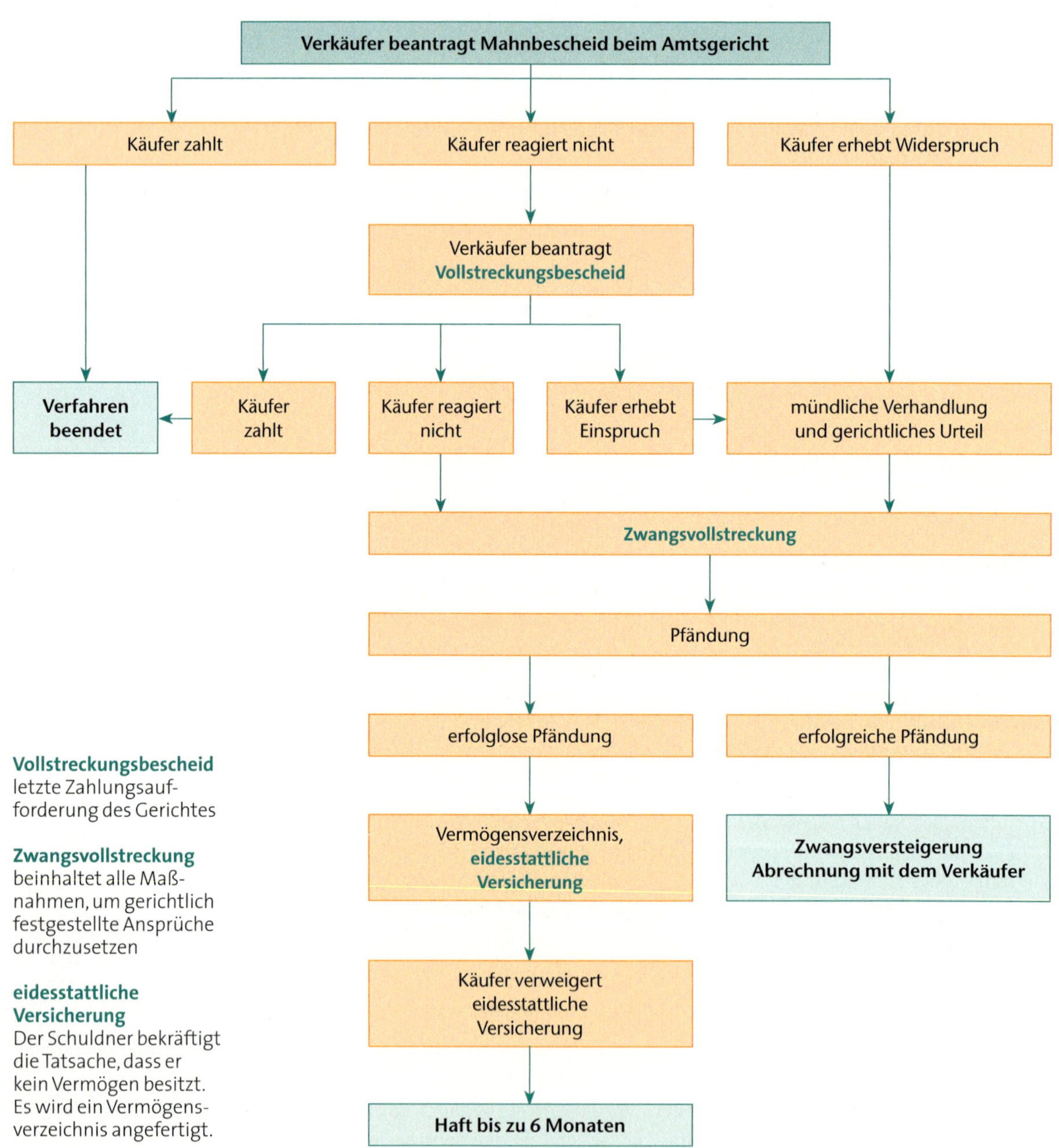

Vollstreckungsbescheid
letzte Zahlungsaufforderung des Gerichtes

Zwangsvollstreckung
beinhaltet alle Maßnahmen, um gerichtlich festgestellte Ansprüche durchzusetzen

eidesstattliche Versicherung
Der Schuldner bekräftigt die Tatsache, dass er kein Vermögen besitzt. Es wird ein Vermögensverzeichnis angefertigt.

Ablauf eines Zivilprozesses
→ Kapitel II/7.3.1

Der Verkäufer kann auch auf das gerichtliche Mahnverfahren verzichten und den Käufer direkt auf Zahlung verklagen. Zuständig ist das Amtsgericht bzw. bei einem Streitwert über 5000 Euro das Landgericht.

5.7 Verjährung von Ansprüchen

Die Ansprüche aus einem Kaufvertrag, z. B. auf Zahlung des Kaufpreises, können verjähren, d. h., nach einem bestimmten Zeitraum werden die Ansprüche nicht mehr vom Gesetz geschützt. Ist ein Anspruch verjährt, braucht der Käufer nicht mehr zu zahlen. Dies bedeutet aber nicht, dass der Anspruch nicht mehr besteht, denn wenn der Käufer nach Ablauf der Verjährungsfrist trotzdem zahlt, kann er sich hinterher nicht mehr auf die Verjährung berufen und sein Geld zurückfordern.

→ § 194 BGB

5.7.1 Verjährungsfristen

Ansprüche wegen **mangelhafter Leistung** (Schlechtleistung) verjähren nach zwei Jahren. Die Frist beginnt mit der Entstehung des Anspruchs, d. h. mit der Übergabe der Ware.

Verjährung bei Kaufverträgen
→ § 438 BGB

Die Kundin Frau Schulze kauft im Kosmetikinstitut Schön am 15. Juli 2007 eine Reinigungsmilch. Laut Angabe der Kosmetikerin soll die Reinigungsmilch ungeöffnet mindestens 30 Monate haltbar sein. Beim Öffnen am 3. August 2009 stellt Frau Schulze fest, dass das Produkt verdorben ist. Sie kann jedoch keine Ansprüche gegen das Institut geltend machen, da diese verjährt sind.

Entstehung des Anspruchs = Beginn der Verjährungsfrist — Ende der Verjährungsfrist

2 Jahre

15.07.2007 — 15.07.2009

Die regelmäßige Verjährungsfrist für **Geldansprüche** beträgt drei Jahre. Sie beginnt am Ende des Jahres, in dem der Anspruch entstanden ist.

→ § 195 BGB

Ein Kosmetikinstitut kauft eine neue Behandlungsliege. Die Rechnung geht dem Institut am 21. Oktober 2007 zu und ist am 20. November 2007 fällig.

Entstehung des Anspruchs — Beginn der Verjährungsfrist — Ende der Verjährungsfrist

3 Jahre

20.11.2007 — 31.12.2007 — 31.12.2010

Für bestimmte Fälle sind **besondere Verjährungsfristen** vorgesehen. So verjähren Ansprüche aus rechtskräftigen Urteilen oder Vollstreckungsbescheiden erst nach 30 Jahren. Das gerichtliche Mahnverfahren hat daher für den Verkäufer auch den Zweck, die Verjährung seiner Ansprüche zu verhindern. Gleiches gilt für Schadenersatzansprüche, die wegen einer Verletzung des Lebens, des Körpers, der Gesundheit oder der Freiheit entstanden sind. Bestimmte Verbrechen wie z. B. Mord verjähren nie.

Das kaufmännische Mahnverfahren hat auf die Verjährung keinen Einfluss.
→ Kapitel V/5.6.1

gerichtliches Mahnverfahren
→ Kapitel V/5.6.2

5.7.2 Neubeginn der Verjährung

Wird die Verjährung unterbrochen, beginnt der Lauf der Verjährung ohne Anrechnung der schon abgelaufenen Frist wieder von vorn. Dies ist der Fall, wenn

- der Schuldner den Anspruch ausdrücklich (z. B. schriftlich), durch eine Teilzahlung oder durch die Zahlung von Verzugszinsen anerkennt,
- der Gläubiger seine Ansprüche gerichtlich geltend macht, also z. B. Klage erhebt oder einen gerichtlichen Mahnbescheid beantragt.

→ § 212 BGB

Die fällige Rechnung über die Behandlungsliege wird am 20. Dezember 2007 und am 20. Januar 2008 angemahnt. Daraufhin leistet das Kosmetikinstitut am 15. März 2008 eine Anzahlung über 500 Euro.

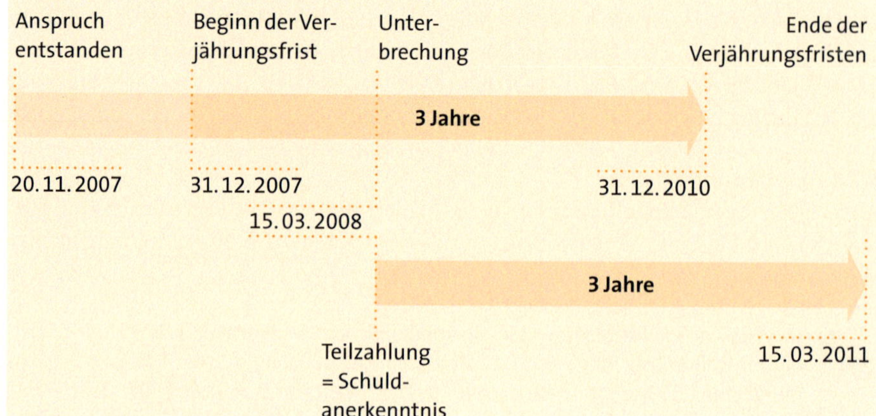

5.7.3 Hemmung der Verjährung

Hemmung der Verjährung
→ § 203 BGB
→ § 204 BGB
→ § 205 BGB

Stundung
zeitlich begrenzter Zahlungsaufschub

Der Ablauf der Verjährungsfrist wird unter bestimmten Umständen gehemmt. Der Zeitraum, in dem die Verjährung gehemmt ist, wird nicht in die Verjährungsfrist mit eingerechnet. Die Verjährung wird z. B. gehemmt, wenn

- zwischen Schuldner und Gläubiger Verhandlungen über den Anspruch stattfinden,
- Klage erhoben wird,
- der Schuldner um **Stundung** bittet und der Gläubiger sie bewilligt,
- der Gläubiger durch höhere Gewalt an der Rechtsverfolgung seiner Ansprüche gehindert ist, oder
- durch die Zustellung des Mahnbescheids im Mahnverfahren.

Der Verkäufer der Behandlungsliege hat auf Grund der Teilzahlung einer Stundung des Restbetrages zugestimmt. Er bewilligt dem Kosmetikinstitut, das sich vorübergehend in Zahlungsschwierigkeiten befindet, am 1. April 2008 einen Zahlungsaufschub bis zum 31. Juli 2008.

Anspruch entstanden — Beginn der Verjährungsfrist — Unterbrechung — Ende der Verjährungsfristen

3 Jahre

20.11.2007 — 31.12.2007 — 31.12.2010

15.03.2008 — 01.04.2008 — 31.07.2008

3 Jahre und 4 Monate

Neubeginn der Verjährung — Beginn der Hemmung — Ende der Hemmung — 15.07.2011

1 Wie sollte die Kosmetikerin vorgehen, wenn eine bestellte Lieferung nicht pünktlich eintrifft?

2 Sie erhalten einen gerichtlichen Mahnbescheid über 15 000,00 €. Sie sind aber sicher, dem Antragsteller diesen Betrag nicht zu schulden. Was tun Sie?

3 Ein Kosmetikinstitut kauft am 15.02.2007 einen Geräteturm im Wert von 3000,00 €. Die Rechnung ist nach 30 Tagen fällig. Wann verjährt der Zahlungsanspruch des Herstellers?

6 Waren lagern

Eine Lagerhaltung ist immer dann erforderlich, wenn die beschaffte Verkaufs- und Kabinettware von der Kosmetikerin nicht sofort wieder verbraucht oder weiterverkauft wird. Das Lagern von Waren hat hier eine **Ausgleichsfunktion**, indem es die zeitliche Differenz zwischen Wareneingang und Warenausgang überbrückt.

6.1 Zielkonflikt der Lagerhaltung

Grundsätzlich muss jedes Unternehmen überlegen, ob es große Warenmengen in langen Zeitabständen oder lieber kleine Mengen in kurzen Zeitabständen beschaffen will. Die Vorteile der einen Strategie stellen dabei gleichzeitig die Nachteile der anderen dar, woraus sich der so genannte Zielkonflikt der Lagerhaltung ergibt.

Großes Warenlager = geringe Bestellhäufigkeit
- niedrige Bezugspreise
- niedrige Bezugskosten
- ständige Verkaufsbereitschaft
- ständige Behandlungs-bereitschaft

Zielkonflikt der Lagerhaltung

Kleines Warenlager = hohe Bestellhäufigkeit
- niedrige Lagerkosten
- geringe Kapitalbindung
- geringe Gefahr des Verderbs
- hohe Flexibilität bei Anpassung an Trends

Bei der **Beschaffung großer Warenmengen** entstehen hohe **Lagerkosten**. Gleichzeitig bindet das Unternehmen, das die bestellte Ware ja bezahlen muss, in großem Umfang Kapital, das dann nicht mehr für andere Investitionen zur Verfügung steht. Andererseits können günstige Konditionen beim Einkauf (z. B. Mengenrabatte, geringere Transport- und Verpackungskosten) genutzt und so die Bezugspreise gesenkt werden. Die Verkaufsbereitschaft des Instituts ist jederzeit gesichert.

Lagerkosten setzen sich zusammen aus
- Raumkosten,
- Betriebskosten (Strom, Heizung),
- Versicherungen,
- Kosten der Lager-einrichtung,
- Kosten für Warepflege,
- Kapitalbindungskosten.

Umgekehrt bleiben bei der **Beschaffung kleiner Warenmengen** in kurzen Zeitabständen die Lagerkosten gering, dafür können Engpässe auf Grund verlängerter Lieferfristen entstehen und eventuelle Rabatte nicht genutzt werden. Die Gefahr des Verderbs von Waren wegen Überalterung ist gering. Darüber hinaus kann das Unternehmen flexibel auf Änderungen der Nachfrage reagieren.

Die optimale Lagermenge hält die Summe aus Lager- und Beschaffungskosten so gering wie möglich und sichert dabei gleichzeitig die ständige Verkaufs- und Behandlungsbereitschaft der Kosmetikerin.

6.2 Lagerwirtschaft im Kosmetikinstitut

Ein Kosmetikinstitut ist in der Regel ein übersichtliches Handelsgeschäft. Weder große Güter noch enorme Stückzahlen sind zu bewirtschaften. Auch müssen die benötigten Produkte meist nicht lange im Voraus bestellt werden, da die Lieferanten in Deutschland oder in den europäischen Nachbarländern ansässig sind und kurze Lieferzeiten haben. Eine Bevorratung mit großen Warenmengen ist daher nicht erforderlich.

Je nach Größe des Unternehmens wird ein Warenvorrat für **Kabinettware** gebraucht. Diese Ware befindet sich griffbereit am Arbeitsplatz und zum Teil im Kühlschrank. Die Verkaufsware wird in den entsprechenden Warenträgern im Verkaufsraum gelagert.

Lagerung von Verkaufsware

Hersteller bieten oftmals über das Jahr verteilt **Sonderaktionen** zu vergünstigten Einkaufspreisen an. Dabei werden meist gewisse Abnahmemengen vorgegeben.

Ein Feuchtigkeitsgel zur Unterlagenpflege für jedes Hautbild ist das ganze Jahr über ein gut verkäuflicher Artikel. Der Hersteller macht zu diesem Produkt ein Angebot: 20 Tuben Feuchtigkeitsgel werden pro Tube für 9,00 € statt für 10,80 € angeboten. Der Einkauf bringt also eine Ersparnis von 36,00 €.

Sich mit Waren zu bevorraten ist dann sinnvoll, wenn ein bestimmtes Produkt regelmäßig und gut abverkauft wird. Sind die Verkäufe unregelmäßig oder unsicher, sollten Sie abwägen: Können Sie es sich leisten, das Produkt längere Zeit im Regal stehen zu haben, falls es nicht gleich seine Liebhaber findet? Hier muss die mögliche Ersparnis gegen die anfallenden Kosten aufgerechnet werden.

Mit einem solchen günstigen Einkauf könnte auch eine Sonderaktion für Kunden gestaltet werden. Sie können dann die günstigen Einkaufspreise an die Kunden weitergeben, ohne zusätzliche Kosten einrechnen zu müssen.

Grundsätze einer klugen Lagerwirtschaft:

- Produkte, die häufig verkauft werden, sollten immer am Lager sein.
- Der Warenbestand wird auf das Notwendigste minimiert, um die Kapitalbindung zu senken.
- Bei Artikeln mit hohen Umsatzzahlen lohnt sich der Einkauf in größeren Mengen, wenn der Hersteller einen Sonderpreis anbietet.

In vielen Instituten werden die Warenein- und -ausgänge über Computerprogramme verwaltet. Mit solchen Systemen kann jederzeit der aktuelle Bestand eines Artikels abgerufen werden. Voraussetzung ist, dass alle Wareneingänge, Verkäufe und Entnahmen sofort eingegeben und gespeichert werden. Wird der vorgegebene Mindest- oder Meldebestand unterschritten, wird der Artikel automatisch in einer Bestellliste vorgemerkt.

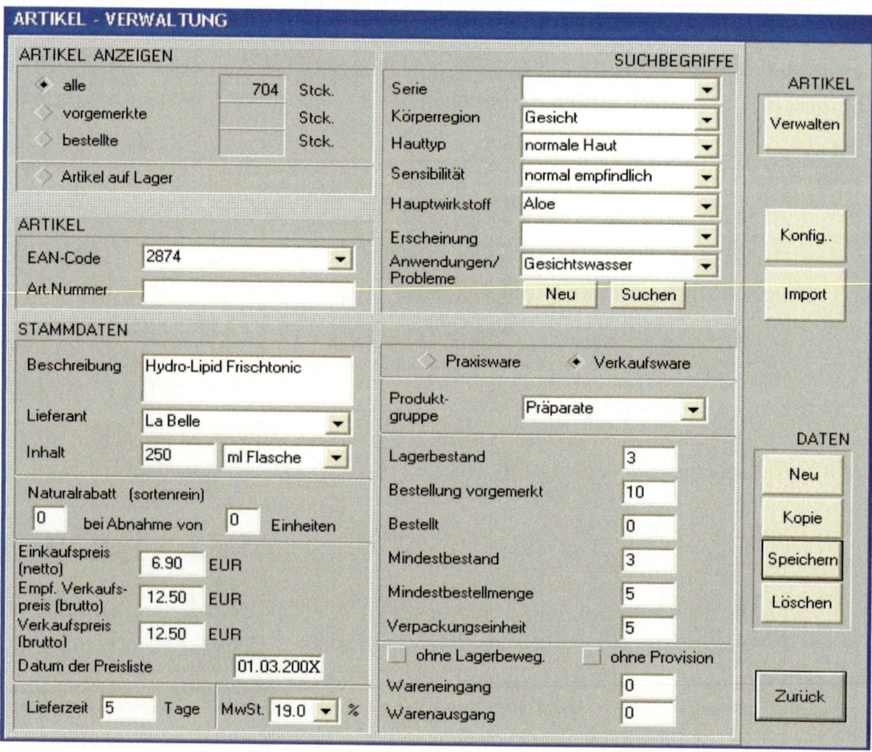

Elektronische Artikelverwaltung

6.3 Warenpflege

Meistens handelt es sich bei der Kabinett- und Verkaufsware des Kosmetikinstituts um Fertigprodukte, d. h., die Kosmetika werden in den dafür vorgesehenen verschlossenen Behältnissen geliefert, gelagert und schließlich vom Kunden erworben. Für ungeöffnete Fertigprodukte beträgt die **Produkthaltbarkeit** in der Regel drei Jahre. Im Zweifelsfall empfiehlt es sich, beim Hersteller Auskunft über die Haltbarkeitsdauer einzuholen.

Ab März 2005 müssen Hersteller EU-weit auf Kosmetika, die ungeöffnet länger als 30 Monate haltbar sind, die Haltbarkeitsdauer nach Öffnen vermerken.
→ F Kapitel II/1.1.4

Die Verkaufsware wird ganz oder zu einem großen Teil im Verkaufsraum gelagert. Schon die Grundsätze der Warenpräsentation erfordern, dass die Ware ständig auf Unversehrtheit überprüft wird, denn nur einwandfreie Ware motiviert den Kunden zum Kauf. Um die Verkäuflichkeit der Ware zu erhalten und den Verderb von Waren so weit wie möglich zu verhindern, müssen die Produkte sachgerecht gelagert werden.

Grundregeln der Warenpräsentation
→ Kapitel VI/4.3

Tabelle V/2 *Sachgerechte Lagerung von Kosmetika*

Schutz der Ware vor	Maßnahmen
Staub und Verschmutzungen	Ware regelmäßig überprüfen, Staub entfernen, Ware falls nötig austauschen
Nässe	Ware nicht in Räumen mit hoher Luftfeuchtigkeit lagern
Hitze	Ware nicht direkter Sonneneinstrahlung aussetzen
Überlagerung	neu gelieferte Waren im Regal stets nach hinten, die ältere Ware nach vorn räumen (Rotation)

Die Verkaufsverpackung dient der Aufbewahrung bis zum Verbrauch.

Stellen Sie fest, dass eine **Umverpackung** geöffnet wurde oder beschädigt ist, muss auch die **Verkaufsverpackung** kontrolliert werden. Geöffnete Produkte dürfen nicht mehr zum Verkauf angeboten werden.

Die Umverpackung ist eine zusätzliche Verpackung um die eigentliche Verkaufsverpackung.

Bei der **Kabinettware** besteht das Problem, dass sie häufig über einen längeren Zeitraum hinweg geöffnet ist, bevor sie verbraucht wird. Damit die geöffneten Produkte nicht vorzeitig verderben, sollten Sie Folgendes beachten:

- Inhalt nicht mit den Fingern entnehmen,
- Tuben und Tiegel sofort nach Entnahme wieder sorgfältig verschließen,
- das Öffnungsdatum auf dem Produkt vermerken,
- Produkte, die über einen längeren Zeitraum nicht verwendet werden, im Kühlschrank aufbewahren.

Merkmale verdorbener Ware

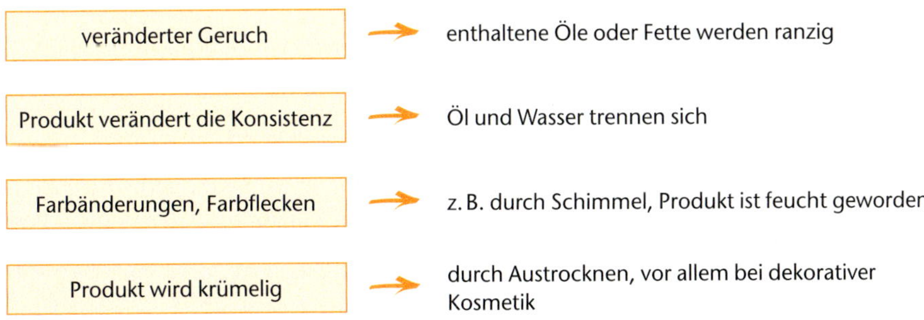

Ist ein Produkt verdorben oder ist das Haltbarkeitsdatum nach dem Öffnen überschritten, darf es nicht mehr verwendet werden.

7 Zahlungsverkehr

Münzen sind nur in begrenztem Umfang gesetzliches Zahlungsmittel. Die Kosmetikerin ist nicht verpflichtet, mehr als 50 Münzen pro Kunde und Zahlungsvorgang anzunehmen.

Zahlung – das ist die Übertragung von Kaufkraft vom Zahlenden an den Zahlungsempfänger. Zahlungen können durch direkte Übergabe des gesetzlichen Zahlungsmittels, also von Banknoten und **Münzen** erfolgen (Barzahlung) oder über ein Girokonto abgewickelt werden (bargeldlose Zahlung). Mit Zahlungsverkehr ist die Gesamtheit aller Zahlungen gemeint, die die Kosmetikerin von ihren Kunden erhält oder selbst z. B. an Lieferanten oder Vermieter zu leisten hat.

7.1 Barzahlung

Quittung

EUR

Netto 126,05

+19 %MwSt. 23,95

Nr.

Gesamt 150,00

Betrag in Worten – Einhundertfünfzig – Cent wie oben

von Frau Fiedler

für Kosmetikbehandlung Day-Spa

dankend erhalten.

Ort/Datum Berlin, 28.05.200X

Buchungsvermerke

Stempel/Unterschrift des Empfängers

Kosmetikstudio Schön
Nadine Schön
Bleibtreustr.60
12345 Berlin

Bei kleineren Beträgen ist es immer noch üblich, mit Bargeld zu bezahlen. Da im Kosmetikinstitut Kunde (Zahlender) und Kosmetikerin (Zahlungsempfänger) in persönlichem Kontakt miteinander stehen, funktioniert die Barzahlung schnell und unkompliziert. Bargeld bedeutet für die Kosmetikerin eine unmittelbare Einnahme. Jedoch sind Verlust, Diebstahl oder Falschgeld Gefahren, die die Kosmetikerin beim Umgang mit Bargeld beachten sollte.

Bezahlt ein Kunde in bar, kann er nach § 368 BGB einen **Zahlungsnachweis** verlangen. Das kann eine Quittung oder der Kassenbon sein. Auf der Quittung ist ab einem Wert von 100 Euro brutto die **Umsatzsteuer** (auch Mehrwertsteuer genannt) gesondert auszuweisen.

7.2 Bargeldloser Zahlungsverkehr

Besteht zwischen Zahlendem und Zahlungsempfänger kein persönlicher Kontakt, wäre die Übergabe von Bargeld sehr aufwändig und teuer. Um z. B. ihre Warenlieferungen zu bezahlen, müsste die Kosmetikerin das Geld jedes Mal bei ihrem Lieferanten vorbeibringen. Deshalb gewinnt der bargeldlose Zahlungsverkehr zunehmend an Bedeutung. Voraussetzung ist die Einrichtung eines **Girokontos** bei einem Geldinstitut (Bank oder Sparkasse). Für jedes Kosmetikinstitut ist es unumgänglich, ein solches Geschäftskonto einzurichten, aber auch für Privatpersonen ist das persönliche Giro- oder Gehaltskonto heute Standard.

Beleg
Zahlungsnachweis

Zur Kontrolle der bargeldlosen Zahlungsvorgänge dient der **Kontoauszug**. Darauf werden alle eingegangenen und abgebuchten Beträge chronologisch aufgeführt und der aktuelle Kontostand wird vermerkt. Kontoauszüge dienen auch als **Belege** – für ein Geschäftskonto sind sie daher 10 Jahre aufzubewahren.

Der Zahlende hat auch die Möglichkeit, Bargeld bei der Bank einzuzahlen. Die Bank schreibt den Betrag dann dem Konto des Zahlungsempfängers gut. Diese Zahlungsform wird als **halbbare Zahlung** bezeichnet, weil nur einer der Beteiligten über ein Konto verfügen muss. Die Zahlung **per Nachnahme** ist eine andere Art der halbbaren Zahlung in Verbindung mit einer Warensendung. Die Post wird vom Verkäufer beauftragt, die Ware nur gegen Bezahlung des Kaufpreises auszuhändigen. Der von der Post eingezogene Betrag wird dem Konto des Verkäufers gutgeschrieben.

7.2.1 Überweisung

Mit der Überweisung beauftragt der Zahlende seine Bank, einen bestimmten Betrag von seinem Konto abzubuchen und dem Konto des Zahlungsempfängers gutzuschreiben. Er füllt dazu ein Überweisungsformular aus und reicht es bei seiner Bank ein.

Häufig versendet der Zahlungsempfänger zusammen mit seiner Rechnung einen Überweisungsvordruck, auf dem eigene Angaben (z. B. Name, Bankverbindung und Betrag) bereits eingetragen sind. Die Verwendung dieses Vordruckes ist aber für den Zahlenden nicht verpflichtend.

Überweisungsauftrag an
123 456 78
BANK IN NEUHAUSEN

Empfänger: Name, Vorname/Firma (max. 27 Stellen)
Comed Kosmetiktechnik GmbH
Konto-Nr. des Empfängers: 9876543210
Bankleitzahl: 00100200
bei (Kreditinstitut): Bank Überall
DM od. EUR: EUR
Betrag: 231,00
Kunden-Referenznummer – noch Verwendungszweck: Rechn.-Nr. 271v. 200X-02-15
Kontoinhaber: Name, Vorname/Firma, Ort: Kosmetikstudio Schön
Konto-Nr. des Kontoinhabers: 0012345678
20

MUSTER

Datum: 20.02.0X Unterschrift: Nadine Schön

Überweisungsformular

7.2.2 Dauerauftrag

Fallen in regelmäßigen Abständen Zahlungen an einen bestimmten Empfänger in immer gleicher Höhe an, so kann der Zahlende bei seiner Bank einen Dauerauftrag einrichten. Dies empfiehlt sich z. B. bei der Überweisung der Miete. Die Bank überweist den Betrag dann zum festgesetzten Termin (z. B. am Ersten jedes Monats) automatisch an den Empfänger, bis der Zahlende den Dauerauftrag widerruft.

7.2.3 Lastschriftverfahren

Bei regelmäßig anfallenden Zahlungen in unterschiedlicher Höhe (z. B. Telefonrechnung) kann der Zahlende dem Zahlungsempfänger schriftlich eine **Einzugsermächtigung** erteilen. Der Empfänger kann dann die fälligen Rechnungsbeträge durch die Bank vom Konto des Zahlenden abbuchen und seinem Konto gutschreiben lassen. Da die Bank nicht überprüft, ob die Abbuchung korrekt ist, kann sie der Zahlende bis zu sechs Wochen lang rückgängig machen. Der Betrag wird dann auf sein Konto zurückgebucht. Außerdem kann er die Einzugsermächtigung jederzeit schriftlich widerrufen.

7.2.4 Scheck

Ein Scheck ist die Anweisung des Kontoinhabers an seine Bank, bei Vorlage des Schecks einen bestimmten Betrag an den Scheckinhaber zu zahlen. Bei einem **Barscheck** erfolgt die Auszahlung in bar, bei einem **Verrechnungsscheck** per Gutschrift auf das Konto des Scheckinhabers. Der Verrechnungsscheck ist durch den Vermerk „nur zur Verrechnung" gekennzeichnet. Der Zahlungsempfänger (Scheckinhaber) hat allerdings keine Garantie, dass er den Betrag auch tatsächlich erhält: Wenn auf dem Konto des Zahlenden kein entsprechendes Guthaben vorhanden ist bzw. er über keinen ausreichenden Kredit verfügt, wird seine Bank die Auszahlung verweigern: Der Scheck ist „geplatzt".

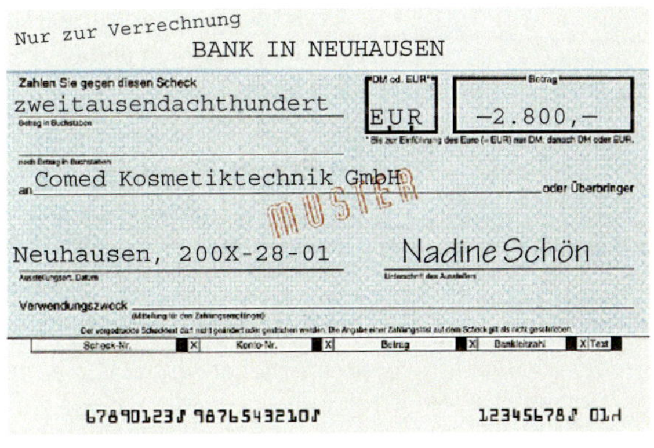
Nur zur Verrechnung
BANK IN NEUHAUSEN
Zahlen Sie gegen diesen Scheck
zweitausendachthundert
DM od. EUR: EUR
Betrag: -2.800,-
an Comed Kosmetiktechnik GmbH oder Überbringer
MUSTER
Neuhausen, 200X-28-01 Nadine Schön
Ausstellungsort, Datum / Unterschrift des Ausstellers
Verwendungszweck
678901234 9876543210 12345678 01

Verrechnungsscheck

7.3 Zahlung mit kartengestützten Systemen

Der Kunde von heute legt Wert auf eine einfache und bequeme Zahlungsabwicklung. Um vom Bargeld unabhängig zu sein, nutzen immer mehr Kunden die verschiedenen kartengestützten Zahlungssysteme (das so genannte „Plastikgeld"). Nach Eröffnung des Girokontos händigt die Bank eine **Zahlungsverkehrskarte** sowie eine zugehörige **PIN** aus. Die PIN ist eine vierstellige Geheimnummer (**P**ersönliche **I**dentifikations-**N**ummer) und dient als Ausweis für den rechtmäßigen Karteninhaber. Damit lässt sich an den Geldautomaten der Banken innerhalb des vereinbarten Kreditrahmens Bargeld abheben. Ist die Karte mit einem entsprechenden Chip versehen, kann sie auch als Geldkarte verwendet werden.

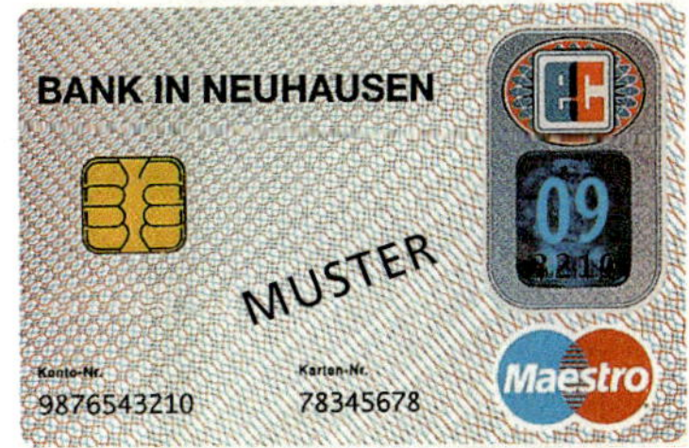

Zahlungsverkehrskarte mit Geldkartenfunktion

POS
engl. Point of Sale
Ort der Zahlung

7.3.1 Electronic cash (POS-Zahlung)

Bei dieser Zahlungsform erfolgt die Zahlung direkt am Ort des Verkaufes, also noch im Geschäft. Nach Eingabe der PIN wird über das zuständige Rechenzentrum der kontoführenden Bank (online) geprüft, ob Karte und PIN übereinstimmen, die Karte nicht gesperrt ist und eine ausreichende Kontodeckung vorliegt. Ist alles korrekt, wird die Zahlung innerhalb weniger Sekunden durch die Bank freigegeben und ausgeführt.

Für diese Zahlungsweise benötigt der Zahlungsempfänger ein spezielles Kartenlesegerät. Üblicherweise werden diese Geräte über die Geldinstitute im Direktvertrieb angemietet. Zu dem monatlichen Mietpreis, der je nach Anbieter unterschiedlich hoch sein kann, und den Kosten für die Online-Verbindung kommen noch Gebühren in Prozent des getätigten Umsatzes hinzu. Diese Kosten werden zu Lasten des Zahlungsempfängers abgerechnet. Für den Kunden ist die POS-Zahlung kostenfrei.

Um Missbrauch vorzubeugen bzw. notfalls Ansprüche an die Bank geltend machen zu können, ist eine PIN immer getrennt von der Karte aufzubewahren.

7.3.2 Elektronisches Lastschriftverfahren (ELV)

Dieses Verfahren ist dem „klassischen" Lastschriftverfahren sehr ähnlich. Anders als bei der POS-Zahlung muss der Kunde seine PIN nicht angeben, sondern die Karte wird nur eingelesen und es wird ein Lastschriftbeleg ausgedruckt, den der Kunde unterschreiben muss. Er erteilt dem Zahlungsempfänger damit eine Einzugsermächtigung über den fälligen Betrag.

Da bei diesem System die automatische Überprüfung einer Sperrung und der Zahlungsfähigkeit des Karteninhabers fehlt, trägt der Zahlungsempfänger das Risiko, dass der fällige Betrag nicht eingelöst wird. In diesem Fall ist die beim Zahlungsempfänger verbleibende Quittung wichtig, um von dem Betreiber die ausstehende Summe zu erhalten. Dabei ist jedoch die maximale Umsatzhöhe des Betreibers zu beachten.

Bei einem Missbrauch der Karte kann der rechtmäßige Karteninhaber die Einzugsermächtigung widerrufen. Um Missbrauch zu verhindern, sollten Sie die Unterschriften auf der Karte und auf dem Beleg genau vergleichen. Möglich ist auch eine Identitätsprüfung mit Hilfe des Personalausweises.

Die Summe der Tageseinnahmen wird mit einem Abschlussbeleg ausgedruckt. Einmal im Monat sendet das betreibende Geldinstitut eine Abrechnung über die bis dahin eingegangenen Beträge zu.

7.3.3 Kreditkarte

Eine andere Form der Zahlungsverkehrskarte ist die Kreditkarte. Die Kreditkarte wird bei der Bank beantragt. Diese leitet den Antrag an das entsprechende Kreditkartenunternehmen (z. B. Mastercard, VISA oder American Express) weiter und prüft die Zahlungsfähigkeit des Antragstellers. Der Karteninhaber kann dann in allen Geschäften, die einen Vertrag mit dem Kartenunternehmen geschlossen haben, bargeldlos mit der Karte bezahlen. Dabei erfolgt die Zahlung des Betrages zunächst durch das Kartenunternehmen, das seinerseits wiederum das Konto des Karteninhabers belastet. Ähnlich wie bei der POS-Zahlung wird die Karte geprüft und die Zahlung sofort freigegeben.

Die Abbuchung vom Konto des Inhabers erfolgt jedoch nicht sofort, sondern in der Regel nur einmal monatlich, d. h., der Karteninhaber kann einen bis zu 30-tägigen kostenlosen Kredit in Anspruch nehmen. Unter Verwendung einer zugehörigen PIN kann außerdem weltweit Bargeld an den Geldautomaten abgehoben werden.

Für die Nutzung der Karte wird in der Regel eine Gebühr fällig, die der Karteninhaber an das Kartenunternehmen zu zahlen hat. Für den Vertragspartner des Kartenunternehmens fällt außerdem eine Umsatzprovision an, die derzeit bei etwa 3 % liegt.

7.3.4 Geldkarte

Die Geldkarte, auch „elektronisches Portemonnaie" genannt, funktioniert ähnlich wie eine Telefonkarte. Ist die Zahlungsverkehrskarte mit dem notwendigen Chip versehen, kann sie an speziellen Ladeterminals der Banken mit einem Guthaben von bis zu 200 Euro aufgeladen werden. Diesen Betrag bucht die Bank dann vom Girokonto ab. Ist das Guthaben verbraucht, kann die Karte neu geladen werden.

Für die Bezahlung mit der Geldkarte werden weder PIN noch Unterschrift benötigt. Geht die Karte verloren, kann der Finder auch über das Guthaben verfügen. Diese Zahlungsform ist sinnvoll, wenn bei kleinen Beträgen nicht genug oder kein passendes Kleingeld zur Hand ist.

Bei Verlust einer Zahlungsverkehrskarte muss die Bank oder das Kreditkartenunternehmen sofort informiert werden. Meist sind dafür spezielle Hotlines eingerichtet, über die eine Sperrung der Karte veranlasst werden kann. Erfolgt die Benachrichtigung nicht rechtzeitig, so gehen unrechtmäßig erfolgte Abbuchungen zu Lasten des Karteninhabers.

7.4 Online-Banking

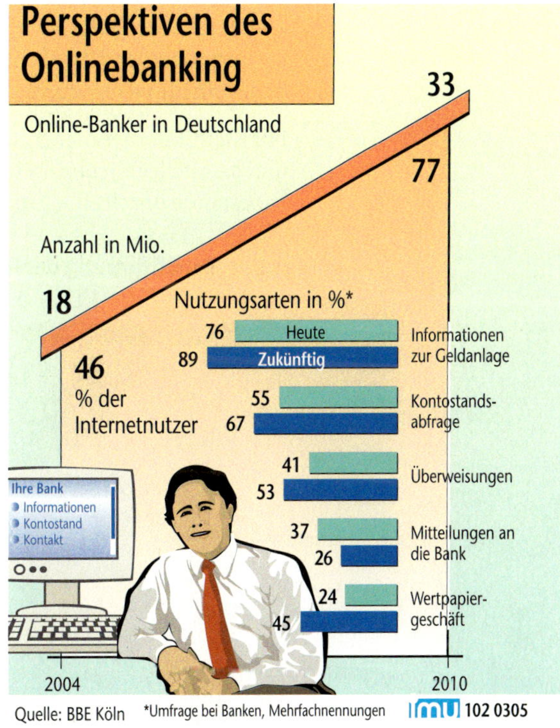

Wer einen Internetzugang besitzt, kann viele Bankgeschäfte auch einfach am PC erledigen. Fast alle Banken bieten heute Online-Konten und die dazu notwendige Software – oft kostenlos – an. Außerdem gibt es eine Reihe von Banken, die ganz ohne Filialen auskommen und ihre Dienste nur über das Internet oder das Telefon anbieten, so genannte Direktbanken.

Für das Online-Banking erhält man von der Bank neben der PIN auch eine Liste mit bis zu 50 so genannten **Transaktionsnummern** (TAN), die die Unterschrift des Kunden ersetzen. Die TAN sind nur einmal verwendbar und sollten – ebenso wie PIN – sorgfältig aufbewahrt werden. Trotz dieser Sicherheitsmaßnahmen warnen Experten jedoch immer wieder vor eventuellen Missbrauchsmöglichkeiten.

Hat der Kunde mit der Bank eine Online-Kontoführung vereinbart, so können Überweisungen getätigt und Daueraufträge eingerichtet, geändert oder gelöscht werden. Außerdem kann man natürlich jederzeit den aktuellen Kontostand abfragen.

1 Nennen Sie die optimale Zahlungsart für
a) die Telefonrechnung
b) Abschlagszahlung für Strom
c) den Kauf einer neuen Kosmetikliege
d) die Bezahlung einer Warenlieferung
e) Gebühren im Parkhaus
f) den Kauf einer neuen Druckerkartusche

2 Erstellen Sie eine Übersicht über die Vor- und Nachteile der Zahlung mit POS, ELV und Kreditkarte
a) für den Kunden
b) für das Kosmetikinstitut

3 Warum entscheiden sich viele Unternehmer für den Einsatz des ELV-Systems und gegen POS?

8 Inventur

Warenbuch
→ Kapitel VII/5.3.3

Sollbestand
Warenbestand nach den Aufzeichnungen des Instituts zu einem bestimmten Zeitpunkt

Istbestand
tatsächlicher Warenbestand zu einem bestimmten Zeitpunkt

Die ständige Erfassung aller Wareneingänge und Warenausgänge erfolgt im Kosmetikinstitut mit Hilfe des Computers oder durch das Führen eines Wareneingangs- bzw. ausgangsbuchs. Darin werden alle Einkäufe, Verkäufe und Entnahmen für Behandlungen nach Art, Menge und Datum erfasst. Auf Grund dieser Daten sind die **Sollbestände** aller Artikel jederzeit abrufbar.

Von Zeit zu Zeit muss jedoch überprüft werden, ob die in der Buchhaltung erfassten Warenbestände auch tatsächlich im Institut vorhanden sind. Dazu muss die Kosmetikerin die **Istbestände** ihres Geschäftes durch Zählen, Messen, Wiegen oder (in Ausnahmefällen) durch Schätzen erfassen und mit den Sollbeständen vergleichen. Die Erfassung der Istbestände nennt man **Inventur**.

Inventur ist die mengen- und wertmäßige Bestandsaufnahme aller Vermögensgegenstände zum Ende des Geschäftsjahres.

Buchführungspflicht
→ Kapitel VII/5.1

Kaufmannsbegriff
→ Kapitel VII/1.4.2

Eine Kauffrau ist nach § 240 HGB und nach § 140 der Abgabenordnung (AO) verpflichtet,
- bei Eröffnung oder Übernahme des Geschäftes,
- bei Auflösung oder Veräußerung des Geschäftes und
- am Ende eines jeden Geschäftsjahres (meist am 31. Dezember)

ihr Vermögen und ihre Schulden genau festzustellen. Mindestens einmal im Jahr muss daher eine Inventur durchgeführt werden.

Für Kleinunternehmer entfällt unter bestimmten Umständen die Buchführungspflicht und damit die Pflicht zur Durchführung einer Inventur. Trotzdem ist eine Kontrolle der Istbestände durch eine jährliche Inventur für jedes Unternehmen sinnvoll.

8.1 Durchführung der Inventur

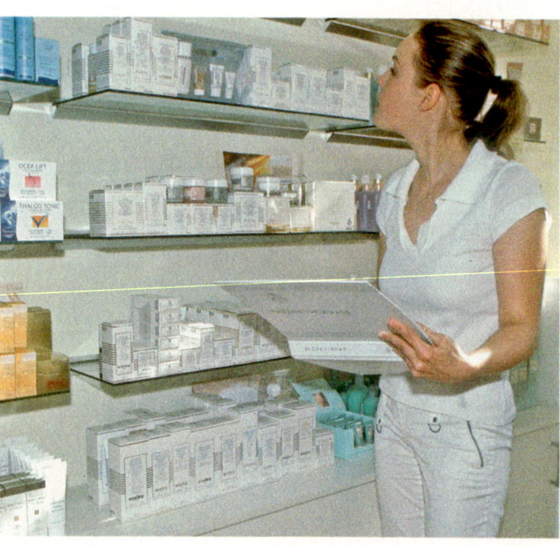

Die Ergebnisse der Inventur werden in die Inventurliste eingetragen.

8.1.1 Körperliche Inventur

Bei der körperlichen Inventur wird der Istbestand der körperlichen Vermögensgegenstände (Verkaufs- und Kabinettware) erfasst.

Von jedem einzelnen Artikel muss
- die handelsübliche Bezeichnung (Artikelname und -nummer),
- der Wert je Einheit (Bezugspreis netto),
- die vorhandene Menge und
- der Gesamtwert (Menge x Wert je Einheit)

in einer so genannten **Inventurliste** festgehalten werden. Da es sich bei der Inventurliste im Rahmen der Buchführungspflicht um ein Dokument handelt, muss sie mit dem Datum der Inventur versehen und von der Person unterschrieben werden, die die Inventur durchgeführt hat.

Um die vielen, vor allem auch kleinen Artikel (z. B. der dekorativen Kosmetik) mit den entsprechenden Preisen zu erfassen, eignen sich die Bestelllisten der jeweiligen Produkte. Statt der Bestellmenge wird die vorhandene Stückzahl eingetragen und der entsprechende Gesamtwert errechnet.

8.1.2 Buchinventur

Die Bestandsaufnahme von **nicht körperlichen Vermögensgegenständen** (z. B. Bankguthaben) erfolgen durch die Überprüfung von Aufzeichnungen und Belegen. Gleiches gilt für körperliche Vermögensgegenstände, deren Bestand auch ohne körperliche Inventur festgestellt werden kann (z. B. Kosmetikliege, Kasse, Einrichtungsgegenstände).

Tabelle V/3 *Buchinventur*

nicht körperliche Vermögensgegenstände	Unterlagen zur Überprüfung
Bankguthaben	Kontoauszüge
Forderungen	unbezahlte Ausgangsrechnungen von Kunden
Verbindlichkeiten	unbezahlte Eingangsrechnungen von Lieferanten

8.2 Arten der Inventur

In § 241 HGB sind verschiedene Möglichkeiten aufgeführt, wie eine Inventur durchgeführt werden kann. Die Kauffrau kann selbst auswählen, welche Form sich für ihr Unternehmen am besten eignet.

8.2.1 Stichtagsinventur

Wird die Inventur am letzten Tag des Geschäftsjahres (meist ist das der 31. Dezember) durchgeführt, spricht man von **Stichtagsinventur**. Häufig ist jedoch der Arbeitsaufwand zu groß, um alles an einem Tag schaffen zu können. Darüber hinaus könnten die Umsatzeinbußen gerade an diesem Tag besonders hoch sein, so dass eine Inventur für die Kauffrau eine unzumutbare Härte darstellt. Deshalb besteht die Möglichkeit, die Inventur **zeitnah**, d. h. in der Regel in einem Zeitraum von 10 Tagen vor dem Stichtag bis 10 Tage danach durchzuführen.

Stichtage sind z. B.
- Tag der Geschäftseröffnung
- Tag der Geschäftsschließung
- Ende des Geschäftsjahres

altes Geschäftsjahr 21.12.	Stichtag 31.12.	neues Geschäftsjahr 10.1.
10 Tage vorher		10 Tage nachher

Zeitraum für die Stichtagsinventur

Bei der zeitnahen Inventur müssen alle Bestandsveränderungen (Zugänge oder Abgänge), die sich zwischen dem Tag der Inventur und dem Stichtag ergeben, anhand von Belegen oder Aufzeichnungen eingerechnet werden.

Nadine führt in ihrem Kosmetikinstitut am 22.12. eine zeitnahe Inventur (Stichtag 31.12.) durch. Sie ermittelt an diesem Tag für das Gesichtswasser „Hydro Frischtonic" einen Bestand von 5 Flaschen. Bis zum Jahresende verkauft sie laut Kassenbuch noch 6 Flaschen, am 23.12. trifft ihre Bestellung über 10 Flaschen im Institut ein. Der Einkaufspreis für das Gesichtswasser beträgt 6,90 €.

Bestandsfortschreibung:

Bestand am 26.12.	5 Flaschen
+ Zugänge bis 31.12.	10 Flaschen
– Abgänge bis 31.12.	6 Flaschen
Bestand am Stichtag	**9 Flaschen x 6,90 € = 62,10 € Gesamtwert**

8.2.2 Verlegte Inventur

Bei der vor- oder nachverlegten Inventur vergrößert sich der Zeitraum zur Durchführung der körperlichen Bestandsaufnahme auf fünf Monate. Die Inventur kann innerhalb von drei Monaten vor und 2 Monaten nach dem Stichtag durchgeführt werden. Die Kauffrau kann also einen Termin wählen, an dem nicht allzu hohe Umsatzeinbußen zu erwarten sind oder wegen geringer Bestände im Institut der Arbeitsaufwand weniger hoch ist als zum eigentlichen Stichtag.

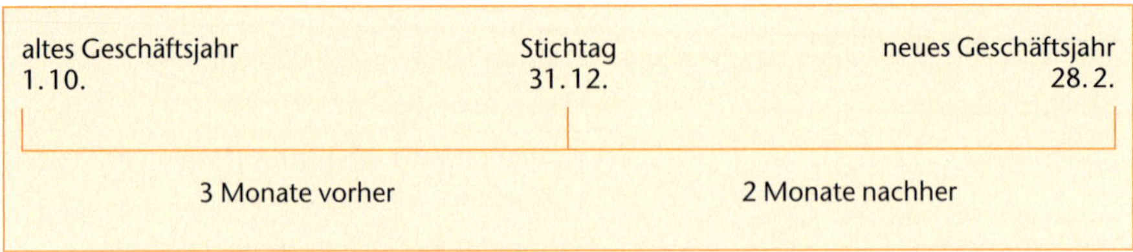

Zeitraum für die verlegte Inventur

Auch bei diesem Verfahren muss die Kauffrau sicherstellen, dass alle Bestandsveränderungen zwischen dem Tag der tatsächlichen Bestandsaufnahme und dem Stichtag **wertmäßig** (nicht mengenmäßig) fortgeschrieben oder zurückgerechnet werden. Je länger der Zeitraum zwischen Stichtag und Inventurtag ist, desto größer wird der Arbeitsaufwand für die Berechnung der Bestandsveränderungen.

Wertfortschreibung Inventurtag liegt vor dem Stichtag

Wertrückrechnung Inventurtag liegt nach dem Stichtag

Wertfortschreibung (alle Werte in €)	**Wertrückrechnung (alle Werte in €)**
Bestand am Inventurtag	Bestand am Inventurtag
+ Zugänge bis zum Stichtag	– Zugänge seit dem Stichtag
– Abgänge bis zum Stichtag	+ Abgänge seit dem Stichtag
= Wert des Bestandes am Stichtag	**= Wert des Bestandes am Stichtag**

8.2.3 Permanente Inventur

Bei diesem Verfahren kann die körperliche Bestandsaufnahme an jedem beliebigen Tag eines Geschäftsjahres stattfinden. Voraussetzung ist die permanente Erfassung der Warenbestände nach Art, Menge und Wert z. B. in so genannten Lagerbüchern oder Lagerkarteien. Die erfassten Bestände müssen auch durch Belege (Lieferscheine, Rechnungen) nachgewiesen werden können. Weicht das Ergebnis der Inventur von den gebuchten Beständen ab, müssen die Buchungen entsprechend korrigiert werden.

altes Geschäftsjahr
1.1.

Stichtag
31.12.

beliebiger Tag im Geschäftsjahr

Zeitraum für die permanente Inventur

8.2.4 Stichprobeninventur

Die Stichprobeninventur ist keine eigenständige Inventurart, sondern ein besonderes Verfahren der Bestandsaufnahme. Es ist erlaubt, den Bestand von Vermögensgegenständen auch mit Hilfe anerkannter mathematisch-statistischer Verfahren anhand von Stichproben zu ermitteln. So kann z. B. ein Karton mit einer bestimmten Anzahl von Kleinteilen (z. B. Schrauben) gewogen und das Ergebnis rechnerisch auf das Gewicht anderer Kartons übertragen werden. Dieses Verfahren ist für ein Kosmetikinstitut, in dem keine großen Mengen an Kleinteilen anfallen, nur von untergeordneter Bedeutung.

8.3 Inventurdifferenzen

Bei der körperlichen Inventur werden die Istbestände ermittelt und mit den Sollbeständen laut Bestandsführung verglichen. Im Idealfall stimmen Soll- und Istbestände überein. Es können aber auch Abweichungen festgestellt werden, die als Inventurdifferenz bezeichnet werden. **Inventurdifferenzen** können verschiedene Ursachen haben.

8.3.1 Fehler bei der Durchführung der Inventur

Bei der Durchführung der Inventur kann es passieren, dass sich jemand verzählt, verschreibt oder verrechnet. Um solche Fehler zu verhindern, sollte die Inventur immer von **zwei Personen** durchgeführt werden. Dabei ermittelt die erste Person den Istbestand, die zweite Person trägt diesen in die Inventurliste ein.

Außerdem sollte ein **Prüfer** die Ergebnisse zumindest stichprobenartig, im besten Falle aber noch einmal komplett kontrollieren. Wird ein Prüfer eingesetzt, muss auch dieser die Inventurliste unterschreiben.

Abweichung von Ist- und Sollbestand

8.3.2 Fehler bei der Bestandsführung

Warenein- und -ausgänge können falsch, gar nicht oder doppelt erfasst worden sein. Möglicherweise sind Einträge im Waren- oder Kassenbuch vergessen oder falsche Mengen oder Preise angegeben worden. Werden solche Fehler erkannt, sind sie durch Korrektur der Bestandsführung einfach zu beheben. Es handelt sich hierbei um **keine echten Inventurdifferenzen**.

8.3.3 Mengenabweichungen

Stimmt die per Inventur festgestellte Istmenge nicht mit der Sollmenge überein, handelt es sich um eine **echte Inventurdifferenz**. Befindet sich tatsächlich weniger Ware im Institut als dies nach der Bestandsführung der Fall sein sollte, spricht man von einer **Mindermenge**. Ursachen können z. B. Diebstahl, Verderb oder eine nicht registrierte Entnahme von Kabinettware sein. Möglicherweise wird aber auch eine **Mehrmenge** festgestellt, die z. B. auf einen Umtausch oder eine Rückgabe durch einen Kunden zurückzuführen ist. Werden echte Inventurdifferenzen festgestellt, muss der Sollbestand korrigiert werden, so dass zu Beginn des folgenden Geschäftsjahres Ist- und Sollbestände wieder übereinstimmen.

Mindermenge
Istmenge < Sollmenge

Mehrmenge
Istmenge > Sollmenge

8.3.4 Wertabweichungen

Stimmen die Ist- und Sollbestände zwar mengenmäßig, aber nicht wertmäßig überein, ist häufig eine **Wertminderung** durch Mängel oder Beschädigungen an der Ware die Ursache. Werden bei der Inventur solche Mängel festgestellt, muss ein entsprechend reduzierter Wert pro Einheit in der Inventurliste eingetragen werden.

1 Die Jahresinventur soll erstellt werden. Wie gehen Sie vor, um den Warenbestand zu ermitteln?
2 Wer ist zur Durchführung einer Inventur verpflichtet?
3 Wozu dient der Kosmetikerin die Inventur?
4 Nennen Sie Beispiele für Vermögensgegenstände, die unter die Buchinventur fallen.
5 Vergleichen Sie die Stichtagsinventur mit der permanenten Inventur. Welche Vor- und Nachteile haben diese Inventurarten für die Unternehmerin?

9 Preiskalkulation von Waren

Der sichere Umgang mit Zahlen ist die Grundlage für den wirtschaftlichen Erfolg.

Der Konkurrenzdruck in der Kosmetikbranche lässt nicht zu, dass die Kosmetikerin die Verkaufspreise für ihr Sortiment willkürlich festsetzt. Wählt sie die Preise zu hoch, werden ihre Produkte nur wenig Käufer finden. Die Kunden werden sich die Produkte nicht leisten können oder sie kaufen bei der Konkurrenz, wenn dort günstigere Preise angeboten werden.

Die Verkaufspreise dürfen aber auch nicht zu niedrig sein, denn die Differenz zwischen dem Einkaufs- und dem Verkaufspreis muss nicht nur einen Gewinn abwerfen, von dem die Kosmetikerin lebt, sondern vor allem auch die Kosten decken, die durch Beschaffung, Lagerung und Absatz der Ware entstehen. Der Verkaufspreis muss daher sorgfältig berechnet werden. Diese Berechnung wird auch als **Handelskalkulation** bezeichnet.

9.1 Handelskalkulation

Berechnung des Bezugspreises → Kapitel V/3.3.3

Der Verkaufspreis eines Artikels wird auf der Grundlage des **Bezugspreises** kalkuliert. Im Bezugspreis sind bereits alle Kosten enthalten, die der Kosmetikerin bis zum Eintreffen der Ware im Institut entstanden sind. Bezugskosten sind in der Regel **Einzelkosten**, denn sie fallen gerade beim Einkauf dieser speziellen Ware an und sind der Ware eindeutig zurechenbar. Dazu kommen noch
- die Handlungskosten,
- der Gewinn und
- die Umsatzsteuer.

Die **Handlungskosten** setzen sich aus folgenden Bestandteilen zusammen:
- Raummiete
- Personalkosten
- Kosten für Lagerhaltung
- Kosten für Heizung, Strom, Wasser usw.

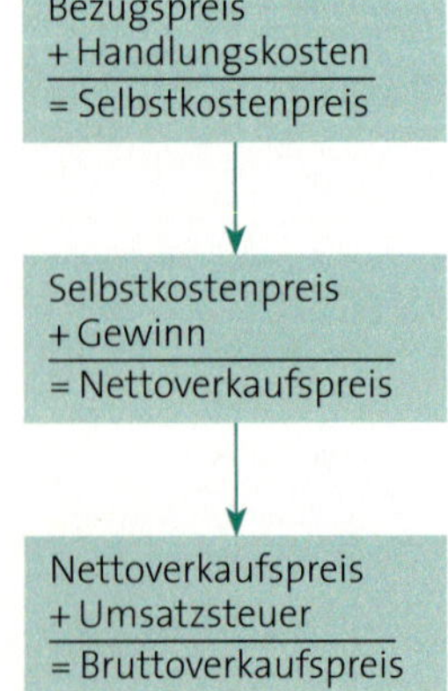

Diese Kosten können nur schwer einem einzelnen Produkt zugeordnet werden, weil sie vom Unternehmen als Ganzes verursacht werden und für alle Waren gemeinsam anfallen. Solche Kosten werden auch **Gemeinkosten** genannt. Deshalb wird ein prozentualer Zuschlag ermittelt, der dann pauschal auf alle Artikel gleichermaßen aufgeschlagen wird (**Handlungskostenzuschlag**). Die Summe aus Bezugspreis und Handlungskostenzuschlag ergibt den **Selbstkostenpreis**, bei dem die Kosmetikerin alle Kosten gedeckt, aber noch keinen Gewinn erzielt hat. Der Selbstkostenpreis ist deshalb auch die unterste Grenze, zu der die Kosmetikerin die Ware verkaufen kann.

Der Gewinn besteht aus dem Lohn der Unternehmerin (Kosmetikerin) für ihre im Institut geleistete Arbeit und für das unternehmerische Risiko, das sie tragen muss. Der Gewinn muss alle Kosten der Lebenshaltung für die Kosmetikerin abdecken. Auch hier wird ein prozentualer Zuschlag für alle Artikel errechnet, der so genannte **Gewinnzuschlag**. Die Summe aus Selbstkostenpreis und Gewinnzuschlag ist der Nettoverkaufspreis.

Umsatzsteuer → Kapitel VII/5.5

Um den **Bruttoverkaufspreis** zu bestimmen, muss zum Schluss noch die **Umsatzsteuer** hinzugerechnet werden. Die Umsatzsteuer beträgt 16 % vom Nettoverkaufspreis. Der Bruttoverkaufspreis ist der Preis, mit dem die Kosmetikerin ihre Ware auszeichnet und zu dem sie dem Kunden die Ware verkauft.

9.1.1 Vorwärtskalkulation

Bei der Vorwärtskalkulation wird ausgehend vom Bezugspreis der Bruttoverkaufspreis einer Ware errechnet. Dazu verwendet man das folgende Kalkulationsschema.

Prozentrechnung → Exkurs Fachrechnen im Anhang

Nadine hat für ein Lifting-Gel (250 ml) einen Bezugspreis von 17,40 € errechnet. Sie kalkuliert mit einem Handlungskostenzuschlagssatz von 42 % und einem Gewinnzuschlagssatz von 9 %.

Bezugspreis (Einstandspreis)	17,40 €
+ Handlungskostenzuschlag	7,31 €
= Selbstkostenpreis	**24,71 €**
Selbstkostenpreis	24,71 €
+ Gewinnzuschlag	2,22 €
= Nettoverkaufspreis	**26,93 €**
Nettoverkaufspreis	26,93 €
+ Umsatzsteuer (USt)	5,12 €
= Bruttoverkaufspreis	**32,05 €**

Nadine muss für das Gel einen Verkaufspreis von 32,05 € brutto verlangen.

Bezugspreis 100 % | Handlungskosten 42 %
Selbstkostenpreis 142 %
Bezugspreis x 1,42 = Selbstkostenpreis

Selbstkostenpreis 100 % | Gewinn 9 %
Nettoverkaufspreis 109 %
Selbstkosten x 1,09 = Nettoverkaufspreis

Nettoverkaufspreis 100 % | USt 19 %
Bruttoverkaufspreis 119 %
Nettoverkaufspreis x 1,19 = Bruttoverkaufspreis

Bezugspreis 17,40 € x 1,42 x 1,09 x 1,19 = 32,05 € Bruttoverkaufspreis

9.1.2 Rückwärtskalkulation

Bei der Rückwärtskalkulation geht man vom Bruttoverkaufspreis aus und errechnet unter Verwendung der bekannten Zuschlagssätze den Bezugspreis, bei dem die Handlungskosten gedeckt sind und ein Gewinn erzielt wird. Hier wird also rückwärts gerechnet. Dies ist notwendig, wenn die Kosmetikerin den Verkaufspreis nicht selbst bestimmen kann, weil die Preise vom Markt vorgegeben werden.

vermehrter und verminderter Grundwert → Exkurs Fachrechnen im Anhang

Ein Wellnessinstitut in Nadines Umgebung bietet das Lifting-Gel zu einem Bruttoverkaufspreis von 30,00 € an. Nadine muss errechnen, zu welchem Preis sie das Gel einkaufen müsste, um bei dem von der Konkurrenz vorgegebenen Preis mithalten zu können.

Bezugspreis (Einstandspreis)	30,00 €
– Umsatzsteuer (USt)	4,79 €
= Nettoverkaufspreis	**25,21 €**
Nettoverkaufspreis	25,21 €
– Gewinnzuschlag	2,08 €
= Selbstkostenpreis	**23,13 €**
Selbstkostenpreis	23,13 €
– Handlungskostenzuschlag	6,84 €
= Bezugspreis	**16,29 €**

Nadine müsste das Lifting-Gel also für einen Bezugspreis von 16,29 € einkaufen, um es zu einem Bruttoverkaufspreis von 30,00 € anbieten zu können.

Bruttoverkaufspreis 119 %
Nettoverkaufspreis 100 % | USt 19 %
Bruttoverkaufspreis: 1,19 = Nettoverkaufspreis

Nettoverkaufspreis 109 %
Selbstkostenpreis 100 % | Gewinn 9 %
Nettoverkaufspreis: 1,09 = Selbstkosten

Selbstkostenpreis 142 %
Bezugspreis 100 % | Handlungskosten 42 %
Selbstkostenpreis: 1,42 = Bezugspreis

Bruttoverkaufspreis 30,00 € : 1,19 : 1,09 : 1,42 = 16,29 € Bezugspreis

9.2 Kalkulationsvereinfachungen

Um nicht für jeden einzelnen Artikel eine komplette Kalkulation durchführen zu müssen, kann man die einzelnen Rechenschritte sowohl für die Vorwärts- als auch für die Rückwärtskalkulation zusammenfassen. Damit lassen sich einmal errechnete Zuschläge auch auf andere Waren, Warengruppen oder das ganze Sortiment übertragen.

Berechnung BVP = (1 + KalkZ) x BZP

Berechnung BZP = (1 – KalkAb) x BVP

mit BVP = Bruttoverkaufspreis
BZP = Bezugspreis
KalkZ = Kalkulationszuschlag
KalkAb = Kalkulationsabschlag

Mit dem Kalkulationszuschlag bzw. -abschlag werden die prozentualen Zuschlagssätze für Handlungskosten, Gewinn und Umsatzsteuer zusammengefasst. Der **Kalkulationszuschlag** ist die Differenz zwischen Bezugspreis und einem einmalig kalkulierten Bruttoverkaufspreis ausgedrückt in Prozent des Bezugspreises. Bezieht man die Differenz auf den Bruttoverkaufspreis, erhält man den **Kalkulationsabschlag**.

Für das Lifting-Gel wurden folgende Zuschläge errechnet:

Bezugspreis		**17,40 €**	
+ Handlungskosten	42 %	7,31 €	14,65 €
+ Gewinn	9 %	2,22 €	
+ Umsatzsteuer	19 %	5,12 €	
= Bruttoverkaufspreis		**32,05 €**	

Die Zuschläge in Höhe von insgesamt 14,65 € entsprechen 84,195 % des Bezugspreises. Der **Kalkulationszuschlag** beträgt damit 84,195 %. Bezogen auf den Bruttoverkaufspreis entsprechen die Zuschläge 45,71 %. Der **Kalkulationsabschlag** beträgt damit 45,71 %.

Rechenschema Kalkulationszuschlag/Kalkulationsabschlag

$$\text{KalkZ} = \frac{(\text{BVP in €} - \text{BZP in €}) \times 100\,\%}{\text{BZP in €}} \qquad \text{KalkAb} = \frac{(\text{BVP in €} - \text{BZP in €}) \times 100\,\%}{\text{BVP in €}}$$

Berechnung BZP = (1 – HSp) x NVP

mit BZP = Bezugspreis
Hsp = Handelsspanne
NVP = Nettoverkaufspreis

Sehr gebräuchlich ist außerdem die Kalkulation mit Hilfe der **Handelsspanne**. Dabei geht man ähnlich vor wie bei der Berechnung des Kalkulationsabschlags, allerdings wird die Umsatzsteuer ausgeklammert. Die Bezugsgröße ist der Nettoverkaufspreis.

Rechenschema Handelsspanne

$$\text{Handelsspanne} = \frac{(\text{Nettoverkaufspreis in €} - \text{Bezugspreis in €}) \times 100\,\%}{\text{Nettoverkaufspreis in €}}$$

Berechnung BVP = BZP x KalkF

Berechnung BZP = BVP-:-KalkF

mit BVP = Bruttoverkaufspreis
BZP = Bezugspreis
KalkF = Kalkulationsfaktor

Noch schneller geht es mit dem **Kalkulationsfaktor**. Hier wird in einem Schritt vom Bezugspreis zum Bruttoverkaufspreis (und wieder zurück) gerechnet. Dieses Schema ist einfach anzuwenden und kann viel Arbeit ersparen.

Rechenschema Kalkulationsfaktor

$$\text{KalkZ} = \frac{\text{Bruttoverkauspreis in €}}{\text{Bezugspreis in €}}$$

In unserem Beispiel ergibt sich ein Kalkulationsfaktor von 1,842.

Hinweis: Die Differenz von 0,01 € ergibt sich aus Taschenrechner-Rundungen in den Einzelschritten

Berechnen Sie
1 die Handelsspanne aus dem Fallbeispiel
2 den Bezugspreis mit Hilfe der Handelsspanne
3 den Bezugspreis mit Hilfe des Kalkulationsabschlags
4 den Bruttoverkaufspreis mit Hilfe des Kalkulationsfaktors

VI Präsentation und Verkauf von Waren und Dienstleistungen

1 Marketing

Der Begriff „Marketing" stammt aus dem Englischen und bedeutet soviel wie „auf den Markt bringen". Gemeint sind alle Überlegungen und Maßnahmen, die ein Unternehmen ergreift, um ein Produkt oder eine Dienstleistung erfolgreich in den Markt einzuführen bzw. dort abzusetzen. Ob dies gelingt, hängt von einer genauen Kenntnis des Verbraucherverhaltens und der Marktentwicklung ab:
- Was wünscht der Kunde?
- Was macht die Konkurrenz?
- Welche Trends sind abzusehen?

Gerade in der Kosmetikbranche ist der Markt einem ständigen Wandel unterworfen. Neue Produkte und Behandlungsmethoden werden entwickelt, die Kunden reagieren entsprechend mit geänderten Erwartungen und Ansprüchen. Die Zahl der Mitbewerber ist groß. Um sich auf einem solchen Markt durchzusetzen, bedarf es nicht nur einer genauen Marktbeobachtung. Eine gezielte **Bedürfnisweckung** bei den Kunden und eine möglichst deutliche Abgrenzung von der Konkurrenz sind weitere Ziele, die ein erfolgreiches Kosmetikinstitut mit seiner Marketingstrategie verfolgen wird. Außerdem muss der Erfolg des Marketingkonzepts regelmäßig überprüft und an die ständig wechselnde Marktsituation angepasst werden.

Bedürfnis und Bedarf → Kapitel III/4.1

Mit dem Marketing soll der Kunde zum Kauf bzw. zum Wiederkauf eines Produktes oder einer Dienstleistung bewegt werden.

1.1 Marktforschung

Das Produkt- und Leistungsangebot eines Kosmetikinstituts muss möglichst den Wünschen der Kunden entsprechen, damit es verkauft werden kann. Die Marktforschung versucht in Erfahrung zu bringen, welche Produkte bzw. Dienstleistungen Kunden bevorzugt kaufen und welche Kaufmotive sie dafür haben, welche Neuerungen die Kunden begrüßen bzw. welche sie ablehnen würden und welchen Preis sie für ein Produkt oder eine Dienstleistung zu zahlen bereit sind. Die Marktforschung beschäftigt sich also mit dem möglichen Bedarf des Kunden und wird deshalb **Bedarfsforschung** genannt.

Kaufmotive → Kapitel IV/4.1

Daneben interessiert sich die Marktforschung aber auch für die Mitbewerber (Konkurrenten). Detaillierte Informationen über den Standort, die Leistungen und das Marketingkonzept der Konkurrenz ermöglichen einen direkten Vergleich und zeigen Stärken und Schwächen des eigenen Unternehmens auf. Man spricht dabei von **Konkurrenzforschung**.

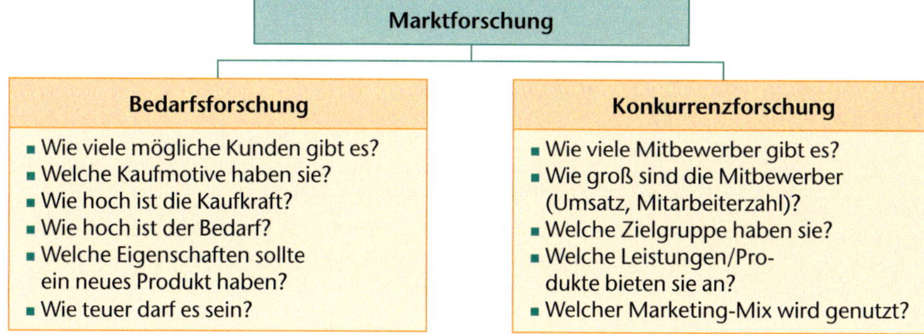

Der Marktforschung stehen zwei Möglichkeiten offen, um an die gewünschten Informationen über den Markt zu gelangen. Man unterscheidet dabei die Primärforschung und die Sekundärforschung.

1.1.1 Primärforschung

Bei der Primärforschung werden **neue Informationen** (Daten) gesammelt. Der Vorteil dieser Methode besteht darin, dass man die gewünschten Daten zielgerichtet und aktuell erheben kann. Die Bedarfsermittlung erfolgt „vor Ort" und direkt bei der jeweiligen Zielgruppe. Der Nachteil liegt in den hohen Kosten und dem Arbeitsaufwand, der mit einer Neuerhebung der Daten verbunden ist.

Für die Datenerhebung stehen eine Reihe von Methoden zur Verfügung. Die wichtigsten sind:

- Befragungen
- Beobachtungen
- Panelerhebungen

Eine **Befragung** kann schriftlich, mündlich oder auch telefonisch durchgeführt werden. Bei der schriftlichen Befragung wird zunächst ein **Fragebogen** erstellt, der von der befragten Zielgruppe ausgefüllt werden muss. In der Regel sind die Antworten bereits vorgegeben und müssen nur noch angekreuzt werden. Dies vereinfacht das Ausfüllen und die Auswertung. Man spricht dabei von **standardisierten Fragebögen**.

Ihre Meinung ist uns wichtig!

1 In welchen Abständen besuchen Sie uns?
❐ mehr als 2 x pro Monat ❐ 1 bis 2 x pro Monat
❐ unregelmäßig

2 Seit wann sind Sie Kunde bei uns?
____

3 Sind Sie berufstätig?
❐ ja ❐ nein

4 Zu welchen Zeiten lassen Sie sich am liebsten bei uns verwöhnen?
❐ bis 12 Uhr ❐ bis 14 Uhr ❐ bis 16 Uhr
❐ bis 18 Uhr

5 An welchen Wochentagen besuchen Sie uns?
❐ Mo ❐ Di ❐ Mi ❐ Do ❐ Fr
❐ verschieden

6 Wäre es für Sie angenehm, wenn wir unsere Öffnungszeiten an diesen Tagen bis 20.00 Uhr verlängern würden?
❐ ja ❐ nein, ist mir egal

7 Haben Sie weitere Anregungen für uns?
____

Wir bedanken uns für Ihre Unterstützung!
Ihre Angaben werden selbstverständlich vertraulich behandelt und nicht an Dritte weitergegeben.

Muster für einen Fragebogen

Im Kosmetikinstitut sind donnerstags und freitags ab 16.00 Uhr die Behandlungstermine ständig ausgebucht. Es wird deshalb überlegt, ob eine Verlängerung der Öffnungszeiten bis 20.00 Uhr an diesen Tagen sinnvoll ist. Da dies mit erheblichen Personalkosten verbunden ist, entschließt sich die Institutsleitung, vorab eine Kundenbefragung durchzuführen.

Fragebögen werden häufig auch bei mündlichen oder telefonischen Befragungen (**Interviews**) genutzt. Hier arbeitet ein Interviewer die Fragen mit den einzelnen Personen durch. Als vorteilhaft erweist sich, dass Fehler beim Ausfüllen vermieden und die Fragen vollständig beantwortet werden. Durch das persönliche Gespräch besteht jedoch die Gefahr, dass die Befragten durch den Interviewer ungewollt beeinflusst werden.

Eine Befragung ist stets anonym durchzuführen, dies sollte auf dem Fragebogen auch vermerkt werden. Die erhobenen Daten unterliegen wie alle anderen personenbezogenen Kundendaten den gesetzlichen Datenschutzbestimmungen.

1. Ziel des Marketings ist das Wecken neuer Kaufbedürfnisse beim Kunden. Welche Gefahr sehen Sie darin für den Verbraucher?
2. Wann und wodurch wurden Sie zuletzt auf ein neues Produkt aufmerksam gemacht?
3. Erläutern Sie Methoden, Vor- und Nachteile der primären und sekundären Marktforschung.

Bei einer **Beobachtung** wird das tatsächliche Verhalten potenzieller Kunden beim Einkauf beobachtet und ausgewertet. So kann die Beobachtung von Blickrichtung, Mimik oder konkretem Kaufverhalten Hinweise darauf geben, wie der Kunde auf eine Veränderung z. B. hinsichtlich der Verpackung oder des Designs reagiert. Im Rahmen von Laboruntersuchungen werden **Testpersonen** mit bestimmten Situationen konfrontiert und beobachtet, wie sie darauf reagieren. Solche Laborbeobachtungen können z. B. darüber Aufschluss geben, wie potenzielle Kunden mit der Bedientechnik eines Gerätes zurechtkommen.

Im Rahmen einer **Panelerhebung** werden ausgewählte Haushalte oder Personen in regelmäßigen Abständen über einen längeren Zeitraum hinweg befragt. Solche Erhebungen dienen insbesondere der Erfassung von Änderungen in den Einstellungen, Gewohnheiten oder Vorlieben der Befragten. So kann mit dieser Methode z. B. festgestellt werden, ob sich eine bestimmte Werbeaktion bei den Kunden in einem veränderten Kaufverhalten niederschlägt.

Werbeerfolgskontrolle
→ Kapitel VI/2.4

1.1.2 Sekundärforschung

Bei der Sekundärforschung werden **bereits vorhandene Daten** genutzt und für die Marktforschung aufbereitet. Informationsquellen können Berichte der Mitarbeiter oder die eigenen Statistiken über Umsätze, Anzahl und Kaufverhalten der Kunden, Reklamationen usw. sein. Wird im Institut eine entsprechende Software verwendet, können solche Statistiken auf Basis der eigenen Datenerhebungen „auf Knopfdruck" erstellt werden. Durch spezielle Filter lassen sich einzelne Kundengruppen bestimmen, wie z. B. Stammkunden, Kunden, die längere Zeit nicht im Institut waren oder die einen bestimmten Hauttyp haben.

Datenverwaltung
→ Kapitel III/5

Aber auch externe Quellen wie z. B. Veröffentlichungen von Berufsverbänden und Kammern, Meinungsforschungsinstituten oder Materialien der Mitbewerber (Kataloge, Preislisten, Geschäftsberichte) können zur Sekundärforschung genutzt werden.

1.2 Marketing-Instrumente

Im alltäglichen Sprachgebrauch wird Marketing oft mit Werbung verwechselt. Tatsächlich ist die Werbung aber nur einer von vielen Teilbereichen des Marketings. Nahezu jede unternehmerische Handlung dient ja letztendlich direkt oder indirekt dazu, das jeweilige Leistungsangebot „an den Kunden" zu bringen, so z. B. die Gestaltung der Verkaufs- und Behandlungsräume, das Auftreten der Kosmetikerin gegenüber den Kunden, das Angebot an Serviceleistungen usw. Ein erfolgreiches Marketingkonzept muss versuchen, alle zur Verfügung stehenden Instrumente zur Absatzförderung gleichermaßen zu nutzen und sinnvoll aufeinander abzustimmen und zu kombinieren. Man spricht dabei vom **Marketing-Mix**.

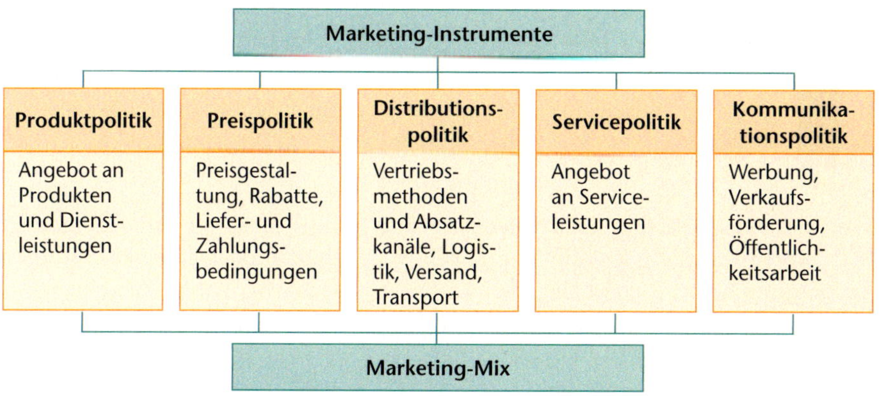

1.2.1 Produktpolitik

Sortiment
→ Kapitel V/2

Die Produkt- oder Sortimentspolitik umfasst die Bemühungen eines Unternehmens, nur solche Waren und Dienstleistungen ins eigene Sortiment aufzunehmen, die den Erwartungen und Bedürfnissen der potenziellen Kunden (Zielgruppe) entsprechen. Die Produktpolitik entscheidet auch, wie umfassend das Angebot gestaltet wird. Das Produkt- und Leistungsangebot eines Unternehmens steht in engem Zusammenhang mit dem Unternehmenskonzept.

1.2.2 Preispolitik

Dem Wunsch jedes Unternehmers, für seine Produkte und Dienstleistungen möglichst hohe Preise zu erzielen, steht das Bedürfnis der Kunden gegenüber, möglichst wenig Geld dafür auszugeben. Sind die Preise zu hoch, verzichten viele Kunden auf das jeweilige Produkt oder kaufen bei der Konkurrenz. Ist der Preis zu niedrig, macht das Unternehmen nicht genug Umsatz, um seine Kosten zu decken. Grundlage einer erfolgreichen Preispolitik ist deshalb neben einer gründlichen Marktanalyse auch die Analyse der eigenen Kosten und eine sorgfältige Preiskalkulation.

Preiskalkulation von Waren
→ Kapitel V/9

Preiskalkulation von Dienstleistungen
→ Kapitel VI/8

Ein wichtiges Mittel der Preispolitik ist die **Preisdifferenzierung**. Dabei wird das gleiche Produkt verschiedenen Kunden oder Kundengruppen zu unterschiedlichen Preisen angeboten.

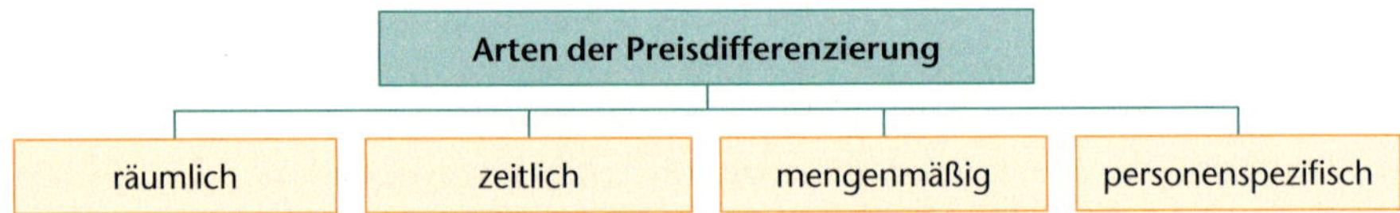

zeitliche Preisdifferenzierung

Räumliche Preisdifferenzierung heißt, dass das gleiche Produkt in verschiedenen Ländern bzw. Regionen eines Landes unterschiedlich teuer ist. Überregional oder international tätige Unternehmen nutzen dieses Mittel, um in bestimmten Landesteilen höhere Marktanteile zu gewinnen oder ein neues Produkt in einen regionalen Markt einzuführen. Räumliche Preisdifferenzierung erlebt aber auch jeder Autofahrer, der an einer Autobahntankstelle tankt.

Bei einer **zeitlichen Preisdifferenzierung** wird für das gleiche Produkt am selben Ort zu verschiedenen Zeiten ein unterschiedlicher Preis verlangt.

Ein Kosmetikinstitut bietet die klassische kosmetische Gesichtsbehandlung vormittags zwischen 10.00 und 12.00 Uhr zu einem Sonderpreis an.

Eine **mengenmäßige Preisdifferenzierung** ist die Gewährung von Mengenrabatten: Wer mehr kauft, zahlt einen geringeren Einzelpreis. Mengenrabatte sollen den Kunden dazu motivieren, mehr zu kaufen.

Ein Kosmetikhersteller bietet ein pflegendes Hautöl in der 150 ml-Flasche zu 6,95 Euro an. Die große Flasche zu 250 ml kostet 10,50 Euro.

Die **personenspezifische Preisdifferenzierung** ist ein Mittel der Kundenbindung. Bestimmten Kunden oder Kundengruppen (z. B. Schülern oder Studenten) werden Ermäßigungen oder Rabatte eingeräumt.

Ein Kosmetikinstitut gewährt seinen Stammkunden nach der 10. Behandlung einen Preisnachlass von 20 % auf den folgenden Rechnungsbetrag.

Die so genannte **Konditionenpolitik** rundet die Preispolitik ab. Hierunter versteht man die Gestaltung der Liefer- und Zahlungsbedingungen oder das Angebot von Krediten.

Konditionen
Bedingungen, Teil einer vertraglichen Absprache

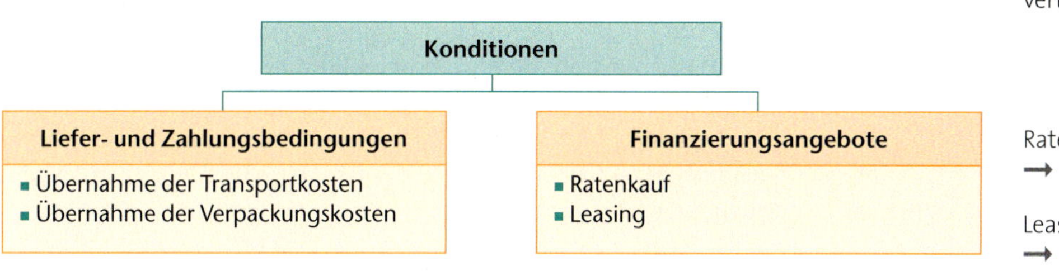

Ratenkauf
→ Kapitel VII/2.3

Leasing
→ Kapitel VII/2.3.3

1.2.3 Distributionspolitik

Die Distributionspolitik entscheidet über den Weg, auf dem das Unternehmen sein Produkt zum Kunden bringt. Beim Verkauf von kosmetischen Produkten nimmt das Kosmetikinstitut die Funktion eines Einzelhändlers ein. Es kauft die Produkte vom Hersteller oder Lieferanten und verkauft sie an die Kunden weiter (**indirekter Absatzweg**). Denkbar ist aber auch, dass ein Hersteller seine Produkte z. B. über eigene Filialen direkt zu den Kunden bringt (**direkter Absatzweg**).

Neben der klassischen Verteilung über Geschäfte sind aber auch andere Absatzwege, z. B. über das Internet (Online-Shopping) oder als Versandhandel (über Kataloge), möglich.

Ein Kosmetikinstitut bietet kosmetische Produkte nicht nur im Geschäft, sondern zusätzlich über einen Internethandel auf seiner Website zum Kauf an.

1.2.4 Servicepolitik

Die Servicepolitik entscheidet über das Angebot an Serviceleistungen. Ein guter Service ist ein wichtiges Mittel der Kundenbindung. Durch die Einrichtung von Kundendiensten bleibt die Verbindung zwischen Kunde und Unternehmen auch nach dem Einkauf erhalten.

Serviceleistungen
→ Kapitel IV/4.7

In diesem Zusammenhang steht auch die **Garantieleistung** eines Unternehmens. Als besonderen Service gewähren viele Unternehmen ein Umtausch- oder Rückgaberecht. Bei Nichtgefallen kann der Kunde das Produkt innerhalb einer bestimmten Frist zurückgeben und erhält den Kaufpreis erstattet, ohne dass das Unternehmen dazu gesetzlich verpflichtet wäre. Man spricht in diesen Fällen von **Kulanz**.

Garantie
Umtausch
→ Kapitel VI/7.2.2

Kulanz
Entgegenkommen, Großzügigkeit

1.2.5 Kommunikationspolitik

Kommunikation ist das Senden und Empfangen von Informationen. Die Kommunikationspolitik dient also dazu, potenziellen Kunden Informationen über ein bestimmtes Produkt- oder Leistungsangebot zu vermitteln. Dies kann auf unterschiedlichen Wegen geschehen.

Kommunikation
→ Kapitel IV/3

sale
engl. Verkauf
promotion
engl. Förderung
public
engl. öffentlich
relation
engl. Beziehung

Auf Grund ihrer besonderen Bedeutung als Marketinginstrument wird den einzelnen Instrumenten der Kommunikationspolitik im Folgenden ein eigener Abschnitt gewidmet.

2 Absatzwerbung

„Wer nicht wirbt, der stirbt", lautet eine bekannte Binsenweisheit. Zwar gibt es auch Produkte, die sich ohne Werbung auf dem Markt etabliert haben. Dennoch ist diese Redewendung ein Ausdruck für die immense Bedeutung, die Werbung im heutigen Wirtschaftsleben hat. Täglich kann man sich in den Zeitungen, im Radio und Fernsehen, im Internet oder auch beim täglichen Leeren des Briefkastens davon überzeugen, wie ernst die Unternehmen diese Regel nehmen.

Vgl. hierzu auch die Grafik auf der Seite 153

2.1 Ziele der Werbung

Zentrale Aufgabe der Werbung ist die Beeinflussung der Verkaufszahlen und damit des Umsatzes eines Unternehmens. Man unterscheidet:

Erfolgreiche Werbung spricht nicht nur den Verstand, sondern auch die Emotionen des Kunden an und weckt verborgene Wünsche und Sehnsüchte. Amerikanische Forscher haben die einzelnen Schritte der Kundenbeeinflussung auf eine kurze Formel gebracht, die so genannte **AIDA-Formel**.

Erfolgreiche Werbung muss alle vier Schritte gleichermaßen berücksichtigen. Bei der Wahl der Mittel ist der Kreativität (fast) keine Grenzen gesetzt.

A – Attention: Aufmerksamkeit erregen
I – Interest: Interesse hervorrufen
D – Desire: ein (neues) Kaufbedürfnis wecken
A – Action: die Kaufhandlung auslösen

2.2 Werbegrundsätze

Im Laufe der Zeit haben sich eine Reihe von Werbegrundsätzen herausgebildet. Man hat festgestellt, dass eine Werbemaßnahme erfolgreicher ist, wenn bei ihrer Gestaltung und Umsetzung die folgenden Grundsätze beachtet werden.

Werbeplan → Kapitel VI/2.3

Werbeerfolgskontrolle → Kapitel VI/2.4

Grenzen der Werbung → Kapitel VI/3

Tabelle VI/1 *Werbegrundsätze*

Wirksamkeit	Oberstes Gebot jeder Werbeaktion ist die Wirksamkeit. Um die gesetzten Ziele zu verwirklichen, ist eine genaue Planung der Werbung erforderlich.
Wirtschaftlichkeit	Die Kosten der Werbung müssen in einem angemessenen Verhältnis zum Werbeerfolg stehen.
Wahrheit	Die in der Werbebotschaft enthaltenen Aussagen müssen wahr sein. Übertriebene oder falsche Aussagen sind zu vermeiden. Die gesetzlichen Vorschriften sind zu beachten. Außerdem soll Werbung moralische und ästhetische Grundsätze der Kunden respektieren.
Klarheit	Die Werbeaussage muss eindeutig und leicht verständlich sein. Fehlinterpretationen durch die Kunden können leicht zu Enttäuschungen und damit zum Misserfolg der Werbeaktion führen.

2.3 Werbeplan

Zur erfolgreichen Umsetzung der Werbeaktion ist eine genaue Planung erforderlich. Ein Werbeplan muss folgende Punkte festlegen:

Werbeplan

1. **Werbeziel:** was soll mit der Werbung erreicht werden?
2. **Werbeobjekt**: welches Produkt/welche Dienstleistung wird beworben?
3. **Zielgruppe**: um welche Kundengruppe wird geworben?
4. **Werbegebiet** (Streugebiet): wo wird geworben?
5. **Werbemittel**: womit wird geworben?
6. **Werbebotschaft**: welche Inhalte sollen vermittelt werden?
7. **Werbeetat**: wie viel Geld wird für die Werbung ausgegeben?
8. **Werbezeit**: wann wird geworben?

Für die Durchführung einer Werbeaktion kann man sich Hilfe bei den Depotfirmen holen. Diese bieten oftmals sehr brauchbare Vordrucke und andere Hilfen für die Werbung. Auch Zeitungsanzeigen werden von manchen Unternehmen finanziell unterstützt, weil in der Anzeige dann auch mit den Produkten des Unternehmens geworben wird. Um bekannt zu werden, sollte sich das Institut in den Verzeichnissen der Region präsentieren. Eine interessierte Kundin schaut ins Branchenbuch (Gelbe Seiten), den Lokalanzeiger oder das örtliche „Wo ist was"-Heft.

Depot
→ Kapitel V/2.5

Vor Beginn einer Werbeaktion muss zunächst das **Werbeziel** definiert werden. Werbeziele müssen eindeutig und konkret formuliert werden, um darauf aufbauend den Werbeplan zu entwickeln. In engem Zusammenhang mit dem Werbeziel steht die konkrete Benennung des **Werbeobjekts**: Soll ein einzelner Artikel, eine Produktlinie oder das ganze Geschäft beworben werden?

Nadine hat sich selbstständig gemacht und ein eigenes kleines Kosmetikinstitut eröffnet. Sie hat sich vorgenommen, durch eine Werbeaktion auf ihr neues Geschäft aufmerksam zu machen und neue Kunden zu gewinnen. Bei der Erstellung des Werbeplans für die Aktion legt sie zunächst das Werbeziel fest.

- Unkonkretes Werbeziel: neue Kunden gewinnen
- Konkretes Werbeziel: 10 Neukunden bis zum Ende des Jahres gewinnen

Nachdem Nadine ein konkretes Werbeziel formuliert und mit einer zeitlichen Vorgabe belegt hat, macht sie sich Gedanken zum Werbeobjekt. Da sie ihr Institut im Juni eröffnet hat und bald die Ferienzeit beginnt, entscheidet sie sich für ihre Sonnenschutzserie.

Werbeobjekt: Sonnenschutzserie

Nach der Festlegung des Werbeobjekts wird entschieden, welche **Zielgruppe** die Werbung ansprechen soll. Haben die umworbenen Kunden keinen Bezug zum angebotenen Produkt, bleibt die Werbung wirkungslos. Deshalb muss die Zielgruppe möglichst genau bestimmt werden. Um die gewählte Zielgruppe dann mit der Werbung auch zu erreichen, muss das **Werbegebiet** (Stadt, Stadtviertel, ländliche Region, Bundesland) bestimmt werden. Wo ist die Zielgruppe überwiegend zu finden? Je größer das Gebiet gewählt wird (je breiter die Streuung), desto höher sind die Kosten der Werbeaktion.

Nadine geht davon aus, dass die Zielgruppe für Sonnenschutzprodukte recht groß ist. Schließlich wollen alle ihren Sommerurlaub unbeschadet überstehen, unabhängig vom Alter oder Einkommen. Bei der Auswahl des Streugebietes wäre deshalb eine breite Streuung sinnvoll. Andererseits sind wohl nicht allzu viele Menschen bereit, weite Wege zurückzulegen, um Sonnenschutzprodukte zu kaufen. Nadine beschließt, ihre Werbeaktion auf das Wohnviertel zu beschränken, in dem ihr Institut liegt. Innerhalb des Viertels wird sie aber versuchen, so viele Menschen wie möglich zu erreichen.

Als nächstes ist das **Werbemittel** auszuwählen, also das Mittel, durch das die Werbung verbreitet wird. Das Werbemittel muss zu der Werbebotschaft passen, die in Sprache, Schrift, Ton oder bildlich übermittelt werden kann. Jedes Werbemittel ermöglicht nur eine bestimmte Form der **Werbebotschaft**.

Als Werbemittel stehen eine Fülle von Möglichkeiten zu Verfügung:
- Werbespots im Fernsehen oder Radio
- Anzeigen in Zeitungen oder Zeitschriften
- Plakate an Hauswänden oder Litfaßsäulen
- bedruckte Folien auf öffentlichen Verkehrsmitteln
- Prospekte, Kataloge
- Handzettel
- Anzeigen im Internet
- Werbung per Brief, E-Mail oder SMS (**Direktwerbung**)

Besonders bei der **Direktwerbung** sind die Vorschriften des UWG zu beachten.
→ Kapitel VI/3

Nadine hat sich für eine Werbeaktion mit Handzetteln entschieden, die sie mit einem ganz normalen PC erstellen kann. Diese Form der Werbung ist wenig kostenintensiv und gerade zu Beginn der Selbstständigkeit ein geeignetes Instrument, um möglichst viele Kunden zu erreichen und auf sich aufmerksam zu machen.

Was aber soll auf dem Handzettel stehen? Wichtig ist ein „Schlüsselsatz", der das Interesse des Lesers weckt und sofort ins Auge fällt. Das könnte sein:

Damit Sie Ihren Urlaub ohne Reue genießen können!

Mein Kosmetikstudio
ganz in Ihrer Nähe bietet zum Sommeranfang
die topaktuellsten Sonnenschutzprodukte.

Ich freue mich auf Ihren Besuch – oder rufen Sie mich doch einfach an:

Telefon: 0123-45 67 8 – Kosmetikstudio Schön – Webergasse 7 – 12345 X-Stadt

Auf der Rückseite des Handzettels druckt Nadine eine Wegeskizze zu ihrem Geschäft ab. Sie verteilt die Handzettel im Sonnenstudio, im Friseurgeschäft und überall, wo sonst sie in ihrer Umgebung nette Geschäftsleute findet, die bereit sind, ihre Werbung auszulegen. Möglicherweise könnte sich daraus auch eine gegenseitige Unterstützung entwickeln. Außerdem lässt sie ihre Handzettel in die Briefkästen der Anwohner einwerfen.

Werbegrundsätze
→ Kapitel VI/2.2

Soweit nicht von vornherein festgelegt wurde, was die Werbeaktion kosten soll bzw. darf, wird jetzt der **Werbeetat** unter Berücksichtigung der bisherigen Planungsschritte kalkuliert. Unter dem Grundsatz der Wirtschaftlichkeit sind die Kosten nicht nur möglichst niedrig zu halten, sondern müssen auch in einem angemessenen Verhältnis zum Werbeziel stehen.

Für Nadine stellt sich die Frage, wie viele Handzettel sie wohl auslegen muss, um ihr Werbeziel (10 Neukunden gewinnen) zu erreichen. Sie rechnet mit einer Quote von etwa 1 zu 100, d. h. mit einem Interessenten auf etwa 100 Handzettel. Bei ihrer Aktion muss sie also 1000 Handzettel verteilen. Sie errechnet die voraussichtlichen Kosten:

Handzettel erstellen und vervielfältigen	100,00 €
Verteilung in Geschäften (eigene Arbeitszeit)	150,00 €
Verteilung als Direktwerbung (durch eine Schülerin)	50,00 €

Bei geplanten Werbekosten von 300,00 € müsste jeder der 10 Neukunden einen Umsatzzuwachs von 30,00 € bringen, damit der Werbegrundsatz der Wirtschaftlichkeit eingehalten wird. Diese Annahme ist für Kunden eines Kosmetikinstituts durchaus angemessen.

Zu guter Letzt muss noch das **Timing** der Werbung (**Werbezeit**) bestimmt werden. Die Termine für Beginn und Ende der Werbeaktion sind präzise festzulegen. Außerdem muss der günstigste Einstiegstermin für die geplante Werbeaktion gefunden werden.

Timing
engl. zeitliche Abstimmung von Abläufen

Nadine hat den Starttermin für ihre Werbeaktion auf den 18. Juni gelegt – drei Wochen vor Beginn der Sommerferien. Zu dieser Jahreszeit kann sie davon ausgehen, dass sich die Kunden mit der Vorbereitung des Sommerurlaubs beschäftigen und verstärkt Sonnenschutzprodukte einkaufen werden.

2.4 Werbeerfolgskontrolle

Nach dem Ende einer Werbeaktion muss kontrolliert werden, ob die Werbung erfolgreich war. Da jede Werbung auch Kosten verursacht, muss der Unternehmer prüfen, ob sich die Investition gelohnt hat und das Werbeziel erreicht wurde. Wurde als Werbeziel eine Umsatzsteigerung festgelegt, kann man die **Umsätze des Werbeobjekts** vor und nach der Werbeaktion miteinander vergleichen. Wird der Umsatzzuwachs ins Verhältnis zu den Werbekosten gesetzt, erhält man die **Werberendite**. Ist die Werberendite > 1, sind die Zuwächse größer als die Kosten, die Werbung war erfolgreich.

$$\text{Werberendite} = \frac{\text{Umsatzzuwachs der Werbeaktion}}{\text{Kosten der Werbeaktion}}$$

Wurde das gesamte Sortiment beworben, können zur Erfolgskontrolle verschiedene **Kennzahlen** jeweils vor und nach der Werbeaktion verglichen werden:

- durchschnittliche Bonsummen: Wie viel Geld hat der Kunde im Durchschnitt ausgegeben?
- durchschnittliche Umsatzzahlen: Wie hoch war der Gesamtumsatz z. B. innerhalb einer Woche?
- Kundenfrequenz: Wie viele Kunden haben das Geschäft besucht?

Hier ist jedoch Vorsicht geboten. Bei der Werbeerfolgskontrolle müssen auch **externe Einflüsse**, die nichts mit der eigentlichen Werbeaktion zu tun haben, berücksichtigt werden. So könnte z. B. sogar ein Umsatzrückgang ein Erfolg sein, wenn Mitbewerber zur gleichen Zeit höhere Einbußen hinnehmen mussten.

externe Einflüsse
z. B. saisonale Schwankungen der Nachfrage, oder ein allgemeiner Rückgang der Konsumausgaben

Nadine hat es geschafft: Ihr Angebot an Sonnenschutzprodukten findet bei den Kunden reges Interesse. Um zu prüfen, welche Kunden auf Grund ihrer Werbeaktion mit den Handzetteln in ihr Institut gekommen sind, führt sie eine Kundenbefragung durch. Jeder Neukunde wird befragt, auf welche Weise er auf das Institut aufmerksam wurde. Nach Auswertung dieser Daten kann Nadine den Erfolg ihrer Aktion genau beziffern.

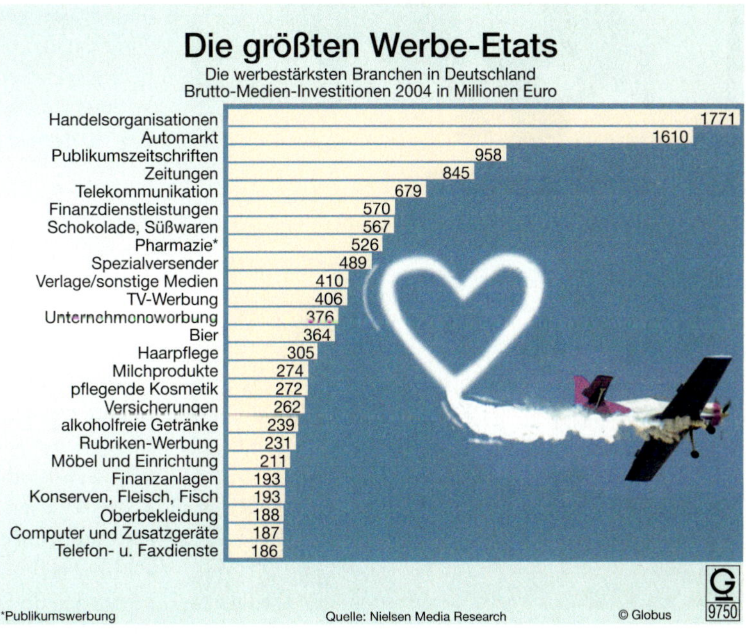

Beurteilen Sie Nadines Werbeaktion. Welches Werbeziel hat sie sich gesetzt? Hat sie alle Werbegrundsätze beachtet? Wurde die AIDA-Formel ausreichend berücksichtigt?

2.5 Verkaufsförderung

Ebenso wie die Absatzwerbung ist auch die Verkaufsförderung (Salespromotion) ein Mittel zur Steigerung der Absatzzahlen. Während die Absatzwerbung weitgehend außerhalb des Geschäftes über verschiedene Werbemittel wirkt, findet die Verkaufsförderung in der Regel innerhalb oder in unmittelbarer Nähe der Verkaufsräume statt. Ziel der Verkaufsförderung ist es, den Kunden durch besondere Aktionen oder Angebote zu einem spontanen Kauf zu bewegen. Häufig werden Maßnahmen der Verkaufsförderung auch von den Produktherstellern durchgeführt.

Tabelle VI/2 *Maßnahmen der Verkaufsförderung*

Aktionen	▪ Vorführung von Produkten oder neuen Behandlungstechniken ▪ Veranstaltungen, z. B. Tag der offenen Tür, Modenschau ▪ Verkaufsaktionen mit prominenten Personen ▪ Verteilen kostenloser Warenproben ▪ Produktschulungen der Mitarbeiter durch die Hersteller zur Verbesserung der Beratungs- und Behandlungskompetenz ▪ Preisausschreiben, Gewinnspiele ▪ Zugaben, z. B. ein Glas Sekt
Angebote	▪ Sonderangebote zu Aktions- oder Einführungspreisen ▪ **Verbundangebote**, z. B. Gesichtsbehandlung + Wimpern färben ▪ Gutscheine
Präsentation	▪ besondere Warenplatzierung, Sonderstände, Zweitplatzierungen ▪ Displays und Dekorationsmaterialien ▪ Lautsprecherdurchsagen ▪ Lichtschriften an Wänden und Decken

Verbundangebot
Zwei (oder mehrere) Produkte/Leistungen werden zu einem vergünstigten Komplettpreis angeboten.

Waren präsentieren → Kapitel VI/4

Verkaufsförderung: Vorführung neuer Behandlungstechniken

Oft ist eine eindeutige Abgrenzung zwischen Maßnahmen der Verkaufsförderung und der Absatzwerbung bzw. der Warenpräsentation nicht möglich. Ein wesentliches Unterscheidungsmerkmal besteht jedoch darin, dass die Absatzwerbung eher auf einen mittel- bis langfristigen Erfolg ausgelegt ist. Die Verkaufsförderung dagegen ist kurzfristig angelegt und soll schnelle Erfolge erzielen.

2.6 Öffentlichkeitsarbeit

Durch die Öffentlichkeitsarbeit (Public Relations, kurz PR) soll das Image eines Unternehmens verbessert und gepflegt werden. Dieses Image ist ein Sollbild, d. h., es stellt dar, wie das Unternehmen vom Kunden gesehen werden möchte. Ziel ist es, Glaubwürdigkeit und Seriosität zu vermitteln, denn je mehr Ansehen ein Unternehmen in der Öffentlichkeit genießt, desto erfolgreicher werden auch seine Werbemaßnahmen sein.
Maßnahmen der Öffentlichkeitsarbeit sind

- Pressemitteilungen
- Ausstellungen, Vorträge
- Kundenzeitschriften, Newsletter
- Stiftungen
- Spenden an Hilfsorganisationen
- Sponsoring

Sponsoring im Leistungssport ist besonders beliebt.

3 Grenzen der Werbung

Nicht jede Werbung ist erlaubt. Um zu verhindern, dass in einem hart umkämpften Markt mit unfairen Mitteln geworben wird, wurde das Gesetz gegen den unlauteren Wettbewerb (UWG) erlassen. Das UWG regelt, ob eine Werbemaßnahme lauter (rechtmäßig) oder unlauter (rechtswidrig) ist. Der Zweck des Gesetzes wird in § 1 festgelegt.

§ 1 UWG: Zweck des Gesetzes
Dieses Gesetz dient dem Schutz der Mitbewerber, der Verbraucherinnen und der Verbraucher sowie der sonstigen Marktteilnehmer vor unlauterem Wettbewerb. Es schützt zugleich das Interesse der Allgemeinheit an einem unverfälschten Wettbewerb.

Verbraucherschutz
→ Kapitel II/3.3.2

Unlautere Wettbewerbshandlungen werden in § 3 UWG ausdrücklich verboten. Die folgenden Paragraphen des Gesetzes beschreiben in einer Liste von Regelbeispielen, welche Wettbewerbshandlungen unlauter sind.

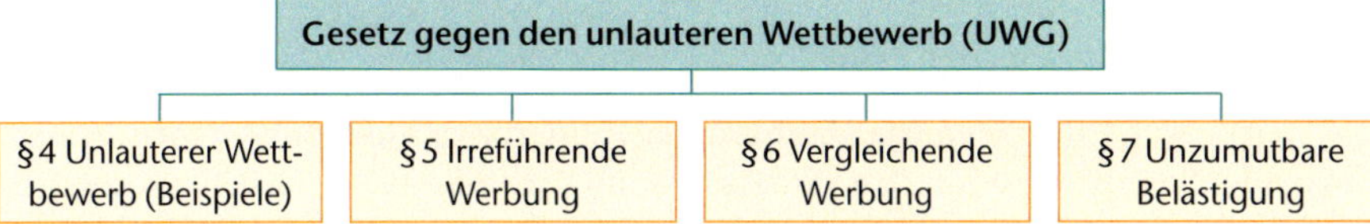

Das UWG soll Verbraucher und Mitbewerber gegen unfaire Wettbewerbsmethoden schützen. Ob unlauterer Wettbewerb vorliegt, muss im Einzelfall entschieden werden.

3.1 Unlauterer Wettbewerb (Beispiele)

Die in § 4 des UWG aufgeführte Liste unlauterer Wettbewerbshandlungen enthält Bestimmungen sowohl zum Schutz der Kunden als auch zum Schutz der Mitbewerber.

3.1.1 Unlauterer Wettbewerb gegenüber Kunden

Verboten ist Werbung, die auf den Kunden **psychologischen Druck** ausübt und ihn so in seiner Entscheidungsfreiheit beeinträchtigt. Wer also mit Werbung den Kunden ängstigt oder bedroht, handelt unlauter. Ebenso verboten sind Wettbewerbshandlungen, die geeignet sind, die geschäftliche Unerfahrenheit von Kindern und Jugendlichen oder bestehende Zwangslagen von Verbrauchern auszunutzen.

„Lassen Sie nicht noch mehr unschuldige Kinder sterben! Mit jedem Kauf eines Kosmetikproduktes von ‚Ewig jung' helfen Sie den Flutopfern in Südostasien."

Wer den Werbecharakter einer Wettbewerbshandlung verschleiert, handelt unlauter. Verboten ist in diesem Zusammenhang z. B. die so genannte **Schleichwerbung**. Darunter versteht man eine Form der getarnten Werbung, bei der die Beworbenen nicht auf Anhieb oder überhaupt nicht erkennen können, dass es sich um eine Werbung handelt. Es wird diskutiert, ob auch das absichtliche Zeigen bestimmter Produkte z. B. in Filmen und im Fernsehen (**Product Placement**) eingeschränkt werden soll.

Die „ARD-Richtlinien für Werbung" schreiben eine eindeutige Trennung zwischen Werbesendung und Programm vor: „Die Erwähnung oder Darstellung von Produkten eines Herstellers von Waren oder eines Erbringers von Dienstleistungen in Bild und Ton zu Werbezwecken außerhalb des Werbeprogramms ist unzulässig".

3.1.2 Unlauterer Wettbewerb gegenüber Konkurrenten

Unlauter handelt, wer

- die Waren, Dienstleistungen, Tätigkeiten oder die persönlichen oder geschäftlichen Verhältnisse eines Mitbewerbers herabsetzt oder verunglimpft;
- über das Leistungsangebot, die Person des Unternehmers oder über ein Mitglied der Unternehmensleitung Tatsachen verbreitet, die den Betrieb des Unternehmens oder den Ruf des Unternehmers schädigen können, sofern die Tatsachen nicht nachweislich der Wahrheit entsprechen, oder
- Mitbewerber gezielt behindert.

3.2 Irreführende Werbung

Eine Werbung ist irreführend, wenn

- sie bei der Mehrzahl der Verbraucher eine falsche Vorstellung über ein Produkt oder eine Dienstleistung hervorruft und
- diese Vorstellung für die Kaufentscheidung ausschlaggebend ist.

3.2.1 Irreführung über den Preis

Zulässige Preisauszeichnung?

Die Werbung mit Begriffen wie Discountpreis, Superpreis, Gelegenheitspreis, Sensations- oder Spottpreis ist nur dann zulässig, wenn das Preisniveau tatsächlich deutlich unter dem der Mitbewerber liegt. Die Werbung mit folgenden Preisbegriffen ist unzulässig:

- **Einführungspreis**, wenn es sich nicht um ein neues Produkt handelt,
- **Probierpreis**, wenn er sich auf Waren bezieht, die bereits auf dem Markt sind,
- **Tiefstpreis**, wenn der Preis nicht tatsächlich der niedrigste auf dem entsprechenden Markt ist.

Bei einem **Mondpreis** wird absichtlich ein überhöhter Ausgangspreis angegeben, der über dem üblichen Marktpreis liegt. Diese überhöhte Preisangabe wird genutzt, um dem Verbraucher einen besonders hohen Preisnachlass vorzutäuschen. Unzulässig ist hierbei das Vortäuschen eines Preises, den es tatsächlich nie gegeben hat. Ein Vergleich aktueller (niedriger) Preise mit früheren (höheren) Preisen ist nur dann erlaubt, wenn der alte Preis tatsächlich über einen angemessenen Zeitraum für das gleiche Produkt verlangt worden ist.

3.2.2 Lockvogelwerbung

Bei dieser Form des unlauteren Wettbewerbs werden Kunden mit besonders günstigen Angeboten in das eigene Geschäft gelockt. Dort stellt sich dann heraus, dass das Angebot „gerade ausverkauft" ist. Unzulässig ist also, wenn ein Angebot nicht in angemessener Menge zur Befriedigung der zu erwartenden Nachfrage zur Verfügung steht. Angemessen ist im Regelfall ein Vorrat für zwei Tage.

3.2.3 Werbung mit Testurteilen

Der Test muss von einer neutralen Institution durchgeführt worden sein.

Ein gutes oder sehr gutes Testergebnis z. B. der Stiftung Warentest ist sehr werbewirksam und wird deshalb gerne verwendet. Für die Werbung mit Testurteilen benötigt der Werbende keine Genehmigung der Stiftung Warentest. Die Testergebnisse müssen aber der Wahrheit entsprechen. Unzulässig ist die Werbung mit Ergebnissen, die es nicht gibt, die veraltet sind oder wenn sich das Produkt oder seine Zusammensetzung seit der Durchführung des Tests verändert hat. Unzulässig ist auch die Werbung mit einem Testergebnis „gut", wenn das nicht ein überdurchschnittlich gutes Ergebnis ist.

Eine Tagescreme wird mit dem Testurteil „gut" beworben. Im Test waren 15 Tagescremes. Davon wurden acht mit „sehr gut", sechs mit „gut" und eine mit „befriedigend" beurteilt.

3.3 Vergleichende Werbung

§ 6 Abs. 1 UWG
Vergleichende Werbung ist jede Werbung, die unmittelbar oder mittelbar einen Mitbewerber oder die von einem Mitbewerber angebotenen Waren oder Dienstleistungen erkennbar macht.

Zulässige vergleichende Werbung

Es handelt sich also um eine Form der Werbung, bei der ein Werbender seine eigene Leistung dadurch hervorzuheben versucht, dass er entweder Mitbewerber und deren Produkte kritisierend mit der eigenen Ware vergleicht oder sich mit seiner Werbung an einen Konkurrenten anlehnt, um von dessen gutem Ruf zu profitieren.

Unzulässig ist die vergleichende Werbung, wenn der Vergleich irreführend, herabsetzend oder verunglimpfend ist. Es dürfen nur nachprüfbare und typische Produkteigenschaften miteinander verglichen werden. Durch die Werbung darf es nicht zu Verwechselungen zwischen dem Werbenden und einem Mitbewerber bzw. zwischen den angebotenen Produkten kommen.

3.4 Unzumutbare Belästigung

Von unzumutbarer Belästigung des Verbrauchers ist auszugehen, wenn erkennbar ist, dass der Empfänger die Werbung nicht wünscht.

Eine Briefkastenwerbung mit Handzetteln ist dann unzulässig, wenn auf dem Briefkasten ein Hinweis „Keine Werbung" angebracht wurde.

Hier ist Briefkastenwerbung unzulässig!

Eine unzumutbare Belästigung ist außerdem anzunehmen, wenn es sich um eine Direktwerbung per Telefon, Fax oder E-Mail (Spam) handelt, ohne dass eine Einwilligung des Empfängers vorliegt.

Kosmetikerin Nadine plant, bei einer Werbeaktion alle ihre Kunden anzurufen, um ihr neues Frühjahrsangebot bekannt zu machen.

Zulässig ist diese Form der Werbung nur, wenn der Kunde vorher sein Einverständnis erklärt hat und die Identität des Absenders klar zu erkennen ist. Eine Werbung per E-Mail ist außerdem zulässig, wenn der Kunde mit dem Werbenden bereits früher wegen einer ähnlichen Leistung in Kontakt getreten ist.

Der Deutsche Werberat ist eine wichtige Institution zur Selbstkontrolle der Wirtschaft. Er hat für einige Bereiche (z. B. Werbung mit Kindern, Werbung für alkoholische Getränke) freiwillige Verhaltensregeln aufgestellt, die den lauteren Wettbewerb unterstützen sollen.

Kosmetikerin Nadine hat bei einem Direktvertrieb per Internet verschiedene Fachbücher bestellt und dabei ihre E-Mail-Adresse angegeben. Der Buchversand kann Nadine nun Werbung für Bücher per E-Mail zusenden. Nadine kann dieser Art der Werbung aber widersprechen.

3.5 Rechtsfolgen bei Wettbewerbsverstößen

Bei Verstößen gegen das UWG kann der Wettbewerbsverletzer verpflichtet werden, seine wettbewerbswidrigen Handlungen zu unterlassen und einen bei einem Mitbewerber eventuell entstandenen Schaden zu ersetzen.

Verstößt z. B. ein Kosmetikinstitut nach Ansicht eines Mitbewerbers gegen die Vorschriften des UWG, kann der Mitbewerber das Kosmetikinstitut dazu auffordern, diesen Verstoß zu unterlassen. Eine solche Aufforderung wird als **Abmahnung** bezeichnet.

online

www.interverband.com/werberat/

www.wettbewerbs-zentrale.de

Eine Abmahnung kann von
- Mitbewerbern,
- Wirtschafts- oder Fachverbänden,
- Wettbewerbszentralen oder
- Kammern (Industrie- und Handelskammern, Handwerkskammern)

an das Kosmetikinstitut gerichtet werden und sollte folgende Punkte beinhalten:
- Darstellung der unzulässigen Wettbewerbshandlung
- Begründung, warum die Werbung unzulässig ist
- Aufforderung, eine Unterlassungserklärung zu unterschreiben und zurückzusenden
- Aufforderung, die entstandenen Kosten zu ersetzen (derzeit etwa 150 Euro, bei Einschalten eines Rechtsanwalts etwa 800 Euro)

Unterlassungserklärung

Hiermit akzeptiere ich, dass ich am ... gegen ... (Nennung des Gesetzes, gegen das verstoßen wurde) verstoßen habe.

Ich sichere zu, dem/der ... (Nennung des Abmahnenden) bei jeder Zuwiderhandlung sofort eine Vertragsstrafe in Höhe von ... € zu zahlen.

Ort Datum Unterschrift

Muster einer Unterlassungserklärung

In der **Unterlassungserklärung** verpflichtet sich der Wettbewerbsverletzer, die angemahnte Werbemaßnahme zu unterlassen und im Wiederholungsfall eine Vertragsstrafe an den Abmahnenden zu zahlen. Die Höhe der Vertragsstrafe ist von der Schwere des Verstoßes abhängig und beträgt zwischen 1000 und 5000 Euro.

Führt die Abmahnung zu keinem Ergebnis, können Wettbewerbsverstöße auf besonderen Antrag des Abmahnenden von der Staatsanwaltschaft verfolgt werden. Um die Einleitung gerichtlicher Schritte zu verhindern, ist die **Einigungsstelle** der IHK um eine Schlichtung bemüht.

3.6 Strafvorschriften

Vorlagen können z.B. Zeichnungen, Modelle oder Rezepte sein.

Nach Paragraph 16 UWG ist Werbung strafbar, wenn der Werbende absichtlich durch unwahre Angaben beim Verbraucher den Eindruck eines besonders günstigen Angebotes hervorruft. Der Werbende kann zu einer Freiheitsstrafe bis zu zwei Jahren oder zu einer Geldstrafe verurteilt werden. Auch der Verrat von Geschäfts- oder Betriebsgeheimnissen und die Verwendung von **Vorlagen** sind strafbar.

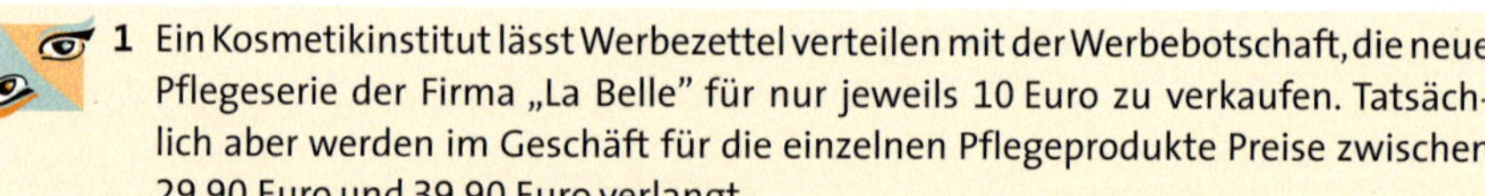

1 Ein Kosmetikinstitut lässt Werbezettel verteilen mit der Werbebotschaft, die neue Pflegeserie der Firma „La Belle" für nur jeweils 10 Euro zu verkaufen. Tatsächlich aber werden im Geschäft für die einzelnen Pflegeprodukte Preise zwischen 29,90 Euro und 39,90 Euro verlangt.

2 Eine Kosmetikerin wechselt den Arbeitgeber. Sie verrät ihrer neuen Chefin, wie viel die Kolleginnen in ihrem alten Institut verdienen und wie die Behandlungspreise kalkuliert wurden.

1 Was versteht man unter Marketing-Mix?

2 Erläutern Sie die verschiedenen Arten der Preisdifferenzierung und deren Ziele. Finden Sie je ein Beispiel für eine mögliche Anwendung im Kosmetikinstitut.

3 Grenzen Sie die Begriffe Werbung, Verkaufsförderung und Öffentlichkeitsarbeit voneinander ab. Welche Gemeinsamkeiten und welche Unterschiede gibt es?

4 Sammeln Sie Werbeanzeigen für kosmetische Produkte aus Zeitungen und Zeitschriften. Beantworten Sie dazu folgende Fragen:
a) Welche Gefühle/Bedürfnisse sollen geweckt werden?
b) Welche Zielgruppe wird angesprochen?

5 Ein Kosmetikinstitut veranstaltet ein Gewinnspiel mit Sachpreisen im Wert von 1000 Euro. Für die Teilnahme an der Verlosung müssen die Kunden vorher Waren im Wert von 10 Euro eingekauft haben.
a) Um welche Form der Kommunikationspolitik handelt es sich?
b) Prüfen Sie anhand des Gesetzestextes, ob diese Maßnahme gegen das UWG verstößt.

4 Waren präsentieren

Die möglichst ansprechende Präsentation von Waren für den Verkauf ist eine weitere Maßnahme der Kosmetikerin, um ihren Umsatz zu steigern. Ziel ist es auch hier, beim Kunden Kaufimpulse auszulösen und den Bedarf an der ausgestellten Ware zu wecken. Die Ausstellung von Waren soll dem Kunden aber auch einen Überblick über das Leistungsspektrum des Kosmetikinstituts ermöglichen.

Das Thema Waren präsentieren umfasst verschiedene Aspekte.

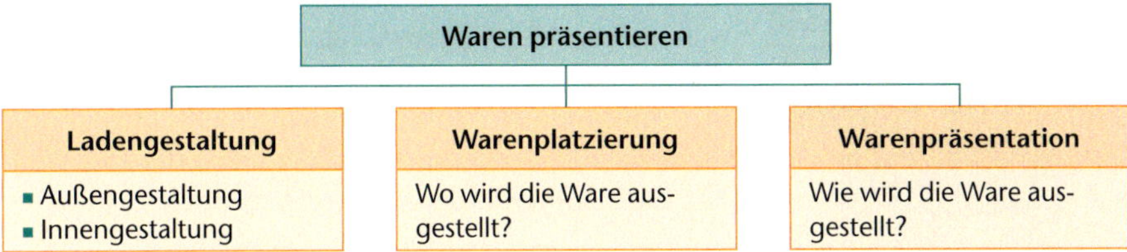

4.1 Ladengestaltung

Mit dem Begriff Ladengestaltung verbindet man alle Gestaltungselemente innerhalb und außerhalb des Verkaufsraumes. Innerhalb des Verkaufsraumes soll durch eine sinnvolle Ladengestaltung die vorhandene Verkaufsfläche möglichst optimal genutzt werden. Gleichzeitig soll eine angenehme Atmosphäre geschaffen werden, die den Kunden zum Verweilen einlädt und zum Kauf anregt. Außerhalb des Verkaufsraumes sind die Gestaltung des Schaufensters und die Außenwerbung besonders wichtig. Je besser die Geschäftslage ist, desto mehr Gewicht erhält die Gestaltung der Geschäftsfront.

4.1.1 Außengestaltung

Das Schaufenster und die Fassade sollen Passanten auf das Geschäft aufmerksam machen und diese möglichst dazu motivieren, das Geschäft zu betreten. Passanten kommen als Fußgänger, Radfahrer oder mit dem Auto vorbei, während oder außerhalb der Geschäftszeiten. Bereits hier entscheidet sich, ob die Außengestaltung einen guten Eindruck erweckt und die gewünschte Botschaft auch ankommt: „Wir sind ein attraktives Geschäft – Sie sind herzlich willkommen!“

Die Außengestaltung des Kosmetikinstituts soll Passanten zu Kunden machen.

Eine einladende Wirkung entsteht durch eine

- weithin sichtbare Außenwerbung, die auf das Geschäft aufmerksam macht.
- attraktive Außenbeleuchtung, die Geschäftsfront und Schaufenster ins rechte Licht rückt,
- einsehbare Glasfassade und helle, gut beleuchtete Innenräume,
- ansprechende Warenpräsentation im Außenbereich (reduzierte Ware und Saisonware),
- interessante, ansprechende und ständig wechselnde Gestaltung des Schaufensters.

Straßenstopper können zusätzlich über die Leistungen des Instituts oder über attraktive Sonderaktionen und Angebote informieren.

Eingangsbereich und Schaufenster bestimmen den ersten Eindruck beim Kunden

Das Schaufenster

Schaufenster werden häufig als Visitenkarte des Unternehmens bezeichnet.

Das Schaufenster ist ein wichtiges Werbemittel der Kosmetikerin, das dem potenziellen Kunden

- zeigt, welche Art von Geschäft er vor sich hat,
- über das Leistungsangebot informiert,
- Kaufwünsche und Sehnsüchte des Kunden weckt und ihn neugierig macht,
- das Image des Unternehmens darstellt.

Geschlossenes Schaufenster

Waren die Schaufenster früher noch einfache Schaukästen, die streng vom eigentlichen Geschäft getrennt waren, so gewähren viele Schaufenster von heute einen Einblick in das Innere des Geschäftes und nehmen die Passanten von außen mit in den Verkaufsraum hinein. Ein solches Schaufenster bringt zusätzliches Tageslicht ins Ladeninnere und signalisiert Offenheit.

Damit sich die Kunden im Inneren jedoch nicht beobachtet fühlen, wird heute vielfach mit flexiblen Stellwänden, Plakaten, Vorhängen oder anderen Sichtblenden gearbeitet, durch die sich die Einsicht ins Ladeninnere gezielt steuern lässt. Je nachdem, wie viel Einsicht den Passanten in das Geschäft gewährt wird, unterscheidet man zwischen **offenen**, **halboffenen** und **geschlossenen** Schaufenstern.

Halboffenes Schaufenster

Offenes Schaufenster

Sind im Verkaufsraum eines Instituts Behandlungsplätze eingerichtet (z.B. ein Schminkplatz), sollte die Kosmetikerin den Kundenwunsch nach Intimität bei der Schaufenstergestaltung berücksichtigen. Einblicke von außen in den eigentlichen Behandlungsraum eines Instituts sind in jedem Fall tabu.

Preisangabeverordnung → Kapitel VI/4.4

Bei der Gestaltung eines Schaufensters gilt der Grundsatz: Weniger ist mehr. Im Mittelpunkt steht immer das ausgestellte Produkt. Zusätzlich können auch Dekorationsgegenstände verwendet werden, die aber niemals in den Vordergrund rücken und die Aufmerksamkeit von der Ware ablenken dürfen. Wichtig ist auch eine korrekte **Preisauszeichnung** der im Schaufenster ausgestellten Produkte.

Ebenso muss darauf geachtet werden, dass das Schaufenster sowie die darin gezeigten Waren immer in einwandfreiem Zustand sind. Schmutzige Scheiben, Staub oder verblichene Farben werden sicher keinen Kunden ins Geschäft locken.

Die wichtigste Voraussetzung für eine gelungene Schaufenstergestaltung ist **Kreativität**. Ein fantasie- oder lieblos gestaltetes Schaufenster fällt gar nicht oder sogar negativ auf. Nach der Gestaltung des Schaufensters und der präsentierten Ware unterscheidet man verschiedene **Schaufenstertypen**.

Wie kaum eine andere Gestaltungsform erlaubt das **Themenfenster** den Einsatz kreativer Methoden. Nicht nur das immer wieder Neue ist ein Motor für eine gelungene Schaufenstergestaltung. Im Jahresablauf gibt es außerdem feste Daten, die nicht nur das Leben der Kunden, sondern auch das Geschäftsjahr des Kosmetikinstituts strukturieren. Beispiele sind Weihnachten, der Frühlingsbeginn oder ein Institutsjubiläum. Die sich daraus ergebenden Themen und Emotionen können bei der Gestaltung geschickt genutzt werden.

Ein **Übersichtsfenster** vermittelt dem Betrachter einen Überblick über das gesamte Sortiment des Geschäftes.

Das **Ein-Artikel-Fenster** präsentiert ausschließlich einen einzigen Artikel, der besonders kostbar, selten oder neu ist. Diese Art der Präsentation ist nur bei exklusiver und hochpreisiger Ware zu empfehlen, da einzelne Produkte immer besonders wertvoll wirken.

Das **Stapelfenster** zeigt im Gegensatz dazu Warenberge, die Warenfülle und Überfluss signalisieren. Dem Betrachter wird preisgünstige Ware und große Auswahl suggeriert.

Im **Markenfenster** werden aktuelle, hochwertige Markenprodukte ausgestellt. Diese Schaufenster ziehen insbesondere anspruchsvolle Kunden an, die großen Wert auf Qualität und Prestige legen.

Welche Gestaltungform gewählt wird, hängt in erster Linie von dem Produkt ab, das präsentiert werden soll. Außerdem spielt die Architektur des Schaufensters (Breite, Höhe, Tiefe, ebenerdig, kniehoch usw.) eine Rolle.

Themenfenster

Übersichtsfenster

Markenfenster

Beschreiben Sie die Wirkung der abgebildeten Schaufenster. Welchen Eindruck vermitteln sie dem Betrachter von dem Warenangebot des Geschäftes?

Blickfang

Der **Blickfang** im oberen Teil des Schaufensters fängt den Blick des Passanten ein und leitet ihn zu den anderen Bereichen des Schaufensters weiter.

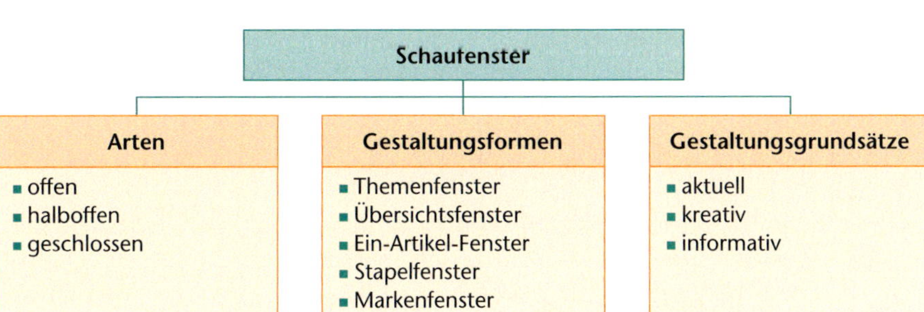

4.1.2 Innengestaltung

Bei der Innengestaltung des Kosmetikinstituts wird zunächst unterschieden, ob die Räume für den Kunden zugänglich sind oder nicht. **Nicht zugängliche Räume** wie z. B. Lager- und Aufenthaltsräume, Räume zur Arbeitsvorbereitung, Küche und Personaltoilette sind unter betriebswirtschaftlichen Gesichtspunkten zu gestalten. Hier steht die Optimierung der Arbeitsabläufe und die Minimierung der Kosten für Gestaltung und Instandhaltung im Vordergrund.

Anforderungen an den Behandlungsraum → Kapitel III/6

Die Gestaltung von für Kunden **zugänglichen Räumen** erfolgt nach dem obersten Grundsatz: Der Kunde soll sich im Geschäft wohl fühlen. Im **Behandlungsraum** stehen dabei Sauberkeit und Hygiene, ansprechendes, bequemes Mobiliar sowie moderne Technik im Vordergrund. Die Gestaltung des Behandlungsraumes erfolgt unter ästhetischen und arbeitsorganisatorischen Gesichtspunkten und hängt natürlich auch vom Behandlungsangebot ab. Wichtige Voraussetzung ist die genaue Kenntnis des Geschmacks und der Wünsche der Kunden. Im **Empfangs- und Verkaufsraum** eines Instituts dagegen kommt der Kunde mit der Verkaufsware in Berührung. Hier spielt die Warenpräsentation eine wesentliche Rolle.

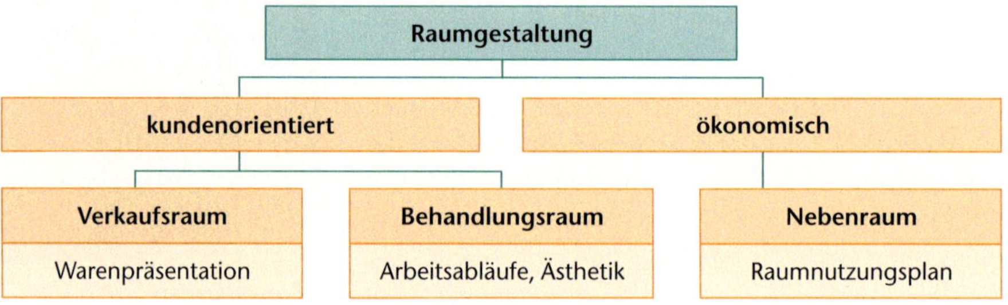

Eine aufeinander abgestimmte, wirkungsvolle Ladengestaltung lässt den Kunden gern im Geschäft verweilen. Mittel der kundenorientierten Ladengestaltung sind:

- Beleuchtung
- Farben
- Dekoration
- Musik und Düfte

- anregend, aktiv, stark, dynamisch, aber auch warnend, aggressiv
- stabil, beruhigend, harmonisch, aber auch kalt, undurchschaubar
- ausgeglichen, frisch, natürlich, ruhig
- hell, warm, heiter, stärkend
- seriös, dezent, neutral, aber auch trostlos, unbestimmt
- feierlich, geheimnisvoll, sinnlich, aber auch traurig, düster
- rein, klar, futuristisch, aber auch nüchtern, kalt

Die Wirkung der Farben

Die **Beleuchtung** hat einen wesentlichen Einfluss auf die Verkaufsförderung und sollte gezielt eingesetzt werden. Licht

- schafft Atmosphäre,
- unterteilt den Raum und setzt Akzente,
- leitet den Blick des Kunden,
- ermöglicht die genaue Prüfung der Ware.

Farben wirken emotional und beeinflussen die Stimmung der Menschen (siehe nebenstehendes Schaubild). Der Einsatz großer Farbflächen ist für das Auge beruhigend und entspannend. Starke Farbkontraste dagegen wirken eher belebend und anregend.

Zur **Dekoration** gehören Blenden, Rahmen, Vorhänge, Dekors, Plakate, Blumen, Decken- und Wandschmuck, kurz: alles, was nicht zur dauerhaften Ladeneinrichtung gehört. Bei der Verwendung von Dekorationsmaterialien für eine ansprechende und vor allem einzigartige Ladenatmosphäre sind Ihrer Kreativität keine Grenzen gesetzt.

Der Einsatz von **Musik und Düften** ist im Kosmetikinstitut vor allem während der Behandlung üblich. Er sollte stets auf die individuellen Vorlieben des Kunden abgestimmt werden.

4.2 Warenplatzierung

Bei der Entscheidung, wo und wie die zum Verkauf stehenden Produkte gezeigt werden sollen, stehen – wie immer – die Ansprüche des Kunden an erster Stelle. Je stärker die Wünsche des Kunden berücksichtigt werden, desto angenehmer wird ihm der Aufenthalt im Geschäft und desto mehr kauft er.

Der durchschnittliche Umsatz pro Kunde steigt mit seiner Verweildauer im Geschäft.

Kundenansprüche an Warenplatzierung und Warenpräsentation

Bequemlichkeit	Kauferlebnisse schaffen
▪ geringer Suchaufwand ▪ Übersichtlichkeit	▪ Kaufanregungen ▪ ansprechende Präsentation

Betritt der Kunde das Institut, um ein Produkt zu kaufen, möchte er nicht lange nach dem gewünschten Artikel suchen müssen. Muss er auf die Kosmetikerin warten, die vielleicht gerade einen anderen Kunden berät, ist es wichtig, dass er freien Zugang zur Ware hat und sie anschauen, anfassen und sich intensiv damit befassen kann. Wichtig ist deshalb eine **übersichtliche, leicht erfassbare Anordnung** des Sortiments im Verkaufs raum. Die Ware sollte nicht hinter der Rezeption oder in verschlossenen Vitrinen vor dem Kunden „versteckt" werden.

Durch die Bildung von **Warenblöcken** kommt man den Sehgewohnheiten der Kunden und ihrem Wunsch nach Übersichtlichkeit entgegen. Die Produkte können z. B. nach Herstellern, Verwendung oder Hauttyp zusammengestellt werden. Sind bestimmte Warengruppen im Block angeordnet, spricht man von einer **Warengruppenplatzierung**.

Vertikale Blockplatzierung

Gleiche Produkte in unterschiedlichen Größen werden untereinander in einer **vertikalen Blockplatzierung** angeordnet. Ordnet man die Produkte nach Verwendung, wird von **Verbundplatzierung** gesprochen. Hier könnte z. B. eine komplette Serie mit Tagespflege, Gesichtswasser, Reinigungsmilch sowie Nachtcreme für einen bestimmten Hauttyp nebeneinander angeordnet werden. Diese Platzierungsform kommt insbesondere dem Wunsch des Kunden entgegen, Kaufanregungen zu erhalten, da er sich mit einem Blick über das gesamte Angebot eines Herstellers für seinen Hauttyp informieren kann.

Warengruppenplatzierung

Für den Absatz von Saisonartikeln oder Neuheiten eignen sich Sonderplatzierungen wie die Aktionsplatzierung. Dabei werden die Artikel besonders gekennzeichnet und gut sichtbar im Verkaufsraum platziert. **Aktionsplatzierungen** können die Aufmerksamkeit des Kunden gezielt auf bestimmte Zonen des Verkaufsraumes lenken. Bei der **Zweitplatzierung** wird ein Produkt gleichzeitig an zwei Stellen im Verkaufsraum platziert (z. B. im Regal und an der Kasse).

4.3 Warenpräsentation

Unabhängig davon, wie die Warenpräsentation im Einzelnen gestaltet wird, sind eine Reihe von **Grundregeln** zu beachten, die dem Kundenbedürfnis nach Bequemlichkeit und einem angenehmen Kauferlebnis Rechnung tragen. Die Ware sollte

- in absolut einwandfreiem Zustand sein,
- gut sichtbar und übersichtlich angeordnet werden,
- deutlich lesbar beschriftet sein,
- immer mit Preisen versehen werden,
- in ausreichender Menge und optisch ansprechend präsentiert werden.

Warenträger vermitteln ganz unterschiedliche Botschaften.

4.3.1 Warenträger

Warenträger dienen dazu, die Ware im Verkaufsraum zu lagern und sie sollen gleichzeitig eine ansprechende Präsentation und gute Erreichbarkeit gewährleisten. Beispiele für Warenträger sind:

- Regale
- Vitrinen
- Bedientheken
- Rundständer
- Gondeln
- Wühltische
- Displays

Displays werden vom Hersteller für die Präsentation bestimmter Produkte zur Verfügung gestellt und eignen sich gut für Maßnahmen der Verkaufsförderung oder für Aktionsplatzierungen. Sie ersetzen jedoch nicht die eigene Kreativität, denn schließlich erhalten auch die Mitbewerber diese Angebote. Achten Sie darauf, dass Material, Farbe und Gestaltung zu Ihrer Präsentation passen.

Die verschiedenen Warenträger vermitteln ganz unterschiedliche Botschaften über die darin präsentierte Ware. Eine Gondel mit Schüttgut enthält preisgünstige Ware und regt zu Impulskäufen an. Dagegen wirkt eine einzeln stehende Vitrine wie eine Schatztruhe, die einige wenige besonders kostbare und exklusive Produkte enthält. Verspiegelte Regale lassen das Angebot in doppelter Menge erscheinen. Ein Warenträger muss also nicht nur funktionell sein, sondern auch zu der präsentierten Ware passen.

4.3.2 Präsentationsstrategien

In den meisten Fällen werden Waren in großen Mengen, Stapeln oder Haufen präsentiert. Niemand möchte gern den allerletzten Lippenstift der Kollektion kaufen. Überfluss bedeutet eine große Auswahl, ein reiches Angebot, es ist für jeden etwas dabei.

Dieses Prinzip gilt jedoch nicht immer. Eine große Warenfülle signalisiert auch Masse, und je mehr Wert ein Kunde auf Exklusivität legt, desto weniger wird ihn eine derartige Warenpräsentation ansprechen. Für einen solchen Kundenkreis gilt „weniger ist mehr“ – oder im Englischen „less is more“ (LIM). Die Präsentation nach der LIM-Strategie setzt deshalb auf weniger Ware pro Quadratmeter Verkaufsfläche, so dass jeder Artikel sein Warenbild voll entfalten kann. Wird jedoch zu wenig Ware auf der Verkaufsfläche präsentiert, entsteht leicht der Eindruck eines sehr schmalen, „dürftigen“ Angebots und zu kleiner Auswahl.

Die Präsentation nach der LIM-Strategie kann für Institute mit einer besonders anspruchsvollen und exklusiven Zielgruppe und entsprechend hochpreisigem Sortiment empfehlenswert sein.

4.3.3 Regalzonen

Die Kaufentscheidung für ein bestimmtes Produkt wird häufig erst im Verkaufsraum vor dem Regal (bzw. dem entsprechenden Warenträger) getroffen. Hier muss die Kosmetikerin beachten, dass die einzelnen Bereiche eines Warenträgers eine unterschiedliche Verkaufswirksamkeit haben.

Die für die Kosmetikerin interessantesten Produkte bekommen die besten Plätze im Regal.

Steht ein Kunde vor einem Regal, richtet sich seine Aufmerksamkeit zunächst auf die in Sichthöhe ausgestellten Produkte in der Regalmitte. Von der Mitte aus gleitet der Blick nach rechts. Die **Sichtzone** eines Regals hat daher auch die höchste Verkaufswirksamkeit. In dieser Zone werden Artikel platziert, die der Kosmetikerin die höchsten Handelsspannen einbringen. Ebenso werden hier die so genannten Rennerartikel untergebracht, also Produkte, die sich besonders gut verkaufen.

Direkt unter der Sichtzone liegt die **Greifzone** als zweitbeste Platzierung. Hier werden ebenfalls gut kalkulierte Produkte präsentiert, die der Kunde auch durchaus einmal anfassen kann.

Impulsartikel werden vom Kunden meist spontan und ohne viel Überlegung gekauft. Impulsartikel sollten daher ebenfalls in den verkaufsstarken Zonen der Warenträger platziert werden, damit der Kunde sie gut sehen und bequem zugreifen kann.

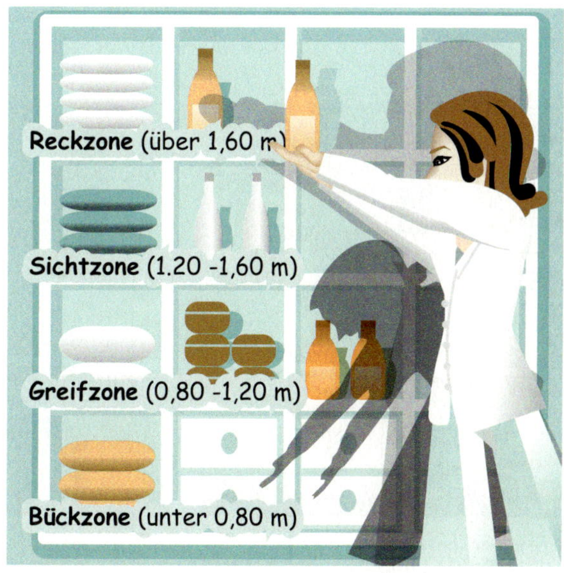

Regalzonen haben eine unterschiedliche Verkaufswirksamkeit.

Die **Reckzone** als drittbeste Platzierung ist bei den Kunden deutlich unbeliebter. Hier werden Produkte ausgestellt, die dem Kunden bekannt sind und geplant gekauft werden (Suchartikel). In der obersten Regalzone sollten leichte Artikel platziert werden, damit die Warenentnahme nicht unnötig erschwert wird.

Handelsspanne
→ Kapitel V/9.2

Die **Bückzone** ist die verkaufsschwächste Regalzone. Sie liegt unter dem Sichtfeld des Kunden und ist außerdem bei der Warenentnahme unbequem. Hier werden die für die Kosmetikerin eher unattraktiven und schweren Artikel (Mussartikel) präsentiert.

4.3.4 Verkaufszonen

Auch die einzelnen Bereiche des Verkaufsraumes haben eine unterschiedliche Verkaufswirksamkeit. In großen Verkaufsräumen, die nicht auf den ersten Blick zu überschauen sind, wendet sich der Kunde zumeist vom Eingang aus nach rechts und orientiert sich entgegen dem Uhrzeigersinn an den Außenwänden. Die rechts vom Kundenlauf stehenden Waren erhalten eine weitaus höhere Aufmerksamkeit als links platzierte. Schlecht einsehbare oder weit entfernte Ecken des Verkaufsraumes werden eher gemieden.

Dieser häufig beobachtete Kundenlauf wird als Rechtsdrall bezeichnet.

Durch eine geschickte Warenpräsentation können verkaufsschwache Zonen aufgewertet werden. So können z. B. auffällige Aktionsplatzierungen links vom Kundenlauf oder in „toten Ecken“ präsentiert werden, um die Aufmerksamkeit in diesen Bereich zu lenken. An der Kasse oder am Tresen, wo der Kunde längere Zeit verweilt, sind Impulsartikel gut untergebracht. Erläutern Sie dem an der Kasse wartenden Kunden die Vorteile des Angebotes. Im Eingangsbereich sollten attraktive Sonderangebote den Kunden ins Geschäft locken und in seinem Lauf bremsen.

Impulsartikel
→ Kapitel V/2.3

4.3.5 Betonung der Preise

Das hoch entwickelte Preisbewusstsein der Kunden bedeutet für die Kosmetikerin eine Zwickmühle. Ignoriert man dies und macht bei der Warenpräsentation nicht deutlich, dass ein preisgünstiges Angebot bereit gehalten wird, strafen die Kunden die Preise womöglich als zu teuer ab. Ist die untere Preislage dagegen überbetont, kann sich das Qualitätsimage des Instituts verschlechtern, denn viele Kunden setzen einen günstigen Preis mit minderer Qualität gleich.

Eine **preisorientierte Warenpräsentation** ist damit insbesondere für den Kosmetikhandel eine Gratwanderung und sorgfältig zu dosieren. Preisreduzierte Ware sollte nicht als wertlose „Ramschware" erscheinen, sondern wie das übrige Sortiment dem Niveau des Instituts entsprechend präsentiert werden.

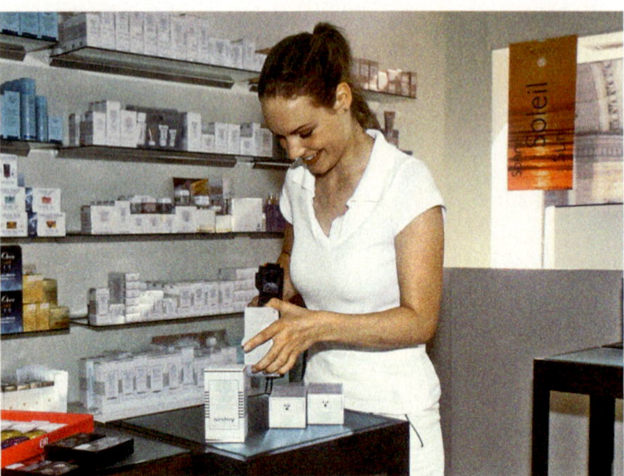

Preisauszeichnung an der Ware

4.4 Preisangabenverordnung

Die Preisangabenverordnung (PAngV) verpflichtet die Kosmetikerin zur **Preisauszeichnung** ihrer Verkaufsware. Nach dieser Vorschrift müssen Waren,

- die in Schaufenstern oder Schaukästen,
- innerhalb oder außerhalb des Verkaufsraumes,
- auf Verkaufsständern oder in sonstiger Weise sichtbar ausgestellt sind oder die
- vom Verbraucher unmittelbar entnommen werden können,

durch Preisschilder an den Warenträgern oder Beschriftung der Ware ausgezeichnet werden. Die Preise sind als Endpreise (inklusive Umsatzsteuer) anzugeben.

Umsatzsteuer
→ Kapitel VII/5.5

Prospekte und Kataloge der Kosmetikhersteller sind nicht für den Verbraucher gedacht. Sie enthalten daher in der Regel Nettopreise, d. h., die Umsatzsteuer ist nicht in der Preisangabe enthalten.

Die Kosmetikerin muss außerdem ein **Preisverzeichnis** der angebotenen Leistungen (Behandlungen) im Verkaufsraum aushängen. Gibt es ein Schaufenster oder einen Schaukasten im Außenbereich, ist auch dort ein Preisverzeichnis anzubringen.

Werden Waren oder Dienstleistungen in Zeitungen, Zeitschriften, im Rundfunk oder Fernsehen oder auf sonstige Weise beworben, müssen die Preise den Abbildungen oder Beschreibungen der Ware (Dienstleistung) eindeutig zugeordnet werden können.

Die Preisangabenverordnung gilt für Verkaufswaren und Dienstleistungen. Preisangaben müssen deutlich lesbar, wahr und klar sein.

Verbraucherschutz
→ Kapitel II/3.3.2

Die Regelungen der PAngV dienen dem Schutz des Verbrauchers. Die lückenlose und korrekte Preisangabe ermöglicht dem Verbraucher eine schnelle und zuverlässige Vergleichbarkeit der Preise. Dies ist angesichts eines zunehmend unübersichtlichen Warenangebots Voraussetzung dafür, dass der Verbraucher das jeweils günstigste Angebot auswählen kann.

1. Nennen Sie fünf Grundregeln für eine erfolgreiche Warenpräsentation. Welchen Kundenbedürfnissen wird damit jeweils entsprochen?
2. Erläutern Sie die Begriffe Blockplatzierung und Verbundplatzierung.
3. Welche Funktionen erfüllt der Warenträger?
4. Ordnen Sie die Regalzonen hinsichtlich ihrer Verkaufswirksamkeit. Welche Produkte würden Sie in den einzelnen Zonen platzieren? Nennen Sie je ein Beispiel.

5 Verkaufs- und Beratungsgespräche führen

Eine Kosmetikerin hat vor, während und nach der kosmetischen Behandlung die Aufgabe, eine fachlich qualifizierte Beratung und den anschließenden Verkauf kosmetischer Produkte durchzuführen. Dabei ist es wichtig, zum Kunden eine **Vertrauensbasis** aufzubauen.

Ob ein Beratungs- oder Verkaufsgespräch erfolgreich ist, bemisst sich nicht nur am erzielten Umsatz. Auch wenn das Gespräch ohne den erhofften Verkaufsabschluss zu Ende geht, kann es erfolgreich gewesen sein, wenn nämlich der Kunde wieder ins Institut zurückkommt, um dort zu kaufen, wo er gut beraten worden ist.

Erfolg ist nicht, wenn der Kunde etwas kauft. Erfolg ist, wenn der Kunde wiederkommt!

5.1 Grundregeln für Berater und Verkäufer

Durch den Einsatz bestimmter Produkte während der kosmetischen Behandlung hat die Kosmetikerin einen **maximalen Einfluss** auf die Kaufentscheidung eines Kunden. Die Kunden sind nicht nur auf die mündlichen Empfehlungen der Kosmetikerin angewiesen, sondern lernen die Produkte bereits während der Behandlung kennen und können ihre Wirkung selbst testen. Das ist gegenüber einem normalen Einzelhandelsgeschäft ein großer Vorteil.

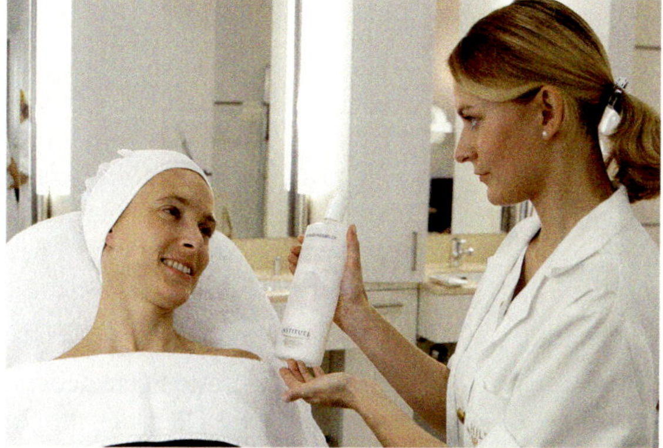

Beratungsgespräch während der Behandlung

Um Beratungs- oder Verkaufsgespräche erfolgreich durchzuführen, muss die Kosmetikerin gewisse **Grundregeln** beherrschen.

Eine qualifizierte Beraterin bzw. Verkäuferin sollte
- das Produkt- und Dienstleistungsangebot ihres Instituts und die organisatorischen Abläufe genau kennen,
- vom Angebot und dessen Nutzen für die potenziellen Kunden überzeugt sein,
- sich mit der Konkurrenz auseinander setzen, d. h. sich über Preise, Leistungen und Aktionen der Mitbewerber ständig auf dem Laufenden halten, um bei Einwänden des Kunden mit dem eigenen Angebot vergleichen und Wettbewerbsvorteile herausstellen zu können,
- Vorgaben und Weisungen ihres Instituts befolgen,
- die rechtlichen Vorschriften beachten,
- mit der Philosophie des Instituts harmonisieren,
- allgemeine Anforderungen erfüllen (Umgangsformen, Kleidung, Sprachgewandtheit, Auftreten),
- aktiv zuhören und kundengerechte Frage- und Argumentationstechniken verwenden.

Verkaufsgespräch

Anforderungen an die Kosmetikerin
→ Kapitel IV/2

Fragen stellen
→ Kapitel IV/4.2

Argumentation
→ Kapitel IV/4.4

Negativ auf den Erfolg eines Beratungs- oder Verkaufsgespräches wirken sich aus
- Provokationen, Belehrungen, Rechtfertigungen oder Behauptungen,
- eine negative Einstellung oder Vorurteile gegenüber dem Kunden,
- Schuldzuweisungen auf andere.

Verbale und nonverbale Kommunikation
→ Kapitel IV/3

Die Sympathie oder Antipathie zum Gegenüber kann für den Erfolg eines Gespräches entscheidend sein, denn entsprechend Ihrer Einstellung treten Sie Ihren Kunden verbal und nonverbal gegenüber. Haben Sie Vorurteile gegen einen Kunden, wird er das bewusst oder unbewusst wahrnehmen und seinerseits mit Ablehnung und Antipathie reagieren.

Vorurteile wirken oft wie sich selbst erfüllende Prophezeiungen!

Versuchen Sie, Vorurteile gegenüber einzelnen Kunden oder bestimmten Kundentypen zu vermeiden. Gehen Sie korrekt und mit einer neutralen Meinung auf Ihre Kunden zu. Behandeln Sie jeden gleichermaßen sachlich und höflich.

Denken Sie „sportlich"!

Vermeiden Sie auch die Projektion von Schuld auf andere. Machen Sie nicht die falschen Produkte, die wirtschaftliche Marktsituation oder die problematischen Kunden dafür verantwortlich, wenn keine gute Beratung oder kein Verkauf zustande gekommen ist. Fragen Sie sich stattdessen: Was hätte ich besser machen können? Bedenken Sie: Auch im Sport ist niemals der andere daran schuld, wenn Sie verlieren!

5.2 Phasen des Verkaufs- und Beratungsgesprächs

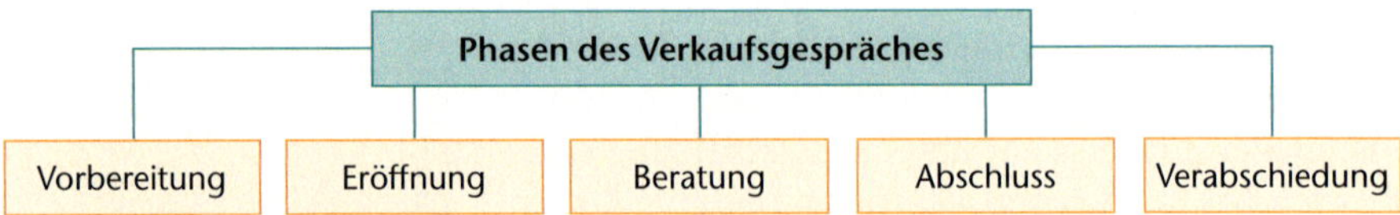

5.2.1 Vorbereitungsphase

Man sollte nie unvorbereitet in ein Beratungs- und Verkaufsgespräch gehen. Suchen Sie vor dem Eintreffen des Kunden die **Kundenkarteikarte** heraus und lesen Sie sie gründlich durch. Welche Themen wollen Sie mit dem Kunden besprechen, welche Produkte/Behandlungen anbieten?

Kaufmotive
→ Kapitel IV/4.1

Eine zentrale Frage dabei ist: Warum sollte sich der Kunde gerade für dieses Produkt oder diese Dienstleistung entscheiden? Überlegen Sie, welchen **konkreten Nutzen** das angebotene Produkt bzw. die angewendete Behandlung dem Kunden bringt. Heben Sie auch die Vorteile gegenüber den Mitbewerbern heraus.

Stellen Sie aktuelles **Informationsmaterial** zusammen, wie z. B. Broschüren, Werbemittel, Warenproben. Mit diesen Hilfsmitteln können Sie die vorgebrachten Argumente untermauern.

Bereiten Sie den Arbeitsplatz zur Behandlung vor und stellen Sie benötigte Produkte und Arbeitsmittel bereit. Achten Sie darauf, dass alles sauber und ordentlich ist, damit das Kosmetikinstitut einen kompetenten Eindruck hinterlässt.

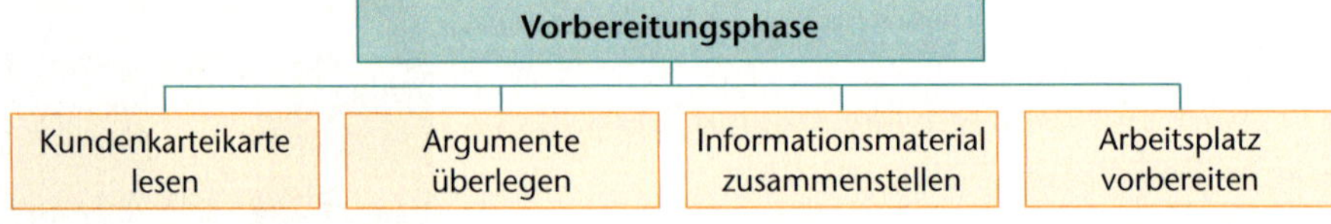

5.2.2 Eröffnungsphase

Mit der Begrüßung prägt man die Atmosphäre eines Gespräches. Eine freundliche Begrüßung zeigt dem Kunden, dass er willkommen ist. Ist Ihnen der Kunde bekannt, sprechen Sie ihn mit Namen an.

Auch wenn Sie sich gerade mitten in einem anderen Kundengespräch befinden: Zeigen Sie dem eintretenden Kunden durch Blickkontakt oder ein kurzes Nicken, dass Sie ihn bemerkt haben.

Nach der Begrüßung möchte man erfahren, was der Kunde will. Vor allem zu Beginn des Gespräches sollte man offene Fragen stellen und damit den Bedarf ermitteln. Fragen allein gestalten natürlich noch kein Gespräch, deshalb ist es wichtig, dass man aktiv zuhören kann, Interesse zeigt und Anteil nimmt. Handelt es sich um einen Neukunden, lassen Sie sich für die Bedarfsermittlung beim ersten Beratungsgespräch besonders viel Zeit.

Falls nötig, begleiten Sie den Kunden in den Wartebereich und bitten ihn um etwas Geduld. Teilen Sie ihm mit, wie lange es voraussichtlich noch dauern wird. Bieten Sie zur Überbrückung der Wartezeit eine Erfrischung an.

Eröffnungsphase

Aktives Zuhören
→ Kapitel IV/3.1

Kosmetikerin: „Guten Tag, was kann ich für Sie tun?"
Kundin: „Guten Tag, mein Name ist Schmidt. Ich habe einen Termin um 10.00 Uhr bei der Kosmetikerin Sabine."
Kosmetikerin: „Ja, Frau Schmidt, ich sehe Sie im Terminplaner eingetragen. Bitte nehmen Sie doch noch einen Moment in der Warteecke Platz, Sabine kommt gleich zu Ihnen."

Sie begleitet die Kundin zum Wartebereich.
Kundin: „Muss ich denn noch lange warten?"
Kosmetikerin: „Nein, Frau Schmidt, es dauert höchstens noch 10 Minuten. Möchten Sie in der Zwischenzeit vielleicht eine Tasse Kaffee oder Tee?"
Kundin: „Ja, sehr gerne. Einen Kaffee, bitte."

Nach kurzer Zeit erscheint die behandelnde Kosmetikerin Sabine.
Kosmetikerin Sabine: „Guten Tag, Frau Schmidt, ich hoffe, Sie mussten nicht zu lange warten? Was kann ich denn für Sie tun?"
Kundin: „Ich habe zur Zeit mit meiner Haut einige Probleme und möchte wissen, was ich dagegen tun kann."
Kosmetikerin Sabine: „Ja, Frau Schmidt, da kann ich Ihnen sicher helfen. Worum geht es denn genau?" (...)

Eröffnungsphase

- Kunden begrüßen
- Grund des Besuchs ermitteln
- Kunden bis zum Behandlungsbeginn betreuen

5.2.3 Beratungsphase

In dieser Phase kommt es für die Kosmetikerin hauptsächlich darauf an, die Wünsche, Vorstellungen und Erwartungen des Kunden richtig zu erkennen. Stellen Sie offene Fragen und erkundigen Sie sich nach bisherigen Pflegegewohnheiten oder Problemen. Die eigene Argumentation sollte dann möglichst individuell auf den Kunden zugeschnitten werden.

Bei der Präsentation und Erläuterung von einzelnen Produkten oder Behandlungsmethoden sollten die Vorteile für den Kunden verdeutlicht werden. Zu den Argumenten gehören z.B. ein gutes Preis-Leistungs-Verhältnis oder auch die Notwendigkeit des Angebotes im Hinblick auf spezielle Hautprobleme.

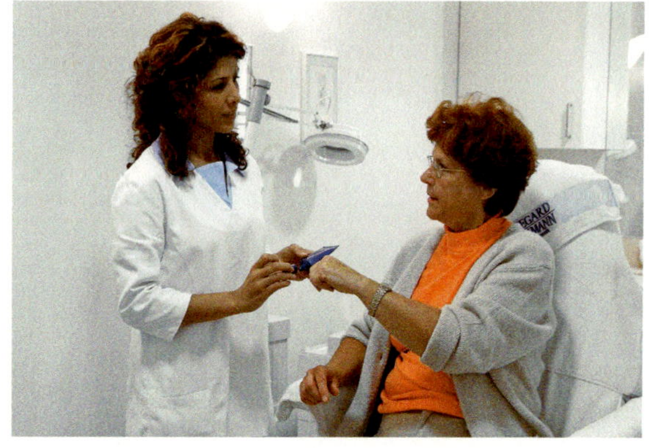

Beratungsphase

Kaufmotive ermitteln
→ Kapitel IV/4.1

Kundeneinwände behandeln
→ Kapitel IV/4.5

Kundeneinwände sollte man ernst nehmen und auf diese eingehen. Nachdem Sie den Kundenwunsch ermittelt haben, machen Sie Vorschläge für die weitere Behandlung. Die Entscheidung sollte aber immer gemeinsam mit dem Kunden getroffen werden.

Kundin: „Also, in letzter Zeit ist meine Haut so spröde und rissig, vor allem, wenn es draußen so kalt ist. Schon nach dem Waschen morgens spannt die Haut."
Kosmetikerin Sabine: „Das klingt schon nach einer trockenen Haut. Können Sie mir sagen, mit welchem Produkt Sie morgens reinigen?"
Kundin: „Ja, ich nehme immer das Tonic mit Aloe Vera von ‚Vitalis'."
Kosmetikerin Sabine: „Bei trockener Haut sollten Sie aber eher ein mildes, rückfettendes Präparat verwenden. Ich schlage vor, wir machen zunächst eine gründliche Hautanalyse. Wenn Sie unter feuchtigkeitsarmer oder trockener Haut leiden, kann ich Ihnen wirklich gute Präparate empfehlen."
Kundin: „Ich habe schon einige Präparate benutzt, aber bisher war ich nicht zufrieden."
Kosmetikerin Sabine: „Ich verstehe Ihren Einwand. Vielleicht haben Sie aber bisher nicht die passenden Produkte benutzt oder Ihr Hautzustand hat sich in letzter Zeit geändert. Unsere Präparate enthalten beispielsweise hautidentische Lipide. Diese Lipide helfen, den Feuchtigkeitshaushalt Ihrer Haut zu regenerieren. Sie werden dann bald merken, dass sich Ihr Hautzustand verbessern wird ..."

Beurteilen Sie dieses Beratungsgespräch hinsichtlich Frage- und Argumentationstechnik. Machen Sie Verbesserungsvorschläge.

5.2.4 Abschlussphase

Ob eine Beratung positiv verläuft, können Sie an verschiedenen **Kaufsignalen** erkennen, die der Kunde verbal oder nonverbal aussendet. Häufig ist der Kunde zwar von Ihren Ausführungen überzeugt, kann sich aber trotzdem (noch) nicht für den Kauf entscheiden. In diesem Fall müssen Sie eingreifen und den Kunden bei seiner Entscheidung unterstützen.

Wenn Sie eines oder mehrere dieser Signale beim Kunden bemerken, ist er generell zum Kauf bereit. In dieser Phase sollten Sie mit Hilfe von **Abschlusstechniken** versuchen, ihn von Ihrer Empfehlung zu überzeugen.

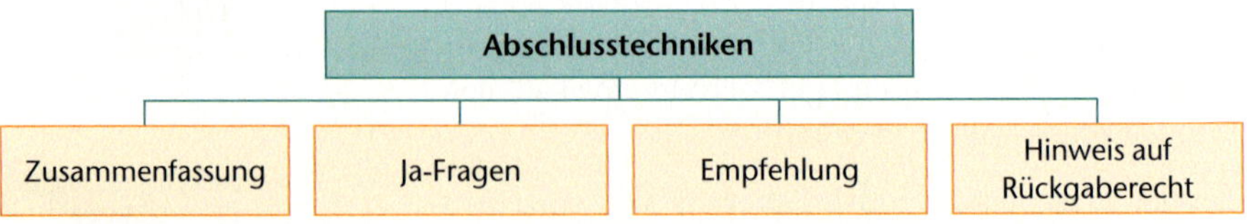

Zusammenfassung

Verkaufsargumente, denen der Kunde während der Beratung zugestimmt hat, werden noch einmal wiederholt. Dabei steht das (aus Sicht des Kunden) stärkste Argument am Schluss.

Ja-Fragen

Dem Kunden werden Fragen zu seinem Kaufwunsch gestellt, die er alle mit „ja" beantworten kann. Dies verdeutlicht ihm, dass das empfohlene Produkt perfekt auf seine Bedürfnisse zugeschnitten ist.

rhetorische Fragen → Kapitel IV/4.2

Kosmetikerin: „Sie möchten doch eine Pflegeserie, die unkompliziert in der Anwendung ist?"
Kundin: „Ja, ich habe wegen der Kinder immer so wenig Zeit."
Kosmetikerin: „Und sie soll auch nicht so viel kosten?"
Kundin: „Ja, das ist mir wichtig."
Kosmetikerin: „Dann ist diese Pflegeserie ‚herbes vitales' genau das Richtige für Sie."

Empfehlung

Ist der Kunde unentschlossen, können Sie als Beraterin die „Verantwortung" für die Kaufentscheidung übernehmen. Argumentieren Sie dabei immer aus Sicht des Kunden.

Kundin: „Und Sie meinen wirklich, dass ein Badeöl für mich das Richtige ist?"
Kosmetikerin: „Ich würde es an Ihrer Stelle auf jeden Fall mit dem Öl versuchen. Für Ihre trockene Haut ist es ideal. Sie werden sofort spüren, wie zart sich Ihre Haut nach dem Bad anfühlt."

Hinweis auf Rückgaberecht

Bei unentschlossenen Kunden kann auch die Betonung dieser Serviceleistung hilfreich sein. Sie geben dem Kunden damit mehr Sicherheit, weil eine mögliche Fehlentscheidung keine negativen Konsequenzen für ihn haben wird.

Umtausch, Rückgaberecht → Kapitel VI/7.2.2

„Sollten Sie das Produkt wider Erwarten doch nicht so gut vertragen, nehmen wir es selbstverständlich zurück."

5.2.5 Verabschiedung

Hat sich der Kunde zum Kauf entschieden, bekräftigen Sie nochmals seine Entscheidung, indem Sie den besonderen Nutzen für den Kunden betonen und die Erfüllung seines Kaufwunsches bestätigen. Betonen Sie, dass Sie bei Fragen und Problemen auch später jederzeit für ihn zur Verfügung stehen. Motivieren Sie den Kunden für seinen nächsten Besuch im Institut.

Nach Beendigung des Gespräches verabschieden Sie den Kunden freundlich und bedanken sich für den Besuch, und zwar unabhängig davon, ob es zu einem Verkaufsabschluss gekommen ist oder nicht.

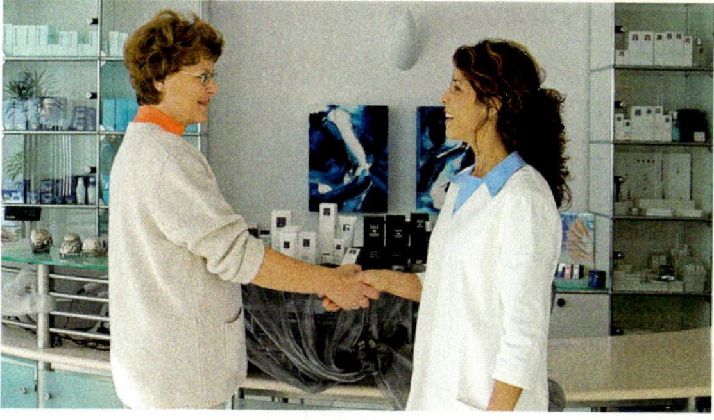

Verabschiedung

Kosmetikerin: „Vielen Dank für Ihren Besuch. Ich wünsche Ihnen mit der neuen Pflegeserie viel Erfolg. Wenn Sie das nächste Mal zu uns kommen, erzählen Sie, welche Erfahrungen Sie damit gemacht haben."
Kundin: „Ja, das mache ich. Vielen Dank."

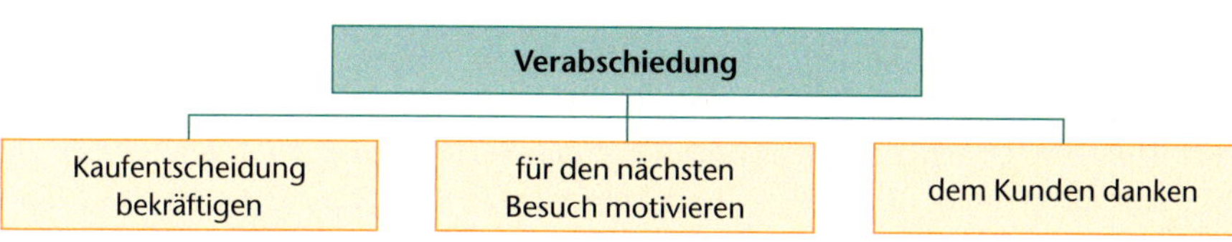

1 Das Verkaufsgespräch

Sie haben eine Stammkundin und möchten ihr ein neues kosmetisches Präparat verkaufen. Bei der Beratung erwähnt sie plötzlich ein Angebot eines Konkurrenten. Finden Sie heraus, welche Vorteile dieses gegenüber Ihrem eigenen hat und überzeugen Sie die Kundin.

- Achten Sie auf die Phasen im Gesprächsablauf.
- Verwenden Sie verschiedene Fragearten.
- Bringen Sie das Gespräch zu einem positiven Abschluss.

2 Das Beratungsgespräch

Eine ältere Kundin kommt das erste Mal in Ihren Salon zur Kosmetikbehandlung. Sie hat wenig Erfahrung mit Ihren Präparaten und war selten zur Behandlung.

- Bringen Sie die Bedürfnisse der Kundin mit einer guten Fragetechnik in Erfahrung.
- Welche Lösung schlagen Sie ihr vor? Führen Sie eine fachgerechte Beratung durch.

5.3 Tipps für das Gespräch mit älteren Kunden

Gesundheit, Vitalität und Lebensfreude sind älteren Menschen wichtig.

Die Gruppe der so genannten „Generation 50+“ oder „Best Ager“ findet auch in der Kosmetikbranche zunehmend Beachtung. Durch die steigende Lebenserwartung wächst die Zahl der über 50-Jährigen stetig – und wird dies auch in Zukunft tun. Außerdem ist die Kaufkraft dieser Altersgruppe überdurchschnittlich hoch.

Ältere Kunden haben zum Teil andere Bedürfnisse als junge. Im Beratungs- oder Verkaufsgespräch mit dieser Kundengruppe sollten Sie deshalb einige Besonderheiten beachten.

Tipp 1: Ältere Menschen werden nur ungern auf ihr Alter hingewiesen. Formulierungen wie „in Ihrem Alter“, „altersgerecht“ oder „altersbedingter Hautzustand“ sollten Sie deshalb besser vermeiden. Bedenken Sie: Alt werden will jeder, aber alt sein keiner!

Tipp 2: Ältere setzen gern auf Bekanntes und Bewährtes. Haben Sie Ihre Kunden von der Qualität und dem Nutzen eines Produktes überzeugt, gibt es keinen Anlass, etwas anderes zu empfehlen, nur weil es neu ist.

Kaufmotive → Kapitel IV/4.1

Tipp 3: Wichtige Leitmotive für diese Zielgruppe sind Gesundheit und Sicherheit. Verkaufsargumente, die sich auf andere Kaufmotive stützen, wie z. B. das persönliche Geltungsbedürfnis, werden deshalb nur bedingt überzeugen. Auf eine persönliche, ausführliche Beratung wird besonderer Wert gelegt.

Tipp 4: Bedenken Sie, dass man mit zunehmendem Alter nicht mehr so gut sehen und hören kann. Achten Sie beim Sprechen deshalb besonders auf eine deutliche Aussprache und angemessene Lautstärke.

Tipp 5: Achten Sie darauf, ob Ihr Kunde Hilfe braucht. Falls nötig, helfen Sie ihm auf die Kosmetikliege, beim Ankleiden oder halten Sie ihm die Tür auf. Hilfsbereitschaft ist natürlich auch bei allen anderen Kunden gerne gesehen.

Kundeneinwände → Kapitel IV/4.5

Tipp 6: Vielleicht werden Sie mit Kundeneinwänden konfrontiert, die sich gegen Ihr Alter richten. Ihr Kunde befürchtet, dass Sie als junge Kosmetikerin noch nicht über genug Erfahrung, Fachkompetenz oder Verständnis verfügen, um ihn gut beraten zu können. Entkräften Sie diese Kritik durch Freundlichkeit und eine besonders fundierte Beratung.

6 Umgang mit Konflikten

Der Umgang mit **Konflikten** gehört zu den größten Herausforderungen überhaupt. Konflikte sind unangenehm, deshalb versuchen wir sie zu vermeiden. Das ist aber nicht immer möglich. Konflikte entstehen überall da, wo Menschen miteinander und füreinander arbeiten und unterschiedliche Interessen, Meinungen, Bedürfnisse und Arbeitsweisen aufeinander treffen.

Konflikt
lat. conflictus
Auseinandersetzung, Streit, Interessengegensatz

6.1 Was sind Konflikte?

Konflikte lassen sich grob unterteilen in:

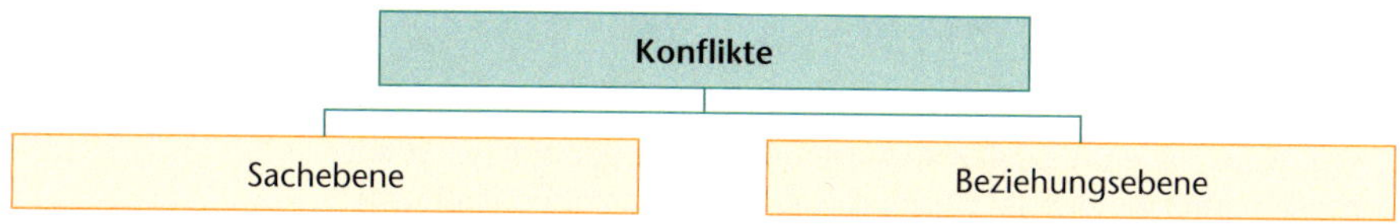

Konflikte auf der **Sachebene**, der Arbeitsebene, können durch eine offene Darlegung der gegensätzlichen Positionen gelöst werden. Durch ein sachliches Gespräch kann man die Ursache des Konfliktes herausarbeiten und auf dieser Basis eine für beide Seiten akzeptable Lösung finden.

Beim Konflikt auf der **Beziehungsebene**, also im Miteinander, geht das nicht ganz so leicht. Diese Konflikte entstehen häufig durch Missverständnisse, also Fehler in der Kommunikation. Oft reagieren die Konfliktparteien zornig oder gekränkt, was die Situation noch verschärft. Zur Lösung des Konfliktes ist es wichtig, auf eine sachliche Ebene zurückzukehren. Auch besteht die Möglichkeit, **Mediatoren** einzuschalten. Mediatoren haben als Unbeteiligte die Aufgabe, beiden Konfliktseiten zuzuhören und die jeweiligen Positionen der anderen Partei verständlich zu machen.

Mediator
neutraler Vermittler

6.2 Konflikte im Kosmetikinstitut

Konflikte im beruflichen Alltag können auf verschiedenen Ebenen entstehen:
- innerbetrieblich (zwischen Kosmetikerin und Institut)
- zwischen Kunden und Institut
- zwischen Kunden und Kosmetikerin

Mögliche Konfliktsituationen im Kosmetikinstitut

Arbeitsorganisation → Kapitel III/4.6

6.2.1 Innerbetriebliche Konflikte

Die betriebliche Organisation im Kosmetiksalon sollte möglichst reibungslos und störungsfrei ablaufen. Natürlich gibt es aber auch hier Konfliktpotenzial, wenn unvorhergesehene Ereignisse den normalen Arbeitsablauf unterbrechen.

Versuchen Sie, **gemeinsam mit den Kolleginnen** eine Lösung zu finden. Konflikte sind so lange kein wirkliches Problem, wie alle Beteiligten damit richtig umgehen können und eine Lösung suchen. Die Mitarbeiter untereinander bestimmen das Betriebsklima im Institut!

Wichtig sind hier die Kundenkarteikarten; sie müssen unbedingt mit einer aktuellen Telefonnummer versehen sein!

Eine Kosmetikerin meldet sich plötzlich krank. Sie ist in der Spätschicht eingeteilt und hatte viele Anmeldungen zur kosmetischen Behandlung.

Welche Konfliktlösung wäre passend?

Die Institutsleitung muss zunächst versuchen, die angemeldeten Kunden bei anderen Kollegen einzuplanen. Gelingt dies nicht, müssen die betroffenen Kunden sofort telefonisch benachrichtigt werden. Im Einzelfall werden neue Termine vereinbart.

6.2.2 Konflikte zwischen Kunden und Institut

Häufig sind Kunden unmittelbar von Störungen im betrieblichen Ablauf betroffen. In diesen Fällen ist **Offenheit** das oberste Gebot. Erklären Sie dem Kunden das Problem und bieten Sie eine Alternativlösung an. Entschuldigen Sie sich für die entstandenen Unannehmlichkeiten, auch wenn Sie selbst nicht dafür verantwortlich sind. Auch Kunden sind Menschen – in den meisten Fällen haben sie durchaus Verständnis, dass Fehler passieren.

Auf keinen Fall sollten Sie
- versuchen, dem Konflikt auszuweichen, indem Sie jemand anderem die Schuld zuweisen,
- sich mit dem Kunden gegen das eigene Kosmetikinstitut solidarisieren.

Eine telefonische Anmeldung wurde in der Rezeption nicht ordnungsgemäß eingetragen. Nun haben zwei Kunden den gleichen Termin und sind beide pünktlich um 10.00 Uhr im Kosmetikinstitut erschienen.

Welche Konfliktlösung wäre passend?

Die Kosmetikerin überprüft den Fehler und spricht mit ihren Kollegen. Sie hat Glück, eine Auszubildende hat gerade Zeit und könnte die Behandlung mit Unterstützung einer Kollegin übernehmen. Die Kosmetikerin entschuldigt sich bei beiden Kunden und erläutert das organisatorische Problem. Sie bietet die Lösung beiden Kunden an und gewährt für die Alternativlösung noch einen Preisnachlass, weil die Auszubildende im zweiten Lehrjahr noch Unterstützung braucht. Eine Kundin ist mit dem Lösungsvorschlag einverstanden.

Eine Stammkundin wünscht immer eine spezielle Ampulle für die Gesichtsbehandlung. Die zuständige Mitarbeiterin hat nicht darauf geachtet, dass dieses Präparat nicht mehr vorrätig ist. Es kann der Kundin bei der Behandlung nicht angeboten werden. Die Kundin reagiert sehr verärgert.

Welche Konfliktlösung wäre passend?

Die behandelnde Kosmetikerin entschuldigt sich bei der Kundin. Sie macht ihr einen Alternativvorschlag und verspricht, das Präparat zur nächsten Kosmetikbehandlung zu besorgen. Die Kundin erhält für die Ampulle einen Preisnachlass.

Je früher man einen Konflikt erkennt und dessen Ursachen ernst nimmt, desto leichter fällt es, eine Lösung zu finden.

6.2.3 Konflikte zwischen Kunden und Kosmetikerin

Wenn der Kunde das Gefühl hat, dass sein Problem ernst genommen wird, kann ein größerer Konflikt vermieden werden. Dies wird er als positive Erfahrung mit dem Institut werten, vielleicht auch als persönlichen Erfolg verbuchen. Sehen Sie Konflikte mit Kunden deshalb nicht nur als negative Erfahrung. Ist der Kunde mit der angebotenen Lösung zufrieden oder sogar positiv überrascht, kann dies die Kundenbindung an das Institut letztendlich sogar verbessern.

Ein Kunde kommt zu spät zur Behandlung. Die Kosmetikerin gerät mit der nachfolgend bestellten Kundin in Zeitverzug. Diese zweite Kundin ist sehr anspruchsvoll.

Welche Konfliktlösung wäre passend?

Die Kosmetikerin erläutert dem ersten Kunden das auftretende Problem für die nachfolgende Kundin. Sie bittet um Verständnis für eine Kürzung der kosmetischen Behandlung, damit sie die nächste Kundin nicht so lange warten lassen muss. Außerdem sichert sie dem Kunden eine längere Behandlungszeit beim nächsten Kosmetikbesuch zu, um die Kürzung auszugleichen. Der Kunde ist einverstanden.

Eine Kundin ist mit der kosmetischen Behandlung nicht zufrieden. Nach Beendigung der Behandlung sieht sie in den Spiegel und ist entsetzt über die Form und Farbe der Augenbrauen. Sie sind ihr zu dunkel gefärbt und in der Form zu breit.

Welche Konfliktlösung wäre passend?

Die Kosmetikerin lässt die Kundin ausreden und entschuldigt sich. Sie bittet sie zur Kosmetikliege und lässt sich die gewünschte Form noch einmal genau erklären. Die Kosmetikerin beseitigt den Mangel zur Zufriedenheit der Kundin.

Für Konflikte mit Kunden sollte man ein **Beschwerdebuch** einrichten. Es ist wichtig, dass gerade Kunden, die sich beschweren, ernst genommen werden. Ihnen liegt offenbar etwas an dem Kosmetikinstitut, sonst würden sie sich nicht beschweren, sondern einfach nicht wiederkommen.

Können Sie einen Fehler zugeben?

Konflikte zwischen Kunden und Kosmetikerin lassen sich am besten durch ein offenes Gespräch lösen. Das Ziel ist dabei, für beide Seiten ein positives Ergebnis zu erreichen.

Folgende vier Schritte zur Konfliktbewältigung können hilfreich sein:

Schritt 1: Den Sachverhalt zur Kenntnis nehmen, Ursachen und Zusammenhänge herausfinden.

Schritt 2: Lösungsmöglichkeiten passend zur Situation überlegen.

Schritt 3: Den optimalen Lösungsweg allen Beteiligten anbieten und eine Einigung herbeiführen.

Schritt 4: Diese Lösung durchführen und kontrollieren.

1 Wie würden Sie diese Konfliktfälle lösen? Geben Sie weitere Lösungsmöglichkeiten an.

2 Berichten Sie über eigene Erfahrungen mit Konfliktsituationen.

3 Welche Fehler können in Konfliktsituationen gemacht werden?

4 Warum sollten Beschwerden von Kunden auch positiv gesehen und aktiv behandelt werden?

7 Reklamationen bearbeiten

Kundenorientierung im Kosmetikinstitut
→ Kapitel IV/1

Jedes Kosmetikinstitut versucht kundenorientiert zu arbeiten. Befragt man allerdings die Kunden, so wird deutlich, dass zwischen den Bemühungen eines Instituts und der Wahrnehmung des Kunden eine unter Umständen sehr breite Lücke klaffen kann.

7.1 Kundenzufriedenheit und Reklamationen

Nur wirklich überzeugte Kunden können langfristig an das Institut gebunden werden.

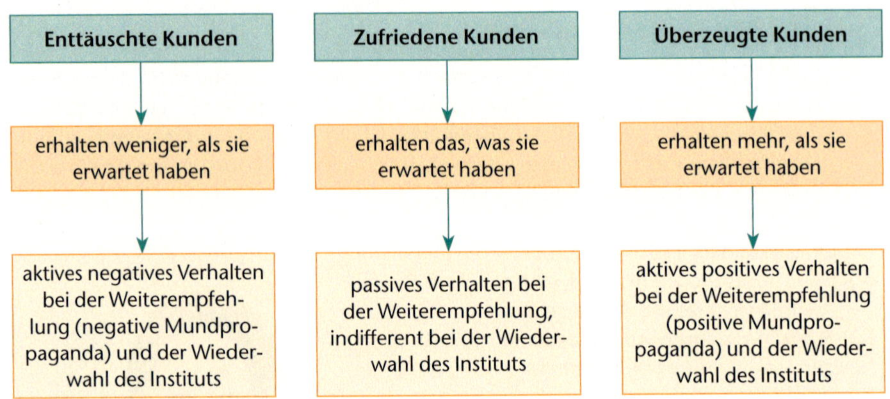

Reklamation
Beanstandung einer Ware nach dem Kauf, Beschwerde über eine fehlerhafte Behandlung

Die **Reklamation** eines Kunden bedeutet in der Regel, dass er von den Leistungen des Instituts enttäuscht ist. Jede Reklamation ist aber auch als **Chance für das Institut** zu interpretieren:

- Zum einen lässt sich durch ein erfolgreiches Beschwerdemanagement aus einem enttäuschten Kunden ein überzeugter Kunde machen.
- Zum anderen gibt es vermutlich ein Verbesserungspotenzial innerhalb des Instituts, das genutzt werden sollte.

Sehen Sie eine Reklamation nicht als Missachtung, sondern als Chance für Ihr Institut!

Aber nicht jeder enttäuschte Kunde beschwert sich. Im schlimmsten Fall zieht der Kunde die Konsequenzen, ohne darüber zu reden (z. B. weil er den Konflikt scheut). Er ist dann nicht nur als Kunde verloren, sondern gibt wahrscheinlich seine Unzufriedenheit an andere potenzielle Kunden weiter. Kunden, die unzufrieden sind, sich aber nicht darüber äußern, sind viel häufiger zu finden als solche, die sich beschweren. Gleichzeitig neigen viele Menschen eher dazu, negative Erfahrungen weiterzuerzählen als positive. Die Konsequenzen negativer Mundpropaganda für das Institut sollten deshalb niemals unterschätzt werden.

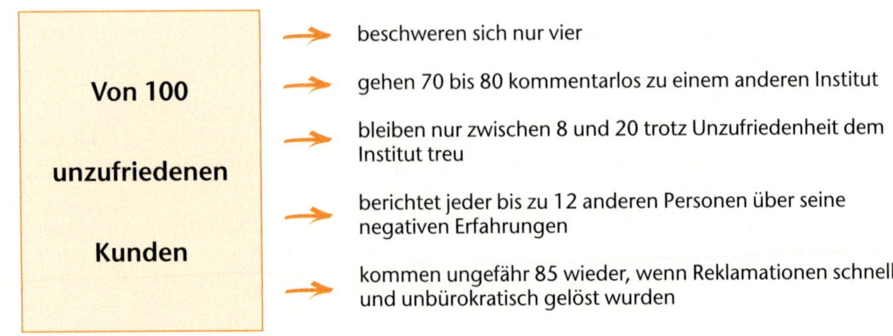

Das folgende Schaubild verdeutlicht die Konsequenzen der verschiedenen Kundenreaktionen für ein Institut.

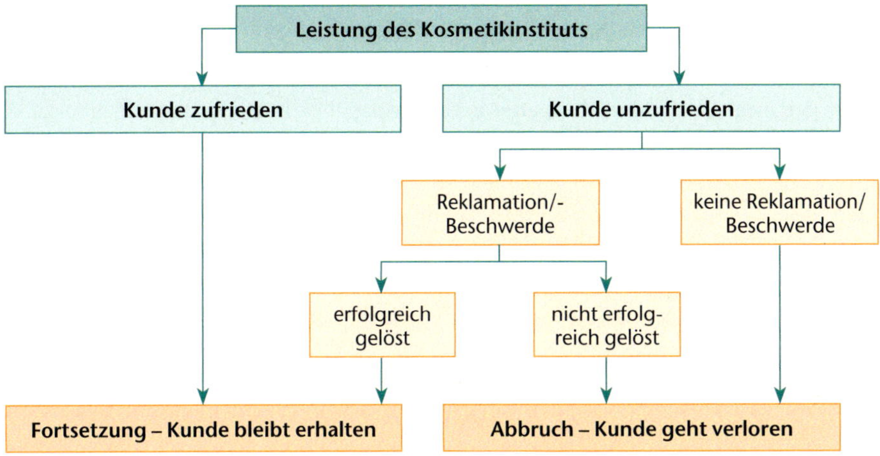

7.2 Ursachen von Reklamationen

Reklamationen können sich gegen ein kosmetisches Produkt oder gegen die kosmetische Behandlung richten. Reklamationen können folgende Ursachen haben:

Tabelle VI/3 *Mögliche Ursachen der Reklamation*

Reklamation eines Produktes	Reklamation einer Dienstleistung
Ware ist fehlerhaft (Verpackung, Inhalt, Haltbarkeit.	unsachgemäße Behandlung
Der Ware fehlt eine zugesicherte Eigenschaft.	tatsächliches oder vermeintliches Missverhältnis zwischen erbrachter Leistung und Kundenerwartung
Anwendung der falschen Produkte (fehlerhafte Beratung oder Hautanalyse)	
unsachgemäße Anwendung der Produkte	
Überempfindlichkeitsreaktionen	

Rechtsgrundlage für die Reklamation einer Dienstleistung ist der Dienstvertrag. Die Rechtsfolgen einer unsachgemäßen Behandlung sind in Kapitel II/3.4 näher erläutert.

7.2.1 Berechtigte Reklamationen

Rechtsgrundlage für die Reklamation eines Produktes ist der **Kaufvertrag**. Die Geschäfte, die die Kosmetikerin (Verkäuferin) mit ihrem Kunden (Käufer) tätigt, sind Verbrauchsgüterkäufe im Sinne des Bürgerlichen Gesetzbuches (BGB).

Kaufvertrag → Kapitel V/4

Kaufvertragsstörungen → Kapitel V/5

Verbraucher → Kapitel II/3.3.2

Ein **Verbrauchsgüterkauf** liegt vor, wenn ein Verbraucher eine bewegliche Sache von einem Unternehmer kauft. Hier sieht das BGB durch eine Reihe von Sonderregelungen eine Besserstellung des Käufers (Verbrauchers) vor. Diese Regeln ergänzen die für alle Kaufverträge gleichermaßen geltenden Regelungen des BGB.

Gewährleistungspflicht des Verkäufers

Der Kaufvertrag verpflichtet die Kosmetikerin, dem Kunden eine mangelfreie Ware zu übergeben (**Gewährleistungspflicht**). Tut sie dies nicht, so hat sie nicht ordnungsgemäß geleistet und dem Kunden stehen verschiedene Ansprüche (**Gewährleistungsrechte**) zu. Es liegt eine mangelhafte Leistung (Schlechtleistung) vor.

Allgemeine Geschäftsbedingungen
→ Kapitel II/3.3.1

Diese Gewährleistung gilt grundsätzlich für zwei Jahre. Das bedeutet jedoch nicht, dass die Sache über diesen Zeitraum eine entsprechende Haltbarkeit aufweisen muss. Bei Verbrauchsgüterkäufen kann die Gewährleistungsfrist weder durch allgemeine Geschäftsbedingungen noch durch individuelle Vereinbarungen verkürzt werden.

Gefahrenübergang bei Verbrauchsgüterkäufen

Gewährleistungsansprüche des Käufers setzen voraus, dass der Mangel zum Zeitpunkt des so genannten **Gefahrenübergangs** bereits vorlag. Das ist bei Verbrauchsgüterkäufen der Zeitpunkt, an dem die Kosmetikerin dem Kunden die Ware übergibt. Es reicht aus, wenn der Mangel bei Gefahrenübergang bereits vorliegt, aber erst später erkennbar wird.

Beweislastumkehr bei Verbrauchsgüterkäufen

Tritt der Mangel innerhalb von sechs Monaten nach Übergabe auf, wird zugunsten des Käufers gesetzlich vermutet, dass er bereits bei Gefahrenübergang vorlag. Der Verkäufer muss dann beweisen, dass diese Vermutung nicht stimmt.

Fehlen einer maßgeblichen Eigenschaft?

Ein **Mangel an der Kaufsache** liegt vor, wenn ihr tatsächlicher Zustand zum Zeitpunkt der Übergabe von der Beschaffenheit abweicht, die Verkäufer und Käufer bei Abschluss des Kaufvertrages vereinbart haben. Wurden keine Vereinbarungen getroffen, so muss die Ware für die nach dem Vertrag vorausgesetzte Verwendungsart geeignet sein bzw. die übliche Beschaffenheit aufweisen.

Zu der maßgeblichen Beschaffenheit zählen auch Eigenschaften, die der Käufer nach öffentlichen Werbeaussagen erwarten durfte. Wird also ein kosmetisches Präparat als extrem Falten reduzierend angepriesen, so muss das Produkt auch tatsächlich nach einer gewissen Zeit diese Wirkung zeigen, ansonsten ist das Produkt mangelhaft.

Gewährleistungsrechte des Käufers

Steht die Fehlerhaftigkeit der Ware fest, so hat der Käufer gegen den Verkäufer verschiedene Rechte. Zunächst hat der Käufer einen Anspruch auf so genannte **Nacherfüllung** (vorrangiges Recht). Er kann wahlweise Nachbesserung (z. B. Reparatur) der fehlerhaften Sache oder Ersatz verlangen. Erst wenn diese Nacherfüllung scheitert, weil sie unmöglich bzw. unverhältnismäßig ist oder wenn eine dem Verkäufer gesetzte Frist erfolglos abläuft, kommen weitere (nachrangige) Ansprüche in Betracht:

- **Rücktritt** bedeutet die Rückgängigmachung des Kaufvertrages. Ware und Geld werden also jeweils an die andere Partei zurückgegeben.
- **Minderung**, d. h., anstelle eines Rücktritts wird der Kaufpreis herabgesetzt.
- Der Käufer kann **Schadenersatz statt der Leistung** verlangen. Voraussetzung ist, dass der Käufer durch Verschulden des Verkäufers einen Schaden erlitten hat und die Ware **erhebliche Mängel** hat.
- Der Käufer kann anstelle des Schadenersatzes statt Leistung auch den **Ersatz vergeblicher Aufwendungen** fordern. Dies sind Kosten, die dem Käufer dadurch entstanden sind, dass er auf die (mangelfreie) Warenlieferung vertraut hat.

Ein **erheblicher Mangel** liegt vor, wenn die Ware nur noch eingeschränkt oder gar nicht mehr verwendet werden kann.

Die **Gewährleistung entfällt**, wenn der Käufer den Fehler bei Abschluss des Kaufvertrages kannte oder infolge grober Fahrlässigkeit nicht kannte. Eine Ausnahme von diesem Grundsatz besteht allerdings, wenn der Verkäufer den Mangel arglistig verschwiegen oder eine ausdrückliche Garantie für eine bestimmte Beschaffenheit der Sache übernommen hat.

Die berechtigte Reklamation eines Produktes ist in der Regel unproblematisch, da Sie Ihrerseits mangelhafte Ware an den Hersteller oder Lieferer zurückgeben und entsprechende Ansprüche geltend machen können. Ein Problem kann entstehen, wenn der Kunde sofort ein nachrangiges Recht einfordert und z. B. sein Geld zurückhaben will. In diesem Falle empfiehlt es sich, nicht auf der Einhaltung des Rechtsweges zu bestehen. Kommen Sie den Erwartungen des Kunden so weit wie möglich entgegen.

Gewährleistungsansprüche des Käufers

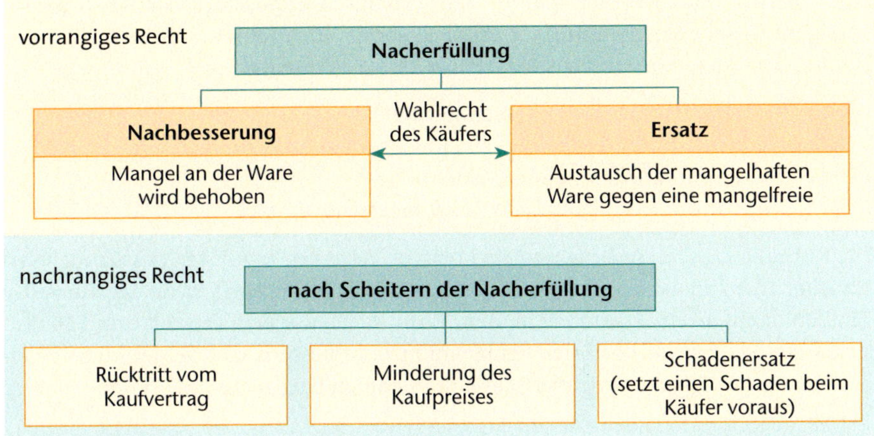

Garantie

Mit der Garantie übernimmt der Hersteller freiwillig die Verantwortung dafür, dass innerhalb eines bestimmten Zeitraumes kein Mangel an einer Sache auftritt. Die Übernahme einer Garantie durch den Hersteller ist in der Regel für den Kunden günstiger als die gesetzliche Gewährleistung, da sie auch Mängel umfasst, die erst nach der Übergabe entstehen, und da sie oft länger als die gesetzliche Gewährleistung bewilligt wird.

Diese Garantierechte sind eine **freiwillige Leistung** des Herstellers, die er deshalb nach seinen eigenen Vorstellungen inhaltlich ausgestalten und ggf. auch beschränken kann. Die Garantieerklärung muss ausdrücklich erfolgen, nach ihr richten sich die Voraussetzungen und Rechtsfolgen für die Garantieleistungen.

Das gesetzliche Gewährleistungsrecht bleibt neben einer Garantie bestehen, so dass der Kunde innerhalb der gesetzlichen Gewährleistungsfrist wählen kann, ob er die Garantie (gegen den Hersteller) oder die Gewährleistung (gegen den Verkäufer) in Anspruch nehmen will.

Eine Garantie ist die freiwillige Zusicherung des Herstellers, dass innerhalb einer bestimmten Frist keine Mängel an einem Produkt auftreten werden.

7.2.2 Unberechtigte Reklamationen

Unter vielen Kunden ist die Vorstellung verbreitet, man könne ohne jeden Grund innerhalb eines gewissen Zeitraums (z. B. von drei Tagen) von einem Vertrag zurücktreten. Dies ist jedoch ein Irrtum.

Geschlossene Verträge – sei es schriftlich oder mündlich – sind grundsätzlich einzuhalten.

Da einmal geschlossene Verträge erfüllt werden müssen, besteht auch kein Rechtsanspruch auf **Umtausch** einer mangelfrei gelieferten Ware gegen eine andere. Die Kosmetikerin ist also im Recht, wenn sie sich weigert, eine fehlerfreie Ware zurückzunehmen. Nimmt sie das Produkt trotzdem zurück, so tut sie das freiwillig aus **Kulanz**. Dabei bleibt es ihr überlassen, ob sie die Ware direkt umtauscht, einen Gutschein ausstellt oder dem Kunden sogar das Geld zurückgibt.

Kulanz
Großzügigkeit, Entgegenkommen

Ein generelles Recht auf Umtausch gibt es nicht. Allerdings zeigen sich viele Verkäufer kulant und gewähren dem Käufer freiwillig ein Umtauschrecht.

Ein Umtauschrecht muss beim Abschluss des Vertrages ausdrücklich vereinbart werden. Für den Verkäufer empfiehlt es sich, Umtauschrechte schriftlich einzuräumen und beim Kaufabschluss unmissverständlich darauf hinzuweisen, welche Artikel vom Umtausch ausgeschlossen sein sollen.

Weitere typische Beispiele für unberechtigte Reklamationen:
- Der Kunde kann keinen Kaufnachweis (Kassenbon, Quittung, Rechnung) vorlegen.
- Die Gewährleistungsfrist ist überschritten.
- Der Kunde hat das Produkt unsachgemäß angewendet.

Die Reklamationsbearbeitung und ein kulantes Verhalten zugunsten des Kunden verursachen manchmal hohe Kosten. Diese sind jedoch gut angelegt, wenn es gelingt, den Kunden damit an das Institut zu binden. Wenn sich außerdem Produkte und Dienstleistungen als Ergebnis gelöster Reklamationen verbessern und Fehler künftig verhindert werden können, profitiert das Unternehmen langfristig von seinem kulanten Verhalten.

Bei der Reklamationsbehandlung gilt: Tue Gutes und rede darüber!

Wenn Sie Kulanz zeigen, machen Sie dies dem Kunden auch deutlich. Lassen Sie nicht den Eindruck entstehen, dass Ihr Entgegenkommen eine Selbstverständlichkeit ist.

7.3 Regeln zur Behandlung von Reklamationen

Eine Kundin hat in einem Kosmetikinstitut drei Pflegepräparate gekauft, die ihr zur Heimpflege empfohlen wurden. Nach kurzer Zeit stellt sie eine Unverträglichkeit der Produkte fest und möchte die angebrochenen Pflegepräparate zurückgeben. Sie verlangt den gesamten Kaufpreis zurück.

Wie reagiert die Kosmetikerin?

Sie lässt die Kundin aussprechen und nimmt die Reklamation der Produkte an. Sie berät die Kundin aufs Neue und trägt die Überempfindlichkeit der Haut in die Karteikarte ein. Die Kundin bekommt das Geld zurück und neue Kosmetikproben. Beim nächsten Behandlungstermin werden andere kosmetische Präparate verwendet.

Auch wenn die Beschwerde des Kunden möglicherweise unbegründet ist bzw. der Kunde keine Rechtsansprüche hat, sollten Sie die Situation immer aus der Sicht des Kunden betrachten.

- Der Kunde ist enttäuscht, weil seine Erwartungen nicht erfüllt wurden.
- Er hat Zeit und Geld investiert, um erneut ins Institut zu kommen und seine Beschwerde vorzubringen.
- Die Situation ist für den Kunden unangenehm. Er muss Forderungen stellen und „um sein Recht kämpfen“, weiß aber nicht, wie sein Gegenüber darauf reagieren wird.
- Der Kunde möchte mit seinem Problem ernst genommen werden.
- Er erwartet eine unkomplizierte und schnelle Lösung seines Problems.

Bei einer Reklamation bleiben Sie ruhig und nehmen Sie den Kunden ernst – unabhängig davon, ob die Reklamation berechtigt ist oder nicht.

Vorgehensweise bei einer Reklamation

Schritt 1	Verständnis zeigen
Schritt 2	Problem festhalten
Schritt 3	Sachverhalt prüfen
Schritt 4	Kundenerwartungen ermitteln
Schritt 5	Lösung anbieten

Schritt 1: Verständnis zeigen
Geben Sie dem Kunden zunächst einmal die Gelegenheit, „seinem Ärger Luft zu machen". Lassen Sie ihn das Problem in Ruhe schildern und bringen Sie seiner Situation Verständnis entgegen. „Ich verstehe, dass Sie verärgert sind", ist noch lange kein Schuldeingeständnis. Um den Arbeitsablauf im Institut nicht zu stören, bieten Sie dem Kunden einen Sitzplatz an, wo Sie sich ungestört mit ihm unterhalten können.

Schritt 2: Problem festhalten
Hören Sie dem Kunden aktiv zu und unterbrechen Sie ihn nicht. Signalisieren Sie ihm Interesse und Betroffenheit, indem Sie zwischendurch ein „Ja" oder „ich kann das verstehen" einfügen. Machen Sie sich Notizen und fragen Sie im Zweifelsfall nochmals nach, ob Sie auch alles richtig verstanden haben. Der Kunde muss zu jeder Sekunde das Vertrauen haben, dass Sie ihn ernst nehmen. Durch Ihre Bereitschaft, alles genau festzuhalten, bewegen Sie auch den Kunden zu mehr Sachlichkeit.

Schritt 3: Sachverhalt prüfen
Bitten Sie den Kunden um alle notwendigen Informationen, die Sie für eine Prüfung des Sachverhaltes benötigen. Handelt es sich um eine berechtigte Reklamation oder nicht? Wenn Sie einen Fehler im Kosmetikinstitut aufdecken, entschuldigen Sie sich in jedem Fall. Nichts wirkt versöhnlicher als das Wort „Entschuldigung". Aber auch wenn Sie sich über die Schuldfrage nicht sicher sind, ist es hilfreich zu sagen: „Es tut mir Leid." Damit geben Sie noch nichts zu.

Absolute Loyalität zum eigenen Institut ist Gebot. Auf keinen Fall sollten Sie vor dem Kunden einer anderen Kollegin oder dem Institut die Schuld geben. Nur wenn die Mitarbeiter geschlossen ein Team bilden, kann das Problem für alle Seiten zufrieden stellend gelöst werden.

Schritt 4: Kundenerwartungen ermitteln
Nachdem Sie das Problem eingegrenzt haben, ermitteln Sie, was der Kunde von Ihnen erwartet. In den meisten Fällen haben reklamierende Kunden eine genaue Vorstellung davon, wie das Problem ihrer Ansicht nach aus der Welt zu schaffen ist. Eine unpassende Reaktion wäre zu sagen: „Das machen wir nicht" oder „das ist nicht möglich", wie es leider in der Praxis öfter passiert. Versuchen Sie, gemeinsam mit dem Kunden herauszuarbeiten, wie es weitergehen soll.

Schritt 5: Lösung anbieten
Jedes Reklamationsgespräch muss positiv enden. Bei einer berechtigten Reklamation ist die Lösung oft einfach: Sie verhelfen dem Kunden zu seinem guten Recht. Ist die Reklamation unberechtigt, müssen Sie abwägen, ob Sie sich dem Kunden gegenüber kulant verhalten und seine Forderungen trotzdem erfüllen wollen. Das setzt voraus, dass man ehrlich bleibt, wenn das Problem nicht oder nicht so wie erwartet gelöst werden kann. Manchmal lässt sich eine solche Situation auch durch besonderes Entgegenkommen bei einer anderen Gelegenheit ausgleichen (z. B. ein Preisnachlass für die nächste Behandlung). Wichtig ist, dass am Ende eine Lösung steht, die den Kunden zufrieden stellt und ihm das Gefühl gibt, fair behandelt worden zu sein.

1 Welche Bedeutung hat eine Kundenreklamation für das Kosmetikinstitut?
2 Überlegen Sie, welche Dienstleistungen im Kosmetiksalon von Kunden reklamiert werden könnten und erarbeiten Sie Lösungsvorschläge.
3 Wie reagieren Sie, wenn eine Reklamation nach Ihrer Meinung unberechtigt ist? Beschreiben Sie zwei Beispiele.
4 Bereiten Sie ein Rollenspiel zur Reklamation einer Ware vor. Legen Sie hierzu die Rollen fest, stellen Sie Requisiten zusammen und spielen Sie das Gespräch Ihrer Klasse vor.

Hinweis: Es bietet sich an, das Gespräch mit einer Videokamera aufzuzeichnen und die Auswertung anhand des Videos vorzunehmen.

8 Preiskalkulation von Dienstleistungen

Preiskalkulation von Waren → Kapitel V/9

Die Kosmetikerin kann die Preise für ihre Dienstleistungen (Behandlungspreise) – ebenso wie die Preise für Verkaufswaren – nicht willkürlich festlegen, sondern muss dabei alle im Geschäft anfallenden Kosten berücksichtigen. Außerdem kommt noch ein **Zeitfaktor** hinzu, denn die kosmetische Behandlung kostet Arbeitszeit, die nur in einem begrenzten Umfang zur Verfügung steht.

Eine sorgfältige Kalkulation ist die Basis der Preisgestaltung.

Die Kalkulation der Behandlungspreise hängt also von drei Punkten ab:
- betriebliche Kosten des Instituts,
- Arbeitskapazität,
- Marktsituation.

8.1 Betriebliche Kosten

Bei der Berechnung der betrieblichen Kosten wird unterschieden zwischen den Fixkosten und den variablen Kosten. **Fixkosten** nennt man die laufenden Kosten, die unabhängig davon entstehen, wie viele Behandlungen im Institut durchgeführt werden bzw. wie viel Umsatz gemacht wird. Typische Fixkosten sind z. B. die Mietaufwendungen für die Institutsräume.

Im Gegensatz dazu entstehen **variable Kosten** nur dann, wenn eine Behandlung durchgeführt wird. Variabel sind z. B. die Kosten für Kabinettware, die bei der Behandlung verbraucht wird. Variable Kosten steigen mit der Zahl der Behandlungen.

Die Summe aller Kosten wird für das gesamte Jahr aufgestellt und dann durch 12 Monate geteilt. Daraus ergibt sich der **durchschnittliche Kostenaufwand** pro Monat.

Durchschnittsrechnung → Exkurs Fachrechnen im Anhang

Der Unternehmerlohn muss alle Kosten abdecken, die der selbstständigen Kosmetikerin für ihre persönliche Lebensführung (einschließlich Steuern) entstehen. Er entspricht dem Gewinn des Unternehmens.

Aufstellung der Jahreskosten für das Kosmetikinstitut Schön

Ladenmiete	9600,00 €
Nebenkosten (Strom, Heizung, Wasser)	1200,00 €
Personalkosten (Aushilfskraft)	
– Gehalt (einschl. Weihnachts- und Urlaubsgeld)	5200,00 €
– Sozialversicherungsbeiträge	1200,00 €
Unternehmerlohn Nadine Schön	24 000,00 €
Versicherungsprämien	2500,00 €
Beiträge zur Berufsgenossenschaft	490,00 €
Abschreibungen	1000,00 €
Kosten für Weiterbildung/Reisekosten	2000,00 €
Kredit- oder Leasingraten	1900,00 €
Kabinettware	8000,00 €
Arbeitsmaterial	2400,00 €
Telefonkosten	660,00 €
Berufsbekleidung	1350,00 €
Kosten für Werbung und Verkaufsförderung	5500,00 €
Fachzeitschriften	350,00 €
Steuerberatungskosten	1800,00 €
Büromaterial, Porto	1500,00 €
Kosten für Zahlungsverkehr	450,00 €
Getränke	550,00 €
Wäsche / Reinigungsmittel	350,00 €
Summe	**72 000,00 €**
durchschnittliche Kosten pro Monat	**6000,00 €**

Ordnen Sie die im Kostenplan aufgeführten Posten nach Fixkosten und variablen Kosten.

8.2 Arbeitskapazität

Für die Durchführung der Behandlungen steht dem Institut nur eine begrenzte Zeit zur Verfügung. Diese Arbeitskapazität umfasst die Summe der Arbeitszeiten aller im Institut tätigen Mitarbeiter pro Jahr.

Arbeitskapazität für eine Vollzeitstelle

5 Arbeitstage pro Woche x 52 Wochen	260
– Feiertage (regional bedingt)	12
– Urlaubstage	24
– Ausfalltage (Krankheit, Fortbildung)	10
Arbeitstage pro Jahr	214

214 Arbeitstage x 8 Arbeitsstunden = **1712 Arbeitsstunden pro Jahr**

Eine Vollzeitkraft kann also maximal 1712 Arbeitsstunden im Jahr leisten. Diese Zeit steht aber nicht komplett für die Durchführung von Behandlungen zur Verfügung. Abzuziehen sind Zeiten für die Behandlungsvor- und -nachbereitung, Beratung, Leerzeiten usw. Diese Zeiten werden den Kunden nicht berechnet und bringen dem Institut keinen Umsatz. Das Verhältnis zwischen der tatsächlichen Arbeitszeit und der Arbeitszeit, die vom Kunden auch bezahlt wird, nennt man **Auslastungsgrad**.

Rechenschema Auslastungsgrad

$$\text{Auslastungsgrad} = \frac{\text{bezahlte Arbeitszeit}}{\text{tatsächliche Arbeitszeit}}$$

Nadine kalkuliert mit einer Ausfallzeit von 1 Stunde pro Tag. Der Auslastungsgrad für ihre Arbeitszeit beträgt damit 7 Stunden : 8 Stunden= 0,875 = 87,5 %.

Die jährliche bezahlte Arbeitszeit beträgt 1712 Stunden x 0,875 = **1498 Stunden**.
Die monatliche bezahlte Arbeitszeit beträgt 1498 : 12 = **124,83 Stunden**.

8.3 Berechnung des Behandlungspreises

Wie viel muss eine Behandlung kosten?

Nadine arbeitet Vollzeit in ihrem Institut. Die stundenweise beschäftigte Aushilfskraft arbeitet an der Rezeption und im Verkauf und führt selbst keine Behandlungen durch. Der Behandlungspreis berechnet sich dann wie folgt:

$$\textbf{Behandlungspreis pro Stunde} = \frac{\text{Kosten pro Monat} = 6000{,}00\,€}{\text{bezahlte Arbeitszeit pro Monat} = 124{,}83\text{ Stunden}} = \textbf{48,07 €/Stunde}$$

Daraus ergibt sich ein **Minutensatz** von 48,07 € : 60 = 0,80 €/Minute

Für eine Kosmetikbehandlung von 90 Minuten Dauer müsste also ein Behandlungspreis von 72,00 € verlangt werden, um alle im Institut anfallenden fixen und variablen Kosten zu decken und zusätzlich einen **Gewinn** (Unternehmerlohn) zu erzielen. Der ermittelte Behandlungspreis entspricht dem **Nettobehandlungspreis**. Für den Bruttobehandlungspreis ist noch die **Umsatzsteuer** (19 %) aufzuschlagen.

Gewinnzuschlag → Kapitel V/9.1

Umsatzsteuer → Kapitel VII/5.5

Rechenschema Behandlungspreis

$$\text{Nettobehandlungspreis (€/Minute)} = \frac{\text{durchschnittliche Kosten pro Monat}}{(\text{durchschnittliche bezahlte Arbeitszeit pro Monat x 60})}$$

Zur Ermittlung des Selbstkostenpreises muss der Unternehmerlohn aus der Kalkulation ausgeklammert werden.

In dieser Kalkulation ist der **Verkauf** nicht berücksichtigt. Teilt man z. B. Miete und Nebenkosten anteilig auf den Verkaufs- und den Behandlungsraum auf, ergibt sich für den Bereich Behandlung ein geringerer Kostenaufwand. Folglich wäre dann auch der kalkulierte Behandlungspreis geringer, d. h., die Kosmetikerin könnte die Behandlung günstiger anbieten.

Die Behandlungspreise eines Kosmetikinstituts müssen alle Kosten decken und zusätzlich einen angemessenen Gewinn erwirtschaften. Andernfalls droht dem Institut der wirtschaftliche Ruin.

8.4 Marktsituation

Preispolitik
→ Kapitel VI/1.2.2

Neben dem individuellen Kostenplan eines Kosmetikinstituts ist auch die Marktsituation für die Kalkulation der Behandlungspreise von Bedeutung. Wir haben bereits gesehen, dass die Kosmetikerin die kalkulierten Selbstkostenpreise nicht unterschreiten darf, wenn sie nicht unwirtschaftlich (mit Verlust) arbeiten will. Sich also einfach nach Preisen von Mitanbietern zu richten, kann schnell ins Auge gehen, denn die Konkurrenz hat mit Sicherheit einen anderen individuellen Kostenplan zu berücksichtigen.

Wie viel darf eine Behandlung kosten?

Wichtig ist ein Vergleich der **durchschnittlichen Behandlungspreise** der Mitbewerber. Nur so lässt sich feststellen, ob das eigene Behandlungsangebot konkurrenzfähig ist. Liegen die durchschnittlichen Preise der Mitbewerber **über** dem selbst kalkulierten Behandlungspreis, kann die Kosmetikerin je nach Kundenkreis und Geschäftskonzept entweder ihre Preise und damit ihren Gewinn erhöhen oder sich durch ein günstigeres Behandlungsangebot Vorteile im Wettbewerb um die Gunst der Kunden sichern.

Was macht die Konkurrenz?

Liegen die Preise der Konkurrenz **unter** dem eigenen Behandlungspreis, muss die Kosmetikerin versuchen, ihre Kosten zu senken. Gelingt dies nicht, muss sie mittelfristig überlegen, ob sie die fragliche Behandlung weiterhin anbieten will/kann.

Sollen Kunden zur Neueröffnung eines Instituts oder anlässlich eines neuen Behandlungsangebotes mit günstigen Einführungspreisen gelockt werden, ist Vorsicht geboten. Machen Sie den Kunden deutlich, dass es sich um eine zeitlich begrenzte Maßnahme (z. B. Aktionswoche) handelt.

1. Warum kann ein Kosmetikinstitut seine Behandlungspreise nicht willkürlich festlegen?
2. Berechnen Sie anhand des Kostenplans auf Seite 182 die monatlichen Durchschnittskosten ohne Unternehmerlohn und kalkulieren Sie den Selbstkostenpreis für die Behandlung im Kosmetikinstitut Schön.
3. Berechnen Sie die Arbeitskapazität (Arbeitsstunden pro Jahr) für eine Teilzeitstelle mit 15 Wochenstunden, 20 Urlaubstagen, 10 Feiertagen und 5 Ausfalltagen.
4. Ein Kosmetikinstitut stellt fest, dass seine Behandlungspreise pro Minute im Durchschnitt um 0,05 € niedriger liegen als die der Konkurrenz. Welche preispolitischen Maßnahmen stehen dem Institut offen? Wovon ist die Entscheidung abhängig?

VII Aspekte der Unternehmensgründung

1 Voraussetzungen

Sie haben Ihren Berufsabschluss in der Tasche und große Pläne im Kopf:

Doch damit Sie diese Ziele auch erreichen können, reicht der Wunsch bei Weitem nicht aus. Denn als selbstständige Kosmetikerin sind Sie in erster Linie Unternehmerin. Das bedeutet: Alles, was Sie tun, muss auf den **wirtschaftlichen Erfolg** ausgerichtet sein, denn mit Ihrem Geschäft müssen Sie zukünftig Ihren Lebensunterhalt bestreiten.

Ziele eines Unternehmens → Kapitel V/1.1

1.1 Persönliche Eignung

Bevor Sie sich an die umfangreiche Arbeit machen, die Gründung Ihres Unternehmens zu planen, sollten Sie sich einige Fragen zu Ihrer eigenen Person stellen:

Eine Kundin hat Ihren Termin verpasst. Das ist ärgerlich und bedeutet für Sie einen finanziellen Ausfall. Dennoch bleiben Sie freundlich. Sie reden sachlich und verständnisvoll mit der Kundin. Sie reden ihr kein schlechtes Gewissen ein. Aber sie soll wissen, was der Ausfall für Sie bedeutet.

Nur wenn Sie wirklich davon überzeugt sind, dass Sie auch schwierige Situationen meistern können und wollen, sollten Sie sich für ein eigenes Unternehmen entscheiden. Sie selbst tragen die Konsequenzen für Ihre Entscheidungen. Sie übernehmen für sich und später vielleicht für Ihre Angestellten eine hohe Verantwortung.

Ihr Geschäft befindet sich allmählich im Wachsen. Durch Anfragen von Kunden nach Fußpflegeterminen denken Sie über eine Erweiterung Ihres Angebotes nach. Bevor Sie nun in die Anschaffung einer Fußpflegeeinrichtung investieren, bedenken Sie, dass der Anschaffungspreis der Instrumente und Geräte sowie der Materialeinkauf zu Buche schlagen, bevor Sie mit dem neuen Angebot etwas verdient haben. Aus hygienischen Gründen müssen zusätzliche Räumlichkeiten geschaffen werden. Das neue Angebot erfordert eine zusätzliche Qualifikation und zusätzlichen Arbeitsaufwand. Dem gegenüber steht die Zahl der möglichen Kunden, die sich gern in Ihre Fußpflegebehandlung begeben möchten. Ob sich die Erweiterung des Angebotes überhaupt lohnt?

Um erfolgreich zu arbeiten, müssen alle Ihre Entscheidungen auf sicherer wirtschaftlicher Grundlage beruhen. Sie dürfen nichts dem Zufall überlassen. Unternehmerin zu sein heißt, **kaufmännisches Wissen** professionell anzuwenden. Das bedeutet: rechnen, rechnen, rechnen – und zwar immer nach Feierabend!

Persönliche Eignung

Ich habe
- ☑ die richtige Einstellung zur Dienstleistung
- ☑ Verantwortungsbewusstsein
- ☑ die nötigen Fachkenntnisse und Qualifikationen
- ☑ Spaß an kreativen Arbeiten
- ☑ Interesse am Lernen und bin Neuem gegenüber aufgeschlossen
- ☑ zielorientiertes Arbeiten gelernt

Ich kann
- ☑ gut mit Menschen umgehen
- ☑ Misserfolge und Kritik verkraften
- ☑ meine eigenen Stärken und Schwächen einschätzen
- ☑ mich flexibel auf Gegebenheiten einstellen
- ☑ zuverlässig arbeiten, auch wenn es mir gerade keinen Spaß macht

Sie möchten für Ihr neues Fußpflegeangebot zusätzliche Kunden gewinnen. Dazu haben Sie sich ein Ziel gesetzt: „Bis zum Ende des Jahres möchte ich 10 Neukunden gewinnen." Zur Umsetzung dieses Ziels haben Sie sich für eine Werbeaktion mit Handzetteln entschieden. Trotz sorgfältiger Planung und Vorbereitung hat Ihre Werbeaktion jedoch nicht den erwarteten Erfolg gebracht. Sie verlieren Ihr Ziel nicht aus den Augen. Sie analysieren die Gründe für den Fehlschlag und starten eine neue Kampagne mit den gewonnenen Erkenntnissen. Stellen Sie fest, dass das von Ihnen geplante Konzept nicht fruchtet, verschwenden Sie darauf keine weitere Zeit, sondern stellen sich auf die Gegebenheiten ein.

Mit Sicherheit gibt es die ideale Unternehmerin nicht. Wichtig ist, Ihre Stärken und Schwächen zu erkennen und vor allem Ihre Stärken zu nutzen. Wenn die praktischen Arbeiten Sie nicht belasten und Sie die vielen zusätzlichen Aufgaben als Herausforderung ansehen, wird das eigene Unternehmen viel Spaß machen.

Sie scheuen sich nicht vor der Büroarbeit. Sie machen sich Gedanken, wie Sie mit Werbeaktionen Ihre Kunden ansprechen könnten. Das Dekorieren und Gestalten Ihrer Geschäftsräume und die Warenpräsentation ist für Sie ein Vergnügen. Sie besuchen gern Weiterbildungen und haben Spaß daran, das neue Wissen in die Praxis umzusetzen. Dann haben Sie einen wichtigen Erfolgsfaktor auf Ihrer Seite – Ihre persönliche Eignung!

1.2 Das Gründungskonzept

Eigenkapital → Kapitel VII/2.1

Der Schritt in die Selbstständigkeit will sorgfältig geplant und mit einem erfolgsorientierten Konzept vorbereitet werden. In der Kosmetikbranche standen im Jahr 2004 6867 Geschäftseröffnungen 3348 Geschäftsaufgaben gegenüber. Das lag oftmals daran, dass zu wenig Eigenkapital vorhanden war, um die „Durststrecke" der Anfangszeit zu überbrücken, in der ein Kundenstamm erst aufgebaut werden muss. Deshalb sollte die Entscheidung über Art und Größe des Geschäftes sowie die Ausstattung und der Wareneinkauf genau geprüft werden. Eine Kostenplanung mit dem entsprechenden Finanzierungskonzept ist unumgänglich.

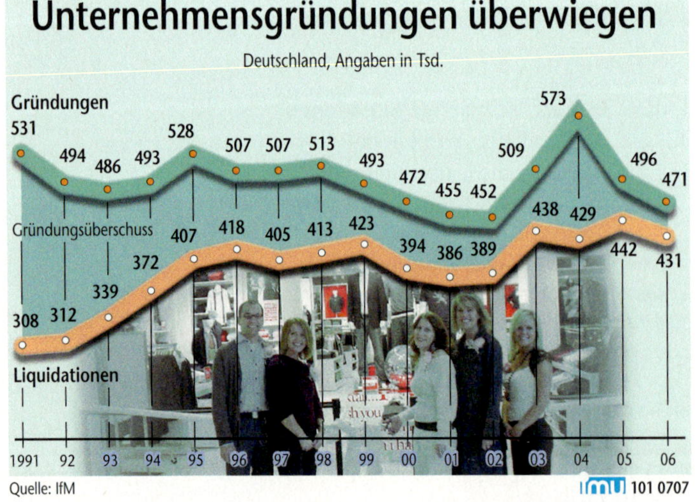

Der Gedanke an das eigene Institut wirft zunächst die Frage nach der Wahl der Geschäftsräume auf. Hier stehen verschiedene Varianten zur Auswahl:
- Variante A: ein bereits bestehendes Geschäft übernehmen
- Variante B: das eigene Geschäft in einem anderen Unternehmen integrieren
- Variante C: das eigene Institut gründen

1.2.1 Übernahme eines bestehenden Instituts

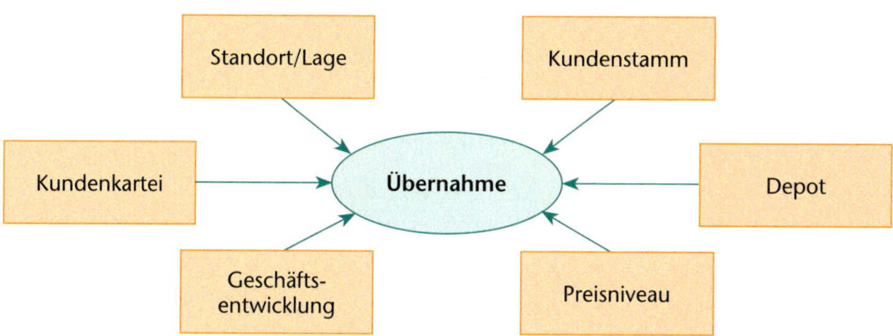

Bevor Sie sich für den Erwerb eines bestehenden Kosmetikinstituts entscheiden, müssen Sie folgende Informationen einholen:

Tabelle VII/1 *Übernahme eines Instituts*

Standort/Lage	Wo befindet sich das Geschäft? Ist der Standort günstig oder eher abgelegen? Liegt das Geschäft in einem reinen Wohngebiet oder in einer Einkaufsmeile? Ist es mit öffentlichen Verkehrsmitteln erreichbar?
Kundenstamm	Welche Kunden können Sie übernehmen? Ein bestehendes Institut zu kaufen, bedeutet die Stammkundschaft zu übernehmen. Der Kunde ist aber natürlich nicht gezwungen, weiterhin das Institut zu besuchen, wenn Sie es übernommen haben!
Depot	Wie alt sind die Kunden und wie wurden sie bisher bedient? Sind es „nur" Behandlungskunden oder haben sie auch die Produkte für die Heimpflege in diesem Institut gekauft? Sind die Kunden an diese Produkte gewöhnt, werden Sie eine sofortige Produktumstellung nur schwer realisieren können, wenn Sie das Risiko nicht eingehen wollen, dass Ihnen gleich zu Beginn Ihrer Tätigkeit Kunden wegbleiben.
Preisniveau	Wichtig ist auch das Preissegment, in dem Ihr Vorgänger gearbeitet hat. Passt es gut zum Kundenstamm?
bisherige Geschäfts-entwicklung/ Kundenkartei	Sie sind dazu berechtigt, beim Kauf eines bestehenden Institutsdie Herausgabe der Kundenkartei zu verlangen und Auskunft über die Geschäftsentwicklung einzuholen. Diese Angaben sind relevant für die Kaufpreisermittlung, z. B.: Ist der Kundenstamm seit Jahren derselbe oder ist idealerweise auch ein Neukundenzuwachs zu verzeichnen?

Der Kaufpreis bei der Übernahme eines bestehenden Instituts ist abhängig von folgenden Faktoren: Standort, Höhe und Entwicklung des Umsatzes, Kundenstamm, Angebot, Ladeneinrichtung (nach Abschreibung Restwert), Warenbestand, noch abzuzahlende Kredite, Kundenkartei.

Bei diesem Modell brauchen Sie sich um die Standortfindung keine Gedanken mehr zum machen. Wenn alles stimmt und Sie damit rechnen, wegen der günstigen Lage in Zukunft selbst neue Kunden gewinnen zu können, das fragliche Geschäft zu Ihren Vorstellungen passt und Sie ein gutes Gefühl haben, dann greifen Sie zu …

Abschreibung → Kapitel VII/5.4

Stopp! Greifen Sie nur zu, wenn die **Finanzierung** gesichert ist. Das heißt, wenn Ihr Geschäftskonzept einem Geldinstitut vorlag, das Ihnen den Kreditrahmen zur Finanzierung gewährt. Aber auch, wenn Sie Ihr Geschäft ohne geborgtes Geld beginnen können, sollten Sie einen **Finanzierungsplan** erstellen.

Finanzierungsplan → Kapitel VII/2.2

1.2.2 Integration in ein bestehendes Unternehmen

Sie haben die Möglichkeit sich in ein bestehendes Unternehmen zu integrieren? Das wäre für den Anfang weniger kostenaufwändig und für Sie mit weniger Risiko verbunden. Für einen geringeren Mietpreis als für ein eigenes Ladenlokal können Sie sich z. B. in einem **Frisörgeschäft** einmieten. Der Vorteil: Sie haben einen stetigen Kundenzustrom durch die Eingliederung in dem jeweiligen Geschäft oder der jeweiligen Praxis zu erwarten.

Mit einem umfassenden Leistungsangebot lassen sich neue Zielgruppen erschließen.

Der Mietpreis errechnet sich bei einer solchen Anmietung aus dem Anteil der Gesamtladenmiete auf die Quadratmeter der von Ihnen genutzten Räume. Hinzu kommen die Betriebskosten, die pauschal vereinbart werden oder direkt zurechenbar sind.

Gesamtladengröße: 120 m²
Miete gesamt: 1320,00 €
Miete pro Quadratmeter: 11,00 €
Bei der Anmietung von 40 m² ergibt das einen Mietpreis von 440,00 € zuzüglich der anfallenden Betriebskosten (schätzungsweise etwa 100,00 €). Für die Räumlichkeiten müssen Sie also monatlich etwa 540,00 € Miete aufbringen.

Nicht nur in Frisörgeschäften, sondern auch in größeren **Parfümerien** werden Behandlungsräume eingerichtet. Hier ist eine gewisse Vorgabe des Kundenkreises zu erwarten. Vorteil: Es werden sicher vorwiegend an Kosmetik interessierte Kunden hierher kommen. Das erleichtert Ihre Kundengewinnung enorm. Dem gegenüber steht allerdings das riesige Angebot an Pflegeartikeln in der Parfümerie. Nachteil: Ihre Kunden kaufen die Heimpflege nicht bei Ihnen.

Handeln Sie mit dem Inhaber der Parfümerie eine Provisionsvereinbarung aus, wenn Sie seine Produkte mit bewerben oder vertreiben.

Zusammenarbeit mit anderen Berufen
→ Kapitel III/3

Auch nutzen **Arztpraxen**, insbesondere Dermatologen, immer häufiger die Möglichkeit, Kosmetikerinnen als Angestellte in eigenen Instituten zu beschäftigen. Ihr Kundenkreis dürfte hier ein völlig anderer sein als in einer Parfümerie. Sie werden Ihre Hauptaufgabe in der Linderung von Hautproblemen finden. Bei entsprechender Qualifikation kann das z. B. die Haarentfernung, das Entfernen von Warzen oder spezielle Behandlungen für Aknepatienten sein.

- Hautarzt: Aufgabengebiet vorwiegend Problemhautbehandlungen
- Frisör: gemischtes Publikum; Alt und Jung, Frauen, Männer, Kinder
- Parfümerie: für die Kosmetik aufgeschlossene Menschen

1.2.3 Neugründung

Bei einer Neugründung ist die Frage nach dem Standort und damit nach der Zielgruppe Ihres künftigen Unternehmens von entscheidender Bedeutung. Jedoch muss das erste Geschäft natürlich nicht zwangsläufig lebenslang dasselbe bleiben. Schon oft haben Kosmetikerinnen mit einem kleinen preiswerten Lokal begonnen und sind später mit dem aufgebauten Kundenstamm in ein geräumigeres Geschäft umgezogen.

Möglichkeiten der Neugründung:
- in Ihrem Haus oder in einem Raum Ihrer Wohnung
- durch Anmietung oder Kauf eines Ladenlokals

Wenn Sie sich für Räumlichkeiten **im eigenen Haus** oder in Ihrer Wohnung entscheiden, erübrigt sich die Frage nach dem Standort. Sie können Ihre ganze Energie auf die Kundengewinnung richten. Der Vorteil dieses Modells: Alle anfallenden Betriebskosten (Miete, Strom, Wasser, Telefon, Heizung usw.) können der Größe des Geschäftsraumes entsprechend von der anfallenden Steuerlast abgesetzt werden.

Einkommensteuer
→ Kapitel II/8.1

Auch bei einem Geschäftsbetrieb in den eigenen Räumen muss eine Geschäftshaftpflichtversicherung abgeschlossen werden. Die private Haftpflichtversicherung kommt für Ihre Geschäftstätigkeit nicht auf!

Versicherungen
→ Kapitel VII/4.1

1.3 Das Geschäftskonzept

Nachdem Sie sich für ein Gründungskonzept entschieden haben, machen Sie sich Gedanken über Ihr Geschäftskonzept. Wer sich genau überlegt, wie das künftige Profil des Kosmetikinstituts aussehen soll, läuft nicht Gefahr, das Opfer eines „blinden Aktionismus" zu werden. Sie sollten sich über Ihre wichtigsten Ziele genau im Klaren sein.

„Wer schreibt, bleibt!" Machen Sie sich die Mühe, Ihre Überlegungen schriftlich festzuhalten.

1.3.1 Fachliche Kompetenzen

Egal, ob Sie sich den Standort Ihres Geschäftes ganz bewusst nach der Zielgruppe aussuchen oder ob Sie Ihr Angebot nach Ihrem Umfeld gestalten: In einem ersten Schritt beurteilen Sie objektiv Ihre **fachlichen Kompetenzen** und bringen diese zusammen mit Ihrer Vorstellung von Ihrem Institut zu Papier.

Tabelle VII/2 *Institutsprofil*

Fachkompetenz	Institutsprofil
Behandlung in der Kabine	mit Apparaturen ausgestattete Kabine
Spezialangebote, z. B. ▪ Körpermassage ▪ Cellulitebehandlung ▪ Wellnessbereich ▪ Hot-Stone-Massage	Kabine mit entsprechender Ausstattung, z. B. ▪ Spezialliege ▪ Dusche
Pediküre	Fußpflegekabine mit Ausstattung
Maniküre und Nagelmodellagen	Arbeitsplatz kann im Verkaufsraum eingerichtet werden
Farb- und Stilberatung, Visagismus	entsprechende Ausrüstung mit Schminkplatz
kosmetische Lymphdrainage	in der Kosmetikkabine durchführbar
Solarium	extra Kabineneinrichtung mit Belüftung
Sauna, Lichttherapie	großer Platzbedarf

Geschäftskonzept mit Kosmetikkabine, Verkaufsraum mit Wartebereich und Manikürplatz, Fußpflegekabine, Küche/Aufenthaltsraum und Toilette.

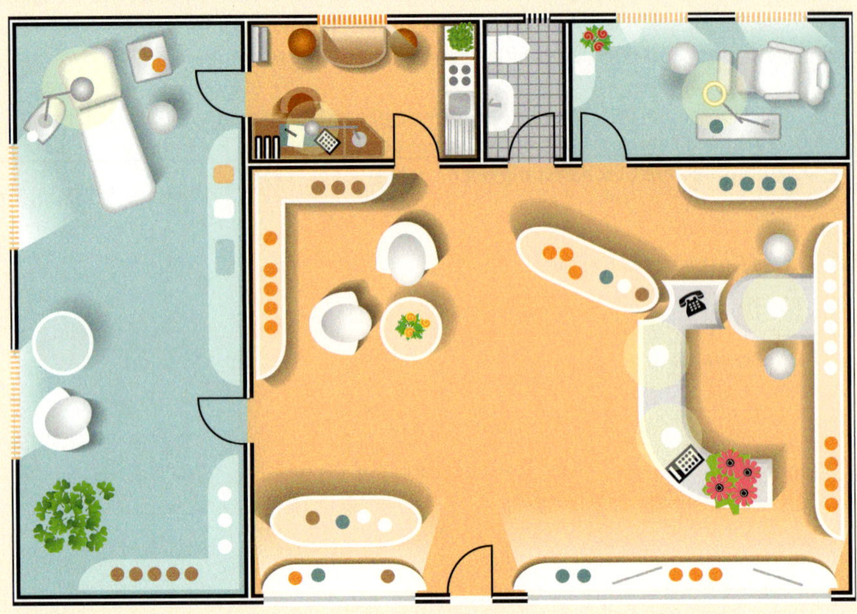

Anforderungen an den Behandlungsraum → Kapitel III/6

Innengestaltung → Kapitel VI/4.1.2

Die Fußpflege wird aus hygienischen Gründen in einer separaten Kabine durchgeführt. Der Platz für die Maniküre oder die Nagelmodellage kann problemlos in den Verkaufsraum integriert werden. Das hat den Vorteil, dass Sie während dieser Arbeit auch die Laufkundschaft bedienen können. Selbstverständlich brauchen Sie eine Toilette und eine kleine Teeküche. Nicht nur Sie werden an einem langen Arbeitstag hungrig, auch sollten Sie wartenden Kunden eine Tasse Kaffee oder eine Erfrischung anbieten können.

Sie werden feststellen, dass eine Unterbrechung der Behandlung durch einen hereinkommenden Kunden unangenehm für Sie und Ihre Kundschaft ist. Aus diesem Grund begegnet man bei allein arbeitenden Kolleginnen häufig einem Schild an der Tür, das den Interessenten auf diese Situation hinweist und um etwas Geduld bittet.

1.3.2 Standort

Wenn das Konzept für ein Institutsprofil steht und Sie Ihren Bedarf an Räumlichkeiten ermittelt haben, können Sie sich auf die Suche nach dem geeigneten Standort machen.

Hat der Verkauf Ihrer Produktpalette für Sie Vorrang, dann benötigen Sie eher ein Geschäft in gut frequentierter **Einkaufslage**. Ladenlokale in guter Einkaufslage haben allerdings meist hohe Mietpreise. In Einkaufscentern sind Sie an die festgelegten Öffnungszeiten gebunden. Es können auch weitere Kosten durch Aktionen und die Werbeumlage in der Center-Werbegemeinschaft entstehen.

Legen Sie eher Wert auf ein vielfältiges Behandlungsangebot, kann ein Standort in einem mittleren bis gehobenen **Wohngebiet** für Sie ideal sein.

Außengestaltung → Kapitel VI/4.1.1

Ein Kosmetikinstitut kann sich natürlich auch in einer **Etage** etablieren. Untersuchungen haben jedoch ergeben, dass es solche Geschäfte schwerer haben, sich einen Kundenstamm aufzubauen – für eine erfolgreiche Existenzgründung nicht die beste Voraussetzung. Noch dazu haben Sie kaum Möglichkeiten, durch eine auffällige Außengestaltung auf sich aufmerksam zu machen. Hinzu kommt, dass ältere Kunden häufig Probleme beim Treppensteigen haben.

Standortanalyse

- ☑ Wo befindet sich das Geschäft?
- ☑ Welche Geschäfte gibt es in der Nachbarschaft?
- ☑ Wie weit ist der eigene Anfahrtsweg zum Geschäft?
- ☑ Welche öffentlichen Verkehrsmittel sorgen für die Anbindung?
- ☑ Gibt es Lärmbelästigungen durch eine Hauptstraße oder andere Gewerbetreibende?
- ☑ Sind Geruchsbelästigungen (durch ein Restaurant oder einen Imbiss) zu befürchten?
- ☑ Wie hoch ist das durchschnittliche Einkommen (Kaufkraft) in dieser Region?
- ☑ Wohnen viele ältere Menschen in der Umgebung, sind es eher junge Familien oder ist die Gegend gut durchmischt?
- ☑ Ist die Gegend eine Wohngegend oder eine Einkaufsmeile?
- ☑ Sind Parkplätze vorhanden?
- ☑ Können Kundenparkplätze angeboten werden? (Kosten!)
- ☑ Gibt es die Möglichkeit, eine Außenwerbung (Werbeschild) anzubringen?
- ☑ Könnte ein Fahrradständer installiert werden?
- ☑ Dürfen Werbeträger (Straßenstopper) aufgestellt werden?
- ☑ Ist das Geschäft gut zu sehen?
- ☑ Laufen viele Passanten vorbei?
- ☑ Sind bereits Geschäfte der gleichen Branche angesiedelt? Erkundigen Sie sich nach deren Profil. Wenn Sie andere Produkte und Dienstleistungen anbieten, ist das nicht unbedingt negativ. Konkurrenz belebt das Geschäft!

Die Auswahl des Standortes sollte nach Erstellung eines Institutsprofils und mit besonderer Sorgfalt erfolgen, denn das Profil lässt sich nach Geschäftseröffnung nur langfristig und unter hohem Kostenaufwand ändern.

1.3.3 Einrichtung und Ausstattung

Eine Patentlösung für die Einrichtung Ihres neuen Geschäftes gibt es nicht. Ob Sie Ihrem Institut z. B. eine luxuriöse, moderne oder eher gemütliche Atmosphäre verleihen, sollte sich jedoch nicht nur nach Ihren eigenen Vorlieben richten, sondern in erster Linie den Erwartungen und Bedürfnissen Ihrer Zielgruppe entsprechen. In jedem Falle sollen sich Ihre Kunden wohl fühlen und die Umgebung als angenehm empfinden.

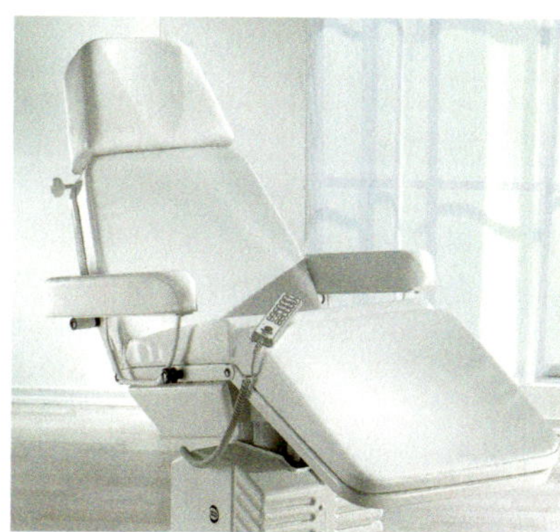

Vollautomatische Kosmetikliege

Für die Erstausstattung der **Kosmetikkabine** sind eine Lupenleuchte und ein Geräteturm mit einem Bürsten- und einem Bedampfungsgerät fast unentbehrlich. Der Geräteturm sollte so ausgelegt sein, dass Sie ihn bei Bedarf aufrüsten können.

Sparen Sie nicht bei der Anschaffung der Kosmetikliege und an dem Stuhl, auf dem Sie sitzen, um zu arbeiten. Achten Sie auf höhenverstellbare Arbeitsstühle, auf denen Sie bequem und haltungsgerecht sitzen können. Sie werden viele Stunden darauf verbringen!

Entlasten Sie Ihren Rücken auch, indem Sie eine vollautomatische Liege anschaffen. Sie bringen damit die Kundin in die richtige Position, um an ihr arbeiten zu können. Die Liege sollte breit genug und für Körper- und Rückenbehandlungen flach einstellbar sein.

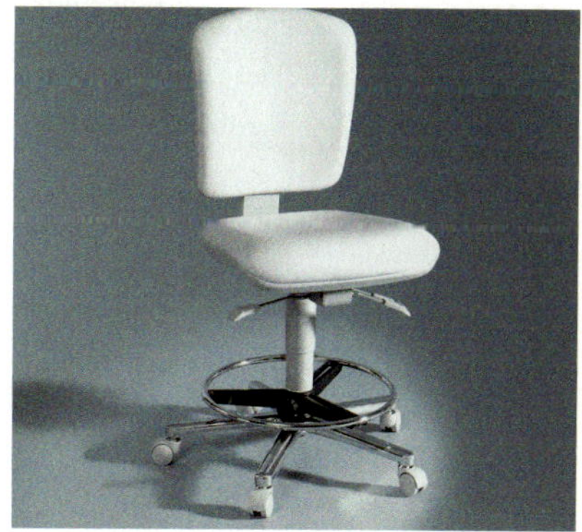

Ergonomisch gestalteter Arbeitsstuhl

Günstige Angebote können Sie auf Messen mit den Herstellern aushandeln. Auch verfügen Gerätehersteller an Ihren Produktionsstätten häufig über Ausstellungsräume, wo Sie die Möglichkeit haben, die Produkte auszuprobieren. Eine weitere Möglichkeit der Beschaffung bietet sich auch bei Geschäftsauflösungen oder Versteigerungen.

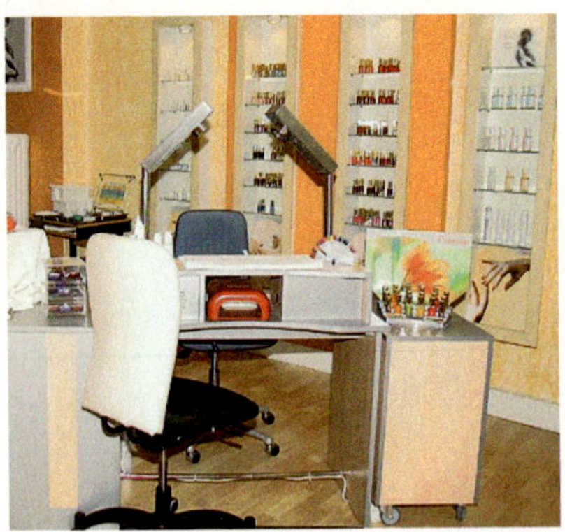

Manikürplatz

Die **Fußpflegekabine** können Sie bei Bedarf nach den gleichen Kriterien ausstatten. Während Sie in der Kosmetik viel mit Einwegmaterial arbeiten, brauchen Sie in der Fußpflege einen Sterilisator für die Fußpflegeinstrumente.

Die Einrichtung eines **Manikürplatzes** ist im Gegensatz zur Fußpflege- und Kosmetikeinrichtung weniger aufwändig. Das Handwerkszeug umfasst hier einen Spezialtisch und zwei Stühle.

Zur Terminvergabe, der Begrüßung und der Verabschiedung des Kunden ist ein **Empfangsbereich** (Rezeption) mit Theke von Vorteil. In diesem Bereich muss die Kasse, ein Kartenlesegerät für die bargeldlose Zahlung und das Telefon mit Anrufbeantworter Platz finden.

bargeldlose Zahlung
→ Kapitel V/7.3

Um eine Behandlung in Ruhe und ohne Unterbrechung ausführen zu können, ist es sinnvoll, auch während der Behandlung den Anrufbeantworter einzuschalten und die wenigen Klingeltöne ganz leise einzustellen.

GEMA
Gesellschaft für musikalische Aufführungs- und mechanische Vervielfältigungsrechte
www.gema.de

Für die angenehme **Hintergrundmusik** gilt es ebenfalls, einen geeigneten Installationsplatz zu finden. Doch Vorsicht: Beim Abspielen von Unterhaltungsmusik in gewerblichen Verkaufs-, Behandlungs- oder Aufenthaltsräumen werden Gebühren an die **GEMA** fällig. Kosmetikerinnen sind außerdem verpflichtet, die Nutzung von Musik aus dem GEMA-Repertoire vorab von der GEMA genehmigen zu lassen. Bestimmte CDs, wie z. B. von Arnd Stein, sind gebührenfrei.

Nun brauchen Sie noch geeignete Schränke oder Regale, um Ihre Waren zum Verkauf zu präsentieren.

Warenpräsentation
→ Kapitel VI/4.3

Offene Regale fördern den Verkauf. Kann der Kunde ein Produkt in die Hand nehmen, lässt es sich viel leichter verkaufen als wenn Sie es z. B. hinter einer verschlossenen Glastür „verstecken“. Der Gefahr des Diebstahls können Sie durch geschickt angebrachte Spiegel entgegenwirken, mit denen Sie den Verkaufsraum im Blick behalten.

Wenn es die Größe Ihrer Geschäftsräume ermöglicht, richten Sie einen kleinen **Aufenthalts- und Wartebereich** für Ihre Kunden ein. Dieser Sitzbereich ist auch der ideale Platz, um ein Kundengespräch vor einer Behandlung zu führen. Denken Sie außerdem an die Möglichkeit, Ihren Kunden eine Erfrischung anbieten zu können.

Kosten der Erstausstattung (Überschlagsrechnung)

Nachdem Sie aufgelistet haben, welche Einrichtungsgegenstände Sie benötigen, sollten Sie auch die Kosten überschlagen, die für Anschaffungen und eventuellen Umbau des Instituts anfallen werden. Lassen Sie sich für notwendige Umbauarbeiten Kostenvoranschläge erstellen. Bedenken Sie: Dieses Geld müssen Sie aufbringen, bevor Sie Ihren Geschäftsbetrieb überhaupt aufnehmen können.

Elektrik	2000,00 €
Sanitärinstallation	2000,00 €
Maler/Tapezierer/Fußböden	3000,00 €
Beleuchtung	500,00 €
Einrichtungsgegenstände	1200,00 €
Kabineneinrichtung	4500,00 €
Ware	2500,00 €
Dekorationen	200,00 €
Werbungsschild	650,00 €
Telefon mit Anrufbeantworter	150,00 €
Kosten der Erstausstattung	**16 700,00 €**

1.3.4 Firma

Die Firma ist der Name, unter der ein Unternehmer seine Geschäfte betreibt und seine Unterschrift abgibt. Er wird ggf. auch ins Handelsregister eingetragen. Ansonsten ist die Wahl der Firma frei: Es kann sich um einen Personen-, Sach- oder Fantasienamen oder um eine Mischform handeln.

Wahl der Rechtsform
→ Kapitel VII/1.5

Die Firma eines Unternehmens sollte
- die Zielgruppe ansprechen
- über das Angebot des Unternehmens informieren
- das Unternehmen von den Mitbewerbern abgrenzen

Betrachten Sie einmal gängige Bezeichnungen für Kosmetikgeschäfte und was sie eigentlich bedeuten:
- **Institut** ist der Begriff für eine Lehranstalt oder eine wissenschaftliche Einrichtung, z. B. in der Forschung.
- **Salon** ist die Bezeichnung für einen Ausstellungsraum oder einen Raum für festliche Anlässe (von Frisörgeschäften geradezu okkupiert).
- **Laden** ist ein alter Begriff für den Verkauf von allen möglichen Waren.
- **Center** steht für die Ansiedlung vieler Geschäfte oder für sehr große Geschäfte (z. B. ein Großhandel für Gartenbedarf).
- **Stübchen** oder andere Verniedlichungsformen sind bezeichnend für ein kleines, eher unscheinbares Geschäft.
- **Praxis** steht in erster Linie für eine Arztpraxis, doch der Begriff der Kosmetik-Praxis ist inzwischen sehr verbreitet, weil auch dort Behandlungen am Kunden vorgenommen werden. Der Begriff steht für berufliche Kompetenz und Seriosität.
- **Studio** ist eigentlich die Bezeichnung für mit spezieller Technik ausgestattete Räumlichkeiten, in denen Filmaufnahmen gemacht werden. Häufig wird dieser Begriff auch von Fotografen genutzt. Auch in der Kosmetik wird nicht nur „Handarbeit" betrieben. Assoziiert werden z. B. Kreativität und Professionalität.

Jeder dieser Begriffe steht also für bestimmte Eigenschaften, die Ihre Kunden mit Ihrem Geschäft verknüpfen werden. Achten Sie deshalb darauf, dass Ihre Firma und Ihr Geschäftsprofil auch wirklich zusammenpassen.

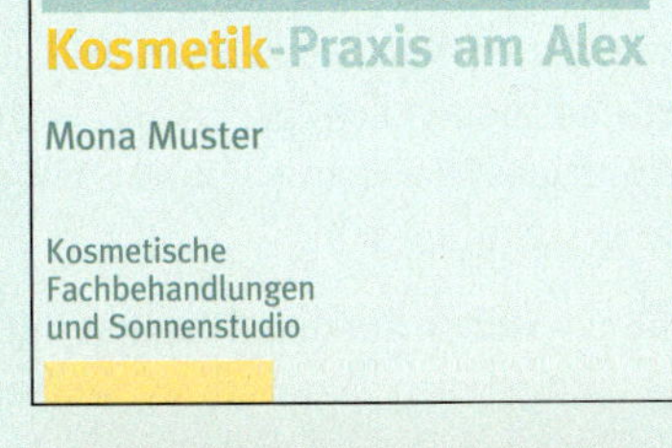

Die Wahl der Geschäftsbezeichnung und eine professionelle Gesstaltung sagen viel über Ihr Institut aus.

Wie Sie sehen, können Sie schon mit der Namensgebung Ihres Geschäftes auf Ihr Angebotsprofil hinweisen. So steht z. B. das Wort „Wellness“ für Körperbehandlungen, die Sie dann natürlich auch Ihren Kunden anbieten sollten. Besonders ausgefallene und plastische Bezeichnungen bringen Ihre Unverwechselbarkeit zum Ausdruck und prägen sich auf Dauer gut ein.

Orientieren Sie sich nicht zu sehr an den Namensschildern Ihrer Mitbewerber bei der Suche nach der passenden Aussage für Ihr Geschäft. Versuchen Sie, schon in der Geschäftsbezeichnung Ihr Spezialangebot deutlich zu machen.

1 Betrachten Sie die fünf Beispiele für Geschäftsbezeichnungen auf Seite 193. Welches Angebotsprofil vermitteln sie? Welche Zielgruppe sprechen sie Ihrer Meinung nach an?

2 Versuchen Sie, je eine Firmenbezeichnung für ein Kosmetikinstitut zu finden, das folgende Zielgruppe ansprechen will:
a) ältere Kundinnen
b) junge, modebewusste Kundinnen
c) anspruchsvolle Kunden mittleren Alters
d) Kunden mit speziellen Hautproblemen

Layout

Haben Sie einen geeigneten Firmennamen gefunden, der Ihnen gefällt und das Profil Ihres Unternehmens gut umschreibt, machen Sie sich Gedanken über die **Gestaltung**. Die Präsentation Ihres Geschäftes mit einem besonderen Schriftzug, einem speziell entworfenen Logo oder einer bestimmten Farbe zieht sich dann wie ein roter Faden durch Ihre gesamte Geschäftstätigkeit. Sie findet sich auf dem Werbeschild, der Visitenkarte, der Preisliste, auf Ihren Angeboten und Werbemitteln. Dieses Layout fördert die Wiedererkennung Ihres Unternehmens und zeigt von Anfang an Professionalität.

Werbemittel
→ Kapitel VI/2.3

Andererseits müssen Sie natürlich die **Kosten** bedenken, die eine aufwändige Namensgestaltung mit sich bringt. Viele Kosmetikhersteller bieten Werbemittel an, die dann natürlich mit deren Firmenlogo und Aufmachung ausgestattet sind. Sie haben aber die Möglichkeit, diese Werbemittel zu nutzen und Ihr Institut z. B. mit Aufklebern oder Stempeln darauf zu präsentieren. Denken Sie immer daran: Es ist Ihr Geschäft! Sie wollen sich bekannt machen und Interesse bei Ihrer zukünftigen Kundschaft wecken.

1.3.5 Auswahl des Depots

Depot
Warensortiment, das der Hersteller Ihnen zum Weiterverkauf mittels einer Handelsspanne überlässt.
→ Kapitel V/2.5

Der **Depositär** wird vom Produkthersteller autorisiert, dessen Produkte zu verwenden, zu verkaufen und damit zu werben.

Noch immer wird die Entscheidung über den zukünftigen Lieferer des Produktsortiments häufig „aus dem Bauch heraus“ getroffen. Sicher lernen Sie während Ihrer Ausbildung verschiedene Produkte kennen und auch lieben. Nur bringt Ihnen das allein nicht den wirtschaftlichen Erfolg, den Sie als Unternehmerin immer im Auge behalten müssen. Ihr künftiges Warenangebot muss in erster Linie auf Ihre Kunden und deren Bedürfnisse zugeschnitten sein.

Sie haben sich inzwischen auf dem Markt umgeschaut. Auch dieses oder jenes Produkt ist Ihnen dabei aufgefallen. Nun gilt es, sich einen möglichst allgemeinen Überblick über die verschiedenen Produkte und ihre Anbieter zu beschaffen. Achten Sie dabei auf eine Produktpalette, die Ihrem Institutsprofil entspricht. Führt der Anbieter neben pflegender Kosmetik auch Produkte für die Pediküre, den Wellness-Bereich oder die dekorative Kosmetik? Und wie kommen Sie an die diese Informationen?

- auf Fachmessen
- aus der Praxis während der Ausbildung
- aus der Fachliteratur
- durch Studiobesuche
- im Gespräch mit Kolleginnen
- im Internet

In den Fachzeitschriften finden Sie häufig Bestellkarten, mit denen Sie sich ein Testpaket und Informationsmaterial zusenden lassen können. Achten Sie dabei auf den Auftritt des Anbieters: Wie schnell wird Ihre Bestellung bearbeitet? Ist das Material gut gestaltet, sind die Proben sorgfältig ausgewählt und verpackt? Da die Wahl des Lieferers meist eine langfristige Geschäftsbeziehung begründet, sollten Sie auf Seriosität, Verhandlungsbereitschaft und Verlässlichkeit besonderen Wert legen.

online

Die Internetseite der Fachzeitschrift „Kosmetik International" listet Produkte und die dazugehörigen Kontaktadressen auf: www.ki-online.de

Qualitativer Angebotsvergleich

Haben Sie sich für eine erste Auswahl entschieden, geht es nun an den **Vergleich der Anbieter** untereinander. Dazu erstellen Sie eine Entscheidungstabelle, um einen besseren Überblick über alle Informationen zu bekommen. Bewerten Sie die zur Auswahl stehenden Anbieter (A, B, C) mit einer Punktzahl von 1 bis 10 zu jedem Kriterium. Gewichten Sie außerdem die einzelnen Kriterien je nach ihrer Bedeutung für Ihr Unternehmen mit einem Faktor z. B. zwischen 1 und 5. Legen Sie besonderen Wert auf Qualität, wird dieses Kriterium mit einem höheren Gewichtungsfaktor bewertet als z. B. die Zahl der Verkaufsstellen, von denen das Produkt bereits angeboten wird.

Tabelle VII/3 *qualitativer Angebotsvergleich – Bewertung*

Kriterium	Gewichtungsfaktor	Anbieter		
		A	B	C
Qualität/Preis	5	10	6	8
Lieferbedingungen	3	5	8	9
Zahlungsbedingungen	4	6	3	8
Abnahmepflichten	4	6	4	6
Verkaufsstellen	3	9	5	6
Einstiegsangebote	3	4	10	8
Werbung	2	7	10	3
Seminare/Schulungen	2	8	5	10
Betreuung durch Außendienst	2	6	2	10

Nun werden die vergebenen Bewertungspunkte mit dem jeweiligen Gewichtungsfaktor multipliziert. Die Ergebnisse werden für jeden Anbieter zu einer Summe addiert. Der Anbieter mit der höchsten Gesamtpunktzahl sollte Ihr Anbieter werden.

Tabelle VII/4 *Qualitativer Angebotsvergleich – Beurteilung*

Kriterium	Gewichtungsfaktor	Anbieter		
		A	B	C
Qualität/Preis	5	50	30	40
Lieferbedingungen	3	15	24	27
Zahlungsbedingungen	4	24	12	32
Abnahmepflichten	4	24	16	24
Verkaufsstellen	3	27	15	18
Einstiegsangebote	3	12	30	24
Werbung	2	14	20	6
Seminare/Schulungen	2	16	10	20
Betreuung durch Außendienst	2	12	4	20
Summe		**194**	**161**	**211**

Ergebnis: Anbieter C ist Ihr Favorit!

Qualität/Preis

Kaufmotive
→ Kapitel IV/4.1

Die Qualität eines Produktes drückt sich vordergründig im Preis aus. Für einen hohen Preis wird Ihr Kunde mit Recht auch hohe Qualität verlangen. Bei besonders teuren Produkten kommt zusätzlich noch der Aspekt der Exklusivität hinzu. Andererseits bedeutet ein günstiger Preis nicht grundsätzlich, dass die Ware von schlechter Qualität sein muss.

Handelsspanne
→ Kapitel V/9.2

Entscheiden Sie sich bei Ihrer Depotwahl für ein **hohes Preisniveau**, brauchen Sie vor allem anspruchsvolle Kunden, denen nichts zu teuer für die eigene Schönheit ist. Bedenken Sie, dass die teuersten Produkte zwar die höchsten Handelspannen haben, mit denen Sie ja zu Ihrem Gewinn kommen wollen. Das hilft Ihnen jedoch nicht weiter, wenn Sie wegen eben dieser hohen Preise zu wenig Abverkauf erzielen können.

Greifen Sie dagegen nach **sehr preisgünstigen** Produkten, kann das ein schlechtes Licht auf Ihr Institut werfen, weil in den Köpfen der Interessenten häufig die Vermutung „günstiger Preis = schlechte Qualität" verankert ist.

Viele Kunden legen heute Wert auf gute Qualität zu erschwinglichen Preisen. Deshalb sind Sie gut beraten, sich nach einem Anbieter umzuschauen, der sowohl günstige Produkte als auch eine exklusive Linie anbietet. So werden Sie eine große Zielgruppe erreichen können.

Liefer- und Zahlungsbedingungen

Lieferbedingungen
→ Kapitel V/3.3.1

Zahlungsbedingungen
→ Kapitel V/3.3.2

Bezugskostenkalkulation
→ Kapitel V/3.3.3

Die Liefer- und Zahlungsbedingungen des Anbieters entscheiden über die Höhe der **Bezugskosten** für Ihr Depot. Um den günstigsten Anbieter herauszufinden, ist ein Vergleich der Bedingungen und die Durchführung einer Bezugskostenkalkulation erforderlich.

Abnahmepflichten

Depotvertrag und Depotzwang
→ Kapitel V/2.5

Bonus
→ Kapitel V/3.3.2

Einem Depotvertrag können Sie dann zustimmen, wenn für Sie keine Nachteile entstehen, falls Sie das vereinbarte Umsatzziel nicht erreicht haben. Mit dem Erreichen des Umsatzzieles haben Sie sich einen **Bonus** erarbeitet. Das heißt, Sie erhalten eine Vergütung in bar oder einen Warengutschein.

Achtung – Konkurrenz! Warenhäuser bieten ein breites Sortiment an Kosmetikprodukten.

Verkaufsstellen

Depotkosmetik bedeutet, Sie haben Produkte in Ihrem Sortiment, die der Kunde nur bei Ihnen im Kosmetikinstitut erwerben kann. Viele Anbieter bleiben diesem Prinzip der Belieferung ausschließlich an Institute treu. Doch es gibt auch Institutskosmetika, die in Warenhäusern, Drogerien, Apotheken und Parfümerien auftauchen. Möchten Sie als autorisierter Depositär, dass Ihre Kunden die Heimpflege nur bei Ihnen kaufen können, dann schauen Sie sich vor der Wahl „Ihres" Herstellers in den Geschäften Ihrer Umgebung gut um. Es wäre schade, wenn der Kunde nach Ihrer Beratung das empfohlene Produkt im Warenhaus nebenan erwirbt, weil dort vielleicht gerade eine Preisaktion gestartet wurde, und Ihnen der Umsatz verloren geht.

Achten Sie bei Ihrer Entscheidung auf die ausschließliche Institutskosmetik.

Einstiegsangebote

Unter Einstiegsangebot versteht man den Warenwert, mit dem Sie Ihr Geschäft eröffnen. Das so genannte **Einsteigerpaket** ist das Erstauftragsvolumen. Hier gibt es deutliche Unterschiede bei den einzelnen Anbietern.

Die „großen" Hersteller bieten zum Neubeginn oft ihr gesamtes Repertoire – und das kann teuer werden. Bis zu 5000 Euro sind zu investieren.

Lassen Sie sich vorab von einem Repräsentanten eines eventuell in Frage kommenden Anbieters genau beraten. Eine solche Beratung ist für Sie kostenfrei. Sie verpflichtet Sie nicht, einen Liefervertrag abzuschließen. Klären Sie bei diesem Gespräch vor allem folgende Punkte:
- Erstausstattung und Preis
- Mindestbestellwert des Einsteigerpakets
- Werbeunterstützung

Oft gibt es auch ein kleineres Einstiegsangebot – fragen Sie nach. Scheuen Sie sich nicht vor Verhandlungen. Ist ein Unternehmen daran interessiert, Sie in Zukunft zu beliefern, wird es vielleicht einen „Probelauf" mit Ihnen versuchen.

Einstiegskonditionen für Neueinsteiger

1. Verkaufsware – Pflegeprodukte – im Wert von **500,00 €**
   - *dazu Kabinettware im Wert von **100,00 € gratis***
2. Verkaufsware – Pflegeprodukte – im Wert von **1000,00 €**
   - *dazu Kabinettware im Wert von **500,00 € gratis** (freie Auswahl Pflege)*
3. Verkaufsware – Pflegeprodukte – im Wert von **3000,00 €**
   - *dazu Kabinettware im Wert von **800,00 € gratis** (freie Auswahl Pflege)*
4. Verkaufs- und Kabinettware – Pflegeprodukte, dekorative Kosmetik, Körperprodukte – im Wert von **5500,00 €**
   - *dazu Kabinettware im Wert von **500,00 € gratis***
   - *dazu 1 Werbeschild (beleuchtet) **gratis***
5. Verkaufs- und Kabinettware – Pflegeprodukte, Körperprodukte, Sonne und Düfte – im Wert von **6500,00 €**
   - *dazu dekorative Kosmetik mit Aufsteller im Wert von **2000,00 € gratis***

Interessante Einstiegsangebote?

Nutzen Sie die Möglichkeit eines unverbindlichen Beratungsgespräches. Neben dem Preisvergleich sollten Sie auch auf ein möglichst kleines Volumen Ihres Erstauftrages achten. Dadurch binden Sie weniger Kapital und reduzieren das Risiko.

Werbung

Absatzwerbung
→ Kapitel VI/2

Oftmals bieten die Hersteller in Verbindung mit einer Bestellung auch eine Werbeunterstützung an. Dazu gehören z. B.:
- **Factice**
- Verpackungsmaterial (Tragetaschen)
- Prospekte, Flyer
- Gutscheine
- Kundenbestellkarten
- Karteikarten
- Handtücher
- Arbeitskittel oder Shirts
- Kundenpräsente
- Pinsel, Spatel oder andere Arbeitsmittel
- Musik-CDs
- Anzeigenvorlagen
- Banner, Fahnen
- Material für Schilder und Leuchtkästen

Factice
Leerverpackungen für Dekorationszwecke

Wollen Sie z. B. Ihre Geschäftseröffnung in einer Regionalzeitung anzeigen, fragen Sie nach finanzieller Beteiligung an dieser Aktion. Denn wenn Sie mit dem Firmenlogo Ihres künftigen Lieferers werben, beteiligt sich dieser auch oft an den Kosten. Außerdem könnte ein Repräsentant des Unternehmens am Eröffnungstag anwesend sein, um Sie bei der Kundengewinnung zu unterstützen.

Natürlich gilt: Je höher Ihr finanzieller Einstieg ist, umso mehr Unterstützung können Sie gerade zur Eröffnung erwarten.

Eine Verwendung von Werbemitteln des Anbieters im eigenen Institut ist auch diesem nützlich und wird entsprechend gefördert. Die Unterstützung wird meist in Abhängigkeit vom Auftragsvolumen gewährt.

Bei Schulungen können Sie von den Erfahrungen Ihrer Kolleginnen und des Herstellers profitieren.

Seminare/Schulungen

Alle führenden Kosmetikhersteller bieten zu Ihrem Produktsortiment Seminare an. Fragen Sie nach dem Schulungskatalog, der meistens zu Beginn des Jahres an die Depositäre verschickt wird. Vergleichen Sie Themen, Veranstaltungsorte und Preise. Entspricht das Angebot Ihrem Institutsprofil, sollten Sie die Gelegenheit wahrnehmen. Die Schulungen sind meistens kostenpflichtig. Fragen Sie auch nach speziellen Schulungen für Neueinsteiger und Existenzgründerinnen. Auf jeden Fall ist ein Starterseminar zu empfehlen, um die gesamte Produktpalette kennen zu lernen. Diese Veranstaltungen werden von den meisten Herstellern gebührenfrei angeboten. Welche Schulung Sie außerdem besuchen, entscheiden Sie nach Ihrer Qualifikation und Ihrer Geschäftsausrichtung.

Betreuung durch Außendienstmitarbeiter

Eine fachkompetente Außendienstmitarbeiterin kann für Sie sehr nützlich sein.

Besucht Sie im Rahmen der Depotwahl ein Mitarbeiter des Herstellerunternehmens zu einem Beratungsgespräch, fragen Sie gleich nach dem Besuchsrhythmus des Außendienstmitarbeiters, den Ihnen das Unternehmen anbietet. Viele Fragen zur Anwendung, Zusammensetzung und Wirkungsweise der Produkte können Sie direkt erfragen, ohne viel Zeit zum Nachlesen aufbringen zu müssen. Auch wird man Ihnen praktische Tipps verraten. Sind Reklamationen zu bearbeiten, wird dies der Außendienst für Sie tun. Sie haben dann keinen Aufwand mit Verpackungen und Postgängen.

Reklamation
→ Kapitel VI/7

1.4 Rechtliche Voraussetzungen

1.4.1 Gewerbe

Rechtliche Grundlage für die Ausübung eines Gewerbes ist die Gewerbeordnung (GewO).

Unter Gewerbe versteht man eine selbstständige wirtschaftliche Tätigkeit, die
- auf die Erzielung von Gewinn ausgerichtet,
- auf Dauer angelegt,
- von außen erkennbar und
- erlaubt ist.

Gewerbearten:
- stehendes Gewerbe
  Die Kosmetikerin hat ein eigenes Ladengeschäft.
- Reisegewerbe
  Die Kosmetikerin sucht die Kunden ausschließlich in deren privatem Umfeld auf.

Diese Voraussetzungen sind für die Inhaberin eines Kosmetikinstituts gegeben. Die selbstständige Kosmetikerin führt also ein Gewerbe.

§ 14 GewO Anzeigepflicht
Wer den selbstständigen Betrieb eines stehenden Gewerbes oder den Betrieb einer Zweigniederlassung oder einer unselbstständigen Zweigniederlassung anfängt, muss dies der für den betreffenden Ort zuständigen Behörde gleichzeitig anzeigen. Das gleiche gilt, wenn
1. der Betrieb verlegt wird,
2. der Gegenstand des Gewerbes gewechselt oder auf Waren oder Leistungen ausgedehnt wird, die bei Gewerbebetreiben der angemeldeten Art nicht geschäftsüblich sind, oder
3. der Betrieb aufgegeben wird. [...]

Wer ein Gewerbe betreibt, muss dies bei den örtlichen Behörden anmelden. Die **Gewerbeanmeldung** ist bei der zuständigen Stelle mit einem dafür vorgesehenen Formular einzureichen. Ohne Anmeldung kann die zuständige Behörde eine zwangsweise Schließung des Betriebes veranlassen.

Das Finanzamt, die Berufsgenossenschaft, die zuständige Kammer, das Gewerbeaufsichtsamt und noch weitere Stellen erhalten eine Ausfertigung der Gewerbeanmeldung. Eine zusätzliche Anmeldung bei diesen Stellen ist daher nicht erforderlich.

Gewerbetreibende sind außerdem verpflichtet, ihren Familiennamen mit mindestens einem ausgeschriebenen Vornamen an der Außenseite oder am Eingang der Verkaufsstelle in deutlich lesbarer Schrift anzubringen.

→ § 15 a GewO

Nach den Bestimmungen der Handwerksordnung ist die Tätigkeit der Kosmetikerin ein **handwerksähnliches Gewerbe**. Deshalb ist eine Eintragung in die Handwerkerrolle (das Verzeichnis der Handwerksbetriebe) bei der Handwerkskammer vorzunehmen. Alternativ kann die Eintragung auch bei der Industrie- und Handelskammer erfolgen. Erkundigen Sie sich einfach nach den jeweiligen Leistungen der Kammern, die für Sie den größten Nutzen bringen. Angestellte und Auszubildende müssen innerhalb einer Woche nach Einstellung bei der Berufsgenossenschaft angemeldet werden.

1.4.2 Kaufmannsbegriff

Eine weitere wichtige Frage ist, ob die Kosmetikerin im Sinne des Handelsgesetzbuches (HGB) eine Kauffrau ist. Nur dann sind nämlich die Vorschriften des HGB für sie anwendbar. Die Anwendung des HGB hat u. a. Auswirkungen auf die Namensgebung des Geschäftes, auf die Buchführungspflicht und die Abwicklung von Kaufverträgen (vgl. Tabelle VII/5). Kaufleute sind grundsätzlich verpflichtet, sich ins Handelsregister eintragen zu lassen. Außerdem gelten für sie bestimmte anerkannte Handelsbräuche, z. B. muss eine Kauffrau dafür sorgen, dass schriftliche Mitteilungen sie auch bei Abwesenheit vom Geschäft (durch Urlaub, Krankheit usw.) erreichen.

Buchführungspflicht
→ Kapitel VII/5.1

Tabelle VII/5 *Wichtige Unterschiede zwischen BGB und HGB*

	Bestimmungen des HGB	Bestimmungen des BGB
Angebot zum Kauf	Schweigen der Kauffrau auf das Angebot eines ständigen Geschäftspartners gilt als Annahme	Schweigen gilt nicht als Willenserklärung und ist als Ablehnung zu bewerten
Kaufvertrag	unverzügliche Rügepflicht	Bestimmungen nach § 437 BGB
Verzugszinsen	8 % über Basiszinssatz	5 % über Basiszinssatz
Buchführungspflicht	nach § 240 HGB	nach § 141 AO (entfällt u. U. bei Unterschreiten der Buchführungspflichtgrenzen)

Rügepflicht
→ Kapitel V/5.1

§ 1 HGB

1. Kaufmann im Sinne dieses Gesetzbuches ist, wer ein Handelsgewerbe betreibt.
2. Handelsgewerbe ist jeder Gewerbebetrieb, es sei denn, dass das Unternehmen nach Art oder Umfang einen in kaufmännischer Weise eingerichteten Geschäftsbetrieb nicht erfordert.

§ 1 HGB
Istkaufmann

Was aber ist ein „in kaufmännischer Weise eingerichteter Geschäftsbetrieb"? Diese Frage muss im Einzelfall u. a. anhand folgender Kriterien entschieden werden:

- Umsatzhöhe
- Mitarbeiterzahl
- Höhe der Forderungen und des Vermögens
- Anzahl/Größe der Gewerberäume

Kriterien für die Bewertung als Handelsgewerbe

§ 2 HGB
Kannkaufmann

Für ein kleines Institut mit einer geringen Umsatzhöhe und nur einer Mitarbeiterin ist kein kaufmännischer Geschäftsbetrieb erforderlich. Ein solches Institut fällt unter den Begriff **Kleingewerbe**. Aber auch die Betreiberin eines Kleingewerbes kann den Status einer Kauffrau erwerben, indem sie sich freiwillig ins Handelsregister eintragen lässt. Sie ist nach den Bestimmungen des § 2 HGB eine so genannte **Kannkauffrau**.

Für Kannkaufleute besteht die Berechtigung, aber nicht die Verpflichtung, die Firma ins Handelsregister einzutragen. Entscheidet sich die Kannkauffrau für den Eintrag, erhält sie den Status einer Kauffrau im Sinne des HGB.

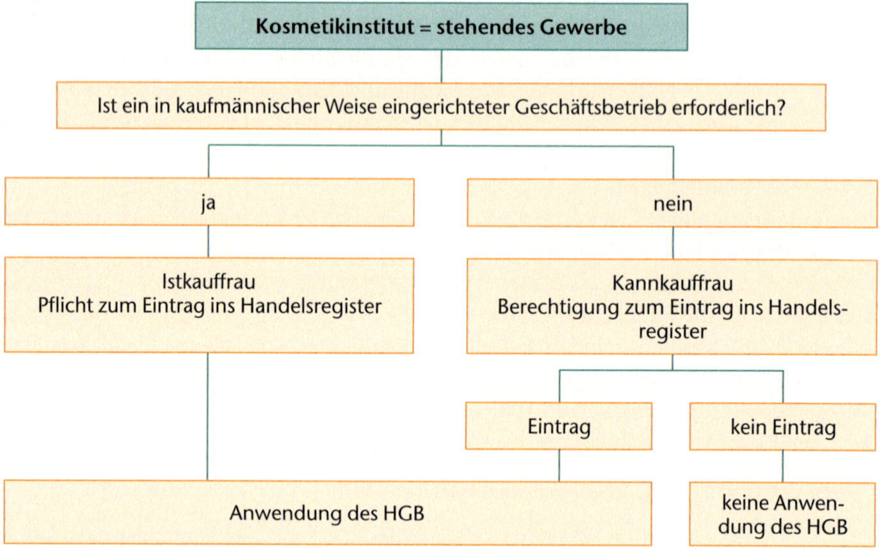

1.5 Wahl der Rechtsform

Rechtsformen von Unternehmen
→ Kapitel II/5

Welche Rechtsform bei der Existenzgründung gewählt wird, muss im Einzelfall entschieden werden. Jede Rechtsform hat sowohl Vorteile als auch Nachteile, die gegeneinander abgewogen werden müssen.

Für die Gründung eines Kosmetikinstituts kommen vor allem folgende Rechtsformen in Frage:
- Einzelunternehmen
- GbR
- GmbH

Die Entscheidung über die Rechtsform sollte stets mit Hilfe eines Unternehmens- oder Steuerberaters bzw. eines Rechtsanwaltes getroffen werden.

Die GbR ist Kleingewerbetreibenden (Nichtkaufleuten) vorbehalten. Der Geschäftsbetrieb darf kein Handelsgewerbe im Sinne des § 1 HGB sein. Deshalb wird die GbR auch nicht ins Handelsregister eingetragen. Überschreitet die Gesellschaft die für ein Handelsgewerbe maßgeblichen Grenzen, muss die Rechtsform gewechselt und der Eintrag ins Handelsregister nachgeholt werden.

Die **Firma** des Unternehmens muss die gewählte Rechtsform dokumentieren. Bei Einzelkaufleuten muss die Bezeichnung „eingetragener Kaufmann/eingetragene Kauffrau“ (e.K. oder e. Kfm. bzw. e. Kfr.) in der Firmenbezeichnung enthalten sein, die GmbH ist ebenfalls an dem entsprechenden Zusatz zu erkennen. Diesen Zusatz hat die Kosmetikerin, die als Kauffrau tätig ist, auch auf ihren Geschäftsbriefen, Visitenkarten, Webeanzeigen usw. zu vermerken.

2 Finanzierung

Nachdem Sie das Geschäftskonzept für Ihr Unternehmen erstellt haben, müssen Sie sich – wieder einmal – mit dem Thema Geld auseinander setzen. Die Finanzierung Ihres Unternehmens ist eine der wichtigsten Grundlagen für Ihr zukünftiges Bestehen am Markt. Je nachdem, aus welcher Quelle Sie die notwendigen Geldmittel zur Gründung des Unternehmens erhalten, unterscheidet man zwischen Eigenfinanzierung und Fremdfinanzierung.

2.1 Eigenfinanzierung und Fremdfinanzierung

Eigenfinanzierung bedeutet, dass Sie das Geld selbst zur Verfügung stellen können. Dieser Geldbetrag wird als **Eigenkapital** bezeichnet. Haben Sie z. B. 10 000 Euro gespart, die Sie in Ihr Unternehmen investieren wollen, so beträgt das Eigenkapital Ihres Unternehmens 10 000 Euro.

Demgegenüber werden sämtliche Kredite, die Sie von der Bank, aus Fördermitteln, von Lieferanten usw. erhalten oder sich von Verwandten oder Freunden leihen, als **Fremdkapital** bezeichnet. Dieses Geld gehört Ihnen nicht – Sie müssen es zurückzahlen und Zinsen dafür aufbringen. Je nach Laufzeit unterscheidet man zwischen **langfristigen** und **kurzfristigen** Krediten.

Lassen Sie sich in Finanzfragen professionell beraten.

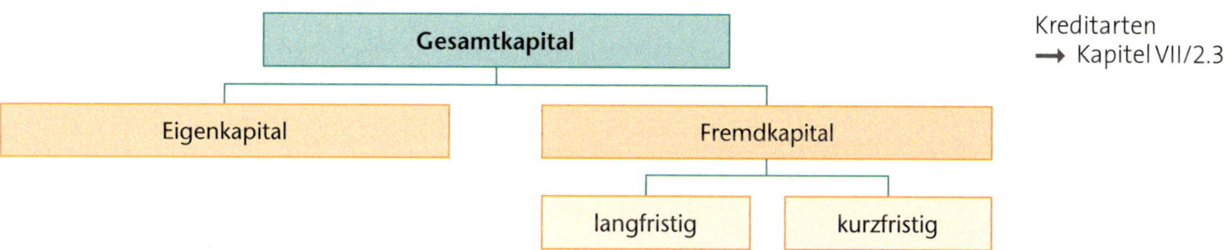

Kreditarten
→ Kapitel VII/2.3

Grundsätzlich gilt: Je höher der Anteil an Eigenkapital, desto einfacher ist die Kreditbeschaffung. Auch die Bewilligung von Fördermitteln ist häufig an einen bestimmten Eigenkapitalanteil geknüpft. Bei einer gesunden Finanzstruktur sollte der Eigenkapitalanteil mindestens 50 % des Gesamtkapitals ausmachen (**goldene Finanzierungsregel**). Bei einem Eigenkapitalanteil von weniger als 20 % ist die Finanzierung des Unternehmens nicht gesichert.

goldene Finanzierungsregel
Eigenkapital ≥ Fremdkapital

In der Regel sollte die Anschaffung der langlebigen **Gebrauchsgüter** des Instituts (Einrichtung, Geräte) über das Eigenkapital finanziert werden (**goldene Bilanzregel**). Ist dies nicht möglich, muss die Anschaffung über langfristige Kredite laufen. Dabei ist zu beachten, dass die Laufzeit des Kredits nicht länger ist als die voraussichtliche Nutzungsdauer des Wirtschaftsgutes, denn sonst müssen Sie den Kredit abbezahlen, obwohl Ihnen der entsprechende Gegenstand gar nicht mehr zur Verfügung steht.

goldene Bilanzregel
Eigenkapital deckt Anschaffung der langlebigen Wirtschaftsgüter

Wichtig für die Fremdfinanzierung ist auch die Bereitstellung von **Sicherheiten**. Können Sie Ihrer Bank Sicherheiten z. B. in Form von Wertpapieren, Bürgschaften oder langfristigen Geldanlagen bieten, wird das die Bewilligung des Kredits erheblich vereinfachen. In den meisten Fällen hat das Fehlen ausreichender Sicherheiten die Ablehnung des Kreditantrages zur Folge.

Sicherheiten
→ Kapitel VII/2.3.2

2.2 Finanzierungsplan

Je nach Art und Größe Ihres Instituts ermitteln Sie zunächst den **Finanzierungsbedarf**. Dazu benötigen Sie eine genaue Aufstellung der Aufwendungen für die Erstausstattung und aller zu erwartenden laufenden Kosten. Bei der Aufstellung des Finanzierungsplanes hilft Ihnen der Unternehmens- oder Existenzgründungsberater.

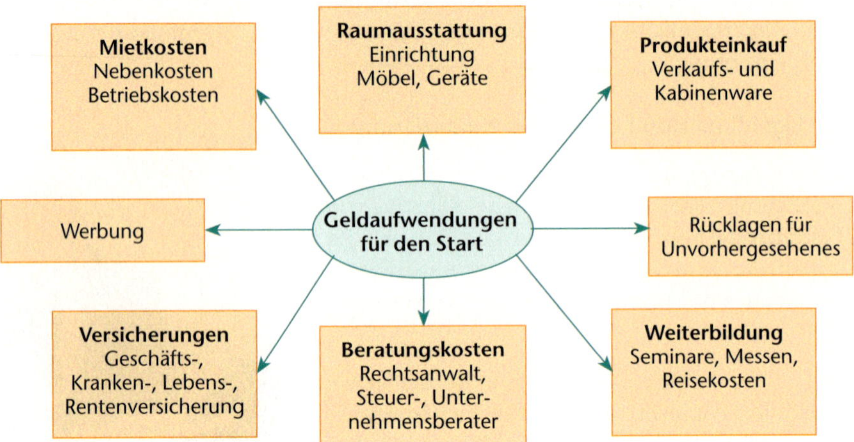

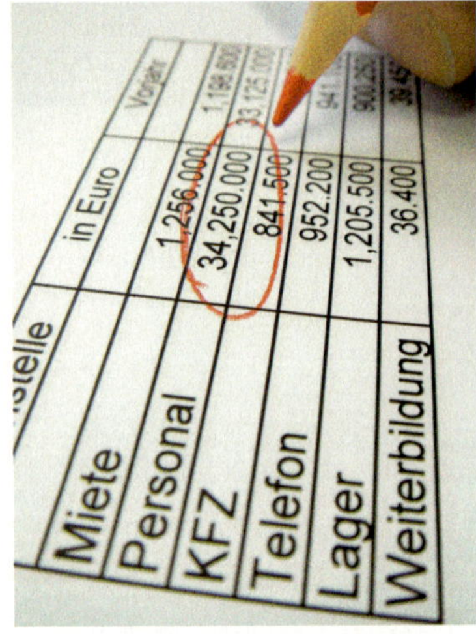

Personalkosten stellen meist den größten Kostenblock dar – planen Sie sorgfältig!

Die Summe aller für die Geschäftsgründung notwendigen Aufwendungen ergibt den **Investitionsbedarf** für Ihr Unternehmen. Ziehen Sie von dieser Summe das Eigenkapital ab, das Sie aufbringen können, ergibt sich der **Finanzierungsbedarf** (Bedarf an Fremdkapital). Die Zinsen für das Fremdkapital müssen Sie wiederum bei der Kostenplanung berücksichtigen.

Sie haben für die Erstausstattung Ihres Instituts einen Kapitalbedarf von 16 700 Euro errechnet. Die voraussichtlichen monatlichen Kosten betragen 6000 Euro. Das ergibt auf das Jahr gerechnet einen Betrag von 72 000 Euro. Damit Sie Ihr Geschäft aufbauen können, benötigen Sie die Summe für die Erstausstattung und mindestens die Bewirtschaftungssumme für das erste Geschäftsjahr.

16 700,00 € + 72 000,00 € = 88 700,00 €

Sie sind in der Lage eigenes Kapital in Höhe von 20 000 Euro einzubringen. Ihr Finanzierungsbedarf beträgt demach 88 700 – 20 000 = 68 700 Euro. Bei 5 % Kreditzinsen kämen in diesem Fall (ohne Abschluss- und andere Gebühren) monatlich etwa 286 Euro Zinsbelastung zu Ihren laufenden Kosten hinzu.

Sie haben Ihren Finanzbedarf ermittelt und ein Exposé angefertigt, in dem Sie eben diesen Bedarf an Geldern dokumentieren. In diesem Exposé stellen Sie außerdem den Aufwendungen die **Einnahmen** (Erträge) gegenüber, die Sie durch

- Behandlungen (Anzahl x Durchschnittspreis),
- Produktverkauf sowie
- Sondereinnahmen (Spezialangebote wie Beauty-Tag, Ernährungs-, Farb- und Stilberatung)

voraussichtlich erzielen werden. Diese Aufstellung der voraussichtlichen Einnahmen wird auch **Ertragsvorschau** genannt. Außerdem gehört zum Finanzierungsplan die so genannte **Rentabilitätsberechnung**, die dokumentiert, wann das Unternehmen bei den angenommenen Kosten und Erträgen voraussichtlich einen Überschuss (Gewinn) erwirtschaften wird. Auch bei der Erstellung dieser Unterlagen sollten Sie fachkundige Beratung in Anspruch nehmen.

Fügen Sie eine Skizze Ihres Instituts, einen Lageplan, eine Beschreibung des Standortes und Ihre Zielgruppen- und Konkurrenzanalyse hinzu. Außerdem brauchen Sie einen persönlichen Lebenslauf, die **Schufa**-Auskunft und den Nachweis des privaten Vermögens und der Sicherheiten.

Mit dieser Vorbereitung sollten Sie nun bei der Bank Ihrer Wahl Ihr Konzept überzeugend vortragen können. Die Bank muss überzeugt werden, sonst gibt es kein Geld. Es ist deshalb wichtig, dass Sie als künftige Unternehmerin uneingeschränkt für Ihr Vorhaben eintreten. Ein hinzugezogener Berater sollte lediglich begleitend wirken. Das Gespräch sollten Sie unbedingt selbst führen.

Es ist sinnvoll mit mehreren Banken das Gespräch zu suchen. Auch bei den Angeboten der Banken lohnt ein Vergleich der Preise (Zinsen) und Konditionen. Gehen Sie keine Verpflichtungen ein, bevor Sie nicht mit mehreren Beratern gesprochen haben. Wenn Sie sich nicht gut beraten fühlen, suchen Sie nach einem anderen Geldinstitut.

Nur mit einem professionellen Geschäftskonzept gibt Ihnen die Bank grünes Licht!

Die **Schufa** (Schutzgemeinschaft für allgemeine Kreditsicherung) sammelt Daten über Kreditnehmer. Gerät jemand in Zahlungsverzug, wird dies den Banken zur Kenntnis gegeben. Für solche Kunden wird es schwer, einen weiteren Kredit zu bekommen.

2.3 Fremdkapitalbeschaffung

Nicht nur bei der Gründung Ihres Unternehmens, sondern auch später ist die selbstständige Kosmetikerin häufig darauf angewiesen, Fremdkapital zur Finanzierung größerer Anschaffungen zu beschaffen. Deshalb ist es wichtig, die einzelnen Kreditarten unterscheiden zu können, um die optimale Finanzierungsform zu finden.

Tabelle VII/6 *Kreditarten*

	Laufzeit	Merkmale	Rückzahlung
Darlehen	langfristig	Kreditbetrag wird von der Bank in einer Summe bereitgestellt	entweder in einer Summe am Ende der Laufzeit (Festdarlehen) oder in monatlichen Raten (Abzahlungsdarlehen)
Ratenkredit	lang- bis mittelfristig	Kreditbetrag wird von der Bank oder dem Verkäufer in einer Summe bereitgestellt. Er dient zur Finanzierung größerer Anschaffungen.	feste monatliche Raten (Tilgungsplan)
private Geldgeber (Freunde oder Verwandte)	lang- bis mittelfristig	Grundlage ist auch hier ein Kreditvertrag, der die Raten- und Zinshöhe festlegt. Zinsvereinbarungen richten sich nach den banküblichen Zinsen.	feste monatliche Raten
Ratenkauf	mittel- bis kurzfristig	Verkäufer bietet einen Zahlungsaufschub, für den Zinsen fällig werden	feste monatliche Raten
Kontokorrentkredit (Überziehungskredit)	kurzfristig (maximal ein Jahr)	Überziehung des Guthabens auf dem Geschäfts- oder Girokonto	Ausgleich des Geschäfts- oder Girokontos (Achtung: hohe Zinsbelastung!)
Lieferantenkredit	kurzfristig	Zahlungsziel des Verkäufers an den Kunden	höherer Rechnungsbetrag (kein Abzug von Skonto)

VII Untern.-Gründung

Rechtliche Grundlage für den Kredit ist der Darlehensvertrag → Kapitel II/3.1

Der **Vorteil** der Fremdfinanzierung liegt darin, dass der notwendige Betrag nicht auf einmal aufgebracht werden muss, sondern dass sich die Belastung auf die monatliche Ratenzahlung verteilt und gut planbar ist. Der Kredit kann aus den laufenden Einnahmen des Instituts zurückgezahlt werden. Außerdem kann die Zinsbelastung als Geschäftsausgabe steuerlich abgesetzt werden. Der **Nachteil** besteht darin, dass die Raten auch dann bezahlt werden müssen, wenn die Geschäfte einmal nicht so gut laufen.

Zinsen
Leihgebühren für den Kreditbetrag

Tilgung
Rückzahlung des Kreditbetrages

Die **Kosten** eines Kredits richten sich nach der Höhe der **Zinsen**, der Laufzeit und den Bearbeitungs- und sonstigen Gebühren. Grundsätzlich gilt: Je kürzer die Laufzeit, desto höher der Zins. Lange Laufzeiten belasten Ihr Unternehmen dauerhaft, kurze Rückzahlungsfristen sind oft sehr teuer in der Monatsrate. Deshalb kann man Kredite auch staffeln: Anfänglich, wenn noch wenig Einnahmen zu verbuchen sind, werden nur Zinsen fällig. Nachdem sich die Geschäftseinnahmen stabilisiert haben (z. B. nach zwei Jahren) setzt die **Tilgung** des Kredits ein.

Kreditbeschaffung ist leider nicht immer so einfach …

2.3.1 Der effektive Jahreszins

Mit Hilfe des effektiven Jahreszinses können Sie verschiedene Kreditangebote vergleichen. Der effektive Jahreszins sagt aus, welche **Gesamtbelastung** (einschließlich aller Gebühren und Zusatzkosten) für den Kredit tatsächlich anfällt. Er liegt also immer höher als der Nominalzins.

Die Berechnung erfolgt nach einer komplizierten Formel, die in der Preisangabenverordnung festgeschrieben ist. Die Banken arbeiten meist mit Tabellen, aus denen man den effektiven Jahreszins für verschiedene Laufzeiten und Zinssätze ersehen kann.

Abschluss von Kreditverträgen

- ☑ Wie hoch ist der effektive Jahreszins?
- ☑ Wie hoch ist die monatliche Belastung?
- ☑ Wie wird der Kredit in Krisenzeiten finanziert, wenn z. B. das Geschäft Verluste macht?
- ☑ Wie sieht es mit Sondertilgungen aus?
- ☑ Achten Sie auf einen festen Zinssatz für die gesamte Laufzeit – dadurch wird das Risiko überschaubar.
- ☑ Alle Vereinbarungen sind schriftlich festzuhalten. Lassen Sie sich eine Kopie aller Unterlagen geben.
- ☑ Lesen Sie alle Vertragsbedingungen und lassen Sie sich Unklarheiten erläutern
- ☑ Holen Sie fachkundige Beratung ein, z. B. durch einen Rechtsanwalt.

2.3.2 Sicherheiten

Der Kreditgeber (die Bank) muss das Risiko tragen, dass der Kreditnehmer den Kredit unter Umständen nicht zurückzahlen kann. Deshalb wird er Sicherheiten verlangen, um dieses Risiko so gering wie möglich zu halten. Verfügt der Kreditnehmer über Vermögenswerte, wie z. B. ein Wertpapierdepot, eine Lebensversicherung oder einen Sparvertrag, wird er problemlos einen Kredit in Höhe dieser Sicherheiten erhalten. Mit einem **Sicherungsvertrag** tritt der Kreditnehmer dann den Anspruch auf die Leistungen z. B. aus einer Lebensversicherung an die Bank ab. Oft verlangt die Bank auch eine extra abgeschlossene Risikolebensversicherung für den „Fall X".

Bürgschaft: Eine dritte Person (Bürge) verpflichtet sich, die Kreditsumme zu übernehmen, falls der Kreditnehmer nicht zahlt. Die Bürgschaftserklärung bedarf der Schriftform, sofern Kreditnehmer und Bürge keine Kaufleute sind.

Sicherungsübereignung: Der Kreditnehmer tritt das Eigentum an bestimmten beweglichen Gegenständen vorübergehend an die Bank ab. Die Gegenstände bleiben aber im Besitz des Kreditnehmers. Diese Form der Sicherheit wird häufig gewählt, wenn der betreffende Gegenstand (z. B. ein Geräteturm) unbedingt für den laufenden Geschäftsbetrieb benötigt wird.

Grundschuld: Der Kreditnehmer überlässt der Bank ein Pfandrecht auf sein Grundstück oder Gebäude. Die Grundschuld wird ins Grundbuch eingetragen. Gerät der Kreditnehmer in Zahlungsrückstand, kann die Bank das Grundstück bzw. Gebäude notfalls zwangsversteigern lassen.

2.3.3 Sonderform: Leasing

Beim **Leasing** handelt es sich um eine besondere Form der Vermietung vor allem von langlebigen Gebrauchs- und Investitionsgütern. Der Leasinggeber überlässt dabei dem Leasingnehmer das Leasingobjekt zur dauerhaften Nutzung gegen die Zahlung einer festen monatlichen Mietgebühr, der **Leasingrate**. Der Leasinggeber bleibt Eigentümer des Wirtschaftsgutes. Je nach Vereinbarung gibt der Leasingnehmer das Objekt am Ende der Laufzeit entweder an den Leasinggeber zurück, oder er kann das Objekt gegen Zahlung des so genannten Restwertes kaufen.

Leasing
engl. to lease
überlassen, mieten

Rechtliche Grundlage ist ein **Leasingvertrag**, in dem mindestens die folgenden Punkte festgehalten werden müssen:

- Leasingobjekt
- Laufzeit
- Höhe der Leasingrate
- Versicherungen/
- Wartungsverträge
- Kündigungsfristen

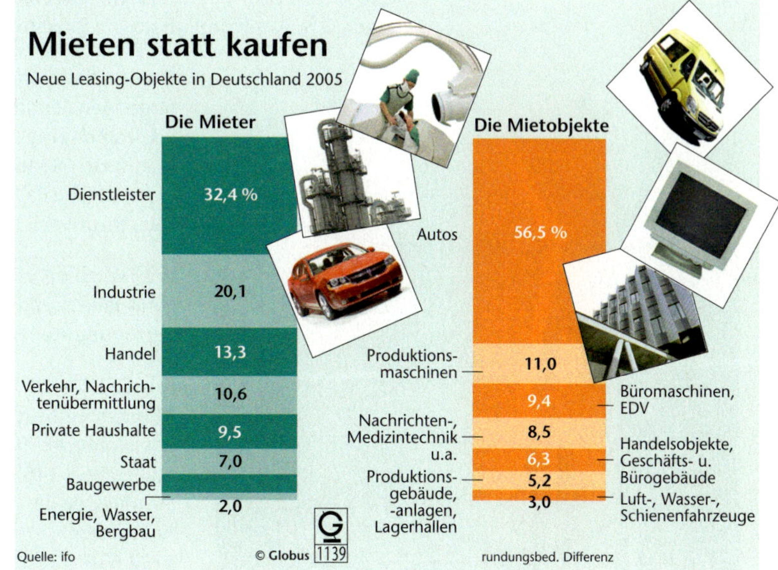

Vorteile des Leasings

- Wie beim Kredit werden auch beim Leasing feste Monatsraten vereinbart. Für die Leasingnehmerin bedeutet das Planungssicherheit und die Möglichkeit, die Raten aus den laufenden Einnahmen zu finanzieren.
- Es handelt sich um eine komplette Fremdfinanzierung, d. h., es muss kein Eigenkapital aufgebracht werden. Die Kreditlinie bei der Bank wird nicht belastet.
- Weil das Leasingobjekt Eigentum des Leasinggebers bleibt, sind für den Vertragsabschluss keine Sicherheiten notwendig. Ähnlich wie beim Kredit wird aber auch der Leasinggeber die Zahlungsfähigkeit der Leasingnehmerin prüfen(z. B. über die Schufa).
- Die Leasingraten können grundsätzlich als Betriebsausgabe geltend gemacht werden.
- Nach Ende der Laufzeit wird in den meisten Fällen ein neuer Vertrag über ein neues Leasingobjekt abgeschlossen. Das Leasingobjekt entspricht also stets dem neuesten Stand der Technik.

Nachteile des Leasings

- höhere monatliche Fixkosten
- Die Leasingnehmerin ist in der Regel bis zum Ende der Laufzeit an den Vertrag gebunden. Eine vorzeitige Kündigung des Leasingvertrages ist dann auch bei eventuellen Zahlungsschwierigkeiten nicht möglich.
- Unter Berücksichtigung des Restwertes sind die Gesamtkosten für das Leasing in der Regel höher als beim Kauf.
- Häufig sind Wartungs- oder Versicherungskosten für das Leasingobjekt nicht in der Leasingrate enthalten. Die Leasingnehmerin muss gesonderte Wartungs- oder Versicherungsverträge abschließen, die zusätzliche Kosten verursachen.
- Die Abschreibung der Anschaffungskosten entfällt, da die Leasingnehmerin nicht Eigentümerin wird. Das Leasingobjekt geht nicht in das Betriebsvermögen der Leasingnehmerin über.

Abschreibungen
→ Kapitel VII/5.4

2.4 Finanzierungsvergleich

Steht eine größere Anschaffung an und Sie können oder wollen das notwendige Kapital dafür nicht aufbringen, müssen Sie sich für eine Finanzierungsform entscheiden. Die Frage, ob eine Anschaffung über einen Kredit oder über Leasing finanziert werden soll, erfordert einen sorgfältigen Vergleich der Angebote.

Sie planen die Anschaffung eines neuen Geräteturms mit Lupenleuchte, Bürsten- und Schleifgerät, Kälte- und Wärmegerät, Mikromassage und Bedampfer. Im Komplettpaket kostet dieses System **4100,00 €** (Bezugspreis netto). Zahlungsbedingungen: 3 % Skonto innerhalb von 8 Tagen, 30 Tage Zahlungsziel.

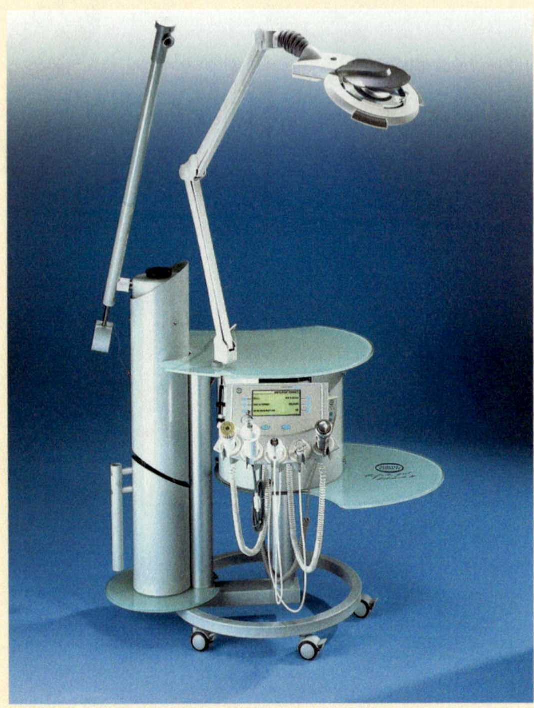

Kreditfinanzierung oder Leasing?

Der Hersteller bietet alternativ einen Leasingvertrag mit folgenden Konditionen an.

- Anzahlung: keine
- Laufzeit: 48 Monate
- monatliche Rate: 104,00 € zzgl. MwSt
- Restkaufwert: 1800,00 €

Ihre Hausbank würde Ihnen einen Kredit mit einer Laufzeit von 4 Jahren und einem effektiven Jahreszins von 7,5 % zur Verfügung stellen. Welches Angebot ist für Sie günstiger?

a) Kreditfinanzierung
Bezugspreis brutto: 4100,00 € x 1,19 = 4879,00 €
3 % Skonto: 4879,00 € x 0,03 = 146,37 €
4879,00 € – 146,37 € = 4732,63 €
Sie müssten den Betrag von 4732,63 € über Kredit finanzieren.
4732,63 € x $1{,}075^4$ = **6160,95 €**

b) Leasing
Die monatliche Rate brutto beträgt
104,00 € x 1,19 = 123,76 €.
Für die Laufzeit von 48 Monaten sind das
123,76 € x 48 = 5940,48 €.
Dazu kommt noch der Restkaufwert:
5940,48 € + 1800,00 € = **7740,48 €**.

Auch wenn Sie das Gerät nach Ablauf des Leasingvertrages nicht kaufen wollen, müssen Sie den Restkaufwert zur Vergleichbarkeit der Angebote mit einkalkulieren, weil Sie bei der Kreditfinanzierung ja Eigentümerin werden und das Gerät weiterhin nutzen können.

Umsatzsteuer
→ Kapitel VII/5.5

Zinsrechnung
→ Exkurs Fachrechen im Anhang

In diesem Beispiel wurden steuerliche Aspekte nicht berücksichtigt. Trotzdem wird deutlich, dass die hohe Attraktivität des Leasings (siehe auch Grafik auf Seite 205) nicht auf die niedrigen Kosten zurückzuführen ist, denn in der Regel ist das Leasen teurer als die Finanzierung über einen Kredit.

Trotz der höheren Kosten könnten im obigen Beispiel folgende Gründe für ein Leasing sprechen:

- Der Geräteturm hat eine Nutzungsdauer von etwa vier Jahren. Nach dem Ablauf des Leasingvertrages muss das Gerät also in jedem Fall ersetzt werden. Dann müsste der Restwert unter Umständen nicht auf den Leasingpreis aufgeschlagen werden.
- Unter dem Gesichtspunkt der **Liquidität** ziehen Sie das Leasing der Kreditfinanzierung vor. Ist der Kreditrahmen bei der Bank ausgeschöpft oder für andere Zwecke vorgesehen, die Anschaffung aber unbedingt erforderlich, kann Leasing durchaus eine betriebswirtschaftlich sinnvolle Lösung sein.

Liquidität
lat. liquid flüssig; Geldmittel, die dem Unternehmen kurzfristig zur Verfügung stehen

3 Fördermittel

Existenzgründungen werden staatlich gefördert. Es gibt eine Fülle staatlicher (auch regional unterschiedlicher) **Förderprogramme**, die von verschiedenen Institutionen angeboten werden. Diese Form der Fremdfinanzierung ist besonders interessant, da die Zinsen oft niedriger und die Konditionen günstiger sind als bei einem „normalen" Bankkredit. Deshalb sollten Sie auf keinen Fall auf den höchstmöglichen Anteil von öffentlichen Mitteln bei der Fremdfinanzierung verzichten.

Erkundigen Sie sich frühzeitig nach Fördermitteln für Existenzgründer! Häufig darf für die Bewilligung von Fördergeldern das Gewerbe noch nicht angemeldet sein.

Ansprechpartner sind Banken, das Arbeitsamt und die Bundesministerien. Die Deutsche Ausgleichsbank (DtA) und die Kreditanstalt für Wiederaufbau (KfW) bieten ebenfalls Förderprogramme an. Auch die örtliche Handwerkskammer oder die IHK geben Ihnen Auskunft und halten Broschüren für Sie bereit. Bedenken Sie aber, dass sich diese Programme je nach wirtschaftlicher Lage ständig ändern können.

www.existenzgruender.de

Jede Menge Informationen, Tipps und eine Hotline für Existenzgründer gibt es auf der Homepage des Bundesministeriums für Wirtschaft und Arbeit (BMWA): www.bmwa.bund.de → Existenzgründer

Die KfW unterhält ein Gründerzentrum unter www.kfw-mittelstandsbank.de

Der Einsatz öffentlicher Mittel für Existenzgründer wird von den Banken oft zu wenig oder gar nicht angesprochen. Erkundigen Sie sich deshalb schon im Vorfeld nach interessanten Förderprogrammen und fragen Sie von sich aus nach.

Wenn Sie professionelle Hilfe z. B. durch einen Unternehmensberater in Anspruch nehmen, können Sie sich einen Teil der Beratungskosten im Rahmen der so genannten **Aufbauhilfe** erstatten lassen.

Gründungszuschuss

Der bisherige Existenzgründerzuschuss („Ich-AG") und das Überbrückungsgeld wurde zum 1. August 2006 zu einem neuen Förderinstrument, dem so genannten Gründerzuschuss zusammengefasst. Auch der neue Gründerzuschuss ist an eine vorherige Arbeitslosigkeit gekoppelt, d. h., Voraussetzung für die Bewilligung ist ein bestehender Anspruch auf Arbeitslosengeld.

Der Förderweg ist auf insgesamt ein und ein viertel Jahr begrenzt und besteht aus zwei Phasen:

1. Phase: Die Förderung erstreckt sich über neun Monate und setzt sich aus zwei Summen zusammen, nämlich dem individuellen Arbeitslosengeld plus 300,00 € Förderungszuschuss pro Monat. Dieser Zuschuss soll es dem Existenzgründer ermöglichen, sich freiwillig in den gesetzlichen Sozialversicherungen abzusichern.

2. Phase: Für weitere sechs Monate erhält der Existenzgründer monatlich 300,00 € ausbezahlt, jedoch fällt das Arbeitslosengeld weg. Bereits jetzt muss das im Aufbau befindliche Unternehmen genügend erwirtschaften, um den Lebensunterhalt des Existenzgründers zu finanzieren. Die Förderung endet nach insgesamt 15 Monaten.

Für die Bewilligung des Gründungszuschusses ist es notwendig, ein **Geschäftskonzept** des zukünftigen Unternehmens zu erstellen und die wirtschaftliche Tragfähigkeit der Geschäftsidee von einer fachkundigen Stelle (Bank, IHK, Gründungszentrum) bestätigen zu lassen. Der Existenzgründer muss notwendige Kenntnisse und Fähigkeiten zur Ausübung einer selbstständigen Tätigkeit nachweisen können. Mit diesen Maßnahmen sollen Qualität und Erfolgsaussichten der geförderten Gründungen verbessert werden.

4 Versicherungen

Der Schritt in die Selbstständigkeit erfordert eine genaue Prüfung der Frage, welche Versicherungen
- für Ihren Geschäftsbetrieb und
- für Ihre private Vorsorge
- unverzichtbar sind.

„Drum prüfe, wer sich lange bindet!"

Machen Sie sich Gedanken und ermitteln Sie (schriftlich) Ihren Versicherungsbedarf. Lassen Sie sich möglichst von einem unabhängigen Versicherungsagenten beraten, der Ihnen Produkte verschiedener Anbieter vorlegen kann.

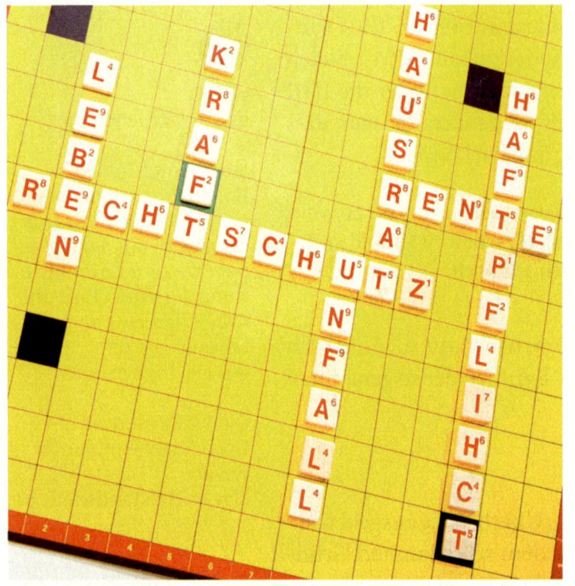

Welche Versicherungen brauchen Sie?

4.1 Versicherung des Geschäftsbetriebes

Der Markt ist groß und verwirrend, wenn man die beste und vor allen Dingen die richtige Versicherung auswählen muss. Zu viele Versicherungen belasten das monatliche Budget überdimensional, aber eine Versicherung zu wenig kann Ihre Existenz ruinieren und Ihr zukünftiges Leben auf Dauer belasten. Deshalb stellen Sie sich als Erstes die Frage: Welche Versicherungen brauche ich für meine Tätigkeit, mein Geschäft und zur Ausübung meiner Arbeit?

4.1.1 Betriebshaftpflichtversicherung

Die Betriebshaftpflichtversicherung zählt zu den Versicherungen, auf die Sie in Ihrem Beruf nicht verzichten können. Ein Fehlgriff bei Ihrer Arbeit kann fatale Folgen für die Gesundheit Ihrer Kunden haben, darum sollten Sie eine **unbegrenzte Haftung** der Versicherung wählen. Aber auch eine Beschädigung am Eigentum eines Kunden ist dann gedeckt.

Haftpflicht ist die gesetzliche Verpflichtung zum Schadenersatz. Die Haftpflichtversicherung springt für Schäden ein, die Sie Dritten zugefügt haben.

Informieren Sie sich genau, welche der Arbeiten (Behandlungen), die Sie in Ihrem Institut anbieten, durch die Versicherung gedeckt sind. Die Tätigkeiten müssen auch im Versicherungsvertrag benannt werden, um spätere Missverständnisse auszuschließen. Achten Sie darauf, dass der Versicherungsschutz alle anfallenden Tätigkeiten umfasst.

4.1.2 Geschäftsinhaltsversicherung

Für Ihre Einrichtung benötigen Sie eine Geschäftsinhaltsversicherung. Damit versichern Sie Ihre Einrichtung, die Waren und Ihre Arbeitsgeräte gegen Feuer, Leitungswasserschaden, Einbruchdiebstahl, Vandalismus und Sturmschäden. Haben Sie Ihr Institut mit viel Glas eingerichtet (Schaufenster, Vitrinen, Spiegel, Regale), ist der Abschluss einer **Glasbruchversicherung** sinnvoll.

Schließen Sie die **Betriebsunterbrechung** mit ein, ersetzt die Versicherung die Kosten für einen Stillstand Ihres Geschäftsbetriebes. Wenn Sie z. B. infolge eines Brand- oder Wasserschadens nicht in Ihrem Institut arbeiten können, verdienen Sie kein Geld. Jedoch müssen Sie weiterhin die laufenden Fixkosten wie Miete, Gehälter, Kreditraten usw. aufbringen.

Haben Sie Ihr Institut zu Hause eingerichtet, brauchen Sie ebenfalls eine Geschäftsinhaltsversicherung, denn Ihre Institutseinrichtung ist nicht über Ihre private Hausratversicherung abgedeckt.

4.2 Private Vorsorge

4.2.1 Krankenversicherung

Als selbstständige Unternehmerin haben Sie die Möglichkeit, freiwillig Beiträge in die gesetzliche Krankenversicherung zu zahlen, wenn Sie bisher dort Mitglied waren. Alternativ können Sie sich bei einer privaten Krankenversicherung versichern lassen.

Die gesetzlichen Krankenkassen bieten auch Selbstständigen einen Unternehmertarif an. Haben Sie Kinder, sind diese in der gesetzlichen Krankenversicherung mitversichert. Bei der privaten Versicherung müssen Kinder extra versichert werden, so dass höhere Kosten entstehen. Sonderversicherungen über den Standard hinaus (z. B. für Zahnersatz oder Brille) bieten wiederum nur die privaten Versicherer.

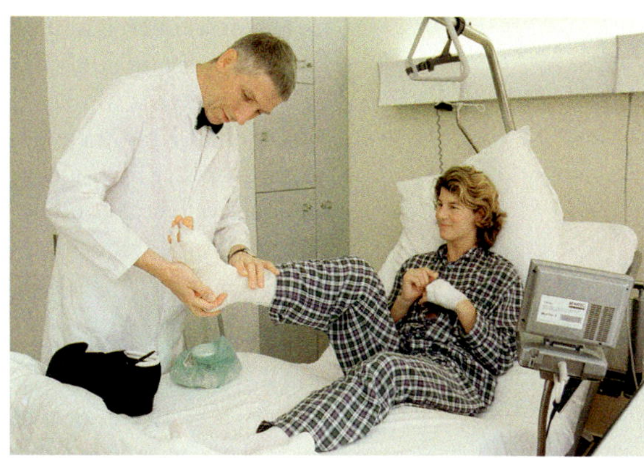

Für Selbstständige bedeutet Krankheit auch einen Verdienstausfall.

Einen vorübergehenden krankheitsbedingten Verdienstausfall können Sie über eine private Krankenhaustagegeld- oder Betriebsausfallversicherung absichern. Daher ist unter Umständen eine Kombination aus gesetzlicher Krankenversicherung und privaten Zusatzversicherungen sinnvoll.

gesetzliche Krankenversicherung
gesetzliche Rentenversicherung
→ Kapitel II/6.6

Die Beiträge für die privaten Versicherungen richten sich nach dem Risiko, das für das Versicherungsunternehmen entsteht (**Äquivalenzprinzip**). Die Beiträge steigen daher mit zunehmendem Eintrittsalter und bestehenden Vorerkrankungen. Deshalb kann ein späterer Wechsel von der gesetzlichen in die private Versicherung sehr teuer werden. Die Entscheidung sollte also möglichst frühzeitig getroffen werden.

4.2.2 Altersvorsorge

Auch bei der Rentenversicherung besteht für Selbstständige die Möglichkeit, freiwillige Beiträge zu zahlen. Die Untergrenze ist dabei ein Mindestbeitrag, der die Rentenansprüche des Versicherten aufrechterhält. Sollten Sie später wieder als Angestellte tätig werden, haben Sie mit den freiwilligen Beiträgen die Anzahl Ihrer Versicherungsjahre und damit Ihren späteren Rentenanspruch erhöht. Zahlen Sie nicht in die gesetzliche Kasse, haben Sie keinen oder nur einen geringeren Anspruch auf gesetzliche Rente.

Da die gesetzliche Rentenversicherung als alleinige Altersvorsorge nicht ausreicht, sollten Sie sich auch um Ihre Privatvorsorge kümmern. Dazu gibt es verschiedene Möglichkeiten.

Denken Sie rechtzeitig an Ihre Altersvorsorge.

Bei der **Lebensversicherung** zahlt der Versicherungsnehmer monatliche Beiträge an die Versicherungsgesellschaft, die das Geld anlegt und verzinst. Bei Erreichen eines bestimmten Alters (z. B. 60 Jahre) erhält der Versicherte den Sparbeitrag plus Zinsen entweder in einer Summe oder als monatliche Rente ausbezahlt. Im Todesfall dient die Lebensversicherung zur Absicherung der Angehörigen.

Wenn Sie nur Ihre Angehörigen schützen wollen, sollten Sie über eine **Risikolebensversicherung** nachdenken. Die Risikolebensversicherung tritt nur im Todesfall ein. Die Beiträge sind geringer als bei der Lebensversicherung, werden aber nicht wieder ausbezahlt, wenn das Rentenalter erreicht ist.

Es gibt auch Modelle mit Sparanteil, die das Risiko absichern. Fragen Sie nach und vergleichen Sie, welches Modell Ihren Bedürfnissen am Besten gerecht wird.

4.2.3 Unfallversicherung

Über die Berufsgenossenschaft sind Selbstständige automatisch unfallversichert. Dies gilt aber nur für Unfälle, die im Zusammenhang mit Ihrer Arbeit geschehen. Der gesamte Freizeitbereich ist damit nicht abgedeckt. Um diese Lücke zu schließen, können Sie eine **private Unfallversicherung** oder eine **Berufsunfähigkeitsversicherung** (BUV) erwägen. Anders als die Unfallversicherung tritt die BUV auch ein, wenn Sie wegen einer Krankheit längerfristig oder sogar für immer arbeitsunfähig werden. Besonders bei der BUV gibt es große Unterschiede bei Leistungen und Preisen – holen Sie auf jeden Fall fachkundige Beratung ein!

Versicherungen

Versicherungen für den Geschäftsbetrieb	private Vorsorge
▪ Betriebshaftpflichtversicherung ▪ Geschäftsinhaltsversicherung. ▪ Kfz-Haftpflichtversicherung und evtl. Kaskoversicherung (falls Sie ein Auto besitzen)	▪ Krankenversicherung ▪ Lebens-, Rentenversicherung ▪ Risikolebensversicherung ▪ Rechtsschutzversicherung ▪ Unfallversicherung

4.3 Versicherungsvertrag

Beim Abschluss eines Versicherungsvertrages wird dem Versicherten eine Urkunde, die so genannte **Police**, ausgehändigt. Im Gegenzug wird die erste Prämie (Beitrag) für die Versicherung fällig. Wird die Prämie nicht unverzüglich (d. h. innerhalb von etwa einer Woche) gezahlt, erlischt der Versicherungsschutz. Dies gilt auch, wenn Sie später mit der Zahlung einer Prämie in Verzug geraten und die vorgeschriebene Zahlungsfrist um mehr als zwei Wochen überschreiten. Die Versicherungsgesellschaft hat dann außerdem das Recht, den Versicherungsvertrag zu kündigen.

Häufig unterschätzt wird das Problem der **Unterversicherung**. Bei der Unterversicherung ist die Versicherungssumme zu niedrig gewählt, so dass der tatsächliche Wert des versicherten Objektes (Versicherungswert) über der Versicherungssumme liegt.

Sie haben die Einrichtung Ihres Instituts mit einer Versicherungssumme von 30 000 Euro versichert. Nach einigen Jahren schaffen Sie sich neue Behandlungsgeräte im Wert von 10 000 Euro an, versäumen es aber, die Versicherungssumme entsprechend anzupassen. Der Versicherungswert Ihrer Einrichtung beträgt damit 40 000 Euro. Wenn Sie nun der Versicherung einen Feuerschaden in Höhe von 20 000 Euro melden, wird Ihre Entschädigung folgendermaßen berechnet:

$$\text{Entschädigung} = \frac{\text{Versicherungssumme x Schadenshöhe}}{\text{Versicherungswert}}$$

$$\text{Entschädigung} = \frac{30\,000{,}00\,€ \text{ x } 20\,000{,}00\,€}{40\,000{,}00\,€} = \mathbf{15\,000{,}00\,€}$$

Die Entschädigung deckt also nur den Teil des Schadens, der dem Verhältnis von Versicherungssumme und -wert entspricht. Achten Sie deshalb bei Vertragsabschluss und auch während der Versicherungslaufzeit immer darauf, die Versicherungssumme den tatsächlichen Werten anzupassen.

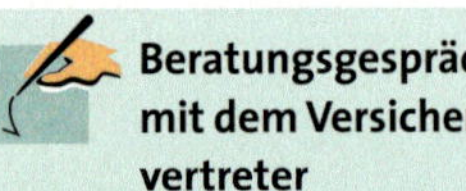

Beratungsgespräch mit dem Versicherungsvertreter

- ☑ Ermitteln Sie Ihren Versicherungsbedarf: Welche Versicherungen brauchen Sie, welche nicht?
- ☑ Ermitteln Sie sorgfältig den Versicherungswert – der Berater wird Ihnen dabei helfen.
- ☑ Prüfen Sie die monatliche Belastung durch die Prämien.
- ☑ Vergleichen Sie Preise und Leistungen auch von anderen Anbietern.
- ☑ Mündliche Zusagen haben in der Regel keine Geltung, auch wenn Ihnen das versichert wird.
- ☑ Unterschreiben Sie nie ein Blankoformular.
- ☑ Überprüfen Sie das Angebot in Ruhe. Ein seriöser Berater wird Sie nicht drängen und kommt gern zu einem zweiten Termin wieder.
- ☑ Bei Laufzeiten von mehr als einem Jahr haben Sie die Möglichkeit des Widerrufs innerhalb von 14 Tagen nach Versicherungsantrag.
- ☑ Fragen Sie nach, wenn Ihnen etwas unklar ist.

5 Grundlagen der Buchführung

Die Buchführung dient der Ermittlung von Einnahmen und Ausgaben eines Unternehmens. Als Unternehmerin sind Sie verpflichtet, alle Geschäftsvorfälle aufzuzeichnen und diese Aufzeichnungen aufzubewahren. Die Bücher und Aufzeichnungen haben insbesondere für die **Steuerfestsetzung** Beweiskraft, denn durch die Gegenüberstellung von Einnahmen und Ausgaben ermitteln Sie den zu versteuernden Überschuss (Gewinn), den Ihr Unternehmen erwirtschaftet hat. Die Buchführung ist aber auch für Sie selbst als **Entscheidungshilfe** wichtig, denn sie vermittelt Informationen über die

Einkommensteuer
→ Kapitel II/8.1

- Entstehung der Einnahmen und Ausgaben, z. B. den Anteil der Personalkosten an den Gesamtkosten oder den Anteil der Einnahmen aus Fußpflegebehandlungen an den Gesamteinnahmen,
- Entwicklung der Einnahmen und Ausgaben über einen längeren Zeitraum hinweg,
- Vermögenssituation, z. B. vor einer größeren Anschaffung.

Die Aufzeichnungen müssen den **gesetzlichen Vorschriften** entsprechen, damit sie vom Finanzamt als Grundlage für die Steuerfestsetzung anerkannt werden. Ein Verstoß gegen handelsrechtliche Buchführungsvorschriften kann dazu führen, dass die Finanzbehörde den ermittelten Gewinn nicht als Besteuerungsgrundlage anerkennt und stattdessen den Gewinn – häufig zuungunsten der Unternehmerin – schätzt.

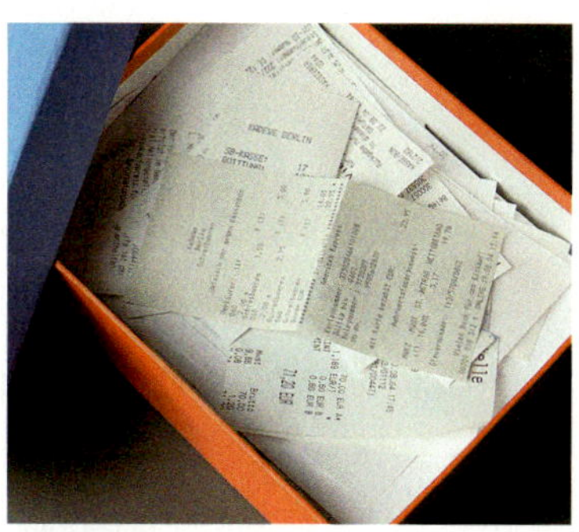

Vorsicht! Der „Zettelkasten" entspricht nicht den GoB und wird auch Ihren Steuerberater nicht begeistern …

Das Steuerrecht in Deutschland ist sehr kompliziert und ständigen Änderungen unterworfen. Nehmen Sie deshalb unbedingt die Hilfe eines guten Steuerberaters in Anspruch. Die Beauftragung eines Steuerberaters entbindet Sie aber nicht von der Pflicht zur ordnungsgemäßen Buchführung.

Die gesetzlichen Vorgaben zur Buchführung sind im HGB und der Abgabenordnung (AO) zu finden. Sie werden als **Grundsätze ordnungsmäßiger Buchführung** (kurz: GoB) bezeichnet. Danach sind Bücher zu führen nach den Prinzipien der

- Wahrheit,
- Klarheit und Übersichtlichkeit sowie
- Vollständigkeit.

Aus diesen Prinzipien lassen sich folgende Regeln ableiten:

- Keine Buchung ohne **Beleg**!
- Buchungen sind in chronologischer Reihenfolge vorzunehmen.
- Belege und Bücher (Seiten) sind fortlaufend zu nummerieren.
- Bei Korrekturen dürfen die (falschen) Inhalte nicht unleserlich gemacht werden, es darf nicht mit Tipp-Ex oder Bleistift gearbeitet werden, zwischen den Buchungen dürfen keine Freiräume gelassen werden.
- Belege und Bücher müssen den gesetzlichen Vorgaben entsprechend 10 Jahre aufbewahrt werden.

*Alle Buchungen müssen durch **Belege**, z. B. Rechnungen, Kontoauszüge, Quittungen oder Kassenbons nachgewiesen werden. Belege sind ordnungsgemäß aufzubewahren.*

5.1 Buchführungspflicht

Eingetragene Kaufleute im Sinne des HBG sind grundsätzlich buchführungspflichtig. Sie müssen für ihr Unternehmen Bücher führen und einen Jahresabschluss machen. Dies ergibt sich aus den Vorschriften des § 240 HGB. Die Buchführungspflicht für nicht eingetragene Kaufleute (**Nichtkaufleute**) ergibt sich dagegen aus dem § 141 AO, nach dem gewerbliche Unternehmer dann buchführungspflichtig sind, wenn

Kaufmannsbegriff
→ Kapitel VII/1.4.2

- der Betrieb im Kalenderjahr mehr als 500 000 Euro Umsatz erzielt hat oder
- der Betrieb im Kalenderjahr mehr als 30 000 Euro Gewinn erzielt hat.

5.2 Jahresabschluss

Alle Unternehmer sind zur Erstellung eines Jahresabschlusses verpflichtet. Der Jahresabschluss wird zum Ende eines jeden Geschäftsjahres erstellt. Für Betriebe, die nicht unter die Buchführungspflicht fallen, gelten dabei jedoch vereinfachte Regelungen.

5.2.1 Überschussrechnung

Die nicht buchführungspflichtige Unternehmerin muss am Ende des Geschäftsjahres eine so genannte Überschussrechnung erstellen, die alle Einnahmen und Ausgaben ihres Betriebes gegenüberstellt. Aus der Differenz (Überschuss der Einnahmen über die Ausgaben) wird der so genannten **Erfolg** ermittelt. Der Erfolg ist dann auch die Grundlage der Besteuerung. Übersteigen die Ausgaben die Einnahmen, ist der Unternehmenserfolg negativ, d. h., die Unternehmerin hat einen Verlust erwirtschaftet.

Schema der Überschussrechnung
Betriebseinnahmen – Betriebsausgaben = Erfolg

5.2.2 Bilanz

Kaufleute erstellen den Jahresabschluss in Form einer Bilanz und einer Gewinn- und Verlustrechnung (GuV). Die Bilanz ist eine Gegenüberstellung von Vermögenswerten und Kapital eines Betriebes zu einem bestimmten Stichtag. Sie wird in Form einer zweispaltigen Tabelle erstellt. Links werden die so genannten **Aktiva** (Vermögen) aufgelistet, rechts stehen die Passiva (Kapital).

Eigenkapital
Fremdkapital
→ Kapitel VII/2.1

Aktiva — Bilanz zum 31. 12. 200_	Passiva
A. Vermögen	B. Eigenkapital (Saldo)
I. Anlagevermögen	C. Fremdkapital
II. Umlaufvermögen	I. langfristige Schulden
	II. kurzfristige Schulden

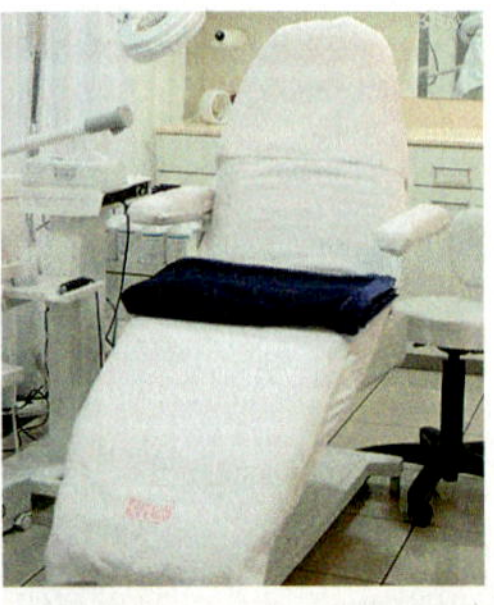

Anlagevermögen

Vereinfacht kann man sagen, dass die Aktivseite der Bilanz die **Verwendung** der Geldmittel im Unternehmen dokumentiert, während die Passivseite über die **Herkunft** der Mittel Auskunft gibt. Die beiden Seiten der Bilanz sind daher immer gleich groß.

Mit **Anlagevermögen** werden in der Buchhaltung alle Gegenstände umschrieben, die für eine langfristige Nutzung im Betrieb vorgesehen sind. Dazu gehören im Kosmetikinstitut z. B. die Einrichtung (Möbel), die Behandlungsliege, Geräte und Apparate sowie der Geschäftswagen.

Das **Umlaufvermögen** verbleibt nur kurzfristig im Betrieb. Die Bestände ändern sich laufend. Zum Umlaufvermögen gehören die Verkaufs- und Kabinettware, aber auch Guthaben auf dem Bankkonto und der Kassenbestand.

Umlaufvermögen

Das **Eigenkapital** ergibt sich aus der Differenz zwischen Vermögen und Fremdkapital. Hat ein Unternehmen Gewinn erwirtschaftet, erhöht sich das Eigenkapital im Vergleich zur Vorjahresbilanz. Gab es einen Verlust, wird das Eigenkapital gemindert.

Ermittlung des Eigenkapitals aus der Bilanz
Vermögen – Fremdkapital = Eigenkapital

Inventur
→ Kapitel V/8

Grundlage der Bilanz ist die Durchführung der Inventur. Auf Grund der Inventurergebnisse muss die Kauffrau das so genannte **Inventar** erstellen, eine detaillierte Auflistung aller zum Stichtag im Betrieb befindlichen Vermögens- und Kapitalbestandteile.

5.2.3 Gewinn- und Verlustrechnung (GuV)

Die GuV gehört ebenso wie die Bilanz zum Jahresabschluss einer Kauffrau. Sie dient der Ermittlung des Betriebsergebnisses (Gewinn oder Verlust) und ist ähnlich aufgebaut wie die Überschussrechnung. Vor dem Hintergrund der **doppelten Buchführung**, zu der die Kauffrau verpflichtet ist, wird jeder Geschäftsvorfall zweimal gebucht: entweder auf so genannten **Bestandskonten**, die aus der Bilanz abgeleitet werden, oder auf den **Erfolgskonten**, in denen die Aufwendungen und Erträge des Geschäftsbetriebes erfasst werden. Am Jahresende werden die auf den Erfolgskonten gebuchten Beträge dann in die GuV übertragen.

doppelte Buchführung
Soll-Buchführung
Die Vorgänge werden bereits zum Zeitpunkt der Entstehung (z. B. bei Rechnungseingang) gebucht.

Aufwendungen	Bilanz zum 31. 12. 200_ Erträge
▪ Materialaufwand (Ausgaben für Verkaufs- und Kabinettware) ▪ Personalkosten ▪ Abschreibungen ▪ sonstiger betrieblicher Aufwand (z. B. Ausgaben für Telefon, Werbung) ▪ Zinsaufwand (z. B. Kreditzinsen) ▪ Steuern	▪ Umsatzerlöse (Einnahmen aus Behandlungen und Produktverkauf) ▪ sonstige betriebliche Erträge (z. B. Einnahmen aus Abendkursen) ▪ Zinserträge (z. B. für Guthaben auf dem Geschäftskonto)

Abschreibungen
→ Kapitel VII/5.4

Übersteigen die Erträge die Aufwendungen, hat das Unternehmen einen Gewinn erzielt. Sind umgekehrt die Aufwendungen größer als die Erträge, gab es einen Verlust.

5.3 Bücher der Buchführung

Für eine ordnungsmäßige Buchhaltung sind Bücher zu führen. Das können richtige Bücher oder auch fortlaufend nummerierte Einzelblätter sein. Nichtkaufleute führen ihre Buchungen nicht auf Erfolgs- und Bestandskonten durch, sondern buchen die anfallenden Einnahmen und Ausgaben zum Zeitpunkt der Zahlungswirksamkeit, d. h., wenn sie tatsächlich im Institut eingehen bzw. bezahlt werden. Diese Form der Buchführung wird als **einfache Buchführung** oder Ist-Buchführung bezeichnet.

einfache Buchführung
Ist-Buchführung
Die Vorgänge werden gebucht, wenn sie zahlungswirksam werden (bei Überweisung des Rechnungsbetrages).

5.3.1 Kassenbuch

Im Kassenbuch werden alle baren Geschäftsvorfälle erfasst. Bareinnahmen und -ausgaben müssen täglich in chronologischer Reihenfolge unter Angabe von Datum, Belegnummer, Zahlungsursache und Betrag eingetragen werden. Der Abschluss erfolgt jeweils zum Ende des Monats. Der aus dem Kassenbuch ersichtliche Bestand an Bargeld muss zu jedem Zeitpunkt mit dem tatsächlichen Kassenbestand übereinstimmen.

Kassenbücher sind im Schreibwarenhandel erhältlich. Sie können aber anhand des vorgegebenen Schemas auch selbst mit dem PC erstellt werden.

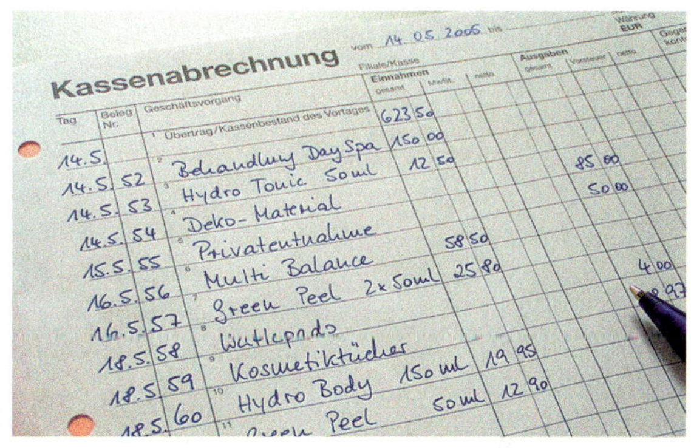

Kassenbuch

5.3.2 Einnahmen-/Ausgabenbuch

Im Einnahmen-/Ausgabenbuch werden alle Zahlungsvorgänge – also auch die bargeldlosen Zahlungen – täglich chronologisch und unter Angabe von Datum, Belegnummer, Zahlungsursache, Betrag und Zahlungsart (Kasse, Bankkonto) eingetragen. Der Abschluss erfolgt am Monatsende. Dieses Buch wird auch als (Monats-) Journal bezeichnet. Das Führen getrennter Einnahmen- und Ausgabenbücher kann die Übersicht erschweren, ist aber ebenfalls möglich.

Barzahlung
→ Kapitel V/7.1

bargeldlose Zahlung
→ Kapitel V/7.2

Wareneingangsbuch

Datum	Warenbezeichnung	Menge	Einkaufspreis

Warenausgangsbuch

Datum	Warenbezeichnung	Menge	Verkaufspreis

5.3.3 Warenbuch

Das Warenbuch erfasst alle Warenein- und -ausgänge nach Datum, Warenbezeichnung, Menge und Preis. Natürlich muss der Warenein- oder -verkauf auch im Einnahmen-/Ausgabenbuch eingetragen werden. Aus Gründen der Übersichtlichkeit empfiehlt es sich, jeweils ein getrenntes Buch für den Wareneingang und den Warenausgang zu führen.

Jeder Gewerbetreibende ist zur Führung eines **Wareneingangsbuches** verpflichtet. Alle Eingänge an Kabinett- oder Verkaufsware müssen jeweils mit dem Einkaufspreis verbucht werden.

Das **Warenausgangsbuch** muss nicht unbedingt geführt werden. Zur besseren Übersicht für die Unternehmerin ist es aber unbedingt empfehlenswert. Anhand der Warenausgänge können Sie jederzeit feststellen, welchen Umsatz Sie mit einem bestimmten Produkt erzielen oder wie schnell sich die Ware abverkauft. Trends und Veränderungen der Nachfrage sind auf diese Weise frühzeitig erkennbar. Bei größeren Warenmengen bzw. einem breiten Sortiment und Behandlungsangebot ist es unter Umständen sinnvoll, Kabinett- und Verkaufsware getrennt zu buchen.

Das Warenausgangsbuch ist genauso aufgebaut wie das Wareneingangsbuch, nur wird hier nicht der Einkaufs- sondern der Verkaufspreis gebucht. Produkte, die Sie für sich selbst entnehmen oder verschenken, sind ebenfalls zu erfassen (**Privatentnahme**).

5.4 Abschreibungen

Können Wirtschaftsgüter des Anlagevermögens (z. B. ein Bedampfungsgerät) länger als ein Jahr im Betrieb genutzt werden, müssen die Anschaffungskosten über die Abschreibung auf die voraussichtliche Nutzungsdauer verteilt werden (**planmäßige Abschreibung**). Abgeschrieben werden alle Wirtschaftsgüter, die einem technischen oder wirtschaftlichen Wertverzehr unterliegen. Die Abschreibung wird als Betriebsaufwand verbucht und mindert den Gewinn des Unternehmens und damit die Steuerlast.

Die **Anschaffungskosten** entsprechen in der Regel dem Nettobezugspreis.

AfA
Abschreibung für Abnutzung

Die Abschreibung wird nach den **Anschaffungskosten** des Wirtschaftsgutes und der betriebsgewöhnlichen Nutzungsdauer bemessen. Aus Vereinfachungsgründen hat das Bundesministerium für Finanzen Erfahrungswerte für die betriebsgewöhnliche Nutzungsdauer verschiedenster Anlagegüter in den so genannten **AfA-Tabellen** zusammengefasst.

Wirtschaftsgüter, die nicht länger als ein Jahr genutzt werden können oder deren Anschaffung weniger als 410 Euro gekostet hat, können im Jahr der Anschaffung komplett als Betriebsaufwand geltend gemacht werden. Es handelt sich dann um so genannte **geringwertige Wirtschaftsgüter**.

Tritt eine unvorhergesehene Wertminderung ein (z. B. Unfall eines Geschäftswagens), muss eine **außerplanmäßige Abschreibung** vorgenommen werden.

Abschreibung
- planmäßig
  - linear
  - degressiv
- außerplanmäßig

5.4.1 Lineare Abschreibung

Bei der linearen Abschreibung werden die Anschaffungskosten gleichmäßig auf die Nutzungsjahre verteilt, so dass jedes Jahr der gleiche Betrag abgeschrieben wird.

Die lineare Abschreibung darf bei allen Anlagegütern angewendet werden.

$$\text{Abschreibungsbetrag} = \frac{\text{Anschaffungskosten}}{\text{Nutzungsdauer}}$$

Ein Bedampfer hat in der Anschaffung 595 Euro gekostet. Die betriebsgewöhnliche Nutzungsdauer beträgt 7 Jahre.
Die jährliche Abschreibung beträgt dann 595,00 € : 7 Jahre = 85,00 € pro Jahr.
Der Abschreibungssatz beträgt 100 % : 7 Jahre = 14 %

5.4.2 Degressive Abschreibung

Bei der degressiven Abschreibung wird jedes Jahr der gleiche Prozentsatz – und damit ein fallender Betrag – der Anschaffungskosten abgeschrieben. Diese Abschreibungsmethode ist sinnvoll, wenn sich der Wert des Wirtschaftsgutes in den ersten Nutzungsjahren stärker verringert als in den späteren Jahren, wie z. B. bei einem Pkw.

Die degressive Abschreibung darf nur bei beweglichen Anlagegütern angewendet werden.

$$\text{Abschreibungssatz} = \frac{100\,\%}{\text{Nutzungsdauer}}$$

Der Abschreibungssatz bei der degressiven Abschreibung darf höchstens 30 % betragen. Gleichzeitig darf der dreifache Satz der linearen Abschreibung nicht überschritten werden. Diese Regelung ist zunächst bis zum 31. 12. 2007 befristet. Für Anschaffungen ab 2008 ist geplant, die degressive Abschreibung abzuschaffen.

Der betrieblich genutzte Pkw eines Kosmetikinstituts hat in der Anschaffung 30 000 Euro netto gekostet. Die Kosmetikerin geht davon aus, dass der Neuwagen in den ersten Jahren überdurchschnittlich an Wert verliert. Diese Wertminderung soll durch höhere Abschreibungsbeträge ausgeglichen werden. Die betriebsgewöhnliche Nutzungsdauer für Fahrzeuge beträgt 6 Jahre.

Abschreibungssatz bei linearer Abschreibung: 100 % : 6 Jahre = 16,67 %
Der für die degressive Abschreibung erlaubte Höchstsatz von 30 % kann also angesetzt werden, weil er das Dreifache des linearen Satzes nicht übersteigt.

Abschreibungstabelle (degressive Abschreibung)	
Anschaffungskosten	**30 000,00 €**
– Abschreibungsbetrag 1. Jahr	9000,00 €
= Buchwert am Ende des 1. Jahres	21 000,00 €
– Abschreibungsbetrag 2. Jahr	6300,00 €
= Buchwert am Ende des 2. Jahres	14 700,00 €
– Abschreibungsbetrag 3. Jahr	4410,00 €
= Buchwert am Ende des 3. Jahres	10 290,00 €
– Abschreibungsbetrag 4. Jahr	3087,00 €
= Buchwert am Ende des 4. Jahres	7203,00 €
– Abschreibungsbetrag 5. Jahr	2160,90 €
= Buchwert am Ende des 5. Jahres	5042,10 €
– Abschreibungsbetrag 6. Jahr	1512,63 €
= Buchwert am Ende des 6. Jahres	3529,47 €

Abschreibungstabelle (lineare Abschreibung)	
Anschaffungskosten	**30 000,00 €**
– Abschreibungsbetrag 1. Jahr	5000,00 €
= Buchwert am Ende des 1. Jahres	25 000,00 €
– Abschreibungsbetrag 2. Jahr	5000,00 €
= Buchwert am Ende des 2. Jahres	20 000,00 €
– Abschreibungsbetrag 3. Jahr	5000,00 €
= Buchwert am Ende des 3. Jahres	15 000,00 €
– Abschreibungsbetrag 4. Jahr	5000,00 €
= Buchwert am Ende des 4. Jahres	10 000,00 €
– Abschreibungsbetrag 5. Jahr	5000,00 €
= Buchwert am Ende des 5. Jahres	5000,00 €
– Abschreibungsbetrag 6. Jahr	5000,00 €
= Buchwert am Ende des 6. Jahres	0,00 € (bzw. 1,00 € Erinnerungswert)

Wechsel der Abschreibungsmethode

Wie aus der Abschreibungstabelle hervorgeht, ist der Pkw bei der degressiven Abschreibung am Ende des 6. Nutzungsjahres nicht vollständig abgeschrieben. Es ist deshalb erlaubt, während der Nutzungsdauer einmal von der degressiven zur linearen Abschreibung zu wechseln. Der Wechsel ist dann sinnvoll, wenn der Abschreibungsbetrag der linearen Abschreibung größer wird als bei der degressiven Abschreibung. In unserem Beispiel ist das im 3. Nutzungsjahr der Fall.

Der Wechsel kann immer nur zum Ende eines Geschäftsjahres erfolgen. Ein Wechsel von der linearen zur degressiven Abschreibung ist nicht erlaubt.

5.5 Das System der Umsatzsteuer

Rechtliche Grundlage für die Erhebung der Umsatzsteuer ist das Umsatzsteuergesetz (UStG).

Die Umsatzsteuer wird im allgemeinen Geschäftsverkehr heute noch häufig als Mehrwertsteuer bezeichnet. Besteuert wird der Umsatz, den Sie in Ihrem Institut erzielen. Die Umsatzsteuer ist eine **indirekte Steuer**. Der Endverbraucher – also der Kunde – muss die Steuer letztendlich bezahlen, wenn er im Kosmetikinstitut einkauft. Die Kosmetikerin trägt die **Zahllast**, d. h., sie muss die Steuer vom Kunden einfordern, sie an das Finanzamt abführen und darüber genaue Aufzeichnungen erstellen. Für das Unternehmen ist die Umsatzsteuer ein „durchlaufender Posten". Sie hat keinen Einfluss auf den Gewinn.

Prozentrechnung → Exkurs Fachrechnen im Anhang

Derzeit beträgt der allgemeine **Umsatzsteuersatz** für die meisten Waren und Dienstleistungen 19 %. Ein ermäßigter Steuersatz von 7 % gilt z. B. für Lebensmittel und Presseartikel (Zeitungen, Zeitschriften, Bücher).

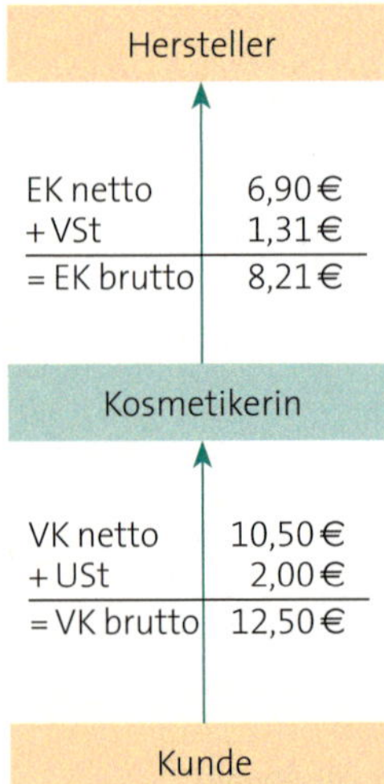

mit EK = Einkaufspreis
VK = Verkaufspreis
VSt = Vorsteuer
USt = Umsatzsteuer

5.5.1 Vorsteuerabzug

Von der Umsatzsteuer, die Sie für die eigenen Umsätze abführen müssen, können Sie die **Vorsteuer abziehen**. Die Vorsteuer ist die Umsatzsteuer, die Sie beim Einkauf von Leistungen eines anderen Unternehmens für Ihren Betrieb (z. B. Warenlieferung Ihres Lieferanten) bezahlt haben.

Der Hersteller La Belle verkauft das Gesichtswasser Hydro Tonic (250 ml) zu einem Nettopreis von 6,90 € pro Flasche. Wenn Sie dieses Produkt kaufen, wird auf den Rechnungsbetrag die Umsatzsteuer (= Vorsteuer) von 19 % = 1,31 € aufgeschlagen. Sie müssen dem Hersteller also 8,21 € pro Flasche bezahlen.

Der vom Hersteller empfohlene Verkaufspreis beträgt 12,50 €. Darin ist die Umsatzsteuer von 2,00 € bereits enthalten. Wenn Sie Ihrem Kunden das Produkt verkaufen, haben Sie die Umsatzsteuer von 2,00 € abzüglich der gezahlten Vorsteuer von 1,31 € an das Finanzamt abzuführen. Ihre Zahllast für eine Flasche Gesichtswasser beträgt also 0,69 €.

Ist die Differenz zwischen Umsatzsteuer und Vorsteuer insgesamt positiv, ergibt das eine Zahllast, die an das Finanzamt abgeführt werden muss. Ist die Differenz negativ, wird das Guthaben vom Finanzamt erstattet. Das kann in der Gründungsphase passieren, wenn Sie höhere Ausgaben als Einnahmen haben. Bei einem Erstattungsbetrag wird vom zuständigen Finanzamt zunächst geprüft, ob eine Umsatzsteuer-Sonderprüfung durchgeführt werden muss. Bei neu gegründeten Unternehmen wird in der Regel zu Beginn eine Sonderprüfung durch das zuständige Finanzamt durchgeführt.

Lästig aber notwendig – die Umsatzsteuervoranmeldung

Wenn Sie Ansprüche an das Finanzamt haben, sollten Sie die Rechnungen mit den größeren Vorsteuerbeträgen in Kopie der Umsatzsteuervoranmeldung beilegen und entsprechend erläutern. Dann kann die Sonderprüfung entfallen und der Erstattungsbetrag ist früher verfügbar. Sie bekommen Geld schneller zurück.

5.5.2 Umsatzsteuervoranmeldung

Die Umsatzsteuer entsteht zum Zeitpunkt der Leistungserstellung. Diese müssen Sie in einer Umsatzsteuervoranmeldung dem Finanzamt mitteilen. Je nach Höhe des erzielten Umsatzes und der daraus entstandenen Zahllast muss die Voranmeldung monatlich oder vierteljährlich erfolgen. Zusätzlich muss noch eine **Jahressteuererklärung** abgegeben werden.

- Zahllast über 3000 Euro jährlich – monatliche Voranmeldung
- Zahllast unter 3000 Euro jährlich – vierteljährliche Voranmeldung
- Bei einer Zahllast unter 300 Euro jährlich kann das Finanzamt den Unternehmer von der Pflicht zur Vorsteueranmeldung befreien.

Die **Abgabefristen** sind unbedingt einzuhalten, Sie können aber beim Finanzamt Fristverlängerungen beantragen. Wird die Umsatzsteuervoranmeldung nicht rechtzeitig abgegeben, kann das Finanzamt die Umsatzsteuerlast schätzen und Verspätungszuschläge erheben.

5.5.3 Befreiung von der Umsatzsteuer

Nach § 19 Abs. 1 UStG wird bei Kleinunternehmern, die mit ihrem Unternehmen bestimmte Umsatzgrenzen im laufenden und im vorangegangenen Kalenderjahr nicht überschreiten, die Umsatzsteuer **nicht erhoben**. Diese Regelung soll kleinere Unternehmen von dem hohen Verwaltungsaufwand, der mit der Umsatzsteuer verbunden ist, entlasten. Kleinunternehmer können aber auf die Befreiung verzichten.

Die Regelung des § 19 UStG ist anzuwenden, wenn der maßgebende Umsatz im vorangegangenen Kalenderjahr 17500 Euro nicht überstiegen hat und im laufenden Kalenderjahr voraussichtlich 50 000 Euro nicht übersteigen wird. Ist diese Grenze überschritten, ist die Anwendung der Kleinunternehmerregelung ausgeschlossen.

Wer unter die Kleinunternehmerregelung fällt und auf deren Anwendung nicht verzichtet hat, muss unbedingt darauf achten, dass er in seinen Rechnungen die Umsatzsteuer nicht gesondert ausweisen darf. Wird dies dennoch gemacht, wird die ausgewiesene Umsatzsteuer nach § 14 Abs. 3 UstG geschuldet, d. h., sie ist an das Finanzamt abzuführen. Im Falle der Befreiung kann **kein Vorsteuerabzug** vorgenommen werden.

Wenn Sie noch als Angestellte z. B. in Teilzeit tätig sind und in Ihren privaten Räumen bereits Ihre Selbstständigkeit beginnen wollen, ist das Modell der Umsatzsteuerbefreiung als günstig zu betrachten.

5.6 Gewerbesteuer

Die Gewerbesteuer ist eine **Gemeindesteuer** und bildet die wichtigste Einnahmequelle in den meisten Gemeinden. Alle Gewerbebetriebe unterliegen der Gewerbesteuer. Grundlage der Besteuerung ist der **Gewerbeertrag**, also der Gewinn des Betriebes, der um gewerbesteuerliche Hinzu- und Abrechnungen korrigiert wird. Für natürliche Personen (Einzelunternehmer und Personengesellschaften) gibt es einen Freibetrag von 24 000 Euro, der gewerbesteuerfrei ist.

Rechtliche Grundlage für die Erhebung der Gewerbesteuer ist das Gewerbesteuergesetz (GewStG).

Die Gewerbesteuer wird von der für den Betriebssitz zuständigen Gemeinde erhoben. Für diesen Zweck erlässt das Finanzamt auf der Grundlage der Steuerunterlagen des Gewerbetreibenden einen **Gewerbesteuermessbescheid**, der automatisch der Gemeinde zugestellt wird. Der Messbescheid gibt an, wie hoch der für die Gewerbesteuer maßgebliche Gewerbeertrag ist. Die Gemeinde wiederum erlässt dann auf der Grundlage des Gewerbesteuermessbescheides den **Gewerbesteuerbescheid**, in dem sie den gültigen **Hebesatz** auf den Messbetrag ansetzt.

Jede Gemeinde kann einen eigenen **Hebesatz** festlegen. Er liegt in der Regel zwischen 300 % und 600 %. Die Höhe der zu zahlenden Gewerbesteuer kann deshalb je nach Sitz des Unternehmens sehr unterschiedlich ausfallen.

Schema zur Ermittlung der Gewerbesteuer	
Gewinn aus Gewerbebetrieb	(§ 7 GewStG)
+ Hinzurechnungen	(§ 8 GewStG)
– Kürzungen	(§ 9 GewStG)
= Gewerbeertrag (auf volle 100 € abzurunden)	(§ 11 Abs. 1 GewStG)
– Freibetrag (24 000,00 €)	(§ 11 Abs. 1 GewStG)
= steuerpflichtiger Gewerbeertrag	
x Steuermesszahl	(§ 11 Abs. 2 GewStG)
= Steuermessbetrag	

1 Weshalb glauben Sie, sich für die Gründung eines eigenen Unternehmens zu eignen?

2 Erstellen Sie ein Gründungskonzept zur Integration Ihrer kosmetischen Dienstleistung in ein bestehendes Frisörgeschäft.

3 Was müssen Sie alles beachten, bevor Sie die erste Kundin in Ihrem Institut behandeln können?

4 Erarbeiten Sie eine Standortanalyse mit folgenden Vorgaben:
- Kleinstadt
- Fußgängerzone
- Mitbewerber: Drogeriemarkt
- In der Umgebung befindet sich eine dermatologische Arztpraxis

5 Welche Geschäftsräume und Ausstattung brauchen Sie für ein Kosmetikinstitut mit zwei Angestellten?

6 Entwerfen Sie eine Visitenkarte mit einer eindeutigen Aussage zu einem selbst gewählten Dienstleistungsangebot.

7 Wie finden Sie einen Lieferanten für kosmetische Produkte, mit dem Sie arbeiten wollen und der zu Ihnen passt?

8 Nennen Sie Vorteile eines Depotvertrages.

9 Worauf sollten Sie vor der Entscheidung für ein bestimmtes Depot unbedingt achten?

10 Was schreibt die Gewerbeordnung hinsichtlich einer Geschäftsgründung vor?

11 Welche Formen der Fremdkapitalbeschaffung kennen Sie?

12 Ermitteln Sie bei drei verschiedenen Kreditinstituten Angebote für einen privaten Ratenkredit über 10 000 Euro. Welche Anforderungen werden von den Banken gestellt? Wie hoch sind die Kosten?

13 Erläutern Sie Funktionsweise, Vor- und Nachteile des Leasings.

14 Sie möchten eine Fußpflegepraxis eröffnen – ermitteln Sie den Versicherungsbedarf für das Geschäft.

15 Sie haben eine Versicherung abgeschlossen, aber die Zahlung der ersten Prämie vergessen. Welche Konsequenzen hat dieses Versäumnis?

16 Was versteht man unter einer ordnungsmäßigen Buchführung?

17 Erstellen Sie (mit dem PC) ein Kassenbuch und erfassen Sie folgende Geschäftsvorfälle:
a) Kosmetikbehandlung 59,90 €
b) Einkauf von Zellstoff (Apotheke) 14,95 €
c) Produktverkauf 35,00 €
d) Eintrittsgeld für eine Fachmesse 29,90 €
e) Benzinrechnung 56,50 €
f) Getränke für Kunden 12,50 €
g) Rückenmassage 28,00 €
Schließen Sie das Kassenbuch ab und ermitteln Sie die Vorsteuer und die Umsatzsteuer.

18 Erläutern Sie die Begriffe Anlagevermögen, Umlaufvermögen und Eigenkapital mit eigenen Worten.

19 Wie lässt sich aus der Bilanz das Eigenkapital ermitteln?

20 Eine Behandlungsliege kostet in der Anschaffung 2900,00 € netto. Die betriebsgewöhnliche Nutzungsdauer beträgt 7 Jahre. Erstellen Sie je eine Abschreibungstabelle für die lineare und die degressive Abschreibung. Nach wie vielen Jahren ist der Wechsel zur linearen Abschreibung sinnvoll?

Exkurs Fachrechnen

1 Dreisatzrechnung

Die Kenntnisse der Dreisatzrechnung sind grundlegend für andere Rechenverfahren wie z. B. Prozentrechnen, Verteilungsrechnen, Zinsrechnen und Preiskalkulationen. Mit der einfachen Dreisatzrechnung wird aus drei bekannten Größen eine vierte, gesuchte Größe ermittelt.

Zahlensalat? – Der Exkurs erklärt die wichtigsten Rechenverfahren noch einmal Schritt für Schritt.

1.1 Der einfache Dreisatz mit geradem Verhältnis

In einem Kosmetikinstitut fallen monatlich für 3 Angestellte 4050,00 € Personalkosten an. Wie hoch sind die Personalkosten für 8 Angestellte?

Weil sich bei der Änderung einer Größe (hier: Angestellte) die andere Größe (hier: €) im gleichen Verhältnis ändert, spricht man von einem **geraden** oder auch **proportionalen** Verhältnis.

Gerades (proportionales) Verhältnis

Je **mehr** Angestellte, desto **mehr** Personalkosten, und je **weniger** Angestellte, desto **weniger** Personalkosten.

Lösungsweg:

Was ist bekannt?	3 Angestellte verursachen Personalkosten.	4050,00 €	**Bedingungssatz**
Was ist gefragt?	8 Angestellte verursachen Personalkosten.	? €	**Fragesatz**

Das ? steht für die gesuchte vierte Größe („wie viel?").

Der Rechenweg erfolgt in drei Sätzen, deshalb nennt man das Verfahren auch Dreisatz:

1. Satz	3 Angestellte verursachen	4050,00 €	Personalkosten.
2. Satz	1 Angestellte verursacht	$\frac{4050{,}00\ €}{3}$	Personalkosten.
3. Satz	8 Angestellte verursachen	$\frac{4050{,}00\ € \cdot 8}{3}$	Personalkosten.
Ergebnis:	**8 Angestellte verursachen**	**10 800,00 €**	**Personalkosten.**

1 Angestellte:
$\frac{1}{3} \cdot 4050{,}00\ € = 1350{,}00\ €$

8 Angestellte:
$8 \cdot 1350{,}00\ € = 10\,800{,}00\ €$, also 8-mal so viel wie eine Angestellte.

Den oben beschriebenen ausführlichen Lösungsweg kann man verkürzen, indem man den 2. Satz weglässt. Die zusammengehörenden Größen können auch in einer Tabelle aufgelistet werden.

Dreisatz in Tabellenform:

Angestellte	€
3	4050,00
8	?

Bedingungssatz: 3 Angestellte → 4050,00 €

Fragesatz: 8 Angestellte → ? €

Bruchsatz: $? \ € = \frac{4050{,}00\ € \cdot 8}{3}$

Ergebnis: **8 Angestellte verursachen 10 800,00 € Personalkosten.**

Merke: Gleiche Größen untereinander schreiben. Die Größe, die im Text zweimal vorkommt, steht auf der linken Seite. Die gesuchte Größe (?) steht immer rechts unten.

1.2 Der einfache Dreisatz mit ungeradem Verhältnis

3 Angestellte erledigen die Inventurarbeiten im Kosmetikinstitut in 15 Stunden. Wie viele Stunden benötigen 5 Angestellte?

Das antiproportionale Verhältnis wird auch als umgekehrt proportionales Verhältnis bezeichnet.

Beim ungeraden Dreisatzverhältnis ändern sich die Größen gegensätzlich. Die Verringerung einer Größe (Angestellte) führt zur Vermehrung der anderen Größe (Stunden) und umgekehrt. Es handelt sich um ein **ungerades** oder **antiproportionales** Verhältnis.

Ungerades (antiproportionales) Verhältnis

Je **mehr** Angestellte, desto **weniger** Arbeitszeit, und je **weniger** Angestellte, desto **mehr** Arbeitszeit.

Lösungsweg:

Was ist bekannt?	3 Angestellte benötigen	15 Stunden.	**Bedingungssatz**
Was ist gefragt?	5 Angestellte benötigen	? Stunden.	**Fragesatz**

Dreisatz:

1. Satz	3 Angestellte benötigen	15	Stunden.
2. Satz	1 Angestellte benötigt	$3 \cdot 15$	Stunden.
3. Satz	5 Angestellte benötigen	$\frac{3 \cdot 15}{5}$	Stunden.

Ergebnis: **5 Angestellte benötigen für die Inventur 9 Stunden.**

1 Angestellte:
$3 \cdot 15 = 45$ Stunden

5 Angestellte:
$\frac{45}{5} = 9$ Stunden, also $\frac{1}{5}$-mal so viel wie eine Angestellte.

Auch beim Dreisatz mit ungeradem Verhältnis kann das verkürzte Rechenschema angewendet werden:

Bedingungssatz: 3 Angestellte → 15 Stunden

Fragesatz: 5 Angestellte → ? Stunden

Bruchsatz: $? \text{ Stunden} = \frac{15 \cdot 3 \text{ Stunden}}{5}$

Ergebnis: **5 Angestellte benötigen für die Inventur 9 Stunden.**

Dreisatz in Tabellenform:

Angestellte	Stunden
3	15
5	?

Merke: Gleiche Größen untereinander schreiben. Die Größe, die im Text zweimal vorkommt, steht auf der linken Seite. Die gesuchte Größe (?) steht immer rechts unten.

2 Prozentrechnung

Die Prozentrechnung wird u. a. zur Berechnung von Preisnachlässen, Gehältern oder zur Kalkulation von Bezugspreisen angewendet. Die Prozentrechnung ermöglicht den relativen Vergleich verschiedener Zahlenverhältnisse, indem man die Werte auf eine einheitliche Vergleichszahl bezieht.

Ein Kosmetikinstitut bietet in einer Aktionswoche Körperbehandlungen zu reduzierten Preisen an.

Ganzkörperpeeling alter Preis:	120,00 €	Cellulite-Behandlung alter Preis:	160,00 €
neuer Preis:	96,00 €	neuer Preis:	136,00 €
Preisnachlass:	24,00 €	Preisnachlass:	24,00 €

Die beiden Preisnachlässe sind betragsmäßig (absolut) gleich hoch. Sie betragen für beide Behandlungen 24,00 €. Aber im relativen Vergleich ist der Preisnachlass für das Ganzkörperpeeling höher, denn 24,00 € sind ein größerer Teil von 120,00 € als von 160,00 €. Um die Werte miteinander vergleichen zu können, müssen die Preisnachlässe auf eine einheitliche Vergleichszahl bezogen werden. Bei der Prozentrechnung ist das die **Vergleichszahl 100**.

Merke:

$1\,\% = \frac{1}{100} = 0{,}01$

$100\,\% = 100 \cdot \frac{1}{100} = 1$

Lösungsweg:

Ganzkörperpeeling:

Bedingungssatz: Bei einem Preis von 120,00 € entspricht der Nachlass 24,00 €.

Fragesatz: Für einen Preis von 100,00 € entspricht der Nachlass ? €.

Bruchsatz: $? € = \frac{24{,}00 € \cdot 100{,}00 €}{120{,}00 €}$

Preis in €	Nachlass in €
120,00	24,00
100,00	?

Ergebnis: **Für das Ganzkörperpeeling gibt das Kosmetikinstitut auf 100,00 € einen Nachlass von 20,00 €, also 20 vom Hundert = 20 Prozent (auch 20 v. H. oder 20 %).**

Cellulite-Behandlung:

Bedingungssatz: Bei einem Preis von 160,00 € entspricht der Nachlass 24,00 €.

Fragesatz: Für einen Preis von 100,00 € entspricht der Nachlass ? €.

Bruchsatz: $? € = \frac{24{,}00 € \cdot 100{,}00 €}{160{,}00 €}$

Preis in €	Nachlass in €
160,00	24,00
100,00	?

Ergebnis: **Für die Cellulite-Behandlung gibt das Kosmetikinstitut auf 100,00 € einen Nachlass von 15,00 €, also 15 Prozent.**

Der Preisnachlass für das Ganzkörperpeeling ist im relativen Vergleich mit 20 Prozent also höher als der Nachlass für die Cellulite-Behandlung, der 15 Prozent beträgt.

2.1 Grundbegriffe der Prozentrechnung

In der Prozentrechnung unterscheidet man die drei Größen **Prozentwert**, **Grundwert** und Prozentsatz. Von diesen Größen sind jeweils zwei bekannt. Die dritte, gesuchte Größe wird mit Hilfe des Dreisatzes berechnet. Grundwert und Prozentwert haben immer die gleiche Benennung (hier: €).

Prozentwert (*P*)		**Grundwert (*G*)**		**Prozentsatz (*p*)**
24,00 €	von	120,00 €	sind	$20\,\% = \frac{20}{100} = 0{,}2$
Teil des Gesamtwertes, entspricht dem Prozentsatz		Gesamtwert; entspricht immer 100 %		Teil des Gesamtwertes, der das Verhältnis zur Vergleichszahl 100 angibt

2.2 Prozentwert

Das Kosmetikinstitut Schön kauft beim Hersteller La Belle Verkaufsware im Wert von 1800,00 €. Der Hersteller gewährt einen Rabatt in Höhe von 15 %. Wie hoch ist der Rabatt in €?

Lösung

Grundwert (*G*): 1800,00 € Prozentsatz (*p*): 15 % = 0,15 Prozentwert (*P*): ? €

Exkurs Fachrechnen

%	€
100	1800,00
15	?

Bedingungssatz: 100 % → 1800,00 €

Fragesatz: 15 % → ? €

Bruchsatz: $? € = \frac{1800{,}00 € \cdot 15\,\%}{100\,\%}$

Ergebnis: **Das Kosmetikinstitut erhält auf den Einkauf 270,00 € Rabatt.**

Berechnung des Prozentwertes

Prozentwert = Grundwert · Prozentsatz oder $P = G \cdot p$

2.3 Prozentsatz

Reklamation → Kapitel VI/7

Die Kosmetikerin Nadine gewährt einem Kunden auf einen Herrenduft zum regulären Preis von 90,00 € einen Preisnachlass von 4,50 €, weil die Verpackung leicht beschädigt ist. Wie viel Prozent beträgt dieser Preisnachlass?

Lösung

Grundwert (G): 90,00 € Prozentwert (P): 4,50 € Prozentsatz (p): ? %

€	%
90,00	100
4,50	?

Bedingungssatz: 90,00 € → 100 %

Fragesatz: 4,50 € → ? %

Bruchsatz: $? \% = \frac{4{,}50 € \cdot 100\,\%}{90{,}00 €}$

Ergebnis: **Der Preisnachlass für den Herrenduft beträgt 5 %.**

Berechnung des Prozentwertes

$\text{Prozentsatz} = \frac{\text{Prozentwert}}{\text{Grundwert}}$ oder $p = \frac{P}{G}$

2.4 Grundwert

Die angestellte Kosmetikerin Heike erhält eine Umsatzprämie in Höhe von 2 % ihres Monatsumsatzes. Im Monat April betrug die Prämie 108,00 €. Wie hoch war ihr Monatsumsatz?

Lösung

Prozentwert (P): 108,00 € Prozentsatz (p): 2 % = 0,02 Grundwert (G): ? €

Umsatz (%)	Umsatz (€)
2	108,00
100	?

Bedingungssatz: 2 % → 108,00 €

Fragesatz: 100 % → ? €

Bruchsatz: $? € = \frac{108{,}00 € \cdot 100\,\%}{2\,\%}$

Ergebnis: **Der Monatsumsatz im April betrug 5400,00 €.**

Berechnung des Grundwertes

$\text{Prozentsatz} = \frac{\text{Prozentwert}}{\text{Prozentsatz}}$ oder $G = \frac{P}{p}$

2.4.1 Vermehrter Grundwert

Ein Kunde möchte den Kauf kosmetischer Produkte für 178,50 € quittiert haben. Die in den 178,50 € enthaltene Umsatzsteuer in Höhe von 19 % muss auf der Quittung ausgewiesen werden.

Umsatzsteuer → Kapitel VII/5.5

Die 19 % Umsatzsteuer wurden vom Warenwert ermittelt. In dem Ladenpreis von 178,50 € sind sie aber bereits enthalten. Für das Ausstellen der Quittung muss also
a) der Warenwert in € und
b) der Umsatzsteueranteil in € berechnet werden.

Quittung → Kapitel V/7.1

Lösung

	Warenwert (? €)	≙ 100 %	Grundwert
+	Umsatzsteuer (? €)	≙ 19 % (= 0,19)	Prozentsatz
=	Ladenpreis (178,50 €)	≙ 119 %	vermehrter Grundwert

a) Berechnung des Warenwertes:

Bedingungssatz: 119 % → 178,50 €

Fragesatz: 100 % → ? €

Bruchsatz: $? € = \frac{178{,}50\,€ \cdot 100\,\%}{119\,\%}$

Ergebnis: **Der Warenwert beträgt 150,00 €.**

%	€
119	178,50
100	?

b) Berechnung des Umsatzsteueranteils:

Bedingungssatz: 119 % → 178,50 €

Fragesatz: 19 % → ? €

Bruchsatz: $? € = \frac{178{,}50\,€ \cdot 19\,\%}{119\,\%}$

Ergebnis: **Der Umsatzsteueranteil beträgt 28,50 €.**

%	€
119	178,50
19	?

Berechnung bei vermehrtem Grundwert

$$\text{Grundwert} = \frac{\text{vermehrter Grundwert (€)}}{(1 + \text{Prozentsatz})}$$

$$\text{Prozentwert} = \frac{\text{vermehrter Grundwert (€)} \cdot \text{Prozentsatz}}{(1 + \text{Prozentsatz})}$$

2.4.2 Verminderter Grundwert

Die Kosmetikerin Nadine bezahlt unter Abzug von 3 % Skonto die Rechnung ihres Lieferanten in Höhe von 679,00 €. Wie hoch war der Rechnungsbetrag vorher?

Skonto → Kapitel V/3.3.2

Die 3 % Skonto wurden von dem ursprünglichen Rechnungsbetrag abgezogen. Der herabgesetzte neue Betrag in Höhe von 679,00 € entspricht also nur 97 % des ursprünglichen Betrages.

Lösung

	ursprünglicher Betrag (? €)	≙ 100 %	Grundwert
–	Skonto (? €)	≙ 3 % (= 0,03)	Prozentsatz
=	reduzierter Betrag (679,00 €)	≙ 97 %	verminderter Grundwert

%	€
97	679,00
100	?

Bedingungssatz: 97 % → 679,00 €

Fragesatz: 100 % → ? €

Bruchsatz: $? € = \frac{679{,}00\,€ \cdot 100\,\%}{97\,\%}$

Ergebnis: **Der ursprüngliche Rechnungsbetrag lautete 700,00 €.**

Berechnung bei vermindertem Grundwert

$$\text{Grundwert} = \frac{\text{verminderter Grundwert (€)}}{(1 - \text{Prozentsatz})}$$

3 Zinsrechnung

3.1 Grundbegriffe der Zinsrechnung

Die Zinsrechnung ist eine Anwendung der Prozentrechnung auf den Geldverkehr. Die drei Grundbegriffe ändern in diesem Bereich ihren Namen.

Grundbegriffe der Zinsrechnung

Prozentrechnung:		**Zinsrechnung:**
Grundwert G	→	Kapital K
Prozentwert P	→	Zinsen Z
Prozentsatz p	→	Zinssatz p

Wenn Sie sparen, stellen Sie der Bank für eine bestimmte Zeit Ihr Geld zur Verfügung. Die Bank zahlt Ihnen dafür eine Gebühr. Das sind die Guthabenzinsen oder **Haben-Zinsen**. Wenn Sie einen Kredit aufnehmen, sich also bei der Bank Geld leihen, müssen Sie dafür eine Gebühr zahlen. Das sind die Kreditzinsen oder **Soll-Zinsen**. Die Banken leben davon, dass sie mehr Zinsen einnehmen als sie ihren Kunden zahlen. Deshalb sind die Soll-Zinsen immer höher als die Haben-Zinsen.

p.a.
lat. per annum
pro Jahr

Zinssätze beziehen sich, wenn nichts anderes angegeben ist, auf ein Jahr (abgekürzt mit **p.a.**). Der Zinssatz wird immer in Prozent angegeben, z. B. $p = 4\,\% = 0{,}04$.

3.2 Zinsen

Anna eröffnet am Jahresbeginn bei der Bank ein Sparkonto und zahlt 300,00 € darauf ein. Die Bank gewährt einen Zinssatz von 2,3 %. Wie viel Zinsen erhält Anna am Ende des Jahres?

Lösung

Kapital (K): 300,00 € Zinssatz (p): 2,3 % = 0,023 Zinsen (Z): ? €

%	€
100	300,00
2,3	?

Bedingungssatz: 100 % → 300,00 €

Fragesatz: 2,3 % → ? €

Bruchsatz: $? € = \frac{300{,}00\,€ \cdot 2{,}3\,\%}{100\,\%}$

Ergebnis: **Anna erhält am Jahresende 6,90 € Zinsen.**

Berechnung der Zinsen

Zinsen = Kapital · Zinssatz oder $Z = K \cdot p$

3.3 Zinssatz

Die selbstständige Kosmetikerin Nadine nimmt bei der Bank einen Kredit über 10 000,00 € auf. Nach einem Jahr berechnet ihr die Bank 750,00 € Kreditzinsen. Wie hoch ist der Zinssatz für den Kredit?

Bankkredit → Kapitel VII/2.3

Lösung

Kapital (K): 10 000,00 € Zinsen (Z): 750,00 € Zinssatz (p): ? %

Bedingungssatz: 10 000,00 € → 100 %

Fragesatz: 750,00 € → ? %

Bruchsatz: $? \% = \frac{750{,}00\,€ \cdot 100\,\%}{10\,000{,}00\,€}$

€	%
10 000,00	100
750,00	?

Ergebnis: **Der Zinssatz für den Kredit beträgt 7,5 %.**

Berechnung des Zinssatzes

Zinssatz = $\frac{\text{Zinsen}}{\text{Kapital}}$ oder $p = \frac{Z}{K}$

3.4 Kapital

Kosmetikerin Nadine hat einen größeren Geldbetrag von ihrer Großmutter geerbt und bei der Bank angelegt. Sie erhält dafür jährlich Zinsen in Höhe von 1620,00 €. Das Kapital wird mit 5,4 % verzinst. Wie groß ist Nadines Kapital?

Lösung

Zinssatz (p): 5,4 % = 0,054 Zinsen (Z): 1620,00 € Kapital (K): ? €

Bedingungssatz: 5,4 % → 1620,00 €

Fragesatz: 100 % → ? €

Bruchsatz: $? \,€ = \frac{1620{,}00\,€ \cdot 100\,\%}{5{,}4\,\%}$

%	€
5,4	1620,00
100	?

Ergebnis: **Nadine hat ein Kapital von 30 000,00 € bei der Bank angelegt.**

Berechnung des Kapitals

Kapital = $\frac{\text{Zinsen}}{\text{Zinssatz}}$ oder $K = \frac{Z}{p}$

3.5 Monatszinsen und Tageszinsen

Natürlich ist es nicht so, dass Kapitalanlagen nur für ein ganzes Jahr angelegt oder Kredite nur für ein ganzes Jahr aufgenommen werden können. Deshalb müssen Zinsen häufig monats- oder auch nur tageweise berechnet werden.

Ein Kosmetikinstitut will die Einrichtung eines Behandlungsraumes erneuern. Das notwendige Kapital in Höhe von 15 000,00 € steht bereits zur Verfügung. Da der Raum vorher aber noch renoviert werden soll, kann die neue Einrichtung erst in drei Monaten gekauft werden. In der Zwischenzeit soll das Geld zu 4 % bei der Bank angelegt werden.

Zunächst wird der Zinsbetrag für ein Jahr ausgerechnet. Danach erfolgt die Berechnung der **Monatszinsen** mit Hilfe des Dreisatzes.

Merke: In der kaufmännischen Praxis hat ein Jahr immer 360 Zinstage. Ein Monat hat immer 30 Zinstage.

1. Berechnung der Zinsen für ein Jahr:

$Z = K \cdot p$ $\quad Z = 15\,000{,}00\,€ \cdot 0{,}04 = 600{,}00\,€$

Ergebnis: **Die Jahreszinsen betragen 600,00 €.**

2. Berechnung der Zinsen für drei Monate:

Monate	€
12	600,00
3	?

Bedingungssatz: 12 Monate → 600,00 €

Fragesatz: 3 Monate → ? €

Bruchsatz: $? \,€ = \frac{600{,}00\,€ \cdot 3}{12}$

Ergebnis: **In drei Monaten bringt das Kapital 150,00 € Zinsen.**

Die **Tageszinsen** errechnen sich nach dem selben Prinzip wie die Monatszinsen. Zunächst wird der Jahreszins, dann der Tageszins ermittelt.

Für das Überziehen ihres Girokontos (Dispositionskredit) muss Nadine 12,5 % Zinsen zahlen. Die anfallenden Zinsen werden von der Bank tagesgenau berechnet. Nadine überzieht ihr Konto für 14 Tage mit 1040,00 €. Wie hoch sind die Kreditzinsen?

1. Berechnung der Zinsen für ein Jahr:

$Z = K \cdot p$ $\quad Z = 1040{,}00\,€ \cdot 0{,}125 = 130{,}00\,€$

Ergebnis: **Die Jahreszinsen betragen 130,00 €.**

2. Berechnung der Zinsen für 14 Tage:

Tage	€
360	130,00
14	?

Bedingungssatz: 360 Tage → 130,00 €

Fragesatz: 14 Tage → ? €

Bruchsatz: $? \,€ = \frac{130{,}00\,€ \cdot 14}{360}$

Ergebnis: **Nadine zahlt für den Überziehungskredit etwa 5,06 € Zinsen.**

3.6 Zinseszinsen

Werden Haben-Zinsen am Jahresende nicht vom Konto abgebucht oder ausbezahlt, werden sie dem vorhandenen Kapital zugerechnet und im folgenden Jahr mitverzinst. Damit bringen die Zinsen selbst auch wieder Zinsen ein. Man spricht deshalb von Zinseszinsen.

Nadine hat ihr Kapital in Höhe von 30 000,00 € für 5 Jahre fest angelegt. Die Bank gewährt dafür einen Zinssatz von 6 %. Über wie viel Geld kann Nadine nach 5 Jahren verfügen?

Das Kapital (100 %) wird am Ende des ersten Jahres um 6 % vermehrt. Es beträgt also zu Beginn des zweiten Jahres 106 % des Anfangskapitals. Anders ausgedrückt: Das Anfangskapital ist um den Faktor 1,06 gewachsen. (106 % = 1,06). Diesen Faktor bezeichnet man als Zinsfaktor.

Lösung

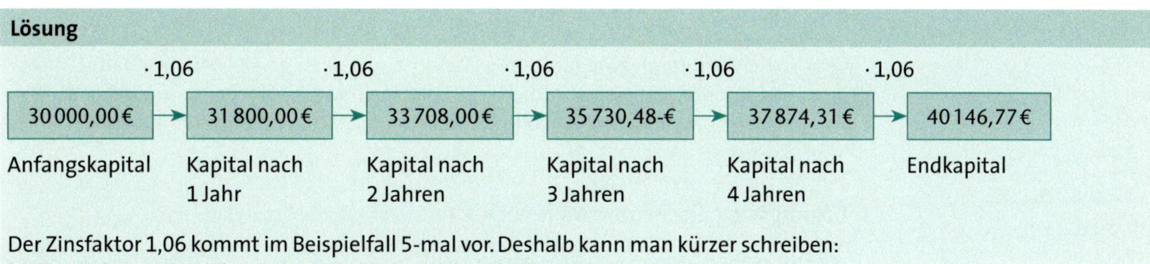

Der Zinsfaktor 1,06 kommt im Beispielfall 5-mal vor. Deshalb kann man kürzer schreiben:
Endkapital K_5 nach 5 Jahren = 30 000,00 € · $1,06^5$ = 40 146,77 €.

Berechnung von Zinseszinsen

$K_n = K_0 \cdot (1+p)^n$ mit n = Zahl der Jahre
K_0 = Anfangskapital
K_n = Endkapital

4 Durchschnittsrechnung

Durchschnittswerte wie durchschnittliche Umsätze, durchschnittliche Lagerbestände, Umsätze je Verkaufskraft u. a. werden im Kosmetikinstitut zur Beurteilung der Wirtschaftlichkeit herangezogen. Beim Durchschnittsrechnen wird aus der Summe mehrerer Werte ein **Mittelwert** errechnet. Die einzelnen Werte müssen immer die gleiche Benennung haben.

Der **Mittelwert** wird oft auch als arithmetisches Mittel bezeichnet.

4.1 Einfacher Durchschnitt

In einem Kosmetikinstitut wurden im ersten Halbjahr des Geschäftsjahres folgende Umsätze ermittelt: Januar 15 300,00 €, Februar 12 700,00 €, März 24 500,00 €, April 41 600,00 €, Mai 43 200,00 €, Juni 48 100,00 €. Ermitteln Sie den durchschnittlichen Monatsumsatz.

Lösungsweg:

1. Summe der einzelnen Umsätze berechnen:
   15 300,00 € + 12 700,00 € + 24 500,00 € + 41 600,00 € + 43 200,00 € + 48 100,00 € = 185 400,00 €
2. Anzahl der Monate ermitteln: 6
3. Summe der Umsätze durch Anzahl der Monate dividieren:
   185 400,00 € : 6 Monate = 30 900,00 € pro Monat

Ergebnis: Der durchschnittliche Monatsumsatz beträgt 30 900,00 €.

Berechnung des einfachen Durchschnitts

$$\text{Einfacher Durchschnitt} = \frac{\text{Summe aller Werte}}{\text{Anzahl der Werte}}$$

4.2 Gewogener Durchschnitt

Der gewogene Durchschnitt wird dann angewendet, wenn einzelne Werte häufiger vorkommen. Es kann dann sehr umständlich werden, alle Werte einzeln zu addieren. Der gewogene Durchschnitt ist also eine **Vereinfachung** der unter 4.1 vorgestellten Rechenmethode, die aber zum gleichen Ergebnis führt:

In der Parfümerieabteilung eines Warenhauses erhalten als Monatsgehalt: 2 Mitarbeiter je 2500,00 €, 6 Mitarbeiter je 1600,00 € und 4 Mitarbeiter je 1300,00 €. Wie hoch ist das monatliche Durchschnittsgehalt je Mitarbeiter in der Abteilung?

1. Lösungsweg: Rechenmethode nach 4.1

1. Summe aller Monatsgehälter berechnen:
   2500,00 € + 2500,00 € + 1600,00 € + 1600,00 € + 1600,00 € + 1600,00 € + 1600,00 € + 1600,00 € + 1300,00 € + 1300,00 € + 1300,00 € + 1300,00 € = 19 800,00 €
2. Anzahl der Mitarbeiter ermitteln:
   2 + 6 + 4 = 12
3. Summe der Gehälter durch Anzahl der Mitarbeiter dividieren:
   19 800,00 € : 12 Mitarbeiter = 1650,00 € pro Mitarbeiter

Ergebnis: Das durchschnittliche Monatsgehalt je Mitarbeiter beträgt 1650,00 €.

Dieser Rechenweg ist kompliziert. Einfacher geht es, wenn man zuerst festlegt, wie oft die einzelnen Werte vorkommen. Dann werden die Werte mit der Zahl ihrer Häufigkeit multipliziert und aus der Summe dieser gewichteten Werte der Mittelwert errechnet.

2. Lösungsweg: Erstellen einer Tabelle

Anzahl der Mitarbeiter	Monatsgehalt je Mitarbeiter (€)	Summe der Monatsgehälter (€) (Zwischenprodukt)
2	2500,00	2 · 2500,00 = 5000,00
6	1600,00	6 · 1600,00 = 9600,00
4	1300,00	4 · 1300,00 = 5200,00
Summe: 12		Summe: 19 800,00

Durchschnittsgehalt: $\frac{19\,800{,}00}{12} = 1650{,}00$

Ergebnis: Das durchschnittliche Monatsgehalt je Mitarbeiter beträgt 1650,00 €.

3. Lösungsweg: verkürzte Schreibweise als Bruch

$$\frac{2 \cdot 2500{,}00 + 6 \cdot 1600{,}00 + 4 \cdot 1300{,}00}{(2 + 6 + 4)} = \frac{19\,800{,}00}{12} = 1650{,}00$$

Ergebnis: Das durchschnittliche Monatsgehalt je Mitarbeiter beträgt 1650,00 €.

Bildquellenverzeichnis

ABC Complett Ladeneinrichtungs GmbH, Berlin: 9/4, 82 (2), 131
allOver/Jürgen Moers: 27/2
Avenue Images/Fresh!: 172
Bildagentur-online/Kevin White: 182
Bilderberg, Hamburg: 164/2
BilderBox/Erwin Wodicka: 184, 202
Bußmann, Marko, Berlin: 9/1, 81, 83/2, 85 (2), 89 (2), 94 (4), 95 (4), 167/1, 169/2, 171, 212 (2)
CARO/Andreas Teich: 209/1; Gabriele Krass 216
Catherine Nail Collection GmbH, Zierenberg:192
Commerzbank/Unternehmenskommunikation: 136 (4), 137/1
Corbis, Düsseldorf: 69/1, Hermann Starke 219
Cornelsen Verlagsarchiv: 75, 86
Der Holzhof, Gerabronn-Dünsbach: 121, 163/2
dpa, Berlin: 45/2
EINS Entwicklung Interaktiver Software GmbH, Karlsruhe: 76, 78, 132
Erich Schmidt Verlag, Berlin: 35, 36, 37, 38, 49, 56, 57, 58, 70
Globus-Infografik, Hamburg: 16, 42, 60, 79, 153, 205
Grandel, Gabriele, Berlin: 77 (2), 160/2, 160/3, 161/1
images.de/Dean: 63/2
imu-Infografik GmbH, Essen: 137/2, 186
Ionto-comed GmbH, Eggenstein-Lo.: 18, 83/1, 120, 191 (2), 198, 206
Jean d'Arcel Cosmetique, Kehl: 27/1, 63/1
Joker, Bonn: 204
Klapp Cosmetics GmbH, Hessisch Lichtenau: 65, 133 (2), 151 (3)
Kneffel, Michael, Essen: 154/1
laif/Heiko Specht: 196
Lange, Marek, Berlin: 9/2, 9/5, 27/2, 142, 156, 157/2, 159, 160/1, 161/3, 167/2, 169/1, 188
Lindner-Focke, Annette, Berlin: 161/2, 163/1, 164/1, 164/3, 213
Mauritius, Berlin: 45/3, 201; 208
Michalke, Norbert, Berlin: 14/3
picture-alliance: dpa-Bildarchiv: 45/2, 69/2, /APN 44; dpa/ZB 88; ZB-Special/Hauschke 209/1
project photo, Augsburg: 45/1, 64 (3)
Simon, Petra, Nürnberg: 10 (2), 66, 109, 138, 166
Sixt Autovermietung, Hamburg: 157/1
Stiftung Warentest, Berlin: 28 (2)
Superbild: 69/3
T-mobile/Pressefoto: 154/2
vario-press: Ulrich Baumgarten 211/1; bonn-sequenz 211/2
Visum/Cathrin Bach: 9/3

Das Autorenteam und der Verlag bedanken sich bei den Firmen für das umfangreiche Bildmaterial.

Sachwörterverzeichnis